»Wegen mancher Dinge, die ich in ›Lakota Woman‹ gesagt hatte, mochten die Frauen im Reservat mein Buch. Ein paar Männern hat es nicht gefallen, und sie warfen mir diesen Blick zu, der am liebsten töten möchte. Einer hat mich verhöhnt: ›Du bist ein Nichts, und dein Buch taugt nichts.‹«
›Lakota Woman. Die Geschichte einer Sioux-Frau‹, Mary Crow Dogs kraftvolle Autobiographie über ihre rebellische Jugend und ihren Kampf für die Rechte der Indianer, ist ein internationaler Bestseller geworden. In ›Ohitika Woman‹ erzählt Mary Crow Dog, was seit 1977 geschehen ist – sie ist älter geworden, reifer, aber nicht weniger kraftvoll im Kampf um das Selbstbestimmungsrecht der bis heute entrechteten Indianer in den USA. Neben den Schilderungen ihres abenteuerlichen Lebens schreibt sie engagiert und mit viel Humor über die Rolle der Frau in der indianischen Gesellschaft und über die Probleme der Emanzipation sowohl innerhalb der eigenen Kultur als auch der Kultur des »weißen Amerika«.

Mary Crow Dog, 1955 unter dem Namen Mary Brave Bird in South Dakota geboren, gehört mit ihrem Mann Leonard Crow Dog zu den führenden Mitgliedern des American Indian Movement. Sie hat drei Kinder und lebt mit ihrer Familie in einem Reservat.
Richard Erdoes wurde 1912 in Frankfurt/Main geboren. Er studierte an der Akademie der Künste in Berlin bei Käthe Kollwitz und floh vor den Nazis in die USA. Dort verschrieb er sich der amerikanischen Bürgerrechtsbewegung und ist Autor zahlreicher Publikationen über heutige Indianer. Er lebt in Santa Fe, New Mexico.

Mary Crow Dog
Richard Erdoes

Ohitika Woman

Aus dem Amerikanischen
von Gunter Riedel

Deutscher Taschenbuch Verlag

Von Mary Crow Dog und Richard Erdoes
ist im Deutschen Taschenbuch Verlag erschienen:
Lakota Woman. Die Geschichte einer Sioux-Frau (30399)

Ungekürzte Ausgabe
März 1997
Deutscher Taschenbuch Verlag GmbH & Co. KG, München

Titel der amerikanischen Originalausgabe:
Ohitika Woman
Grove Press, New York 1993

ISBN 3-378-00577-7
Umschlagkonzept: Balk & Brumshagen
Umschlagfoto: © Richard Erdoes
Gesetzt aus der 11 p Stempel Garamond
Gedruckt auf säurefreiem, chlorfrei gebleichtem Papier
Satz: Offizin Andersen Nexö, Leipzig
Druck und Bindung: C. H. Beck'sche Buchdruckerei, Nördlingen
Printed in Germany · ISBN 3-423-30589-4

Für die
tapferen Frauen
von Wounded
Knee

Statt eines Vorworts

Dies Buch ist Ergebnis der Zusammenarbeit eines merkwürdigen Gespanns – eines alten weißen Mannes und einer jungen eingeborenen Amerikanerin. Unser beider Herkunft könnte nicht unterschiedlicher sein. Ich, Richard Erdoes, bin in Wien groß geworden, in einer Familie von Schauspielern und Opernsängern. Mit achtundzwanzig Jahren kam ich nach Amerika, und obwohl ich nun ein Menschenalter in den Vereinigten Staaten verbracht habe, bin ich in kultureller Hinsicht noch immer mehr Europäer als Amerikaner.

Mary Brave Bird, bis vor kurzem als Mary Crow Dog bekannt, wurde in der winzigen Siedlung He Dog geboren und aufgezogen, im Sioux-Reservat von Rosebud, das dem Stamm der Brulé oder Sichangu gehört, einem der sieben Stämme, die das große Volk der Lakota bilden. Während ich im Schatten mittelalterlicher Kathedralen und alter Barockbauten heranwuchs, wurde Mary in der Prärie groß, wo es – wie ein altes Wort sagt – ›zwischen dir und dem Nordpol nichts gibt als einen Stacheldrahtzaun‹.

Trotz unseres unterschiedlichen Werdegangs haben Mary und ich zwei Dinge gemeinsam: Beide wuchsen wir ohne Vater auf. Mein Vater starb nach einer erschöpfenden Vorstellungsreihe an der Budapester Oper vier Wochen vor meiner Geburt an einer doppelseitigen Lungenentzündung. Marys Vater ließ, als sie noch ein Baby war, seine Familie im Stich. Und beide waren wir jugendliche Rebellen, die gegen die Mächte ankämpften, von denen wir beherrscht wurden. Als zwanzigjähriger Kunststudent war ich Mitglied der Anti-Hitler-Bewegung in Österreich und Deutschland, während sich Mary schon als Teenager der AIM angeschlossen hatte, der Amerikanischen Indianerbewegung, die gegen Rassismus und Unterdrückung kämpfte. Getroffen haben wir uns schließlich durch Zufall.

In den ersten zwanzig Jahren meines Lebens in New York City habe ich ausschließlich als Maler gearbeitet, vor allem als Buch- und Zeitschriftenillustrator. 1964 schickten mich zwei überregionale Magazine nach Westen, eine Bildermappe über Indianerreservate zu malen und einen Foto-Essay aufzunehmen. Das führte zu dauerhaften Freundschaften mit verschiedenen Familien der amerikanischen Ureinwohner, von denen eine ganze Reihe Sioux waren. Ein alter Medizinmann, John Fire Lame Deer, drängte mich, ›sein Buch zu schreiben‹. Und trotz meiner Proteste, daß ich Maler und kein Schriftsteller sei, und daß Englisch meine Zweitsprache wäre, blieb er dabei: »Meine Medizin sagt mir, daß du meine Geschichte aufschreiben wirst.« So ging das jahrelang, bis ich mich schließlich geschlagen gab, und zu unserer Überraschung wurde ›Lame Deer, Seeker of Visions‹ ein Klassiker der Literatur der Ureinwohner. Lame Deer hatte aus einem Maler einen Schriftsteller gemacht, obwohl ich noch immer male, wenn ich Gelegenheit dazu habe.

Die indianische Bürgerrechtsbewegung begann etwa zehn Jahre nach dem Kampf der Black Power, und als sie das Sioux-Reservat erreichte, übte sie dort eine ungeheure Wirkung aus. Um 1970 hatten sich viele der Söhne und Töchter meiner alten Lakota-Freunde der AIM angeschlossen. Und das führte dazu, daß auch meine Frau Jean und ich stark davon berührt wurden. Im November 1972 nahmen Jean, ich und unsere beiden Söhne an der Spur der Gebrochenen Verträge teil, die mit der Besetzung des Büros für Indianerangelegenheiten in Washington D.C. endete. Mary war auch dort, sechzehn Jahre alt und schwanger, aber damals kannten wir uns noch nicht.

Zu dieser Zeit war ich besonders eng mit der Familie Crow Dog befreundet – mit Old Henry, seiner Frau Mary Gertrude und ihrem Sohn Leonard, dem Medizinmann der Amerikanischen Indianerbewegung. Nachdem Mary während der Belagerung von Wounded Knee im April 1972 ihr erstes Kind, Pedro, zur Welt gebracht hatte, heiratete sie Leonard nach indianischem Ritus und zog mit ihm in ›Crow Dogs Paradies‹ ein. Dort war es, daß ich ihr zum ersten Mal begegnete. Sie war klein, lebhaft, sehr hübsch und unnahbar. In dieser Zeit der Konfrontation hörte ich sie einmal sagen: »Mag sein, daß es irgendwo einen guten Weißen gibt, aber ich habe noch keinen getroffen.« Angesichts der engen Bindungen zwischen meiner Familie und den Crow Dogs duldete sie meine Gegenwart, ignorierte mich aber zumeist. Mich störte das nicht, hatte ich doch einiges über ihre schlimmen Erfahrungen auf einer von Weißen geleiteten Internatsschule und mit weißen Südstaatlern gehört. Wenn sie den Kontakt mit uns nicht vermeiden konnte, war sie höflich und kühl.

Nach Wounded Knee und der großen Schießerei in Oglala im Mai 1975, bei der zwei FBI-Agenten und ein Indianer den Tod fanden, standen meine Frau und ich an der Spitze eines Verteidigungskomitees für Leonard Crow Dog und einige andere Lakota-Freunde, die wegen politischer Vergehen angeklagt worden waren. Gegen Crow Dog wurde in Cedar Rapids, Iowa, in Rapid City und in Pierre, South Dakota, verhandelt, und jedesmal wurde er verurteilt. Während der Richter in Cedar Rapids ihn auf Bewährung freiließ, ordnete der Richter in Pierre an, ihn sofort ins Gefängnis zu überstellen. In Handschellen, mit Hüftkette und Fußeisen wurde er so rasch weggezerrt, daß ich nicht einmal Gelegenheit hatte, ihm auf Wiedersehen zu sagen. South Dakota galt damals als der rassistischste Staat der Union, jedenfalls soweit

Ureinwohner betroffen waren; man sagte sogar, daß selbst Jesus irgendeines scheußlichen Verbrechens für schuldig befunden würde, wäre er nur Indianeraktivist.

Crow Dog wurde nach Lewisburg in Pennsylvania gebracht, um seine Zeit abzusitzen. Das Gefängnis war etwa achtzehnhundert Meilen vom Reservat Rosebud entfernt, konnte aber von New York aus mit dem Auto in ein paar Stunden erreicht werden. Deshalb schlug ich Mary vor, mit ihrem Baby zu uns zu ziehen, damit sie ihrem Mann näher war. Sie blieb fast ein Jahr bei uns, und erst jetzt, als wir in einer Wohnung zusammenlebten, wurden wir schließlich gute Freunde. Trotzdem brauchte sie lange, ehe sie uns umarmen und küssen konnte, so wie sie es mit ihren indianischen Freunden tat. Sie war so forsch, aufrichtig und kreuzehrlich wie immer, fühlte sich aber in den ›Canyons‹ der großen Stadt, wie sie es nannte, auch verwirrt, erstaunt und verloren.

Wir hatten nicht geahnt, wie isoliert und eingeschränkt Marys Leben gewesen war, bevor sie zu uns zog. Nachdem wir sie mit Lucy, einer afroamerikanischen Freundin, bekannt gemacht hatten, erzählte sie uns, dies sei die erste Schwarze, die sie je gesehen hätte. Sie erkannte, daß viele New Yorker anders als die Rassisten waren, die ihr in South Dakota das Leben schwer gemacht hatten, und daß es Weiße gab, die ihr gute Freunde werden konnten. Trotzdem ließ sie sich keinen Sand in die Augen streuen. Als sie von einer Wohltätigkeitsveranstaltung für Minderheiten nach Hause kam, die von ein paar reichen Leuten in einem luxuriösen Appartement arrangiert worden war, sagte sie uns: »Diese Leute haben mich bloß als Requisit gebraucht, sie haben ›ihren Indianer' vorgezeigt und versucht, damit zu beeindrucken, wie liberal sie sind. Über die Rechte der Frau haben sie eine Menge geredet, ihrem schwarzen Dienstmädchen aber einen Berg schmutziges Geschirr zum Abwaschen hinterlassen. Ich bin in die Küche gegangen und habe ihr geholfen, und dabei haben wir Erfahrungen ausgetauscht. Ja, ich komme hinter dem Wildledervorhang hervor.«

Einmal ertappte sie mich dabei, daß ich sie ansah, und hielt mir sofort vor: »Ich weiß, daß du dich sexuell von mir angezogen fühlst.« Ich sagte ihr, daß ich als Maler und Fotograf gar nicht anders könne, als die Gesichter von Menschen zu studieren, gleichgültig ob es sich um Männer oder Frauen, Junge oder Alte, Schöne oder Häßliche handele.

Einen Augenblick lang sah sie mich an, dann zuckte sie die Schultern und sagte: »Okay, halb glaube ich dir.« Wir lachten, und ich wurde nie wieder verdächtigt, es auf ihre Tugend abgesehen zu haben, aber diese Bemerkung war typisch für ihre schonungslose Art, sich solchen Situationen zu stellen.

Ich entdeckte auch, daß sie eine schöne Stimme hatte, mehr die eines Kindes als die einer erwachsenen Frau, und wir alle liebten es, ihren Lakota-Liedern und Peyote-Gesängen zu lauschen –, sie waren anrührend, süß und unbeschreiblich traurig.

Es gab gute und schlechte Tage, Gelächter und Tränen. Ich erinnere mich, wie sie eines Tages, als Jean und ich beim Frühstück saßen, hereinstürzte und rief: »Kommt schnell, seht euch das an, Pedro hat einen Ständer!« Und tatsächlich, der zweijährige Pedro hatte eine winzige Erektion, sicher etwas, das eine vernarrte Mutter stolz macht. Aber dann war da auch jener schwarze Tag, als Mary und ich in meinem Studio saßen und schwatzten. Das Telefon klingelte. Ich gab ihr den Hörer: »Ist für dich, Mary.« Und dann konnte ich beobachten, wie sie zuhörte, erstarrte und wie sich ihr Gesicht vor Kummer verzerrte. Irgend jemand aus dem Reservat berichtete, daß ihre beste Freundin, Annie Mae Aquash, tot im Schnee aufgefunden worden war, brutal ermordet, die Augen von Krähen oder Elstern herausgepickt, die Hände abgehackt, sie waren verschwunden. Schlimme Tage gab es auch immer, wenn Crow Dog im Gefängnis das Leben schwer gemacht wurde.

Einer meiner Verleger kam zu mir: »Ihr Buch über Lame Deer geht sehr gut. Würden Sie nicht etwas anderes in der Art schreiben wollen?« Ich sagte ihm, daß es über indianische Männer, insbesondere über AIM-Führer, Bücher, Zeitschriften- und Zeitungsartikel mehr als genug gebe, daß aber die indianischen Frauen, deren Kraft die Bewegung am Leben erhalte, ignoriert würden. »Gerade jetzt«, sagte ich, »wohnt eine Sioux-Freundin bei uns, eine junge Frau, die während der Belagerung von Wounded Knee entbunden hat. Ich möchte ihr helfen, ihre Autobiographie zu schreiben.« Wir bekamen einen Vertrag und arbeiteten während der gesamten Gefängnishaft von Crow Dog daran, ihre Geschichte auf Band aufzunehmen und abzuschreiben. Mit Unterstützung des Nationalrates der Kirchen, der Spenden zu Crow Dogs Verteidigung sammelte, holten wir ihn aus dem Gefängnis, und Mary und Leonard kehrten ins Reservat zurück. Aus einem riesigen Berg von Tonbändern stellte ich wie in einem Puzzlespiel das Manuskript zusammen und lieferte es etwa ein Jahr später ab. Der Verleger rief mich an und bat mich, ihn zu besuchen. Er sagte mir: »Das Buch ist viel zu radikal. Das politische Klima hat sich geändert. Dieser radikale Scheiß ist out. Mystizismus ist in. Machen Sie aus ihr einen weiblichen Don Juan! Machen Sie eine Hexe aus ihr! Lassen Sie sie durch die Lüfte fliegen!«

Ich fragte ihn, ob er total übergeschnappt sei. »Mary ist keine Geistererscheinung, sondern eine Sioux-Frau aus Fleisch und Blut. Es gibt sie wirklich, sie ist nicht meiner Phantasie entsprungen. Wenn ich ihre Geschichte verfälsche, wird sie mit ihrem Häutemesser über uns kommen und recht daran tun.« Da lehnte er die Annahme des Manuskripts ab, und natürlich wurden wir für ein Jahr harter Arbeit nicht bezahlt. Über zehn Jahre lag das Manuskript herum. Ich hatte es vergessen. Mary hatte es vergessen. Unser Literaturagent,

Peter Basch, aber erinnerte sich daran. 1989 erwähnte er es Fred Jordan gegenüber, dem damaligen Cheflektor bei Grove Press. Und dem gefiel das Buch. ›Lakota Women‹ wurde ein Bestseller und erschien in verschiedenen Sprachen. Wir bekamen sogar einen Filmvertrag dafür. In gewisser Hinsicht ›war unsere Medizin gut gewesen‹. Wäre das Buch 1979 erschienen, hätte es nicht diesen Erfolg gehabt. Frauen, insbesondere Indianerfrauen, waren zu dieser Zeit nicht ›in‹.

Unser erstes Buch beschrieb Marys Leben von der Kindheit bis zum Jahre 1977. »Was ist seit damals aus ihr geworden?« fragten die Leute bei Grove. »Könnten Sie nicht ein zweites Buch schreiben?«, und so zog Mary fünfzehn Jahre später wieder zu uns, diesmal nach Santa Fe, um ein zweites Buch zu schreiben.

Hier ist es.

Richard Erdoes
Santa Fe, New Mexico
August 1992

Kapitel 1
Wie eine Kerze im Sturm

Ich war wie eine Kerze im Sturm, eine kleine Kerze in einem großen Sturm – kaum noch flackernd, fast verloschen. Am 28.März 1991 gab es im Reservat Rosebud in South Dakota einen Stromausfall. Als im Haus meiner Mutter die Lampen ausgingen, sagte sie: »Ich frage mich, ob irgend etwas mit Mary ist.« Wie sie darauf kam, weiß sie bis heute nicht. Dann erfuhr sie es durch ihren Scanner, mit dem man den Polizeifunk empfangen kann. Sie hörte einen Polizisten sagen: »Mary Crow Dog hat einen schrecklichen Unfall gebaut. Sie stirbt. Sie ist tot.«

Ich hatte schwer getrunken, wie die meisten anderen im Reservat auch. Um meine Sorgen zu ertränken, um zu vergessen, um die Verzweiflung in einer Flut von Jack Daniel's und ›Buddy Wiser‹ fortzuspülen. Ich besaß keine Unterkunft. Einen Teil des Sommers über hatte ich in einer verfallenen Hütte gelebt, auf der blanken Erde, mit einer Kerosinlampe und einem schiefen Außenklo, einem wahren Turm von Pisa. Davor hatte ich, manchmal monatelang, mit meinen Kindern ein Tipi in Grass Mountain bewohnt. Der Vorschuß für das Buch war längst verbraucht, jede Woche mußte ich mir bei Richard, meinem weißen Koautor, Geld borgen.

Wegen mancher Dinge, die ich in ›Lakota Women‹ gesagt hatte, mochten die Frauen im Reservat mein Buch. Ein paar Männern hat es nicht gefallen, und sie warfen mir diesen Blick zu, der am liebsten töten möchte. Einer hatte mich verhöhnt: »Du bist ein Nichts, und dein Buch taugt nichts.« Es gehört im Reservat zum Alltag, Frauen zu schlagen. Der Weiße unterdrückt das Halbblut, das Halbblut unterdrückt den Vollblutindianer, und alle lassen ihren Ärger, ihre Verzweiflung und das Gefühl der Ohnmacht an den Frauen aus. Männer haben eine gute und eine schlechte Seite. Nüchtern sind sie Engel. Sind sie aber betrunken, kommt ihre schlechte Seite zum Vorschein, und betrunken sind sie meistens.

Männer wie Frauen trinken, weil es nichts anderes zu tun gibt. Jobs sind nicht vorhanden, die Armut ist unglaublich. Jeder lebt von Sozialhilfe, und die reicht nicht aus, um Körper und Seele zusammenzuhalten. Es gibt nichts, womit man seine Zeit ausfüllen könnte –, außer auf Parties zu gehen und ›Quarter Pitch‹ zu spielen. Auf Parties gehen heißt, sich in Gruppen gegenseitig zu besuchen, um sich zu betrinken. Und sich betrinken bedeutet, eklig zu werden, und oft enden solche Besuche gewalttätig. Männer schlagen auf Männer ein, Frauen auf Frauen, Freunde auf Freunde, und große Kerle schlagen kleine Frauen. Kinder schlagen sie selten, das will ich ihnen zugestehen. Manchmal endet ein Kampf mit Tod oder schweren Verletzungen. Die meisten tödlichen Unfälle aber werden durch FuA verursacht, durch Fahren unter Alkoholeinfluß. Dadurch sterben mehr Menschen als durch Herzkrankheiten und Krebs zusammengenommen. Manche bringen sich dadurch um, daß sie ›Montana Gin‹ trinken, eine tödliche Mischung aus Lysol und Wasser, die in einigen Reservaten sehr beliebt ist.

Ich habe viele Fehler, aber Unaufrichtigkeit gehört nicht dazu. Ich sage, wie es ist, mache mich nicht besser, als ich bin. Daß ich manchmal zusammengeschlagen wurde, war meine eigene Schuld. Ich muß ja nicht auf Parties gehen. Ich muß nicht fast bis zur Bewußtlosigkeit trinken, obwohl das unter den im Res herrschenden Bedingungen eine Wohltat sein kann. Wenn ich in diesem Zustand bin, bricht meine Wut aus mir heraus. Ich werde gewalttätig und rede unflätiges Zeug, gebe den Männern patzige Antworten und kriege prompt etwas ab. So manche Nacht beschloß ich in der Ausnüchterungszelle. Schon mehrere Autos habe ich zu Bruch gefahren, als ich ›lila itomni‹ war.

An jenem Abend des 28.März war ich mit einigen Freunden unterwegs gewesen. Wir hatten schon einiges gekippt und fuhren in den ›Club‹, wo wir noch ein paar Jack Daniel's und Margaritas obendrauf setzten. Dann fuhr ich zu einer Freundin, wo man Bier trank. Ich schloß mich an. Überall lagen leere Bierdosen herum. Als ich aufstand, um zu verschwinden, sagten alle: »Bleib hier. So kannst du nicht fahren.« Aber irgendwie schaffte ich es. Ich wollte meinen Cousin Mike, der zur Hälfte Navajo ist, abholen und mit ihm noch ein paar Buddy Wisers nehmen. Ich kam nie hin. Irgendwie gelangte ich auf die Straße, die zum Wohnwagen meiner Schwester Barb und ihres früheren Mannes Jim führte. Es war so gegen ein Uhr, und ich befand mich auf einer Schotterstraße. Es war richtig lockerer Schotter. Da erwischte ich die falsche Abzweigung, und ich muß wirklich schnell gefahren sein, denn ich verlor die Kontrolle über den Wagen. Als ich den Leitungsmast auf mich zukommen sah, sagte ich nur: »O Scheiße!« Und das ist alles, woran ich mich erinnere.

Als ich wieder zu mir kam, konnte ich mich nicht rühren. Ich rief um Hilfe, aber niemand hörte mich. Dann verlor ich wieder das Bewußtsein. Der Unfall war in der Nähe eines Hauses passiert. Der Mann, der dort wohnte, stand am frühen Morgen auf und bemerkte von seinem Fenster aus mein Auto. Er sah auch den umgestürzten Mast, der sich halb ins Auto geschoben hatte. Zum Glück hatte er ein Telefon und rief die Polizei.

Die Hochspannungsleitungen hatten sich um das Auto verheddert, und um mich herauszubekommen, mußte man die Elektrizitätsgesellschaft bitten, den Strom abzuschalten.

Ich klemmte im Wagen und trieb von einer Ohnmacht in die andere, wußte weder, wo ich war, noch was passiert war. Man hielt mich für tot, aber einer bemerkte, daß mein Puls noch schlug. Als man mich bewegte, durchschoß mich von den Zehen bis in die Haarspitzen eine Woge von Schmerz. Schnittwunden von den Splittern der Frontscheibe hatten überall in meinem Gesicht winzige Blutstropfen hervorgerufen. Meine Mutter meinte, es hätte wie Sommersprossen ausgesehen. Ein Ohr war fast abgerissen und sechs Rippen waren gebrochen. Eine von ihnen hatte sich in den linken Lungenflügel gebohrt und zum Kollaps geführt. Eine andere hatte die Aorta verletzt, aber das entdeckte man erst später. Im Stammeshospital dachte man, ich hätte mir das Genick gebrochen. Man nannte meinen Zustand ›Code Blau‹. Ihnen war klar, daß meine Verletzungen zu schwer waren, um von ihnen behandelt werden zu können, und daß sie mich in das große Krankenhaus von Sioux Falls, unserer größten Stadt, fliegen mußten. Man rief meine Mom an, und sie kam aus He Dog herunter, um bei mir zu sein. Auch mein ältester Sohn, Pedro, kam, zusammen mit meiner Schwester Barb. Sie alle flogen mit. Ich phantasierte, ich würde mit meinen Kindern telefonieren, um ihnen zu sagen, wo ich war, aber natürlich waren das Halluzinationen. Ich war völlig ausgetrocknet und schrecklich durstig, aber wegen meiner Verletzungen wollte man mir kein Wasser geben. Trotz meines Zustands wurde ich rabiat und trat nach der Schwester. Barb nahm das als Zeichen dafür, daß ich wenigstens nicht gelähmt war. Und Pedro gab mir heimlich etwas Flüssigkeit aus einer Infusionsflasche zu trinken.

Als wir in Sioux Falls ankamen, bat meine Mom einen Priester, mir die Sterbesakramente zu reichen, ehe man mich in den OP rollte. Meine Chancen, die nächsten vierundzwanzig Stunden zu überleben, standen nach Meinung der Ärzte eins zu zehn. Man operierte am offenen Herzen, um meine verletzte Aorta durch ein Transplantat zusammenzuflicken. Später hat man mir erzählt, ich wäre bei abgeklemmten Gefäßen für etwa zwanzig Sekunden klinisch tot gewesen. Da ich keine Luft bekam, mußte man eine Tracheotomie vornehmen und mich auch an ein Beatmungsgerät anschließen. In den linken Lungenflügel legte man einen Drain, in die Harnröhre einen Katheter und in beide Arme wurden mir intravenös Antibiotika und weiß Gott was noch gepumpt. Mit meinen kleineren Verletzungen hielt man sich gar nicht erst auf. Sogar jetzt noch, zehn Monate später, sind die ›Verbindungen‹ zwischen meinem linken Schulterblatt und dem Oberarm, wo die meisten Bänder zerrissen waren, nicht wieder hergestellt. Bis auf den heutigen Tag habe ich Schmerzen und der Arm ist ohne jede Kraft.

Vor dem Unfall hatte ich eine Menge durchgemacht, war deprimiert und wollte nicht weiterleben. Das war auch der Hauptgrund, warum ich mich betrunken und den Unfall gebaut hatte. Während der Operation hatte ich einen Traum. Er war sehr wirklich, wie ein reales Erlebnis. Ich ging meine Großmutter besuchen, die mich aufgezogen hatte. Wir befanden uns beide in einem Zimmer des Hauses, in dem ich meine frühe Kindheit verbracht hatte, und ich sagte: »Oma, ich bin gekommen, um bei dir zu bleiben!« Sie antwortete: »Das kannst du nicht.« Da erzählte ich ihr: »Ich will nicht mehr auf dieser Welt sein. Du fehlst mir.« Aber Großmutter beharrte: »Nein, das geht nicht. Du hast Kinder, um die du dich kümmern mußt. Denk an die. Du mußt zurückgehen. Ich werde für dich da sein, eines Tages, wenn du herüberkommst. Ich werde immer für dich hier sein.« So redete mir Großmutter zu, in die Welt und zu meinen Aufgaben zurückzukehren. Nach der Operation glaubte ich, sterben zu müssen, und ich wollte Mom nicht von meiner Seite lassen. Am Tag darauf schob man mich in eine Art riesige Röhre, um ein Computertomogramm von meinem Kopf zu machen. Ich glaubte, ich sei tot und irgend jemand schöbe mich in die Kühlkammer.

Man nahm eine ganze Serie von Operationen an mir vor, und jedesmal, wenn man der Meinung war, mit mir fertig zu sein, wurden weitere Verletzungen gefunden. So entdeckte man, daß meine Gebärmutter einen Schaden davongetragen hatte, und deshalb entfernte man mir einen Eierstock. Vorher sollte ich ein Papier unterschreiben: ›Ich weiß, daß ich nach dieser Operation nie mehr ein Kind bekommen kann‹ – oder irgendwas in dieser Art. Ich weigerte mich zuerst und fragte: »Läßt sich das nicht vermeiden?« Man fragte zurück: »Haben Sie Kinder?« Ich antwortete: »Ja, drei Jungen, ein Mädchen und eine Enkelin.« – »Na, dann haben Sie genug geleistet«, sagte einer der Ärzte. »Hiermit entlassen wir Sie aus der unangenehmen Pflicht, Kinder zu kriegen!« Zehn Monate später war ich wieder schwanger. Das zeigt, wie sehr man sich darauf verlassen kann, was einem diese großen Herren Doktoren erzählen. Da hatte ich gedacht, ich müßte mich nicht mehr vorsehen, und auf einmal trat mir wieder etwas gegen den Bauch. Tja, so geht es.

Einen Monat war ich im Krankenhaus. In meinem Rücken und an anderen operierten Stellen steckten Metallklammern, die schmerzten, wann immer ich mich bewegte. Zuerst konnte ich mich gar nicht rühren, ich lag einfach nur da. Wenn ich meine Position verändern wollte, mußte ich die Schwester rufen. Eines Nachts hatte ich es so satt, immer nur auf dem Rücken zu liegen, daß ich es irgendwie schaffte, mich auf den Bauch zu drehen. Aber das war ein Fehler, weil ich mich dabei in die Laken einwickelte wie eine Mumie. An den Knopf, um nach der Schwester zu klingeln, kam ich nicht heran. Ich rief um Hilfe, aber niemand hörte mich. Schließlich brachte ich es fertig, den Knopf mit dem Fuß zu erreichen. Die Schwester kam, sah mich in meinem Zustand und lachte. Ich hielt das für nicht ganz so spaßig. Aber sonst waren die Schwestern gut zu mir. Nach einer Woche entfernte man den Katheter und den Tubus aus meiner Luftröhre. Ich konnte wieder atmen und selbständig ins Bad gehen. Weil ich nun wieder festes Essen zu mir nehmen konnte, hörten auch die Infusionen auf. Man brachte mich in die Reha-Abteilung zur Physiotherapie. Noch immer hatte ich große Schmerzen, schätzte mich aber glücklich, daß alle Körperteile an der rechten Stelle waren und wieder funktionierten. Es gab eine Menge Rothäute, die aus dem gleichen Grund wie ich in diesem Krankenhaus waren – FuA! Einige hatten Hände oder Beine verloren, andere hatten das Augenlicht eingebüßt oder Hirnschäden davongetragen. Sie waren viel schlimmer dran als ich. Viele Leute schickten mir Genesungswünsche. Mir war gar nicht klar gewesen, wie viele Menschen für mich beteten. Ein Bursche, George, der viel herumsumpfte, hielt sogar ein Schwitzbad für mich ab. Später hat er mir erzählt: »Ich habe jeden Tag an dich gedacht. Selbst wenn ich voll war, habe ich für dich gebetet.«

Als ich wenig später wieder herumgehen konnte, fand ich das alles bis zu einem gewissen Punkt sogar erfreulich. Ich hatte fließend warmes und kaltes Wasser, eine Badewanne und eine Toilette – also alle Annehmlichkeiten, die es in den Häusern des weißen Mittelstandes gab. Ich konnte mir zu essen bestellen, was ich wollte, und den Kühlschrank plündern, wann immer mir danach war. Aber in einem Krankenhaus eingesperrt zu sein, das raubte mir den letzten Nerv. Ich vermißte meine Kinder und Freunde. Also entließ ich mich gegen den Protest einiger Ärzte selbst und bat Barb und Jim, mich die dreihundert Meilen nach Hause zu fahren. Ich blieb bei meiner Mutter, die gut für mich sorgte. Da ich immer noch Schmerzen hatte, gaben mir die Ärzte schmerzstillende Mittel, Demerol und andere Narkotika, die süchtig machen. Je mehr man nimmt, um so mehr will man haben. Ich bat: »Bringen Sie mich von diesem Zeug weg. Ich will nicht als Junkie enden.« Und um die Schmerzen zu unterdrücken, trank ich. Hörte der Schmerz auf, hörte ich zu trinken auf. Manchmal krampft sich mein Herzmuskel zusammen, vor allem, wenn ich überlastet bin. Deshalb habe ich an gewissen

Tagen immer noch Luftprobleme. Als ich beim Sonnentanz im letzten Sommer mit den anderen gesungen habe, wurde ich kurzatmig und mußte mich hinsetzen. Aber das alles ist meine Schuld, weil ich immer noch Zigaretten rauche. Ich rauche auch ein bißchen Peyote, das ich als eine natürliche Medizin für uns betrachte. Drogen wie Crack, Kokain oder Heroin habe ich nie genommen, den harten Stoff will ich nicht. Es kam vor, daß ich ohne einen Joint nicht aus dem Bett und durch den Tag kommen konnte, aber damit habe ich aufgehört, weil es mir nichts mehr brachte. Ich bete zu Wakan Tanka, dem Schöpfer, und ich bin ehrlich zu ihm und zu mir.

Schließlich war diese Episode in meinem Leben zu Ende, aber ich war danach nicht mehr die gleiche wie vorher. Mein Leben hat sich dadurch ganz sicher verändert.

Vor allem drei Dinge haften mir im Zusammenhang mit dem Autounfall im Gedächtnis. Zwei sind komisch und eines ist sehr seltsam. Ich bekam eine Rechnung über fünfzehnhundert Dollar – für einen neuen Telefonmast. Das empfand ich als tragikomisch. Als ich nach dem Unfall für mich und die Kinder einen Wohnwagen erhielt, lieferte mir die Elektrizitätsgesellschaft so lange keinen Strom, bis ich eine Vereinbarung unterschrieben hatte, den Mast in monatlichen Raten zu bezahlen.

Die zweite Sache ist, wenn man es sich recht überlegt, nicht ganz so spaßig. Debbie, die Frau, vor deren Haus der Unfall geschah, betreibt im Ort Mission eine Art Nachtclub. Nun stelle man sich nicht vor, daß es ein Club wie in New York oder Chicago sei. Es ist nur eine kleine, anspruchslose Trinkstube für Rothäute. Debbie ist eine alte Freundin. Ich bin mit ihr zusammen aufgewachsen, und wir verstehen uns wirklich gut. Nach dem Unfall, als ich auf dem Weg der Besserung war, ging ich hin und besuchte sie im Club. Sie sagte zu mir: »Ich bin so froh, daß du noch lebst! Wir haben Stimmung für dich gemacht. Getränke gehen aufs Haus!«

Die dritte Sache, die seltsame, war folgende: Als ich auf dem OP-Tisch phantasiert habe, bildete ich mir ein, ich würde mit meinen Kindern telefonieren und ihnen erzählen, wo ich bin und was mir passiert war. Zu dieser Zeit waren die Kinder bei meiner Schwester Barb. Als Barb aus Sioux Falls nach Hause kam, erzählte ihr mein Sohn June Bug: »Mom hat angerufen. Sie sagte, sie hätte einen Autounfall gehabt und sei im OP. Sie hat auch gesagt, wir sollten uns keine Sorgen machen, sie würde schon wieder in Ordnung kommen.« Der Geist geht sonderbare Wege. Das ist alles, was ich über diesen Unfall, der mich fast das Leben gekostet hätte, sagen kann. Weiße Leser werden ihn vermutlich für etwas ungewöhnlich halten. Im Res erregte er kein Aufsehen. FuA-Unfälle wie meiner ereignen sich alle Tage, man geht mit einem Achselzucken darüber hinweg.

Kapitel 2
Vorfahren

Ich bin eine Iyeska, ein Halbblut, und im Res gibt es einige, die mich das spüren lassen. Die reinblütigen Indianer, die Ikche Wichasha, die ›wilden Naturwesen‹, sehen auf ein Halbblut oft deswegen herab, weil es nicht mehr in der indianischen Tradition lebt, weil es ein ›Apfel‹ ist, außen rot und innen weiß. Das Halbblut wiederum hält den reinblütigen Indianer für rückständig und unterentwickelt. Aber das alles will nicht viel besagen. Ikche Wichasha oder Iyeska – wir alle leben nicht mehr wie die Indianer von früher, wir alle gehen in die gleichen Läden und Supermärkte und mußten unsere Kompromisse schließen, stehen wir doch mit einem Bein in der weißen und mit dem andern in der indianischen Welt. Außerdem sind wir in Rosebud alle irgendwie miteinander verbunden, vor allem deshalb, weil wir Cousins vierten, fünften oder sechsten Grades als Verwandte ansehen. Ich bin ein Halbblut. Na und?

Wir stammen alle von Häuptling Iron Shell ab, von Pankeska Maza, einem Sohn des Kriegers Bull Tail. Iron Shell war ein legendärer Kämpfer. Im Jahre 1843 tötete er in einem einzigen Gefecht elf Pawnees. Er vollbrachte so manche mutige Tat und erhielt viele Kriegsauszeichnungen.* 1849 geriet eine Gruppe Lakota auf dem Kriegspfad in einen Hinterhalt. Über achtzig von ihnen wurden getötet, und die Überlebenden und deren Familien wurden von da an Wa-

* Durch mutige Taten konnte sich ein junger Krieger Adlerfedern verdienen.

blenicha oder Schar der Waisen genannt. Schließlich wurde Iron Shell Häuptling der Wablenicha. Im Jahr 1855 wurden Iron Shell und seine Krieger in der Schlacht am Blue Water River nach heldenhafter Gegenwehr besiegt. Beim Rückzug ging ein Baby verloren, das von einem Offizier gefunden und später seinem Vater, Iron Shell, zurückgeschickt wurde. Das Baby, Hollow Horn Bear, wuchs auf und wurde ein großer Häuptling.

Iron Shell hatte sieben Söhne – der älteste war Bear Dog, dann kamen Hollow Horn Bear, Peter Iron Shell, Bird Necklace, He Frightens, Pretty Bird und mein Urgroßvater, Stephen Brave Bird. Irgendwann gegen Ende des 19. Jahrhunderts bekam jedermann einen ständigen Nach- und einen christlichen Vornamen. Brave Bird hatte nur einen Sohn, und das ist der Grund, warum es so wenige Brave Birds gibt.

Jeder Sohn von Iron Shell gründete seine eigene Tiyospaye, die erweiterte Lakota-Familie, die alle umfaßt, die einen gemeinsamen Vater haben. Von den Söhnen Iron Shells war Häuptling Hollow Horn Bear, Mato He Oglogeca, der bekannteste. Er sah blendend aus, und sein Porträt zierte eine alte Vierzehn-Cent-Briefmarke und eine Fünf-Dollar-Note. Präsident Teddy Roosevelt lud ihn zu seiner feierlichen Amtseinführung ein. In seiner Jugend war er ein großer Krieger. Schon mit sechzehn Jahren vollbrachte er gegen einen Pawnee seine erste mutige Tat. Wie es sich für einen großen Häuptling geziemt, hatte er einen Harem von sieben Frauen. Als Häuptling mußte er freigebig sein, alle Besucher beköstigen und schöne Büffelfelle verschenken. Eine einzelne Frau hätte die ganze Kocherei und Gerberei gar nicht geschafft. Eine seiner Frauen hieß Good Bed. Sein Lager hatte er bei Cut Meat, einer kleinen Siedlung, die so hieß, weil dort das von der Regierung zugeteilte Vieh geschlachtet wurde.

Im Jahre 1912 machte der Häuptling seine erste Fahrt in einem Auto. Wenn ich mich mit der Geschichte meiner Vorfahren beschäftige, verblüfft mich immer wieder die Tatsache, daß meine Urgroßväter und -mütter innerhalb eines einzigen Menschenlebens den Sprung aus der Steinzeit ins Industriezeitalter vollzogen. Iron Shell und Hollow Horn Bear hatten in ihrer Jugend die Lagerfeuer noch mit dem Feuerstein entzündet und waren mit Bogen und Pfeilen mit Steinspitzen in den Krieg gezogen. Gelebt hatten sie vom Büffel. Im Alter aber fuhren sie in Autos umher, telefonierten, posierten für Fotografen und speisten mit Journalisten und Politikern in den Luxusrestaurants der Ostküste. Hollow Horn Bear starb während der Amtseinführung von Präsident Wilson in Washington an einer Lungenentzündung. Seine Leiche wurde per Schiff nach Rosebud zurückgebracht, wo er 1913 beigesetzt wurde.

Ein anderes bekanntes Mitglied unseres Clans war Fool Bull, Tatanka Witko, der bei Little Big Horn gegen Custer gekämpft hatte. Ein altes Foto zeigt ihn mit einer riesigen Halskette aus Bärenklauen, von denen jede einzelne einen Grizzly oder Schwarzbären symbolisierte, den er erlegt hatte. Sein Sohn, Onkel Dick Fool Bull, nahm mich zu meinem ersten Peyote-Meeting mit. Er war der letzte, der noch traditionelle Sioux-Flöten herstellen konnte, die alle in einen Vogelkopf ausliefen, aus dessen offenem Schnabel der Ton kam. Er konnte selbst wunderbar Flöte spielen. Diese Instrumente dienten zur Liebeswerbung, sie machten die Musik dazu. Onkel Fool Bull starb 1975, fast hundertjährig. Er konnte sich noch an das Massaker an etwa dreihundert Lakota-Männern, -Frauen und -Kindern im Winter 1890 bei Wounded Knee erinnern. Onkel Dicks Sohn Leslie arbeitet für die Kirche der Amerikanischen Ureinwohner, die Peyote-Kirche. Auch andere Verwandte von Iron Shell sind Führer oder Anhänger dieser pan-indianischen Religion.

Mein Urgroßvater, Stephen Brave Bird, hatte fünf Frauen. Eine von ihnen, meine Urgroßmutter, hieß Zoe Gurue, war aber auch als Zoe McKenzie bekannt. Sie war Halb-Französin. Stephen war Cowboy. Auf langen, dramatischen Ritten trieb er Vieh von Rosebud nach Texas und in die Teufelsstädte von Kansas – nach Dodge City, Ellsworth und Newton. Er war einer der ersten Rodeoreiter, seine Spezialität war das Bulldogging, bei dem man einen Stier mit bloßen Händen bei den Hörnern zu Boden zwingt. Als er Zoe heiratete, ließ er sich im Reservat an einem Ort nieder, der Hollow Horn Bear Flats heißt. Alle Söhne des alten Iron Shell lebten nahe beieinander, jeder mit seiner eigenen Tiyospaye. Die Hollow Horn Bears saßen in Cut Meat, die Iron Shells in Spring Creek, die Bear Dogs in der Nähe von St. Francis. Sie wohnten da auf dem Land, nahe zusammengedrängt, um sich gegenseitig unterstützen zu können. Stephen lebte auf seinem eigenen Grund und Boden, dem ursprünglich zugeteilten Landflecken. Er hatte einen kleinen Wagen und brachte meiner Großmutter immer Holz und Lebensmittel, nachdem ihr Mann bei einem Unfall ums Leben gekommen war. Er war sehr gütig und konnte für seine Urenkel nie genug tun.

Mein Großvater, Moms Vater, war Robert Brave Bird. Er war Farmer, Jäger und Fallensteller. Den ganzen Winter über fing er Biber, Nerze, Waschbären und Bisamratten. Meine Mutter lebte die Jagdsaison hindurch in einem Zelt am Bach. Im Frühjahr pflegte er alle Felle, die er hatte, zu verkaufen. Mom erzählte, daß das ihr Weihnachtsfest war. Mit dem Geld für seine Pelze kaufte er für all seine Kinder neue Sachen und Mengen von Zuckerzeug. Er kaufte Saatkorn für seine kleine Farm und arbeitete den ganzen Sommer über auf seinen Feldern. Nach der Ernte zog er mit seiner Familie an den Bach zurück. Sie aßen Schildkröten, Biber und alles mögliche. Es muß ein hartes Leben gewesen sein, aber in Moms Erinnerung war es eine glückliche Zeit. Sie hatten weder Strom noch Sanitäreinrichtungen noch fließendes Wasser. Zur Beleuchtung gab es Öllampen und zum Heizen einen Ofen und Unmengen von Holz. Um die Winter von

South Dakota, wo die Temperaturen oftmals auf vierzig Grad unter Null fallen, überleben zu können, muß man abgehärtet sein. Mom erinnert sich daran nicht. Sie hat mir aber auch von alten Bräuchen berichtet, die nach ihren Worten ›nicht so sehr hübsch‹ waren, wie etwa die Vielweiberei oder die Vertreibung einer unerwünschten Frau aus dem Lager, die dann nie wieder zurückkommen durfte. Sie erzählte, daß es einfach dazugehörte, Frauen zu schlagen, und daß Kopfläuse als normal angesehen wurden. Als junges Mädchen konnte Mutter nur Lakota sprechen, sie versteht es immer noch perfekt, spricht es heute aber nur noch sehr langsam. Als Lehrerin kommt sie fast nur mit Leuten zusammen, die Englisch sprechen, und hat deshalb wenig Gelegenheit, ihre Sioux-Sprache zu benutzen.

Großvater Robert war ein feiner Mann, sehr freundlich und ein guter Ehemann und Vater, der Anfang der dreißiger Jahre starb. Er hatte sein Getreide verkauft und fuhr mit dem Wagen zu einem großen Laden, um Lebensmittel zu besorgen. Nachdem er aufgeladen hatte und mit seinem Pferdegespann zurückfuhr, hatte er einen Unfall. Ein Gewitter ging nieder, und die Blitze erschreckten die Pferde. Sie gingen durch und schleiften ihn mit, und um sich festzuhalten, griff er nach einem Zaun. Der Stacheldraht schlitzte ihm den Arm tief auf, er verblutete. Ein Nachbar fand ihn am nächsten Morgen. Er fand auch die Pferde, außergewöhnlich edle und schöne Tiere, wie man mir erzählt hat. Meine Urgroßmutter tötete sie, sie erschoß sie nach alter Sitte. Um das Unglück komplett zu machen, strömten zu einer Schenkungszeremonie, die von der Witwe zu Robert Brave Birds Ehren veranstaltet wurde, die Leute von überall her zusammen, überfielen das Haus wie ein Heuschreckenschwarm und plünderten es bis hin zu den Töpfen und Pfannen aus. Dann kam die Schwester meiner Großmutter und brachte Louises Kinder nach Rosebud, wo Mom den Rest ihrer Kindheit verbrachte. Später ging Louise saubermachen und wusch für andere

Leute Wäsche, zumeist für die Weißen vom Büro für Indianerangelegenheiten. Man hat mir oft gesagt, daß ich dieser Großmutter sehr ähnlich sehe, die eine hellere Haut hatte, deren Gesichtszüge aber echt indianisch waren. Sie ist erst vor einigen Jahren im Alter von fünfundachtzig gestorben. Ihr Mädchenname war Flood.

Die Floods hatten irgendwann während der großen Hungersnot County Mayo in Irland verlassen und waren nach Amerika gekommen. Mein Urgroßvater Tom Flood wurde 1863 geboren. Er ging schon frühzeitig nach Westen und eröffnete in Wyoming, in der Nähe der heutigen Staatsgrenze von South Dakota, einen Handelsposten. Hier heiratete er eines der blonden Mädchen aus Pine Ridge, dessen Vater ein Roubideaux war. In Pine Ridge und Rosebud gibt es noch immer eine Menge Roubideauxs. Einige sind AIM-Aktivisten und Veteranen von Wounded Knee, andere sind Konservative und einer ist Rechtsanwalt. Sie alle stammen von Joseph und Antoine Roubideaux ab – französischen Fallenstellern, Bergmenschen, Händlern und Pionieren, die einem Familienclan entstammten, der sich schon lange zuvor am Mississippi und Missouri niedergelassen hatte, als das ganze riesige Gebiet noch französisch war. Im Indianergebiet tauchten diese Roubideaux zum ersten Mal zwischen 1820 und 1830 auf. Sie waren mit solch berühmten Männern wie Kit Carson, Jim Bridger und Broken Hand Fitzpatrick befreundet. Sie fingen Biber und errichteten kleine Blockhaus-›Forts‹, wo sie den Indianern Felle abkauften und mit ›Klapperschlangen-Whiskey‹ bezahlten – einer Mischung aus einer Gallone Wasser, einer Tasse reinem Whiskey, einer Spur Strychnin für den guten Geschmack, einer Prise Schießpulver, um ihm einen ›Kick‹ zu geben, und drei Klapperschlangenköpfen für die Potenz. Den Whiskey kauften die Brüder in St. Louis für dreißig Cent die Gallone und gaben ihn an die sauflustigen Fallensteller in den Rockies für drei Dollar den halben Liter ab. Antoine hinterließ seine

Einwanderungsspuren von Missouri bis nach Kalifornien, und man kann noch heute ihre tiefen Furchen quer durch unser Land erkennen. Sowohl Antoine als auch Joseph heirateten reinblütige Sioux-Frauen, weil es die einzigen waren, die es weit und breit gab. Irgendwo ist auch ein winziger Schuß spanisches Blut dabei, aber das ist schwer aufzuspüren. Die Frau, die Tom Flood heiratete, war eine muntere Lady, von kleiner Statur aber mit einem großen Herzen. Es geht die Legende, daß sie einmal einen Händler, der sie betrogen hatte, mit ihrem Häutemesser erstach.

Urgroßvater Flood eröffnete einen Saloon und kümmerte sich selbst um die Bar. Er trieb auch Vieh, war Dolmetscher und arbeitete als Zuteilungsagent. Im Jahr 1906 kamen eines Tages, als er im Saloon war, ein paar Cowboys herein und wollten einen Drink. Aus irgendeinem Grund entstand ein Streit, und Tom Flood wurde in den Rücken geschossen. Seine Frau fand die Leiche und trug sie auf dem Rücken sechs Meilen weit zu seinem Lager. Er war ein großer, schwarzhaariger, gutaussehender Mann. Wir haben noch ein Foto von ihm, auf dem er indianisch gekleidet ist und auf dem Kopf einen sehr großen Kriegskopfschmuck aus Adlerfedern trägt.

Dann gab es einen Mann namens Noble Moore, der nach dem Tod meines Großvaters Robert Brave Bird meine Großmutter Louise, Tom Floods Tochter, heiratete. Es waren wunderbare, freundliche Menschen, die mich in meiner Vorschulzeit nach traditioneller indianischer Art erzogen – ich habe das in meinem ersten Buch geschildert. Nobles Sohn Bill heiratete meine Mutter. Er war der mißratene Sohn eines guten Vaters, aber Mom hatte keine große Auswahl. Zu der Zeit war das Reservat ein Höllenloch – die Männer waren völlig demoralisiert, hatten weder Geld noch Jobs und tranken sich aus purer Langeweile zu Tode.

Mein ältester noch lebender Verwandter ist Großonkel Bernard Flood. Er wurde 1900 geboren, ist jetzt also zweiundneunzig Jahre alt. Seine Mutter starb, als er gerade sechs Monate war, er kann sich weder an sie erinnern, noch hat er ein Bild von ihr. Sein Vater war schon gestorben, also war er Waise und lebte bei seiner Großmutter, seinem Bruder John und seiner Schwester Louise in einem Tipi in der Nähe des Little White River.

Als Onkel Bernard das entsprechende Alter erreicht hatte, besuchte er die Schule in St. Francis – bis er etwa sechzehn Jahre war, da brannte die Schule nieder. Danach ging er auf die Schule in Haskell im nördlichen Kansas. Damals besuchten Indianer die Highschool entweder in Haskell oder in Carlysle, Pennsylvania, wohin auch meine Großmutter 1911 kam. In Haskell ging es zu wie in einem Armeelager. Die Jungen mußten Uniformen und steife Kragen tragen, die ihnen den Hals wund scheuerten. Das schlimmste aber waren die steifen, schweren, knöchelhohen Schuhe, an die er nicht gewöhnt war. Sonst war die Schule in Ordnung. In St. Francis hatte Onkel Bernard ungefähr drei Jahre in der Blaskapelle mitgespielt. In Haskell spielte er in der Indianerkapelle Tuba. Zwei Jahre war er dort, von 1916 bis 1918. Und dann trat er mit siebzehn Jahren in die Marine ein und wurde zur Marinebasis an die großen Seen in Illinois abkommandiert. Die USA waren in den Ersten Weltkrieg eingetreten, und deshalb kümmerte es keinen, daß er erst siebzehn war. Zwei Jahre diente er dort und war, abgesehen von einem Chippewa aus Wisconsin, der einzige Indianer auf der Basis. Eine Bigband gab es auch, und so spielte er wieder Tuba. Als Musiker schob er eine ruhige Kugel und kam nicht zur kämpfenden Truppe.

Im Jahre 1922 kehrte er nach St. Francis ins Reservat Rosebud zurück und heiratete eine Frau, die Little Money hieß und auf einer Farm arbeitete. Das Leben im Reservat war hart. Die Leute mußten sich ihre Häuser, meist nur enge Hütten, selbst bauen. Auf Zuteilung erhielten sie Rindfleisch, ein bißchen Mehl und Holz. Andere Unterstützung bekamen sie nicht, auch keine Lebensmittelhilfe von der Regierung; immerhin aber gaben die Regierungsvertreter Bekleidung aus, Schuhe und Stoffe, damit die Kinder in die Schule gehen konnten. Eine ordentliche Schule wurde jedoch erst 1930 gebaut. Es gab nur zwei Konfessionen, die katholische und die der Episkopalkirche. Man war schon hübsch weit damit gekommen, uns – wie sie es nannten – Zivilisation beizubringen.

In seinen jungen Tagen war Onkel Bernard überall zwischen Kanada und dem Navajo-Reservat Window Rock in Arizona gewesen. Einmal ließ man ihn nicht mit Weißen zusammen in einem normalen Zugabteil reisen, weil er Indianer war. Er mußte im Gepäckwagen fahren. Aber das ist lange her.

Im Zweiten Weltkrieg arbeitete er für die Luftwaffe an deren Akademie in Denver, danach für die Marine als Fachmann für die Produktion von 40-Millimeter-Geschützen. Später wurde er in den Stammesrat gewählt. Meist war er es, der mit dem BIA, dem Büro für Indianerangelegenheiten, verhandelte, um Bundesmittel für den Stamm in Rosebud zu ergattern. Zweimal war er wegen Stammesproblemen in Washington. Aber sie bekamen nie genügend Gelder für ihre Arbeit, so daß sie auch nicht viel tun konnten. Zu mir sagte er einmal: »Meine Herumtreibertage sind jetzt vorbei. Ich schaue nur noch nach den Wolken, den Vögeln oder einem Fohlen, das übermütig herumspringt. Zweiundneunzig bin ich jetzt. Wie gern würde ich noch den Anbruch eines neuen Jahrhunderts erleben. Wenn ich das erreichen würde, wäre ich hundert Jahre alt.«

Moms ältester Bruder starb mit achtzehn Jahren. Ihr letzter noch lebender Bruder, Richard Brave Bird, starb vor ein paar Jahren an Leberzirrhose. Er war Rodeo-Mann und besonders tüchtig im Umgang mit Pferden. Er arbeitete bei einem Rancher und brachte manchmal für uns Kinder Pferde zum Reiten mit. Ehe er zu seinen Wettkämpfen loszog, trank er stets eine Menge. Preise gewann er zwar viele, brach sich in seiner Laufbahn aber auch dreimal das Rückgrat an. Und trotzdem kehrte er immer wieder zu seiner Zureiterei zurück. Er und mein Onkel Clifford Broken Leg waren Cowboys alter Schule, und ihre Söhne führten diese Tradition weiter. June Leader Charge, Cliffords Sohn und mein Cousin, ist immer noch Rodeoreiter. Ich ging besonders gern zu den All-Indian-Rodeos, das am 4. Juli ist immer das größte. Wenn die Hauptkämpfe vorüber sind, gibt es ein Rennen auf wilden Pferden, und dabei wird nach alter Manier ohne Sattel geritten. Das ist wirklich aufregend. Einige dieser indianischen Cowboys sind ja schon in frühester Jugend gute Reiter, und man kann durchaus erkennen, wer einmal Weltmeister wird. Es gibt ein altes Sprichwort, das besagt, daß wir Sioux schon reiten können, noch ehe wir laufen gelernt haben. Auch die Mädchen sind gut bei ihren Faßrennen in vollem Galopp, die Peitsche zwischen die Zähne geklemmt. Ich selbst war auch nicht schlecht.

Meine Mutter Emily wurde indianisch erzogen, in einem Zelt draußen am Fluß, abgesondert von der übrigen Welt. Als aber ihr Vater, Brave Bird, starb, wurde sie in die St.-Francis-Missionsschule nach Rosebud gebracht, und dort entschied sie sich für den Weg der Weißen.

Als ich sechs oder sieben war, wurde ich meinen Großeltern fortgenommen und von da an, nach Art der Weißen, katholisch erzogen. Man lehrte mich meine eigene Sprache nicht, weil ›es nicht gut für mich sein würde, indianisch zu sprechen‹. Als Teenager lief ich weg, um zur traditionellen Lebensweise der Lakota zurückzukehren. Meine Mutter hat in ihrem Garten, von hübschen Blumen umgeben, einen Marienaltar. Sie hat ein Klavier im Wohnzimmer und spielt sonntags in der Kirche Orgel. Ich gehe zu Peyote-Meetings, bin Sonnentänzerin und bete zu Wakan Tanka, dem Großen Geist. Meine Mutter und ich sind also sehr verschieden. Wir gehen verschiedene Wege. Aber wir lieben und unterstützen uns, auch wenn wir miteinander streiten. Da ich einmal über das Verhalten meiner Mutter harte Worte sagen mußte, halte ich es nur für fair, deutlich zu machen, daß mir Mutter in der Zeit, als ich Probleme hatte und trank, immer zur Seite stand, daß sie mich nach meinem Unfall wieder gesund pflegte und sich um meine Kinder gekümmert hat, während ich mich erholte. Und ich muß zugeben, daß ich an Tagen, an denen ich in einem alkoholisierten Dämmerzustand war, eine schwere Belastung für sie gewesen sein muß. Unsere Lebensphilosophien sind verschieden, aber wir lieben einander. Und wann immer es mir schlecht geht, kann ich mich an sie um Hilfe wenden.

Nach dem Tod von Großvater Brave Bird brachte eine Tante seine Witwe nach Rosebud zurück, und meine Mutter nahmen sie mit. Wie jedes Kind kam sie in die Internatsschule der Mission von St. Francis, die von Jesuitenpatern und Franziskanermönchen und Nonnen geleitet wurde. Für meine Mutter war das ein ebenso großer Schock wie für alle anderen Indianerkinder, die ihren Familien mit Gewalt weggenommen wurden, um von Fremden erzogen zu werden, die ihnen wie Wesen von einem fernen Planeten vorkamen. Die Kinder mußten das ganze Jahr über dort bleiben und durften die Mission nicht verlassen, nicht einmal an Feiertagen. Deshalb war es kein Wunder, daß meine Mutter jedesmal weinte, wenn der Wagen, der sie dorthin brachte, die Kreuzung erreichte, von der aus sie den Kirchturm sehen konnte. Die Priester und Nonnen waren sehr streng und behandelten die Kinder hart. Es waren die schlimmen alten Zeiten, als man versuchte, die Kinder mit dem Lederriemen zu ›Weißen‹ zu machen. Meine Mutter hat mir erzählt: »Die Kinder liefen immer wieder weg, und wenn sie erwischt wurden, steckte man sie in kleine Zellen und rasierte ihnen die Köpfe. Ein paar Schüler sind erfroren, als sie sich bei ihrer Flucht in Heuschobern versteckt hatten.« Während ich gegen die unerträglichen Bedingungen in St. Francis rebellierte, sah meine Mutter den Schlüssel zu einem besseren Leben in den Dingen, die sie an der Schule lernte. Sie sagte stets, daß die Kinder zu ihrer Zeit eine gute Ausbildung erhalten hätten. »Man sorgte schon dafür, daß du etwas gelernt hast, selbst wenn man dir das Wissen einprügeln mußte. Die Kinder wurden in dieser Schule oft mißhandelt, aber gut ausgebildet haben mich die Lehrer.«

Obwohl meine Mutter die Mißstände beklagt, sagt sie doch auch immer: »Ich bin dankbar für alles, was mir die Nonnen beigebracht haben.« Sogar Klavierspielen und ein bißchen Latein hat sie gelernt.

So vergaß sie, daß sie Indianerin war und konzentrierte sich aufs Lernen. Und das zahlte sich für sie auch aus, wurde sie doch zunächst staatlich geprüfte Krankenschwester und später Lehrerin.

Mom wurde katholisch getauft, und zwar von Pater Eugen Buechel, einem Deutschen. Damals waren alle Priester und Brüder in St. Francis Deutsche. Buechel kam als junger Mann 1902 nach Rosebud und blieb für den Rest seines Lebens im Reservat. Er war Jesuit und ein sehr bemerkenswerter Mann. So gründete er ein Museum für indianische Gebrauchsgegenstände, die er zusammengetragen hatte. Er sammelte, katalogisierte und beschrieb einheimische Heilkräuter, fotografierte die Menschen im Res und stellte ein riesiges Sioux-Lexikon samt Grammatik zusammen. Meine Mutter hat mir erzählt, daß sie durch seine Bücher nicht nur Englisch gelernt hat, sondern auch ein besseres Verständnis für ihre eigene Sprache, das Lakota, bekam. Wie andere Missionare auch pflegte er in einem Einspänner und mit einem tragbaren Altar umherzufahren und in solch winzigen Weilern wie He Dog, Upper Cut Meat, Soldier Creek, White River, Grass Mountain oder sogar in einzelnen Häusern weit draußen in der Prärie die Messe zu lesen. Die Menschen mochten ihn, weil er ein tadelloses Sioux sprach, jede indianische Speise aß, die ihm vorgesetzt wurde, und die Taschen stets voller Geschenke für die Kinder hatte.

Die anderen Priester waren nicht so beliebt, weil sie die Kinder mit dem Riemen schlugen und immer nur Deutsch sprachen, so daß es schwer war, sie zu verstehen – Männer wie Bruder Hartmann und Bruder Joseph, die das Zimmern lehrten, und Vater Schuhmacher, wie man ihn nannte, obwohl sein richtiger Name Hinderhofer war. Er brachte den Schülern das Schustern bei und pflegte sie hart zu schlagen, wenn sie nicht folgten. Man wollte Mutter dazu überreden, Nonne zu werden, aber zum Glück konnte sie sich dafür nicht erwärmen, obwohl sie eine aufrechte Katholikin ist. Und während sich Mom mit Mathematik und Latein herumschlug, sorgte Großmutter für sie, ging saubermachen und wusch für andere Leute – so verdiente sie ihren Lebensunterhalt. Sie ermunterte Mom zum Lernen und sagte immer: »Es ist gut für dich, wenn du beide Seiten kennenlernst, die indianische und die der Weißen. Du wirst es dann besser haben im Leben.«

Ich habe einmal über die Missionsschule harte Worte gesagt, weil wir weder indianisch reden, noch auf indianische Art beten oder zu indianischen Zeremonien gehen durften. Taten wir es doch, wurden wir von den Nonnen geschlagen – ich habe das schon in meinem ersten Buch beschrieben. Fairerweise muß man aber feststellen, daß sich die Dinge in Rosebud und anderen Reservaten zum Besseren gewendet haben. Seit den siebziger Jahren ist St. Francis keine Missionsschule mehr, aber noch immer Internatsschule, und das Lehrerkollegium besteht heute aus Indianern. Es ist vergrößert worden, und man hat jetzt auch eine gute Bibliothek dort. Besondere Leistungen vollbringt man in kultureller Hinsicht. Gibt es zum Beispiel eine Beerdigung, dann hält zwar ein Priester den Gottesdienst, aber wenn die Familie den Traditionen verbunden ist, kann auch die Pfeife geraucht, die Trommel geschlagen und für den Toten gesungen werden. Christen und Traditionalisten kommen sehr gut miteinander aus. Man trifft sich zu Powwows und verschiedenen anderen Aktivitäten. Es gibt heute dort Priester, die am Sonnentanz und am Schwitzbad teilnehmen. Meine Mutter mag das nicht. Sie sagt immer, das widerspreche ihrer Überzeugung, nach der »man nicht in eine andere Kirche gehen soll«. Manchmal schaut sie ein bißchen wehmütig vor sich hin und sagt: »Vielleicht wäre es besser gewesen, wenn wir draußen auf dem Land geblieben wären, wie richtige Indianer gelebt hätten und nie in die Missionsschule gegangen wären. Kann sein, daß meine Kinder dann nicht weggelaufen wären und sich auch nicht der AIM angeschlossen hätten, was ihnen ja nur Ärger eingebracht hat.« Sie meint damit Barb und mich und auch Joe und Sandra.

Als die Wirtschaftskrise kam und jeder arm wurde, bemerkte Mom das gar nicht, weil sie nur Armut kannte. Im Reservat teilte man miteinander, die Menschen halfen sich gegenseitig. Lebhaft erinnert sich Mom an einen Sommer, in dem es in Texas eine Dürre gab und die Rancher die überzähligen Rinder, die sie nicht mehr füttern konnten, dem Reservat schenkten. Man hatte sie nach Rosebud getrieben – Tiere, die wirklich nur noch aus Haut und Knochen bestanden, aber jede Familie bekam eine Kuh. Entlang des ganzen Baches schlachteten die Frauen. Weil es keine Kühlmöglichkeiten gab, schnitten sie das Fleisch in Streifen und trockneten es. Man mußte aber wissen, wie das richtig gemacht wird, sonst wäre das Fleisch verdorben. Die meisten Leute lebten von Zuteilungen. Man erhielt Kaffee, Zucker, Rote Rüben und Backobst. Und irgendwie kam die Familie durch.

Der elektrische Strom kam in den dreißiger Jahren nach Rosebud und Mission. Die kleineren Weiler mußten bis 1958 warten. Zu der Zeit also, als die Schule in He Dog gebaut wurde, benutzten die Leute Kerosinlampen und Kohleöfen.

Der Strom war ja ganz schön, aber mit ihm kam das Fernsehen, und das war nicht so gut. Es verführt die Kinder dazu, wie Weiße zu denken und zu handeln und läßt sie ihre eigene Sprache vergessen.

Mom sagt, daß Myrl Smith, ihr jetziger Mann, mit ihr einen guten Fang gemacht habe, und das ist wahr – einen verdammt guten Fang sogar. Als sie ihren ersten Mann, Bill Moore, heiratete, hatte sie es sehr schlecht getroffen. Bill war ein ansehnlicher Mann mit guter Figur, aber das ist das einzige Positive, was ich über ihn sagen kann. Er hat zum Teil indianisches Blut, gibt aber vor, Weißer zu sein. Einmal brachte er ein paar orientalische Sachen aus Seide mit nach Hause. Ich habe sie später gegen Bücher eingetauscht. Meine Mutter ließ sich von ihm scheiden, als ich ein Jahr alt war. Wir lebten zu der Zeit in Denver. Eines Tages verkaufte Bill alle Möbel, räumte das Haus völlig leer und ging mit dem Geld auf eine große Sauftour. Er landete in einer Bar, wo er eine andere Frau auflas, die – wie er sagte – nicht so verdammt genau und moralisch war wie meine Mom. Das war der Tropfen, der das Faß zum Überlaufen brachte. Seitdem habe ich ihn erst dreimal wiedergesehen. Einmal tauchte er in Rosebud auf, um bei seinem Vater Geld zu borgen. Das zweite Mal kam er zum Begräbnis seines Bruders nach Rosebud. Jedermann mußte seine brandneuen ausgefallenen Cowboystiefel bewundern, und er tat so, als würde er mich nicht bemerken. Das dritte Mal habe ich ihn vor ein paar Jahren erst gesehen. Ich zog ohne Geld und mit allen meinen Kindern von Stadt zu Stadt, von einem Obdachlosenasyl zum anderen, und versuchte verzweifelt, eine Wohnung und irgendeinen Job zu finden. Von einem Asyl in Marshall, Minnesota, hatte ich den Bus nach Sioux Falls genommen, wo es aber noch schlimmer war. Im Dezember, bei Schnee und Kälte, machte ich mich nach Arizona auf, wo ich Freunde hatte und wo es warm war. Die Kinder hatte ich dabei – Pedro, Anwah, June Bug und Jennifer, die damals noch ein Baby war. Bis heute weiß ich nicht, wie ich das alles geschafft habe. Wir kamen bis Omaha, Nebraska, und blieben dort in einem Asyl. Ich erinnerte mich, gehört zu haben, mein Vater hätte wieder geheiratet und sich in Omaha niedergelassen, wo er als Trucker arbeite. Im Telefonbuch fand ich seine Adresse und ging hin. Er war unangenehm überrascht und sagte: »Ich würde dich hereinbitten, aber ich habe Familie. Du weißt ja, wie das ist.« Nicht einmal meine Kinder, seine Enkel, wollte er sehen. Ein für allemal wollte er mit uns nichts mehr zu tun haben. Ich drehte mich um und ging ins Obdachlosenasyl zurück. Am nächsten Tag war ich wieder unterwegs.

Nachdem Bill Moore das Weite gesucht hatte, mußte Mom unseren Lebensunterhalt verdienen. Sie wollte nicht so leben, wie im Reservat üblich, von unzureichenden Almosen der Regierung – zum Leben zuwenig und zum Sterben zuviel. Sie wollte unabhängig sein. Um Krankenschwester zu werden, mußte sie eine Schule besuchen, die sich fast hundert Meilen entfernt in Pierre, der Hauptstadt des Bundesstaates, befand. Also mußten sich meine Großeltern um uns Kinder kümmern. Ich war damals noch klein. Immer wenn meine Mutter von der Schule nach Hause kam, sprang ich ihr auf den Schoß und umarmte sie. Mußte sie wieder zurück, weinte ich und wollte sie nicht loslassen. Das war hart, sehr hart. Vielleicht ist das der Grund, warum ich so und nicht anders bin, vielleicht hatte das Einfluß auf unseren Charakter. Aber welche andere Wahl hatte sie denn? Wir mußten doch irgendwie überleben.

Nachdem sie Krankenschwester geworden war, arbeitete sie drei Jahre im Krankenhaus. Dann tauchte Myrl aus Minnesota auf und unterrichtete an der Schule in He Dog, wo sie wohnte. So lernte sie ihn kennen. Mom hatte fünf Kinder, und er war sein ganzes Leben lang Junggeselle gewesen. Als er sie heiratete, bekam er eine gute Frau. Mom wechselte den Beruf und wurde Lehrerin, und heute unterrichten Myrl und sie an der gleichen Schule. Im nächsten Jahr, glaube ich, wird sie sich aus dem Klassenzimmer zurückziehen, aber wohl nicht von der Arbeit. Sie wird an unserem kleinen Stammescollege unterrichten, dem Sinte Gleska College, das nach Häuptling Spotted Tail benannt ist. Ihr Fach ist Englisch. An zwei Kirchen – St. Briget's und St. Agnes's – ist sie Organistin und spielt zu jeder Totenmesse. Unterricht darin hat sie nie gehabt, sie hat es sich selbst beigebracht. Für diese Arbeit nimmt sie kein Geld an.

Die Frage der Religion hat uns für ein Weilchen getrennt, aber jetzt verstehen wir unsere unterschiedlichen Auffassungen. Meine Schwester Barb und ich hatten angefangen, nach unseren Wurzeln zu suchen, nach einem Glauben, nach dem Sinn des Lebens. Mom sagt heute, daß das sehr gut war, allerdings hat sie nicht immer so gedacht. Sie geht nicht zu Zeremonien und ist an Powwows nicht interessiert. Über indianische Religion weiß sie nicht viel. Als Kind muß sie sie gekannt haben. Vielleicht hat sie vergessen oder wollte vergessen, während meine Schwester und ich zu Onkel Leslie Fool Bull gingen, um über unsere alte Religion soviel wie möglich zu erfahren.

Mom sagt: »Ich glaube, daß es da eine Macht gibt, eine geheimnisvolle Macht, aber ich pfusche nicht in etwas herum, was ich nicht kenne. Wenn ihr Kinder diesen Weg gehen wollt, dann ist das in Ordnung. Wenn ihr so leben wollt und daran glaubt, ist das gut. Nicht gut ist es, wenn ihr von dort kommt und euch betrinkt.«

Meine Mutter respektiert jetzt meinen Glauben und ich respektiere ihren. Ich bin reifer und toleranter geworden. Wenn man sehr jung ist, gibt es nur einen Standpunkt – seinen eigenen. Mom benutzt noch immer ein Kraut, das dort, wo wir wohnen, wild wächst. Sie nimmt die Wurzeln der Pflanze, kocht sie und behandelt damit entzündete Augen. Und gegen Erkältung kocht sie Tee aus der Rinde der Wildkirsche. Trotz allem, was Mom sagt, ist noch viel vom Indianer in ihr und viel von der alten Weisheit der Lakota.

So, das war die Geschichte meiner Vorfahren und Verwandten, der lebenden und der toten, die Geschichte meiner Familie, der Floods und der Brave Birds, eine Geschichte, die nicht zu Ende ist – noch nicht.

Kapitel 3
Ein kleiner Rückblick

Ich muß ein bißchen zurückschauen. Anfang 1973 war ich siebzehn Jahre alt und im neunten Monat schwanger. Der Vater war einer von diesen jungen, gutaussehenden, radikalen Kriegertypen. Ich war vernarrt in ihn, merkte aber bald, daß er keiner von denen war, mit denen man eine feste Bindung eingehen kann. Da ich mich als Teil der AIM – der Amerikanischen Indianerbewegung – ansah, schloß ich mich, als die Bewegung im Februar Wounded Knee übernommen hatte, meinen Freunden an, die diesen historischen Ort besetzt hielten, und war gewillt, mein Baby dort zur Welt zu bringen. Nenne man es ruhig Statement oder Geste des Widerstands. Meine Schwester Barb und mein Bruder Joe hießen mich willkommen. Das Baby kam am 11. April, mitten in einem Feuergefecht, als die Kugeln nur so durch die Luft zischten. Nachdem Clearwater, ein Indianer aus North Carolina, durch die Marshals getötet worden war, hob die Geburt eines neuen Lebens die Moral eines jeden einzelnen. Als mein Baby den Menschen gezeigt wurde, trommelten und sangen sie. Ich nannte meinen Sohn Pedro, nach einem guten Freund, Pedro Bisonette, dem Begründer der Oglala-Sioux-Bürgerrechtsbewegung, der später von der Stammespolizei umgebracht wurde. Er war mir eine große Hilfe gewesen und hatte mich mit seinem Leib gedeckt, als wir von den Bundestruppen beschossen wurden.

Meine Mutter saß zu Hause, sah die Abendnachrichten und machte sich Sorgen. Ihre Kinder waren in der Bewegung – sie nicht. Sie hatte zwei junge Töchter und einen Sohn in Wounded Knee. Mein Bruder, der in Vietnam gewesen war, hatte Mom gesagt: »Die von der Bewegung gehen doch bewaffnet dorthin. Es werden nicht nur die bezahlten Schläger und die Marshals Waffen haben. Und wenn sie auf uns schießen, könnte schon jemand zurückschießen.« Bei dem Feuerring rund um Knee, wo wir – umgeben von Stolperdrähten, Leuchtbomben und gepanzerten Fahrzeugen – festsaßen, war es gar kein Wunder, daß sie fast krank vor Sorgen war – nicht nur wegen ihrer drei Kinder, sondern auch wegen des Babys, das ich trug. Sie wußte nicht einmal, ob wir noch am Leben waren.

Als ich mit meinem kleinen Baby aus Wounded Knee herauskam, wurde ich ins Gefängnis gesteckt. Die Marshals hatten zwar versprochen, mich nicht zu verhaften oder wegen meiner Teilnahme an der Besetzung strafrechtlich zu verfolgen, aber sobald ich mich außerhalb des Verteidigungsringes befand, wurde ich geschnappt. Das war der Tag, an dem innerhalb von Knee Buddy Lamont durch die Kugel eines Marshals umkam. Ich verließ Knee Ende April, zusammen mit Kamook, der Frau von Dennis Banks, und mit dem Leichnam von Buddy Lamont. Es war sehr traurig. Ich mußte immerzu an die denken, die drin geblieben waren in Knee.

Man brachte mich also ins Gefängnis von Pine Ridge. Überall standen Angehörige der Bundestruppen in hellblauen Springeranzügen herum. Sie waren mit M-16-Gewehren mit Zielfernrohren ausgerüstet und bereit, sie auf die roten Wilden zu richten. Einer von ihnen, ein *fettes Schwein*, kam zu mir heran und sagte: »Ist das dein Baby? Wie niedlich.« Ich antwortete ihm: »Mit Kerlen wie dir rede ich nicht.« Da ließ er mich stehen. Man sagte mir: »Du kannst dein Baby hier nicht hereinbringen, ein Gefängnis ist keine Kinderkrippe.« Ich war fassungslos, aber Buddy Lamonts Schwester versicherte mir: »Ich nehme dein Baby zu mir,

Schwester, bis du wieder rauskommst. Ich werde es gut behandeln.«

Man steckte mich in eine Zelle, allein, und erst nach acht Stunden brachte man mich eine Treppe hinauf. Dort saß ein FBI-Agent an einem Schreibtisch und blätterte in Papieren. Er sah mich mit einem widerlichen Grinsen an: »Wir haben ein paar schwere Anklagen gegen dich. Besser, du kooperierst mit uns, falls du weißt, was gut für dich ist.« Ich antwortete: »Was für Anklagen? Es ist kein Verbrechen, ein Baby zu kriegen. Und das ist alles, was ich getan habe – ein Baby zu bekommen.« Er grinste weiter: »Ihr alle seid der Zusammenrottung, des bewaffneten Aufstands, des widerrechtlichen Betretens und der ungesetzlichen Inbesitznahme schuldig – alle und jeder an diesem Ort. Aber wenn du dich richtig verhältst, diese Papiere unterschreibst und uns gewisse Informationen gibst, werde ich dafür sorgen, daß man mit dir milde verfährt.«

Ich sagte ihm, daß wir in der Indianerbewegung es uns zur Regel gemacht hätten, niemals Informationen weiterzugeben oder irgend etwas zu unterschreiben. Er aber bedrängte mich weiter: »Wer ist da drin? Wir brauchen Namen. Worauf sind diese AIM-Kerle aus? Wieviele sind es? Und wieviele Gewehre haben sie?« So ging das eine ganze Weile. Ich saß einfach da wie eine Taubstumme und sah ihn an. Schließlich gab er auf: »Nun gut, Lady, du wirst einige Zeit im Gefängnis verbringen, bis du dich entschließt, uns gewisse Infos zu geben und ein paar Papiere zu unterschreiben.« – »Das wird lange dauern«, sagte ich.

Man legte mir Handschellen an und brachte mich ins Pennington County-Gefängnis in Rapid City. Man warf mich zu einer anderen Indianerfrau in die Zelle, die schon drei Wochen dort saß, ohne die Erlaubnis bekommen zu haben, zu telefonieren oder einen Anwalt zu sehen, auch mir wurde das nicht gestattet. Man brachte noch ein weißes Mädchen zu uns, eine Sympathisantin, die hergekommen war, um ihre

Solidarität zu demonstrieren. Sie durfte gleich telefonieren und mit einem Anwalt in Verbindung treten, und das bewies uns nur, daß wir – jedenfalls vom FBI – niedriger eingestuft wurden als ein weiblicher linksradikaler Hippie. Inzwischen schwollen meine Brüste an und taten weh, weil ich mein Baby nicht stillen konnte. Ich kam mir vor wie eine arme Kuh mit vollem Euter, die keiner melken kommt. Wieder trieben sie mit mir den gleichen Scheiß: »Wer ist dort in Knee? Wir wollen Namen, wir wollen etwas über Gewehre hören, wir wollen, daß du unterschreibst, auf gewisse Rechte zu verzichten. Es liegt bei dir. Kooperiere oder du kannst in deiner Zelle verfaulen.« Ich erwiderte: »Okay, dann verfaule ich eben.« Sie konnten nichts mit mir anfangen. Irgend jemand benachrichtigte meine Mutter und teilte ihr mit, wo ich war. Also kam Mom mich besuchen. Man sagte ihr, ich könnte nicht entlassen werden, weil ich ihnen keine brauchbaren Informationen liefern würde. Und dann sagten sie: »Sie sind doch nur gekommen, um zu protestieren und Ärger zu machen!«, und beinahe hätten sie Mom und Myrl auch noch eingesperrt. Die Schläger richteten ihre Gewehre auf Mutter. Sie hatte es mißbilligt, daß ich mich der Bewegung anschloß, aber wenn ich Ärger habe, ist sie immer da. Man sagte ihr: »Lady, Sie haben fünf Minuten mit ihrer Tochter.« Als sie mich in Ketten sah, weinte sie, aber ich redete ihr zu: »Mom, laß die doch nicht sehen, daß du weinst. So sollen sie dich nicht sehen.« Mom wandte sich an die Beamten: »Meine Tochter ist erst siebzehn. Sie hat nichts Schlimmes gemacht. Lassen sie mich ein bißchen länger bleiben.« Die Antwort war: »Es geht nicht darum, was sie getan hat. Die Sache ist die, daß sie zum Symbol geworden ist.« Als Mom wieder gehen mußte, versicherte sie mir: »Mach dir keine Sorgen um das Baby. Ich werde es zu mir holen.«

Mom ging zu Cheyenne, der Schwester von Buddy Lamont, die mein Baby zu sich genommen hatte. In der Leichenhalle hielt man gerade die Totenwache für Buddy, und meine Mutter saß da die ganze Nacht mit meinem Baby auf dem Schoß. Alle weinten und sangen das Lied der AIM. Buddys Grab ist in Wounded Knee, direkt auf dem Hügel, wo alle Opfer des Massakers von 1890 in einem Massengrab beigesetzt sind, dreihundert Sioux – Männer, Frauen und Kinder. Die FBI-Leute kamen bis in die Leichenhalle und wollten meine Mutter dort ausfragen. Sie sagte: »Haben Sie doch ein Herz. Meine Tochter ist erst siebzehn Jahre alt, und wir trauern hier um einen ehemaligen Marinesoldaten und Veteranen, den ihr Kerle umgebracht habt.«

Der Mann nahm Mutter mit auf den Parkplatz hinaus und versprach, ihr zu helfen. Er sagte aber auch: »Es gibt schwere Anschuldigungen gegen Ihre Tochter.« Meine Mom erwiderte: »Wie können Sie nur soviel Angst vor einem siebzehnjährigen Mädchen haben, noch dazu vor einem so kleinen Mädchen?« Aber wenigstens hatte sie mein Baby.

Nun, in Rapid City, wo man mich hingebracht hatte, konnte das FBI bei mir auch nicht mehr erreichen als in Pine Ridge. Man beschuldigte mich, nahm meine Fingerabdrücke, gab am Ende aber auf. Ich wurde mit den Worten hinausgeworfen: »Wir brauchen deinen Platz für ein paar wirklich schwere Jungs.« Und da stand ich vor dem ›Eisernen Haus‹, wie die Indianer das Gefängnis nennen, und wußte nicht, was ich tun und wohin ich gehen sollte. Ich hielt einen Wagen an, um ins Res zurückzufahren, nach Rosebud, aber zu meinem Pech war es ein bezahlter Schläger, der mich mitnahm. Diese Schläger waren eine Privatarmee, die das Halbblut Dicky Wilson aufgestellt hatte, der korrupte und mörderische Stammesvorsitzende in Pine Ridge, der Jagd auf alle AIM-Mitglieder und jeden machte, der gegen sein Terrorregime auftrat. Diese Schläger waren eine Gangsterbande, und einige von ihnen waren für viele, viele Morde verantwortlich, die nie untersucht worden waren. Man kann sich vorstellen, wie mir zumute war, als ich entdeckte, daß mich einer von denen mitgenommen hatte. Er wollte, daß ich in sein Haus mitkam, »auf ein Sandwich«, wie er sagte. Ich wußte, daß es kein Sandwich war, was er im Sinn hatte, und sagte ihm, ich wolle nach Rosebud heim. Als er versuchte, mich zu zwingen, mit ihm zu gehen, gelang es mir, aus dem Pickup herauszuspringen. Ich rannte wie der Teufel und versteckte mich in einem Abflußrohr, mein Herz raste. Ich war noch ein Teenager und hatte Heidenangst.

Leonard Crow Dog war der Medizinmann der AIM in Wounded Knee gewesen. Er hatte auf mich ungeheuren Eindruck gemacht. Während der ganzen Belagerung war er ein Fels der Stärke und des Mutes. Ich hatte gewaltigen Respekt vor ihm. Er war 1973 einunddreißig Jahre alt. Kurz nachdem ich ins Res zurückgekommen war, nahm er mich einmal in seinem alten klapprigen Auto mit. Plötzlich lag sein Arm um meine Schultern, und er küßte mich. Ich zog mit ihm auf das alte, den Crow Dogs zugeteilte Land in Grass Mountain. Old Henry Crow Dog, Leonards Vater, hatte diesen Ort Crow Dogs Paradies genannt, und unter diesem Namen war es jedem Indianer im Land bekannt.

Kapitel 4
Leben im Paradies

Irgendwann nach Wounded Knee zogen ich und der kleine Pedro mit Leonard Crow Dog zusammen auf das Land seines Vaters. Ich heiratete Leonard nach indianischer Tradition, das heißt, man legte uns eine Decke um die Schultern, wir hielten die Pfeife und wurden gezedert und mit einer Adlerfeder befächelt.* Nach Auffassung der Priester ist das zwar keine rechtsgültige Heirat, aber für uns war es gut genug. Die Crow Dogs lebten noch immer an dem alten Ort, etwa achtzehn Meilen von der Stammesverwaltung in Rosebud entfernt. Das Land ist wunderschön – ein großes, flaches Gebiet, das auch den Sonnentanzplatz mit umschließt und von kiefernbewachsenen Hügeln umgeben ist. Ein Bach fließt durch den Besitz, und der Little White River ist nur wenige hundert Yards weit weg. Ein steiler Pfad führt auf den Berg hinauf, auf dem die Crow Dogs ihre Visionsgrube haben, wenn sie auf eine Hanbleceya, eine Visionssuche, gehen. Hier hielten Leonard und sein Vater 1974 einen Geistertanz ab. Im Sommer ist die Luft vom Gesang vieler Vögel erfüllt. Hoch über dem Kopf kann man die in unserer Religion heiligen Adler und Wasservögel fliegen sehen. Und auch der süße Duft der Pflanzen, die wir bei unseren Zeremonien benutzen – Salbei, Süßgras, Zeder und

* Zedern und Befächeln sind Begriffe, die in diesem Buch noch oft auftauchen werden. Zedern bedeutet, daß Weihrauch, Zeder, Salbei oder Süßgras verbrannt werden, und Befächeln heißt, daß der Rauch mit einem Adlerflügel zu der Person hingefächelt wird, die geheilt oder gereinigt werden soll.

Washtemna, indianisches Parfüm – liegt in der Luft. Den ganzen Bach entlang wachsen Weiden, die als Material für den Bau der Schwitzhütten dienen. Hier gibt es auch Minze für Tee und Wildkirschen, aus denen man Wojapi macht, eine Art Kirschpudding. Leider wächst aber auch sehr viel Gift-Sumach dort.

Der Wohnbereich war sehr malerisch. Den Eingang bildeten zwei lange, gekreuzte Pfähle, an deren Spitze ein Büffelschädel befestigt war und ein Ölbild von Old Henry, das den Peyote-Christus darstellte, in der einen Hand den Federfächer und die Rassel, in der anderen den federgeschmückten Stab. Schon von weitem erkennbar stand da wie ein Monster ein riesiger Truck-Reifen, fast mannshoch. Er war weiß angemalt und trug in großen Lettern die Inschrift: CROW DOGS PARADIES. Für mich war es manchmal die Hölle.

Als ich das erste Mal in diesem irdischen Garten Eden lebte, gab es noch eine Anzahl verschiedener Gebäude. Zunächst war da das Haupthaus, das Henry um 1930 mit seinen eigenen Händen erbaut hatte. Es war ein wunderliches, aber malerisches Wohnhaus, errichtet aus allem, was Henry hatte auftreiben können – aus Teilen eines alten Eisenbahnwaggons, Autoscheiben, altem, ausrangiertem Bauholz und weiß Gott was noch. Die gesamte Außenfront war hellblau gestrichen, die Fenstereinfassungen rot. Im Innern stützten Baumstämme die Decke. Die Wände waren mit festem, schwerem braunem Packpapier beklebt. Kam man herein, betrat man zuerst die Küche, in der es einen altmodischen eisernen Herd gab. Daneben stand eine Bank aus rohem Holz mit einem Kübel kaltem Wasser vom Bach und einer großen Schöpfkelle. Das Wasser war zum Kochen, Trinken und Waschen gedacht, da es in dem Haus weder fließendes Wasser noch überhaupt eine Installation gab. Hinter der Küche lag der große Haupt- oder Wohnraum, mit einer Anzahl von Betten und einem großen Ofen, der mit Holz geheizt wurde. Hier stand auch Großmutter Crow Dogs uralte Nähmaschine mit Fußantrieb. An der Wand hingen alte Familienfotos, eine Anzahl von Henrys Gemälden, ein großes Plakat zum Film ›Stagecoach‹, in dem Henry eine winzige Rolle gespielt hatte, und ein Poster mit dem lächelnden Henry, das er sich Mitte der sechziger Jahre für zwei Dollar in Greenwich Village in New York hatte machen lassen. Von der Decke hingen Bündel getrockneter Heilkräuter, mehrere Exemplare von Kriegskopfschmuck, Tanzkleidung und andere Utensilien. In diesem Raum wurden die Peyote- und Yuwipi-Zusammenkünfte abgehalten. Es gab auch noch zwei kleinere Kammern, von denen die eine als Schlafzimmer für Henry und seine Frau Mary Gertrude diente.

Gegenüber dem alten blauen Wohnhaus stand Leonards Haus, in das Klein-Pedro und ich einzogen. Es war eine sogenannte Behelfsunterkunft, eine schlampig hingesetzte Bruchbude auf einem Fundament aus Schlackesteinen und ohne Keller. Von außen sah es hübsch aus, rot gestrichen mit weißen Ornamenten, aber es begann zu zerfallen, noch bevor es fertig war. Die Regierung hatte diese Unterkünfte überall im Res errichtet. Die Leute nannten sie ›Armenhäuser‹. Aber es hatte einige moderne Annehmlichkeiten. Henrys blau-roter Palast hatte vor kurzem einen Stromanschluß erhalten, und wir leiteten den Saft über einen Draht aus dem alten Wohnhaus in unsere Hütte. Dann gab es einen Propangasherd und hin und wieder fließendes Wasser und einen funktionierenden Abfluß. Es gab ein Badezimmer und eine Toilette, aber aus irgendeinem Grund wurden sie nie angeschlossen. Als ich einzog, fand ich in der Badewanne einen schlafenden Hippie. Das Toilettenbecken zerrte Old Henry manchmal ins Wohnzimmer und benutzte es als Sessel, wobei der Spülkasten als Rückenlehne diente. Die Küche war mit dem Wohnraum kombiniert, dessen Wände mit Leonards heiligen Gegenständen bedeckt waren – Pfeifenbeutel, Peyote-Kalebassen, alle möglichen Perlenarbeiten, einige Stickereien, Fotografien und vieles andere mehr.

Leonard hatte schon drei Kinder von seiner ersten Frau Francine – einen Sohn, Richard, und zwei Mädchen, Ina und Bernadette. Nach und nach fügte ich noch vier hinzu. Das Haus wurde zu klein für uns alle. Im Paradies gab es immer Anhänger, die von irgendwoher kamen und manchmal für lange Zeit bei uns blieben – für Monate, ja sogar Jahre. Einer dieser Gäste war Roque Duanes, der sich dadurch nützlich machte, daß er unsere Behausung noch durch einen hölzernen Anbau und ein Obergeschoß ergänzte. Dieser Teil wurde weiß gestrichen und mit Crow Dogs Wotawe verziert, einer Art Totem oder Familienwappen – zwei Kreise, die Gewehrkugeln darstellen, und zwei Pfeilspitzen. Dieses Wappen hatte Henry selbst entworfen, und es soll symbolisieren, daß sein Großvater, der erste Häuptling Crow Dog, ein großer Krieger war und von zwei Gewehrkugeln weißer Soldaten und zwei Pawnee-Pfeilen verwundet wurde. Die Treppe ins Obergeschoß war nicht gerade für Ängstliche gebaut. Ein riesiges Ölfaß auf Schlackesteinen diente als Holzofen. In Roque Duanes Anbau habe ich meinen dritten Sohn, June Bug, geboren.

Einmal wurden wir im Obergeschoß von Holzböcken geplagt und im Erdgeschoß durch eine Invasion von Wanzen, die einer von unseren weniger erwünschten Gästen eingeschleppt hatte. Wir machten die Hölle durch, ehe wir sie wieder los wurden. Rechts, vom Eingang abgelegen, gab es noch die reisiggedeckte Kochhütte, um im Sommer draußen kochen zu können, den sogenannten ›Squaw-Kühler‹, daneben eine nie fertig gewordene Erdhütte, wie sie die Navajos bauen, die Badehütte und weit hinten am Bach einige Tipis und drei Außenklos, die einer dringenden Reparatur bedurften. Ein Weilchen stand da auch das Wrack eines roten VW-Campinganhängers, den ein New Yorker Freund nach einer Panne dagelassen hatte. Ohne Räder und völlig ausgeschlachtet, diente er vorübergehend einer vierköpfigen Familie als Unterschlupf. Verschiedene Pferde gab es auch. Leonards Liebling, Big Red, kam manchmal durch die Hintertür in unsere Küche und bettelte um einen Leckerbissen. Das Paradies wimmelte vor Hunden. Die Welpen landeten regelmäßig im Kochtopf, wenn wir eine Yuwipi-Zeremonie abhielten, die immer auch ein feierliches rituelles Hundefestmahl ist. Einmal die Woche wusch ich die ganze Wäsche im Zuber mit Hilfe eines alten Waschbretts.

Heute ist nichts mehr geblieben von all diesen merkwürdigen Bauten, die eine Zeitlang ein stattliches kleines Dorf ausgemacht hatten. Das erste, was dahingehen sollte, war Henrys altes Heim. Ich war dabei, als es niederbrannte. Leonard saß damals im Gefängnis in Lewisburg, Pennsylvania, wegen erdichteter politischer Anklagen, die von Wounded Knee herrührten. Er war immer davon überzeugt, daß die Schläger, die die Bewegung haßten, das Haus angezündet hatten. Ich glaube, das Feuer ist durch etwas anderes verursacht worden. Henry war nicht da, als es geschah, er war wegen irgend etwas ein paar Tage unterwegs. Ich war mit Großmutter und den Kindern allein und hielt mich drüben in unserer Behausung auf. An diesem Morgen ging ich hinüber, Großmutter nähte gerade Patchwork-Kissenbezüge und gab mir ein Kissen. Ich ging zurück, um mich um meinen Haushalt zu kümmern und las gerade in einem Katalog, als ich von dem Stromkabel, das unsere Häuser verband, ein Geräusch hörte, so als hätte es einen Kurzschluß gegeben. Ich stand auf, lief zum anderen Haus und sah Rauch herausdringen. Großmutter stand da, völlig außer Fassung. Die Innenwände, die mit Papier beklebt waren, brannten lichterloh. Sie wollte bleiben, aber ich packte sie und zog sie aus dem Haus. Es gab da noch einen kleinen Nebenraum, und sie sagte: »Meine Koffer!« Also schlug ich das Fenster ein, kletterte hindurch, holte einen Koffer und hievte ihn nach draußen. Ich wollte auch noch den anderen holen, aber da standen die Wände schon in Flammen. Großmutter fing an zu schreien und zu weinen und rief, ich solle herauskommen, und das tat ich dann auch. Als ich aus dem Fenster sprang, fiel das Haus in sich zusammen. Alles ging wahnsinnig schnell. Die Feuerwehr kam, aber es war zu spät. Damals lebte Leonards Schwester Berta noch. Sie kam herüber, und wir alle fühlten uns wirklich mies. Als die Kinder nach Hause kamen und entdeckten, daß sie kein Heim mehr hatten, brachen sie in Tränen aus. Ina, die gerade eine Basketball-Medaille gewonnen hatte, stand nur da und weinte. Sie tat mir so leid, sie alle taten mir leid.

So wohnten sie dann bei mir, in Leonards Haus. Großmutter Crow Dog war Kettenraucherin. Das schönste Geschenk, das man ihr machen konnte, war eine Stange Pall Mall. Die benutzten Streichhölzer pflegte sie mit dem Finger fortzuschnipsen, und manchmal lagen auch noch brennende Zigarettenstummel auf dem Fußboden. Kann sein, das Feuer hatte etwas mit dieser Angewohnheit zu tun.

Jedenfalls mußten Henry und Großmutter in die primitive Kochhütte ziehen, und das war für sie wirklich ein Schritt abwärts.

Das nächste, was verschwinden sollte, war Leonards rote Behelfsunterkunft. Leonard, ich und die Kinder waren ein paar Wochen weg, um an der mexikanischen Grenze, in der Gegend, die Leonard die Peyote-Gärten nennt, die heilige Medizin zu sammeln. Als wir nach Hause kamen, war unsere Behausung verschwunden. Irgend jemand hatte sie gestohlen. Weiße mögen sich fragen, wie ein Haus gestohlen werden kann. Sie würden die Frage nicht stellen, wenn sie je eine dieser Unterkünfte gesehen hätten oder gar drin gewesen wären. So wie sie gebaut sind, kann man sie einfach aufnehmen und damit davongehen. Auch der VW-Campinganhänger war auf mysteriöse Weise verschwunden. Die Erdhütte verfiel von allein. Schließlich blieben nur zwei Tipis und die Badehütte übrig.

Als ich in das Paradies kam, mußte ich zunächst eine schwere Zeit durchmachen. Ich war eine Außenstehende, ich war ein Halbblut, ich sprach nur wenig Sioux und ich kam mit einem Baby daher, das nicht von Leonard stammte. Mein größtes Verbrechen bestand aber nach Ansicht einiger Mitglieder der Crow-Dog-Tiyospaye darin, daß ich an die Stelle von Francine trat, Leonards erster Frau, einer Vollblutindianerin, die Lakota sprach. Gewisse Verwandte Leonards waren wirklich gemein zu mir. Wieder und wieder beschuldigten sie mich, Leonards Familie zerstört zu haben, nannten mich Eindringling. Das war lächerlich, weil sich Leonard und Francine getrennt hatten, lange bevor ich auf der Szene erschien. Auch Leonards Eltern betrachteten mich als Störenfried. Old Henry war der tolerantere der beiden. Als Traditionalist hielt er noch immer an den alten Stammesbräuchen fest, zum Beispiel dem, niemals mit seiner Schwiegertochter zu reden. Es gibt tatsächlich dieses Tabu, daß ein Schwiegervater niemals mit seiner Schwiegertochter und eine Schwiegermutter niemals mit ihrem Schwiegersohn sprechen darf. Dahinter steckt eine ungeheure Angst vor Inzest, davor, daß sich ein Schwiegervater zu der Frau seines Sohnes hingezogen fühlen könnte oder ein Schwiegersohn zur Mutter seiner Frau, egal wie unwahrscheinlich das auch ist. Es gab allerdings eine Möglichkeit, das Tabu zu umgehen. Der alte Mann murmelte etwa: »Es würde mir bestimmt gefallen, wenn mir jemand Kartoffeln und Speck braten würde.« Oder ich sprach wie eine Tagträumerin laut vor mich hin: »Es wäre nett, wenn mir jemand ein bißchen Holz hacken würde.« Henry machte auch Konzessionen an die neue Zeit. Er redete immer dann kurz mit mir, wenn es absolut notwendig war oder wenn ich schon alle Hoffnung aufgegeben hatte, daß er – wenn auch widerwillig – mal ein paar nette Worte sagen würde. Meist aber war er mir gegenüber taubstumm. Als ich Crow Dog verlassen hatte, stellte mich mein neuer Mann, Rudi, seinem Vater mit den Worten vor: »Das ist meine Frau.« Es blieb still, ich sprach schon gar nicht. Da sagte Rudi zu mir: »Das ist meine Familie und mein Reservat. Du kannst reden.«

Ich muß gestehen, daß ich Henry gern mochte. Er hatte ein phantastisch reinrassiges Gesicht und eine schlanke, jugendliche Figur, obwohl er fast achtzig Jahre war. Noch immer ritt er auf seinem Pferd und zog eine Ladung Feuerholz hinterher. Seine Hände waren stets beschäftigt, entweder fertigte er ein Tanzpolster oder einen gehörnten Kopfschmuck oder irgend etwas anderes. Er war ein guter Tänzer, auch noch im hohen Alter. Wenn er den Adlertanz tanzte, vergaß man, daß er ein Mensch war. Er wurde zum Adler, schlug mit den Flügeln, bewegte und drehte den Kopf wie ein Vogel. Old Henry verfügte über einen verschmitzten Humor, und es machte viel Spaß, ihm zuzuhören. Sein Englisch war sehr eigen, ein Henry-Crow-Dog-Englisch, das er erfunden hatte, voller drolliger, seltsamer und poetischer, halb indianischer und halb weißer Wortschöpfungen. Auf sein Indianertum und die Geschichte seiner Familie war er unheilbar stolz und sprach oft vom ›königlichen Blut der Crow Dogs‹. Mich verletzte es, daß die beiden alten Leutchen mich immer Takoja, Enkelin, nannten und nicht Wiwoka, Schwiegertochter.

Henrys Frau, Mary Gertrude, war eine freundliche, sehr mutige, breitgesichtige Frau. Sie stellte schöne Perlenstickereien und Mokassins her, war aber so kurzsichtig, daß sie die Sachen, an denen sie gerade arbeitete, fast mit der Nase berührte. Anfangs wollte sie mich einfach nicht akzeptieren.

Am Ende aber liebten wir uns. Ständig kamen eine Menge Frauen, die bei Großmutter Crow Dog Rat suchten, schließlich gehörte sie zu den Ältesten. Sie wußte auch immer etwas zu sagen, selbst wenn es nur ein Allgemeinplatz war. Gegen das Saufen hatte sie etwas, aber es gelang ihr einfach nicht, andere davon abzuhalten. Bevor das Haus der alten Leute niederbrannte, stand ich immer zeitig am Morgen auf und kochte – gewöhnlich buk ich frisches Brot oder Pfannkuchen oder Muffins – und brachte ihnen etwas davon hinüber, solange es noch warm war. Dann setzten wir uns alle hin und sprachen über Verwandte oder erzählten uns einfach nur Klatsch. Es ging immer lebhaft zu, vor allem beim Frühstück, wenn Kaffee getrunken und geschwatzt wurde. Großmutter sprach häufig Sioux, ungeachtet der Tatsache, daß ich dann nur die Hälfte von dem verstand, was sie sagte. Aber das störte sie nicht, so ungefähr bekam ich den Sinn ja mit. Nie habe ich sie untätig gesehen, sie war stets mit ihren Mokassins beschäftigt, die sie, so oft es ging, in die Stadt zum Verkaufen brachte.

Meine Mutter und Großmutter Crow Dog waren zusammen auf der katholischen Internatsschule in St. Francis. Mom sagte einmal: »Mary Gertrude lebte streng nach den Traditionen, selbst als wir noch Kinder waren. Ihr Englisch war nicht besonders. Sie hat sich für den überlieferten Weg entschieden, ich für den neuen.«

Von Leonards Schwestern war vor allem Christine immer nett zu mir. Sie ist eine gute Peyote-Sängerin mit einer weichen, tiefen und klangvollen Stimme. Leonard hielt meistens zu mir, manchmal aber habe ich mich gefragt, ob er sich wegen meines Aussehens und meines Charakters von mir angezogen gefühlt hatte oder von der Tatsache, daß ich in Wounded Knee Pedro geboren hatte, den er als Symbol der Erneuerung, der Wiedergeburt des Volkes der Lakota betrachtete und der sein Nachfolger werden sollte.

Das Leben in diesem Paradies glich einem rund um die Uhr spielenden Affenzirkus. Es gab keinen ruhigen Augenblick. Nie waren wir allein. Privatsphäre galt als merkwürdige Vorstellung des weißen Mannes, die nie in Betracht gezogen wurde. Dauernd kamen Leute, die um Geld baten, weil sie glaubten, daß Leonard als Häuptling und Medizinmann sie aushalten müßte. Bemerkenswert war, daß Leonard genauso dachte. Nein, das stimmt nicht ganz, weil es von seinem Standpunkt aus ganz und gar nicht bemerkenswert war. Nach seiner Tradition war es selbstverständlich, von einem Häuptling zu erwarten, daß er großzügig ist, allen Geschenke macht und sich von seinem gesamten Besitz trennt. Und so verschenkte er Geld, mit dem Essen für die Familie hätte gekauft werden sollen. Manchmal gab er auch das Essen weg, und wir blieben ohne Mahlzeit und hungrig. Ich bewunderte ihn deswegen, aber schließlich war ich Mutter und Stiefmutter von sieben Kindern, und es trieb mich manchmal an den Rand eines Nervenzusammenbruchs, nie Geld zu haben. Leonard war in vielerlei Hinsicht ein wahrhaft großer Mann, aber was Geld bedeutet, wußte er nicht. Auch ich kann nicht mit Geld umgehen, aber ein bißchen besser als er war ich darin doch. Manchmal kamen Leute und gaben ihm ein paar Dollar, damit er eine Zeremonie abhielt, und er verschenkte sie unverzüglich.

Mit allen Sorgen kamen die Menschen zu Leonard. Ich zog ihn damit auf, daß er der Stammespsychiater sei. Wie bestimmte Fachärzte hatte er rund um die Uhr Bereitschaftsdienst. Tag und Nacht kamen Leute, um über Stammespolitik, über Religion, die wirtschaftliche Lage des Reservats, Familientragödien, vertragliche Rechte und hundert andere Dinge zu diskutieren. Und weil die meisten Besucher echte Indianer sind, die zwar kaum lesen und schreiben können, aber in der großen mündlichen Tradition unseres Volkes aufgewachsen sind, pflegen solche Gespräche lang zu sein, wundervoll blumig und poetisch. Aber wenn sie dauern und dauern, bis in die frühen Morgenstunden hinein, kann einen das schon sehr ermüden.

Es gibt einen indianischen Zeitbegriff und einen Zeitbegriff des weißen Mannes. Indianische Zeit bedeutet, daß man niemals auf die Uhr schaut, daß man das, was man will, dann tut, wann man will. Für einige heißt das, um Mitternacht zu essen und am Mittag schlafen zu gehen. Früher hatten wir keine Uhr, Armbanduhren schon gar nicht. Unsere Uhr war die Natur. Wollten wir zeitig aufstehen, tranken wir am Abend vorher ein bißchen mehr Wasser, unsere Blase weckte uns dann schon auf. Die Sonne, der Mond, die Jahreszeiten waren unsere Zeitmesser, und unbewußt ist uns diese Vorstellung von Zeit noch immer gegenwärtig. Es gibt in unserer Sprache nicht einmal ein Wort für Zeit. Selbst die weltgewandten, in der Stadt aufgewachsenen AIM-Führer, große Redner, die die Medien um den kleinen Finger wickeln können, verhalten sich manchmal nach indianischer Zeitvorstellung. Ich erinnere mich, daß sich nach der Krise von Wounded Knee einige unserer führenden Leute verzweifelt darum bemüht hatten, im Fernsehen aufzutreten, um unsere Sicht der Vorgänge darzulegen. Ein Sender räumte ihnen die Möglichkeit ein, zur Hauptsendezeit – am Dienstagabend, glaube ich – eine Stunde lang zu sprechen. Sie tauchten aber nicht auf, sie kamen am nächsten Abend, dem Mittwoch. Die Fernsehleute waren fuchsteufelswild. »Versuchen Sie nie wieder, bei uns Sendezeit zu bekommen«, sagten sie zu unseren Führern. »Sie haben uns in eine fürchterliche Situation gebracht. Wir mußten jeden nehmen, der bereit war, an Ihrer Stelle einzuspringen. Das war ein absoluter Reinfall. Sie haben uns in Schwierigkeiten gebracht.« Das konnten unsere Leute nicht verstehen. Was sollte der ganze Wirbel? Dienstag oder Mittwoch – was machte das schon? Wer konnte denn ahnen, daß die Weißen wegen eines Datums solches Theater machen würden? Die Zeit des weißen Mannes und die Zeit des Indianers –, das sind einfach zwei völlig verschiedene Begriffe.

Da ich mich sowohl um die Kinder als auch um die Besucher kümmern mußte, kam ich nicht zur Ruhe, ja sogar kaum zum Schlafen. Die Leute sahen auch herein, wenn Leonard nicht da war, und erwarteten dann von mir, daß ich ihnen Geld gab oder Essen und einen Schlafplatz anbot. Wann immer Leonard für einige Zeit im Paradies war, gab es

Zeremonien – Dampfbäder, Yuwipis oder die regelmäßigen Treffen der Kirche der Amerikanischen Ureinwohner. Yuwipi-Rituale dauerten gewöhnlich die ganze Nacht und Peyote-Meetings von Sonnenuntergang bis Sonnenaufgang oder noch länger. Und das bedeutete jedesmal, daß zwischen einem und drei Dutzend Leute ins Paradies kamen, um daran teilzunehmen. Nach einem nächtlichen Ritual wollten die meisten dann nicht nach Hause fahren und blieben da, um sich auszuschlafen und zu essen. Bei solchen Anlässen war der ganze Fußboden mit Leibern bedeckt und glich einem Robbenbrutplatz. Aus Angst, jemanden zu treten, wagte ich mich manchmal nicht einmal auf die Toilette. Da war einfach kein Platz, wo ich hätte hintreten können. Einige Besucher waren alte Freunde, andere waren völlig fremd. Sie entstammten allen Schichten, Rassen und Lebensbereichen – Indianer, Weiße, Schwarze, Asiaten. Sie kamen aus Mexiko, Europa und Japan. Viele kamen aus Neugier und wollten den ›großen Schamanen‹ sehen, um etwas über indianische Spiritualität zu erfahren. Viele waren Groupies, Hippies und die meisten von ihnen New-Age-Leute. Einige blieben ein paar Stunden, andere ein paar Monate, manche blieben sogar Jahre und wurden allmählich Mitglieder unseres Haushalts. Sogar buddhistische Mönche hatten sich bei uns eingenistet, und einer von ihnen wurde ein echter Freund und Sonnentänzer.

Es kostete mich immer mehr Kraft und brachte mich aus der Fassung, ständig von ganzen Besucherscharen überfallen zu werden. Ich sehnte mich danach wegzufahren – einfach, um für eine Stunde zu entfliehen und etwas Ruhe und Frieden zu finden. Als Leonard in Lewisburg im Gefängnis war, nahm ich Klein Pedro und fuhr nach New York, zu meinem Koautoren Richard Erdoes und seiner Frau. Das tat ich nicht nur, um näher bei Leonard zu sein, sondern auch, um dem Leben und Treiben im Paradies, das mich auffraß, zu entkommen. Welche Wohltat war es, ein heißes Bad nehmen zu können, die ganze Nacht durchzuschlafen und etwas anderes zu essen als geröstetes Brot, Bratkartoffeln und fettige Hamburger.

Als ich zurückkam, ging das Elend wieder von vorn los. Vor Erschöpfung bekam ich eine Lungenentzündung. Henry war nicht da, und das bedeutete, daß ich der ›Mann im Haus‹ sein mußte. Anders gesagt, es war meine Aufgabe, Holz zu hacken. Ich nahm eine Motorsäge, schnitt Holz für die Nacht zurecht und stapelte es auf. Eines Abends war ich so müde, daß ich mich kaum bewegen konnte. Ich legte mich hin und deckte mich mit einer Decke zu, aber es war so kalt, daß ich mich nicht erwärmen konnte. Meine Zähne klapperten. Einen Augenblick war mir heiß und ich schwitzte, dann fror ich und zitterte. Am nächsten Tag fuhr ich per Anhalter in die Stadt und ging ins Krankenhaus. Man sagte mir, ich hätte Lungenentzündung. Wie immer, wenn ich Sorgen habe, ging ich zu meiner Mutter. Für eine ganze Woche kehrte ich nicht ins Paradies zurück. Ich konnte es einfach nicht. Mom pflegte mich gesund. Das war wie ein zehntägiger Urlaub.

Wieder im Paradies, hatten wir kein Haus mehr, in dem wir hätten wohnen können. Da war nur noch die alte Kochhütte, in die es hineinregnete. Schließlich mieteten wir einen Wohnanhänger in Antelope, und zunächst war das auch ganz hübsch. Es war schwer gewesen, einen zu finden, den man uns bei unseren vielen Kindern vermieten wollte. Schließlich fanden wir einen am Rande des Ortes bei einer Indianerlady. Alles war in Ordnung, und mit den Nachbarn kam ich gut aus. Wir hatten Kabelfernsehen und Telefon, aber kein warmes Wasser, weil der Hänger dringend neue Wasserrohre gebraucht hätte. Im Frühling und Sommer kamen die Leute, brachten uns Tabak und baten um Rat, sie wollten uns einfach besuchen und schwatzen. Es kamen auch Leute, die uns etwas verhökern wollten. Diese Jungen zum Beispiel, die uns für dreißig Dollar eine Mikrowelle andrehten. Ich hielt das für ein gutes Geschäft, bis etwa eine Woche später die Polizei auftauchte und uns eröffnete, daß das Ding gestohlen worden war und wir wegen Hehlerei belangt würden, wenn wir es nicht zurückgäben. Wir taten das und bekamen ungefähr einen Monat später von den Jungen unser Geld wieder. Danach waren wir vorsichtiger. Der Trailer hatte drei Schlafräume, ein Bad, eine Küche und einen Wohnraum. Er war auf Schlackesteine gesetzt, ungefähr zwei Fuß hoch über der Erde. Der Fußboden war morsch und ich brach prompt durch. Die Hüfte hätte ich mir brechen können. Schließlich kehrten wir ins Paradies zurück und lebten wie in längst vergangenen Tagen in zwei Tipis.

Leonard ist Medizinmann. Zeremonien abhalten ist alles, was er kann. Lesen und Schreiben beherrscht er nicht, weil Henry ihn nicht hatte zur Schule gehen lassen und den Beamten, der ihn holen wollte, mit einer doppelläufigen Schrotflinte davongejagt hatte. Der alte Mann vertrat die Ansicht, die Schule würde ›seine geheiligten Fähigkeiten zunichte machen und seinen indianischen Verstand unter dem Lehrstoff des weißen Mannes begraben‹. Wegen gewisser Träume und Visionen, die er in der Kindheit gehabt hatte, waren sie davon überzeugt, daß Leonard zum Medizinmann bestimmt war. Und so verdient er nun – wenn man das so nennen kann – seinen Lebensunterhalt damit, daß er überall im Land Rituale abhält. Da er für seine Heilzeremonien und das Zedern nichts verlangt, muß er sich tummeln, um eine Gemeinschaft oder sympathisierende Einzelpersonen zu finden, die seine Arbeit unterstützen.

Dieses Medizinmann-Dasein bedeutete, daß wir wie fahrendes Volk mit Sack und Pack, mit den Kindern und fast immer auch mit einem Hofstaat von Verwandten und Anhängern dauernd umherzogen. Leonard ist Häuptling, und Häuptlinge reisen nicht allein. Es fiel ihm auch leichter, Geld für eine große Gruppe aufzutreiben als für zwei oder drei Personen. Fast immer waren wir in zwei oder drei Autos unterwegs, die kurz vor dem Zusammenbrechen waren. Von jeher hatte er sich mit Leuten umgeben, das ist so seine Art. Aber nicht genug damit, daß wir uns schon mit sechs oder acht Personen auf den Weg machten – immer mußte er auch noch Anhalter auflesen, oft ziemlich verdächtige Typen, von denen ich ein paar auch für Bundesagenten hielt, die uns überwachen sollten. Den ganzen Winter hindurch waren wir unterwegs – mit den Kindern. Deshalb hatten sie auch nicht viel Schulunterricht, aber wie sein Vater hielt Leonard nichts von Bücherwissen und vom Lesen, Schreiben, Rechnen. Allerdings muß ich auch zugeben, daß er die Jungen mitnahm, um sie die Rituale zu lehren und sie auf traditionelle Weise zu erziehen. Mir kam es immer vor, als verbrächten wir unser Leben in fahrenden Autos.

Angenommen, wir wollten irgendwohin, um eine Zeremonie abzuhalten, nach Texas oder Kalifornien etwa. Man hatte Leonard vielleicht hundert Dollar für Benzin geschickt, damit aber kamen wir nicht weit und mußten deshalb überall, wo er einen Freund oder Bekannten hatte, anhalten und diesen um Spritgeld bitten. Die ganze Fahrt über waren wir ständig in Eile, und es war eine Belastung für mich, daß ich oft nicht wußte, ob wir etwas zu essen haben würden. Unsere Autos waren immer überfüllt – wie der kleine VW-Käfer im Zirkus, der mitten in der Manege anhält, und dann steigen dreißig Mann aus. Den Trick hätten wir für Geld vorführen können. An einem Tag mußten wir in den Autos schlafen oder unsere Bettrollen daneben auf der Straße ausrollen, am nächsten übernachteten wir im Haus irgendeines reichen Gönners und wurden mit einem großen Feinschmeckeressen in einem exklusiven Restaurant bewirtet. Wir begegneten mehr Leuten, als mir jetzt noch erinnerlich ist – Indianern und Weißen, guten und schlechten, reichen und armen, konventionellen und verschrobenen Typen. Viele waren wirklich sehr nett und einfühlsam und hatten Verständnis für das, was wir taten. Einige gingen bis zum äußersten und luden sich einen Haufen Unbequemlichkeiten auf, nur um uns unterzubringen und die ganze Bande abzufüttern. Ich lernte viel und bekam eine Menge Einblicke, aber dennoch machte mich dieses unstete Zigeunerleben fertig. Als jugendliche Ausreißerin war ich ja mit verschiedenen Banden radikaler AIM-Kids von Stadt zu Stadt gezogen, aber wenn man zehn oder fünfzehn Jahre älter ist und Kinder hat, dann ist das schon etwas anderes.

Einige Leute sahen in Leonard so eine Art Zauberer, der fast alles richten kann. Vor ein paar Jahren gab es in Ohio eine Dürre. Ich glaube, es hatte dort seit vierundzwanzig Monaten nicht einen Tropfen geregnet, und die Farmer waren verzweifelt. Sie wandten sich an Leonard, daß er für sie eine Regenzeremonie abhielt. Eilends brachte man ihn in einer Limousine hinaus. Auch ein Hopi-Ältester war zu Hilfe geholt worden – zwei Medizinmänner sind besser als einer. Leonard aber hatte die Leitung. Er hielt die Zeremonie, und es *regnete und regnete und regnete.* Die ganze Gegend stand unter Wasser. Das wurde landesweit im Fernsehen gezeigt. Und diese Stadt in Ohio errichtete zu Ehren Leonards sogar einen Springbrunnen mit seiner Statue obenauf. Für sein Kommen hatte man ihm etwa zweitausend Dollar gezahlt, aber außer unserem damals neunjährigen Sohn Anwah nahm er noch fünf oder sechs Leute mit, so daß ihn das alles – wie üblich – mehr kostete, als er einnahm.

Hin und wieder hatten wir Oliver Stone getroffen, der uns erzählte, daß er uns in dem Film ›The Doors‹, den er damals gerade drehte, gebrauchen könnte. Also fuhr die ganze Karawane nach San Francisco. Wir sollten in einer Szene mit Hippies spielen, die händeklatschend Musik hörten, und zwar so laut, daß ich glaubte, mir würden die Ohren abfallen. Leonard, Pedro und ich wurden indianisch angezogen. Man wollte, daß ein Indianer tanzte und dann in die Lüfte aufflog. Und wir sollten um ihn herumtanzen und singen. Oliver, der damit beschäftigt war, den Drehstab und die

Schauspieler einzuweisen, kam zu uns und sagte: »Steht hier nicht rum wie Mama und Papa Kettle, bewegt euch – macht irgendwas.« Im Hintergrund tanzten nackte Frauen. Dann waren da noch der Schauspieler, der Jim Morrison spielte, Leonard und eine Indianerin, die alle um ein Feuer tanzten, ein riesiges Feuer. Mit voller Lautstärke setzte die Musik ein. Als Oliver kam, sah ich schon, daß er unter Druck stand und irgendwie genervt war, aber anschreien mußte er uns deswegen nicht. Er hat seine netten Seiten, aber er hat auch etwas übertrieben Geschäftiges an sich. Ich wurde wild und sagte: »Ich muß hier nicht stehen und mir das bieten lassen.«

Diese Szene war die letzte des Films, die in San Francisco aufgenommen wurde, und als sie abgedreht war, gab man für alle Beteiligten im Holiday Inn eine Party. Es war ganz hübsch. Man hatte ein großes Buffet mit allem möglichen Eßbaren aufgebaut, die Bar war geöffnet, und die Leute schlenderten hin und her. Dann kam dieser Bursche mit dem Stereorecorder, aus dem die Musik zu ›Doors‹ in voller Lautstärke dröhnte. Er stellte ihn auf unseren Tisch, an dem Pedro, damals siebzehnjährig, mit Val Kilmer, dem Darsteller des Jim Morrison, saß. Pedro stand auf, ging zu dem Recorder, stellte die ›Doors‹-Musik ab und spielte indianische Powwow-Songs und einen Rundtanz aus Omaha ab, und das in voller Lautstärke.

Ich schlenderte zur Bar hinüber, wo sich Leonard mit Oliver unterhielt und ihm gerade kräftig Bescheid gab. Er sagte ihm, daß er auch nur ein typischer Weißer wäre, der uns bei den Dreharbeiten wie ein John Wayne behandelt hätte. Ich genehmigte mir zwei dreistöckige Jack Daniel‹s. Ein paar Burschen aus dem Team redeten über eine Party und forderten mich auf: »Komm mit.« Das tat ich, trank noch ein paar und schlief in einer Badewanne ein. Das war auf Fisherman's Wharf. Also brachte mich einer der Burschen ins Sheraton zurück, und irgend jemand schaffte mich auf mein Zimmer. Ich nahm ein Bad und schlief in dem warmen Wasser ein.

Nicht alle unsere Fahrten endeten so spektakulär. Häufig fuhren wir nach Süden, über die mexikanische Grenze, um Peyote zu sammeln, unsere heilige Medizin. Im Land der Sioux wächst Peyote nicht. Es kommt nie weiter, als bis etwa zehn Meilen nördlich der Grenze. Für uns ist es legal, das zu holen – vorausgesetzt, wir haben eine Erlaubnis und können beweisen, daß wir bei einem Stamm eingetragene Indianer und Mitglieder der Kirche der Amerikanischen Ureinwohner sind. Die Leute, denen die Farmen entlang der Grenze gehören, haben aus unserer wild wachsenden heiligen Medizin eine Handelsware gemacht. Wir müssen viele Dollar bezahlen, damit sie uns erlauben, es zu ernten. Auf unserem Weg dort hinunter machten wir gewöhnlich bei anderen Peyote-Leuten halt, vor allem bei einem Navajo-Freund in Lukachukai in Arizona.

Unsere längsten Reisen waren die sogenannten ›Märsche‹ und ›Läufe‹: die Spur der Gebrochenen Verträge, der Marsch ums Überleben, der Längste Marsch, die vielen Läufe für die Rechte der Uramerikaner, für die Red Power und was weiß ich noch. Diese Märsche führten uns durch das ganze Land, vom Pazifik bis zum Atlantik, und endeten gewöhnlich in New York oder Washington. Wir fuhren in langen Autokarawanen, aber die Teilnehmer wechselten sich auch im Laufen ab. Einmal zogen wir, auf einem Marsch für Leonard Peltier, in den Staat New York. Peltier hatte für den angeblichen Totschlag zweier FBI-Agenten während der großen Schießerei in Oglala 1975 zweimal Lebenslänglich bekommen. Ich sage ›angeblich‹, weil wir alle wußten, daß er durch eine ganz windige Anklage abserviert worden war. Zunächst zogen wir zu den Mohawk, nach Rooseveltown, wo ›Akwesasne Notes‹ erschien, die wahrscheinlich beste Zeitung der amerikanischen Ureinwohner. Dann ging es weiter nach Onondaga County, das ebenfalls im Norden des Bundesstaates New York liegt. Mohawk wie auch die Onondaga gehören zum Bund der Irokesen innerhalb der Sechs Nationen. Wir wurden sehr gut behandelt, in die Häuser aufgenommen und beköstigt. Sie führten uns in ihre Langhäuser, in denen die Männer auf der einen und die Frauen auf der anderen Seite sitzen. Das war das erste Mal, daß ich den Clan-Müttern begegnete, die in Leonard einen heiligen Mann sahen und miteinander darum wetteiferten, ihn zu massieren oder ihm die Füße durchzukneten.

Einmal fuhren wir nach Attica, nachdem es dort die große Gefängnisrevolte gegeben hatte, in deren Verlauf viele Insassen umgebracht worden waren. Schließlich saß nur noch ein Mann wegen dieses Aufruhrs im Gefängnis – natürlich ein Indianer. Er hieß Decajawiah Hill. Seine Verwandten hatten uns um Unterstützung gebeten, weil sie es für ungerecht hielten, daß er zum Sündenbock gemacht wurde. Für eine Zeremonie innerhalb des Gefängnisses bekamen wir keine Genehmigung. Die Wärter wollten nicht, daß Leonard hereinkam, obwohl er Medizinmann war. Nicht einmal eine Pfeife durften wir hineinschicken. Das Beste, was wir tun konnten, war, außerhalb der Gefängnismauern eine große Versammlung durchzuführen. Die ganze Nacht hindurch hielten wir an einem großen Feuer Wache. Die Leute trommelten und sangen, und wir rauchten für Decajawiah Hill die Pfeife und hofften inständig, daß er die Trommel hören konnte und durch sie neue Kraft bekam.

Beim Langen Marsch ums Überleben gab es mehr weiße Teilnehmer als Indianer. Ein weißes Mädchen behauptete, eine Hexe zu sein. In Schleier gehüllt sang und tanzte sie im Mondlicht die ganze Nacht und hielt alle wach. Sie machte soviel Ärger, daß ich mich mit ihr prügelte und ihr eine blutige Nase verpaßte.

Oft waren wir so knapp bei Kasse, daß wir am Straßenrand kampieren mußten. Von einem auf den anderen Tag wußten wir nicht, wo wir abends sein würden oder woher das Spritgeld kommen sollte, um dorthin zu gelangen. Aber von irgendwoher tauchte immer welches auf. Möglicherweise arbeitete der Geist für uns. Gelegentlich kamen wir in luxuriösen Häusern entlang unseres Weges unter, und ich muß zugeben, daß ich mich manchmal dabei ertappte, wie ich die Besitzer dieser Häuser beneidete. Materialistisch eingestellt bin ich ganz und gar nicht und daran gewöhnt, arm zu sein, aber ich fing an, darüber nachzudenken, wie es denn wäre, kein kaputtes Dach über dem Kopf und ein bißchen mehr Sicherheit zu haben. Wir zogen soviel im Land umher und halfen anderen Leuten, um uns selbst aber kümmerten wir uns nicht. Nie haben wir uns irgendwo niedergelassen, Leonard und ich. Solange die alten Leute noch lebten, hatten wir ein Zuhause, aber nach ihrem Tode war es nicht mehr so wie früher – es kam uns leer vor. Und ohne ein Heim, in das ich immer wieder zurückkehren konnte, hatte ich dieses ständige Zigeunerleben satt.

Als ich im Paradies lebte, kamen und gingen so viele Leute, daß ich mich nur sehr verschwommen an Gesichter erinnere. Ein paar allerdings blieben lange bei uns, wurden Freunde und beeinflußten unser Leben. Einer von ihnen war Cy Griffin. Wir lernten ihn bei Richard Erdoes in New York kennen. Er kam, um sich eine Reißschiene zu borgen, machte große Augen, als er die versammelte Crow-Dog-Sippe erblickte, verließ seine Familie und schloß sich den wandernden Sioux an. Das ist über zwanzig Jahre her. Damals hatte Cy wunderbares, schulterlanges hellrotes Haar und einen ungeheuren Bart von der gleichen Farbe – er sah aus wie Johannes der Täufer. Er war in der Werbung tätig, ein richtiger Madison-Avenue-Typ, aber als er Crow Dog erblickte, wurde er noch einmal geboren. Er wurde ein treuer Freund, blieb manchmal lange Zeit im Paradies und machte sich nützlich, indem er Holz hackte, Besorgungen erledigte und Großmutter Gertrude half. Später war er in fast sämtliche AIM-Konflikte verwickelt und hielt sich während der Belagerung die meiste Zeit in Wounded Knee auf.

Cy kam im letzten Sommer zum Sonnentanz, und wir redeten über die alten Zeiten und über Wounded Knee. Cys Tochter Janet und ihr Freund Bob Young waren zusammen mit Cys jüngster Tochter, der zehnjährigen Tracy, länger als ein Jahr im Paradies gewesen. Großmutter Crow Dog betrachtete Janet inzwischen als Enkeltochter. Bob trat in die Kirche der Amerikanischen Ureinwohner ein, aß während der Meetings riesige Mengen ›Medizin‹ und wurde ein guter Peyote-Sänger. Einmal wollten Bob und Janet von New York aus ins Paradies. Da sie kein Auto hatten, gingen sie zur George- Washington-Brücke, um dort eine Mitfahrgelegenheit zu finden. Ein Bursche hielt an und sagte: »Springt rein.« Dann fragte er sie, wohin sie wollten. Als sie ihm erzählten, sie wollten zum Haus eines Sioux-Medizinmannes, erregte das sein Interesse so sehr, daß er sie die sechzehnhundert Meilen nach Rosebud fuhr und eine Weile dortblieb. Mit Sicherheit war das ein Anhalter-Rekord.

Ein anderer Langzeitbesucher und gelegentlicher Reisegefährte war Roque Duanes. In der Hauptsache war er Chicano und stammte aus Mittelamerika, aber ehe er bei uns auftauchte, hatte er im Nordwesten gelebt. Roque blieb einige Jahre bei uns. Leonard akzeptierte jeden, der kam, egal für wie lange, und besorgte irgendwo ein Zelt, eine Bettrolle und Essen für ihn. Roque machte sich nützlich. Er half beim Anbau an das Behelfshaus, das später gestohlen wurde. Er half auch bei der Vorbereitung der Peyote-Meetings und beim Holzhacken und wurde ein guter Peyote-Sänger. Die Lieder konnte er sich sehr rasch einprägen. Ich habe ihn noch auf einigen unserer Peyote-Tonbändern. Er schloß sich auch unserer Karawane zu den Peyote-Gärten an und sammelte dort heilige Medizin. Roque war eine Ausnahme, weil er nicht trank. Nicht einen Tropfen rührte er an. Auch Gras rauchte er nicht, verurteilte allerdings auch nicht die Leute, die es taten. Nach seiner Meinung war das eine Sache, die sie zwischen sich und dem Großen Geist ausmachen mußten. Zur

Sonnentanzzeit hielt er sich stets im Paradies auf. Und wirklich hart arbeitete er während der Wache, die wir in D.C. für Leonard Peltier hielten. Wenn jemand wegen eines ständig wachsenden Berges von neuen Beweisen ein Wiederaufnahmeverfahren verdient hat, dann ist das Peltier. Aber er sitzt immer noch im Gefängnis und erblindet allmählich.

Während der Wache also arbeitete Roque hart. Ständig lief er herum, erledigte den Papierkram, besorgte Essen und trieb Unterkünfte auf. Er hängte sich in Peltiers Fall richtig hinein. Als Peltier aus dem Lompoc-Gefängnis in Kalifornien ausbrach, wartete Roque in seinem Auto auf ihn und brachte ihn zu einer Stelle, wo ihn eine Weiße mit einem Lieferwagen abholen sollte, um ihn nach Kanada zu bringen. Aber noch bevor die Frau zu Peltier kam, tauchte ein Indianer auf und sagte: »Nein, Sie sind eine Weiße, ich bin Indianer, das ist mein Job.« Er nahm den Lieferwagen und die achthundert Dollar, die sie für die Reise bei sich hatte, fuhr weg und wurde nie wieder gesehen. Als der Wagen nicht kam, streifte Peltier einen oder zwei Tage umher, dann griff ihn die Polizei auf. Erstaunlicherweise hat Roque wegen seiner Beteiligung an Peltiers Flucht nie gesessen. Soweit ich mich erinnern kann, ist er dafür nicht einmal angeklagt worden. Bei einer anderen Gelegenheit, als die Leute Waffen brauchten, besorgte er das Zeug. Als aber ein paar Brüder mißtrauisch wurden und seine Brieftasche durchsuchten, fanden sie eine Liste mit den Seriennummern der Waffen, und sie verbreiteten das Gerücht, er arbeite für die Bullen und sei ein Informant. Wir machten eine schlimme Zeit mit ihm durch, weil viele Leute meinten, er sei eine Ratte. Einige glaubten sogar, er hätte etwas damit zu tun, daß Leonard wieder ins Gefängnis mußte. Roque verließ Rosebud und das Paradies und ließ sich an der Nordwestküste als Fischer nieder. Eines Tages fuhr er in seinem Boot hinaus und kam nicht zurück. Er verschwand spurlos, seine Leiche wurde nie gefunden. Einige waren der Ansicht, er sei in einem Sturm ertrunken, andere glaubten, die Regierung habe ihn umgebracht. Vielleicht waren es seine eigenen Leute, wir werden es nie erfahren. Bevor er verschwand, schickte er den Navajo-Ältesten in Big Mountain etwas Tabak und einen Beutel mit Medizin, damit sie ein Meeting für Leonard Peltier veranstalteten. Sie erfuhren zwar, was mit Roque geschehen war, hielten das Meeting aber dennoch ab, um den Großen Vater Peyote zu ehren und den Rauch, den er ihnen geschenkt hatte.

Ein anderer Außenstehender, der ins Paradies kam und dablieb, war Brad Zais. Seine Hauptleistung war es, meine Schwester Sandra zu schwängern und an der Herstellung eines hübschen kleinen Mädchens mitzuwirken. Ein paar Jahre lang lebte Brad hin und wieder im Paradies. Für Leonard wurde er zu einem richtigen Kuli, einem Laufburschen. Er holte und brachte, erledigte Telefonate, schrieb für uns Briefe, fuhr in den Ort Lebensmittel einkaufen und reiste mit uns. Vor allem sorgte er gut für Großvater und Großmutter Crow Dog. Brad hackte Holz und half uns dabei, den Schutzschirm für den Sonnentanz aufzustellen. Er sagte immer, daß Henry und Gertrude die besten Menschen wären, denen er je begegnet sei. Großmutter Crow Dog nannte ihn bald ›Sohn‹. Stundenlang saß er an ihrer Seite, trank ›Schwarze Medizin‹ und lauschte ihren Erzählungen von den alten Zeiten. Oft verfiel sie für längere Zeit ins Indianische, unterbrach sich aber plötzlich und sagte: »Oh, ich habe ganz vergessen, daß du das nicht verstehst.« Dann fuhr sie mit ihrer Geschichte in Englisch fort, rutschte aber bald wieder ins Lakota. Sie brachte Brad bei, ihr geröstetes Brot zu machen.

Und dann war da noch Junji – halb Japaner, halb Ainu. Die Ainus sind die den Bären verehrende Urbevölkerung Hokkaidos, der nördlichsten Insel Japans. Wir hatten ihn auf dem Längsten Marsch kennengelernt und dann bei Big Mountain wiedergetroffen. Junji war 1980 nach Amerika gekommen.

Zuerst eine Art japanischer Hippie, hatte er sich auf dem Längsten Marsch einer Gruppe buddhistischer Mönche angeschlossen und war einer von ihnen geworden. In Big Mountain tauchte er in safranfarbenem Gewand und mit kahlgeschorenem Kopf auf. Er lebt heute im Zölibat und kann sich nun nicht mehr mit den Frauen herumtreiben – er ist jetzt sehr fromm. Im Paradies hat er in vier aufeinanderfolgenden Jahren am Sonnentanz teilgenommen und sich auch durchbohrt. Zur Sonnentanzzeit ist er immer schon lange vor allen anderen wach und weckt dann das Lager mit seiner Mönchstrommel auf.

Viele Leute im Paradies kamen aus Lateinamerika, vor allem aus Mexiko. Einer brachte ein großes Bündel Kondorfedern mit. Ein anderer, halb Huichol und halb Nahuatl, kam 1974 zum Geistertanz ins Paradies. Er erzählte, sein indianischer Name wäre Warmer Südwind, und prompt machten wir ›Sanftes Lüftchen‹ daraus. Ein Yaqui, der Nacho hieß, war so eine Art Revolutionär und nannte sich Kommandierender General von Aztlan. Wieder ein anderer Sonnentänzer aus Mexiko nannte sich Tlacael, nach einem berühmten Aztekenführer aus dem fünfzehnten Jahrhundert. Und ein Indianer aus Mittelamerika wanderte drei Monate zu Fuß, nur um im letzten Sommer am Sonnentanz teilnehmen zu können.

Eric Biggs, ein junger Jurastudent, blieb über ein Jahr lang im Paradies und erledigte Leonards juristischen Kram ebenso wie seine Korrespondenz. Später arbeitete er für den Stamm der Navajo. Heute ist er ein bedeutender Rechtsanwalt in Santa Fe und längst nicht mehr an Crow Dog oder der Bewegung interessiert, aber das kann die Hilfe, die er uns vor Jahren geleistet hat, nicht schmälern.

Sogar ein paar Teufelsanbeter kamen zu uns und rühmten sich, sie hätten dem Prinzen der Finsternis Katzen und Hühner geopfert. Die wurden wir schnell wieder los. Und natürlich gab es auch Deutsche – Hans, Fritz und Stephan. Es ist unmöglich, sich an alle Leute zu erinnern, die ins Paradies gepilgert kamen und für Wochen, Monate oder Jahre dablieben.

Und dann war da noch das Problem, daß wir ständig bespitzelt wurden. Den größten Schock bekamen wir etwa vor fünf Jahren. Richard Erdoes war nach Custer in South Dakota geflogen, um als Zeuge für Dennis Banks auszusagen. Dennis sollte dort der Prozeß gemacht werden im Zusammenhang mit dem großen Aufruhr in Custer im Februar 1973, als viele Sioux vor dem Gericht protestiert hatten, weil der Weiße, der Wesley Bad Heart Bull getötet hatte, ungeschoren davonkam. Am Morgen nach der Verhandlung frühstückte Richard im Alex Johnson Hotel in Rapid City. Er saß mit Bill Kunstler und Bruce Ellison, dem Verteidiger von Dennis, zusammen. Da kam Crow Dog mit ein paar Freunden herein. Er hatte auch für Dennis aussagen wollen, hatte aber, wie so oft, eine Autopanne gehabt und war erst am Abend angekommen, als die Verhandlung schon vorüber war. Kunstler rief ihm zu: »Leonard, komm hierher. Hast du gewußt, daß dein Schwager FBI-Informant ist?« Richard erzählte mir, Crow Dog hätte dagestanden, mit offenem Mund und geschockt. Alles, was er sagen konnte, war: »NEIN!« – »Aber es stimmt«, fuhr Kunstler fort. »Ehe ich wegen Dennis hierher gekommen bin, war ich in Fargo oben, in North Dakota, zu einer Verhandlung im Fall Peltier. Als die Staatsanwaltschaft keine glaubwürdigen Zeugen mehr hatte, haben sie ihn enttarnt, und er hat für sie ausgesagt und erzählt, daß er schon seit Jahren fürs FBI arbeitet. Er hat dich bespitzelt und eine Flut von erlogenen Berichten geschrieben. Dein eigener Schwager, der Mann deiner Schwester.« Crow Dog konnte nichts sagen. Er stand noch immer mit offenem Mund da und schüttelte den Kopf. Der Appetit aufs Frühstück war ihm vergangen. Wir befaßten uns im Paradies damit und fanden heraus, daß er nach dem Zwischenfall in Pine Ridge seinen Bossen erzählt hatte, Peltier wäre bei uns.

Und die hatten ihm geglaubt. Das war der Grund, warum wir im September 1975 von 185 Marshals und Agenten mit Helikoptern überfallen worden waren und warum Leonard unter einem Vorwand verhaftet wurde und ins Gefängnis mußte.

Es stimmt, daß Peltier im Paradies war, aber vor der Schießerei. Er flirtete eifrig mit den Mädchen, aber die hatten sich nicht viel um ihn gekümmert. So war das Leben im Paradies.

Morgens stand Großvater Henry immer sehr zeitig auf. Großmutter hatte Arthritis und konnte sich kaum bewegen. Dazu litt sie auch die ganze Zeit unter Schmerzen, weil sie sich einmal die Hüfte gebrochen hatte. Solange sie lebten, hielten sie sich beim Gehen immer an den Händen, und er kochte für sie und fütterte sie. Für sein Alter war er noch gut beieinander und zu ihr immer sehr liebevoll. Sie unterhielten sich auch miteinander, nach Peyote-Meetings zum Beispiel. Sie war wirklich sehr krank gewesen, und weil es ihr durch das Peyote besser ging, nahm sie es auch weiter.

An einem Wintertag gingen wir auf ein Bier nach Kilgore. Wir tranken und feierten, und Henry hatte einen Kleinen sitzen, wir alle. Leonard ging ins Bett und schlief sofort ein. Als ich nach dem alten Mann sehen wollte, konnte ich ihn nirgendwo finden. Ich nahm an, er wäre ins andere Haus gegangen. Etwa eine Stunde später kamen Bern, Richard, Ina und ein paar der Enkelkinder und fragten, wo er sei. Ich antwortete: »Ich habe gedacht, er ist drüben.« War er aber nicht. Der Schnee lag hoch, und es war kalt. Überall suchten wir nach ihm, aber er war nirgendwo angekommen.

Offenbar war er irgendwo in eine Grube voller Schnee gefallen. Am anderen Morgen klopfte Wilson White Hawk sehr zeitig an unsere Tür: »Leonard! Dein Vater liegt bei Diane vor der Haustür!« Diane, seine Tochter, wohnte gleich nebenan, und er ging immer zu ihr hinüber. In dieser Woche war Diane aber nicht zu Hause und hatte deshalb abgeschlossen. Wir liefen hin, und da lag er. Als wir ihn ins Haus trugen, wußten wir schon, daß er tot war. Wir riefen eine Ambulanz, und man versuchte drei Stunden lang, ihn wiederzubeleben, aber er war erfroren. Ich glaube, er war sechsundachtzig – niemand kannte sein Alter genau.

Man beschloß, ihn neben seiner Mutter, auf dem Friedhof von Ironwood, zu begraben. Es war eine riesige Beerdigung – aus dem ganzen Land kamen Menschen, und auch die Medien berichteten ausführlich davon. Es gab eine christliche und eine traditionelle indianische Totenfeier.

Ständig war Henry mit Geschick dabei gewesen, irgend etwas herzustellen – ein Tomahawk oder einen Schild. Zum Frühstück gab es bei ihnen immer Maisbrei und Kaffee. Manchmal aßen wir drüben mit und sie manchmal bei uns. Mit Old Henry ging ein Stück Geschichte und eine Lebensweise. Er war der letzte seiner Art gewesen, jetzt gibt es niemanden mehr wie ihn. Als bald darauf Leonards Mutter starb, waren wir in Phoenix. Leonard wollte nicht nach Hause, weil er wußte, daß es mit ihr zu Ende ging. Ich denke, er konnte einfach damit nicht fertig werden. Meine Mutter ging zu ihrer Totenwache. Dort hatte man die Heiratsurkunde von Henry und Gertrude ausgelegt, damit alle sie sehen konnten. Sie waren kirchlich getraut worden, was einige Leute überraschte. Es wurde eine Messe für Gertrude gehalten, und man beerdigte sie neben Henry.

Von Jahr zu Jahr standen die Dinge im Paradies schlechter. Alle Probleme der Welt landeten vor unserer Haustür, es gab absolut keine Privatsphäre. Stets war das Haus voll, und das Land ringsum ähnelte einem Dauercamp. Leute kamen Geld borgen, das sie nie zurückzahlten, nicht einer. Aus dem Haus nahmen sie mit, was immer sie gebrauchen konnten, sogar die Töpfe und Pfannen. Leonard gab seinen letzten Dollar her, um irgend jemandem zu helfen, und wir kamen auf keinen grünen Zweig. Nie hatten wir ein Heim. Jahrelang erzählte er mir, daß er dabei sei, ein Haus für mich zu bauen, aber immer kam etwas Wichtiges dazwischen – eine Zeremonie hier, ein Sonnentanz da, eine politische Versammlung oder irgendwelche Stammesgeschichten. Wir wußten nie, was der nächste Tag bringen würde. Und so wird Leonard sein ganzes Leben verbringen, weil dies das einzige ist, was er kennt. Ich bin überhaupt nicht materiell eingestellt und besitze durchaus den Gemeinschaftssinn unseres Volkes, aber das Leben im Paradies verschliß mich ganz einfach. Leonard ging es ebenso, obwohl er so aufgewachsen war. Wir waren gereizt und explodierten – und das nur wegen unserer verrückten Lebensumstände. Er lief weg, ich lief weg. Am Ende teilten wir nicht einmal mehr das Bett miteinander. Und schließlich, vor zwei Jahren, wurden die Dinge unerträglich und ich verließ ihn. Das Leben, das wir führten, verlangte von mir seinen physischen und emotionalen Tribut. Ich war so abgemagert, daß man die Rippen zählen konnte. Schlafen konnte ich auch nicht mehr, ich hatte Alpträume. Ich war so müde, daß ich herumstolperte wie eine alte Frau. Wir waren beide am Ende unserer Kraft.

In der letzten Zeit, die ich mit Leonard zusammen war, besaßen wir nicht einmal ein Haus. Wir kampierten einfach im Freien. Gekocht wurde auf einem Propangasherd, und das ist auch ein Grund, warum ich so sehr gealtert bin – das Kochen im Freien und in der Sonne. Die Elemente taten ihre Wirkung. Es war ja soweit noch okay, außer wenn es regnete. Dann wurde alles naß, so sehr ich mich auch bemühte, das Zelt zu befestigen. Am Ende hatte ich immer große Wäsche und mußte aber auch alles waschen. Zwar bekommt man jede Menge frische Luft, aber es ist schon hart. Man steht früh auf und versucht, die Fliegen auf der Toilette zu erschlagen. Nein, ich mag es nicht, draußen zu kampieren, besonders nicht mit einem Haufen Kinder. Immer haben sie Hunger, und wenn man dann gekocht hat, sind sie zum Essen nicht da, mampfen lieber Getreidekörner. Manchmal kochten wir auf einem großen Feuer, weil wir viel Kaffee oder Suppe oder sonst etwas brauchten. Und das war nun den ganzen Sommer über mein Heim. Ich wollte ein Haus, und ich sagte zu Leonard: »Ich werde nicht ewig hier draußen kampieren.« Wasser gab es an einer Pumpe, ein ganzes Stück vom Lager entfernt. Man mußte jemandem etwas in die Hand drücken, damit er es einem holte – es gab doch nur diese großen Fünf-Gallonen-Kübel. Waschwasser war getrennt von Trinkwasser aufzubewahren. Nach der Kocherei hatte man das Lager zu säubern, und wenn dann alle wieder fort waren, mußte man wegen der Fliegen noch einmal alles abwaschen, denn es gibt dort wahrlich Millionen von Fliegen. Schon auf zwanzig Yard Entfernung vom Klo hörte man sie, es war wirklich schlimm. Außerdem wächst giftiger Sumach dort. Letztes Jahr haben sie das Grundwasser untersucht und Arsen darin gefunden. Ich nehme an, sie haben das Wasser behandelt, aber ob das auch unserem Brunnen etwas genützt hat, weiß ich nicht, weil Leonard die Leute von der Gesundheitsbehörde nie zu uns hereinließ. Anwah und Jenny wurden von dem Wasser krank, June Bug übrigens auch.

Eine Zeitlang schlief ich in einem kleinen Transportanhänger und die Jungen mit Leonard im Tipi. Davon hatte ich genug. Solange man jung ist, ist das ganz in Ordnung, aber nicht mehr, wenn man älter geworden ist. Ich wollte jetzt eine automatische Waschmaschine und fließendes Wasser. Leonard sagte immer: »In einem Tipi zu wohnen, ist nach Lebensart meiner Großväter, dir aber ist die spirituelle Seite der Sache abhanden gekommen.«

Eines Tages brachte unser Freund Red Skenandore eine Büffelpfeife für Pedro, weil der in Wounded Knee geboren worden war. Der Pfeifenkopf stellte einen Büffel dar, und der Stiel war wunderschön mit Stacheln verziert. Auch einen Pfeifenbeutel mit Perlenstickerei gab er mir. Eines Tages waren Pfeife und Beutel verschwunden. Als nächstes war mein Medizinbeutel, den ich in Wounded Knee bekommen hatte, weg. Bis heute weiß ich nicht, was mit den Sachen geschehen ist. Als ich Leonard erzählte, daß diese heiligen Gegenstände gestohlen worden seien, meinte er: »Ach ja, der Geist hat mir schon berichtet, daß du betrunken in einer Bar gesessen hast. Vielleicht hast du sie in einen Straßengraben geworfen.«

Ich erwiderte: »O nein. Man hat sie einfach mitgehen lassen, so wie alle deine anderen Sachen auch. Ich gehe nicht trinken, wenn ich einen Medizinbeutel umgehängt habe. So lästerlich gehe ich mit heiligen Dingen nicht um.« Wir rieben uns aneinander, rieben uns wund. Es war nicht sein Fehler, und es war auch nicht mein Fehler, die Verhältnisse waren daran schuld. Ich ging.

Leonard und ich kümmern uns aber immer noch umeinander. Er hat mir so viel über die Zeremonien beigebracht und wie man sich darauf vorbereitet. Er hat mich auf Wanderungen mitgenommen und mir gezeigt, woran man die verschiedenen Heilkräuter erkennt. Sein Einfluß auf mich war gut gewesen. Er hatte mir eine Tür geöffnet – die Tür, die vom bloßen Halbblut zum Indianer führte. Stets war er für Menschen da. Er hat mich zur Pfeife zurückgeführt und seine spirituellen Träume mit mir geteilt. Und beim Sonnentanz zu leiden, war gut für mich gewesen. Und jetzt, obwohl ich nicht mehr mit ihm zusammen bin, ist das einfach in mir – ich muß ins Schwitzbad gehen, zu einem Peyote-Meeting, zu einem Sonnentanz, ich muß dabei sein, wenn Menschen nach alter Lakota-Art beten und ihre Träume und Ziele für die Zukunft und für unsere Kinder miteinander teilen. Und es tut mir leid für ihn, daß ich nicht mehr da bin, um ihm zu helfen, weil es ohne mich schwer für ihn wird. Er hat mir gesagt, wie schwierig es sein wird, einem anderen all das beizubringen, was ich in den Jahren gelernt habe – das trieb mir Tränen in die Augen.

Viel ist nicht mehr geblieben von Crow Dogs Paradies, von dem, was ich vorfand, als ich 1973 mit Leonard dort einzog. Die Häuser sind verschwunden und auch viele der Menschen, die einst dort gelebt haben. Es gibt nur noch den Sonnentanzbaum vom letzten Jahr, die Ruine der Kochhütte und das Gerippe einer Badehütte. Kommt man aber im August dorthin, zur Sonnentanzzeit, dann kehrt das alte Gefühl zurück – die Erregung, die Hochstimmung, die Trance, die Ekstase –, wenn die Trommeln dröhnen, die Lieder erklingen, der Klang der Adlerknochenflöten die Luft erfüllt, wenn die Sonnentänzer mit ihren roten Kilts und den Salbeikränzen auf den Köpfen um den heiligen Baum kreisen. Es sind diese kurzen Tage, an denen ich mir wünschte, ich wäre nie gegangen.

Kapitel 5
Die Kraft, Leben zu gebären

Als ich in Crow Dogs Paradies ankam, hatte ich ein Kind, Pedro. Während der Jahre dort habe ich drei weitere zur Welt gebracht, und vor kurzem bekam ich mit meinem neuen Mann das fünfte, ein Mädchen. Pedros Geburt in Wounded Knee habe ich bereits in meinem ersten Buch beschrieben. Nur um dort mein erstes Kind zu gebären, war ich nach Knee gegangen. Und es kam während der Belagerung zur Welt, als Kugeln durch die Wände schlugen und vor dem Fenster die Trommeln dröhnten, um die Ankunft eines neuen Lebens zu begrüßen. Pedros Geburt wurde als Symbol einer Erneuerung angesehen, als ein winziges Symbol, ein winziger Sieg im Überlebenskampf unseres Volkes. Aber auch meine anderen Geburten waren vergleichsweise symbolisch oder doch wenigstens sehr verschieden von denen anderer Frauen, die im Hospital entbinden.

Mein zweites Kind war ebenfalls ein Junge – Anwah. Er wurde 1979 während einer einmonatigen Mahnwache für Leonard Peltier in Washington D.C. geboren. Wir veranstalteten vor dem FBI-Gebäude Demonstrationen mit Kerzen, und John Trudell, ein Freund und AIM-Führer, verbrannte auf den Stufen symbolisch eine amerikanische Fahne. In derselben Nacht brannte Johns Haus ab, und seine Familie, einschließlich seiner schwangeren Frau, kam in den Flammen ums Leben. John Trudell wollte seine Familie auf traditionelle Art beerdigen, deshalb verließen er, Leonard und Roger Eagle Elk wegen der Beisetzungsfeierlichkeiten für einige Tage die Mahnwache und flogen nach Nevada, ich aber blieb in Washington. Während unserer Demonstration für Leonard Peltier tobte in der Stadt ein so gewaltiger Schneesturm, wie es ihn hier seit dreiundzwanzig Jahren nicht gegeben hatte. Im neunten Monat schwanger, rutschte ich aus und fiel aufs Eis. Steve Robideaus damalige Frau Tico, eine Clallam (das ist ein Stamm im Nordwesten) meinte: »Du solltest lieber ins Hospital gehen, Mary.« Aber ich erwiderte: »Nein, ich will da nicht hin.« Darauf sie: »Geh hin, hier weiß doch niemand, wie man ein Baby entbindet.« Sie brachte mich ins D.C. General, das mitten im Ghetto lag und dessen Patienten alle Schwarze waren. Mal hatte ich Wehen, dann wieder keine. Schließlich versuchte man, die Wehen anzuregen, aber das klappte nicht. John Trudell rief mich im Hospital an und sagte: »Beeil dich, Mary, und krieg ein hübsches Baby. Ich mach mir wirklich Gedanken um dich und das, was du für Leonard Peltier tust.« Und er erzählte auch, daß die Regierung angezettelt hatte, was seiner Familie geschehen war. Nachdem sie Johns Familie beerdigt hatten, flogen Leonard und Roger Eagle Elk nach Richmond zurück und nahmen den Bus nach D.C. Als sie im Hospital ankamen, hatten sich die Ärzte gerade zu einem Kaiserschnitt entschlossen, weil das Baby in mir festzustecken schien. Roger Eagle Elk war Mitglied der Kirche der Amerikanischen Ureinwohner, und deshalb bat Leonard ihn, für mich zu beten. Roger formte vier Peyote-Kugeln und gab sie mir. Dann betete er für mich und befächelte mich mit seinem Fächer aus Adlerschwanzfedern. Innerhalb einer Stunde war Anwah geboren.

Es gab im Hospital einen Internisten, der nicht damit rechnete, daß das Baby kommen würde, weil mein Blutdruck und alles andere ganz normal waren, und der sich deshalb zum Essen hingesetzt hatte. Ich fragte, ob Leonard im Raum bleiben dürfe, weil ich sicher war, das Baby würde kommen, ganz sicher. Es hatte dann nicht einmal einen

Namen, sondern war einfach das ›Baby‹ oder ›Baby Crow Dog‹. Ich bekam meinen Sohn an einem Donnerstagabend.

Zum ersten Mal war ich unter Schwarzen, und sie behandelten mich wirklich gut, fast wie ein Familienmitglied. Als Anwah da war, fühlte ich mich bedrückt. Ich wurde gefragt: »Sind Sie nicht glücklich?« Und weil ich daran denken mußte, was John Trudells Familie zugestoßen war, antwortete ich: »Nein, ich bin traurig.« Am Sonnabend kam Leonards Schwester Berta bei einem Autounfall ums Leben. Wir mußten also vom Hospital aus sofort nach Hause zur Beerdigung fliegen. Vor dem Abflug besuchten wir noch das Quartier der japanischen Mönche. Sie feierten ein Fest mit einer Ehrenzeremonie. Auch Leonard hielt eine Zeremonie ab, und Roger war sein Gehilfe. Die Mönche hatten noch nie ein Neugeborenes gesehen. Sie begrüßten uns mit Trommeln und Gesang.

Dann wollten sie für mein Baby, das gerade zwei Tage alt war, einen Teller Essen bringen, und ich mußte ihnen erklären, daß ich es stillte, weil es für feste Nahrung noch viel zu klein war. Über Kinder wußten sie überhaupt nichts. Anschließend flogen wir zur Beerdigung. Damals lebten Leonards Eltern noch, und Henry gab Anwah seinen Namen. Sein voller Name lautet Anwah Tokakte, was soviel wie ›Der den Feind tötende Krieger‹ bedeutet. So also kam Anwah zur Welt.

Mein drittes Kind, wieder ein Junge, wurde 1981 im Paradies geboren. Er ist ein Sonnentanz-Baby, weil er während eines Sonnentanzes, am 30. Juli, dem ersten Tag der Reinigung, zur Welt kam. Ich bekam ihn im Obergeschoß des roten Behelfshauses, das Roque Duanes miterbaut hatte. Schon in der Nacht vorher wußte ich, daß ich am nächsten Tag entbinden würde. Ich hätte mich hinlegen und rhythmisch atmen sollen, aber mir war nach Herumgehen in frischer Luft zumute, und wenn wieder eine Wehe einsetzte, blieb ich einfach stehen, bis sie vorbei war. Einige Burschen kochten Kaffee, und ich sagte: »Gebt mir welchen!« Sie aber meinten: »Geh ins Haus zurück, du hast etwas zu erledigen.« Roque und ein paar junge Männer liefen vor dem Haus auf und ab und machten fünfzig Gallonen Wasser heiß – für mich! Wenn eine Frau in den Wehen ist, denken die Männer immer, sie müßten badewannenweise Wasser kochen. Warum, weiß ich nicht. Ich schätze, sie haben das im Kino gesehen. Ich wollte zwar nicht, daß die Menge auf dem Tanzplatz erfuhr, daß ich ein Baby bekam, aber Leonard rannte durch das ganze Lager und schrie: »Hat jemand 'ne Schere? Wir brauchen sie, um die Nabelschnur durchzuschneiden. Mary ist in den Wehen.« Als sich herumgesprochen hatte, daß während des Sonnentanzes ein Kind geboren werden sollte, gab es große Aufregung.

Das Baby kam am frühen Morgen. Leonards Schwester Christine und seine Tochter Bernadette sollten die Hebammen sein. Im allerletzten Moment aber verlor Christine die Nerven, und so machte Bernadette alles allein, half bei der Entbindung und schnitt die Nabelschnur durch. Sie war damals erst fünfzehn und hatte so etwas nie zuvor gemacht, aber sie erledigte die Sache wie ein Profi. Der erste Schrei des winzigen menschlichen Wesens war hoch und durchdringend, wie der Ton einer Adlerknochenflöte. In seinem langen schwarzen Haar waren drei kleine gelockte Wirbel. Die ganze Zeit über hatte es geregnet, geregnet und geregnet. Das Haus troff und der Fußboden war naß. Zusammen mit den sauberen Sachen legte ich das Kind in einen Wäschekorb. Francis Primeaux, ein Peyote-Mann und Weltkriegsveteran, der 1991 gestorben ist, gab ihm den Namen Warrior Boy.

In diesem Jahr hatten die Gefängniswärter eine Anzahl indianischer Häftlinge zum Sonnentanz herausgelassen, und deshalb fanden außerhalb meines feuchten Quartiers alle möglichen Zeremonien statt, sowohl für diese Häftlinge als auch für mein Baby. Mir war es allerdings nicht möglich, daran teilzunehmen, da dort auch die Pfeife und alle anderen heiligen Gegenstände waren und man bis vier Tage nach der Niederkunft, ebenso wie eine Frau während ihrer Regel, an keiner Zeremonie teilnehmen darf. Aber ich habe sie vom Haus aus beobachtet.

Die englischen Namen des Jungen sind Leonard und Eldon, letzterer nach Eldon Low Moccasin, einem Verwandten. Ich aber habe ihn erst Junior gerufen, dann June und schließlich June Bug. Und so nennt ihn jetzt jeder, dabei ist es geblieben.

Die Geburt June Bugs löste fast soviel Freude und Aufregung aus wie die von Pedro in Wounded Knee. Der Sonnentanz ist eine Zeremonie der Erneuerung, sowohl unseres eigenen Lebens als auch des Lebens der Büffel, die sich opfern, damit der Stamm fortbestehen kann. Und deshalb wurde die Ankunft eines neuen Lebens bei diesem, unserem heiligsten Ritual als ein gutes Omen betrachtet.

Als nächste kam Jennifer. Von allen meinen Entbindungen war ihre bisher die ›normalste‹. Ich sah mir gerade eine Seifenoper an, als ich die ersten Wehenschmerzen spürte. Aber obwohl ich merkte, daß die Wehen begannen und wußte, daß es Zeit war, ins Hospital zu gehen, mußte ich ›Die Jungen und die Ruhelosen‹ noch bis zu Ende anschauen. Als der Film gegen Mittag vorbei war, sagte ich Leonard, daß es an der Zeit wäre. Er brachte mich in die Notaufnahme, wo man mich untersuchte und dann schleunigst in den Kreißsaal brachte. Hier verließ mich Leonard. Die Schwester fragte: »Was soll es denn werden?« Und ich antwortete: »Ich weiß, daß es ein Junge wird, weil ich schon drei Jungen habe.« Da meinte sie: »Und was möchten Sie?« – »Ein Mädchen«, antwortete ich. Nun, das Baby kam, und die Schwester sagte: »Raten Sie mal – Sie haben eine kleine Tochter.« Ich war glücklich, sah sie an und konnte kaum glauben, daß ich ein Mädchen bekommen hatte. Nicht einmal einen Namen hatte ich für das Kind, so fest hatte ich mit einem Jungen gerechnet. Meine Mutter nannte sie dann Jennifer Louise, nach ihrer Großmutter Jennifer und ihrer Mutter Louise.

Am 24. August 1991 heiratete ich in Santa Fe meinen neuen Mann, Rudi, und wurde sofort schwanger, wußte das aber nicht. Nach meinem schweren Autounfall hatten die Ärzte mir doch gesagt, daß ich nie wieder ein Kind haben könnte. »Lassen Sie es gut sein«, waren ihre Worte, »mögen nun andere die Arbeit machen.«

Von Santa Fe aus waren wir für drei Monate nach Arizona gegangen und dann zurück ins Res. Dort ließ ich mich im Stammeshospital untersuchen, wie weit ich von meinem Unfall wiederhergestellt war, und dabei kam heraus, daß ich im dritten Monat war. Rudi sagte, als ich aus dem Untersuchungsraum herauskam, hätte ich ausgesehen, als ob ich unter Schock stünde. Ich hatte doch den Ärzten geglaubt, daß ich nie wieder ein Kind bekommen würde. Aber das zeigt nur, was sie wirklich wissen. Ich war überzeugt, mit einer neuen Schwangerschaft nicht mehr fertig werden zu können. Vier Kinder hatte ich schon. Von meinen Verletzungen bei dem Unfall war ich noch nicht wieder richtig genesen. Mein Arm, der vom Schulterblatt getrennt worden war, spielte verrückt. Ich hatte Schmerzen und fühlte mich alt und ausgelaugt. ›O nein‹, dachte ich, ›nicht noch einmal!‹ Aber in meinem Bauch wuchs schon ein neues Leben.

Ich betrachte mich als Feministin. Also könnte man fragen, warum ich unter diesen Umständen die Schwangerschaft nicht abgebrochen habe. Nun, zwischen weißen und indianischen Feministinnen gibt es einen Unterschied – wir sind der Ansicht, daß ein Abbruch für jede andere Frau gut sein mag, aber nicht für uns. Es sind nur noch anderthalb Millionen in Stämmen vereinte Uramerikaner übrig. Jahrhundertelang waren wir Opfer eines physischen und kulturellen Genozids. Ganze Stämme wurden durch Kugeln oder die von den Europäern eingeschleppten Pocken ausgelöscht. Wir sind an freundlicher Geringschätzung gestorben, und deshalb verspüren wir im Unterbewußtsein den Drang, uns zu reproduzieren, um sicherzugehen, daß wir keine ›aussterbende Rasse‹ sind. Ich wollte mein Baby austragen.

Als ich im vierten Monat war, hörten wir das Baby mit Hilfe von Ultraschall zum ersten Mal. Man legte mir diesen kleinen Apparat auf den Bauch, und wir konnten sehen, wie das Baby Umrisse annahm, und konnten dann den Herzschlag hören. Das war sehr aufregend. Ob es ein Mädchen oder ein Junge war, was wir auf dem Bildschirm sahen, wußten wir nicht, aber das war uns auch gleichgültig. Gedanken machten wir uns wegen möglicher Komplikationen. Schließlich hatte ich meinen sechsunddreißigsten Geburtstag hinter mir, und die Jahre eines schweren Lebens, die Trinkerei und Verletzungen hatten ihren Tribut gefordert. Am Neujahrstag dann bekam ich Flecken und wurde schleunigst ins Hospital geschafft. Der Arzt nahm an, ich würde das Baby verlieren. Er behielt mich zwei Tage da, aber alles ging gut ab. Man sagte mir: »Wenig stehen und viel Ruhe.« Leichter gesagt als getan. Ich wurde dicker und dicker. Betrachtete ich mich im Spiegel, dachte ich: ›Das sollst du sein?‹ Ich ging nicht mehr – ich watschelte wie eine betrunkene Ente.

Während meiner gesamten Schwangerschaft war Rudi ein reines Wrack. Es hatte den Anschein, als wäre er in anderen Umständen. Er litt unter morgendlicher Übelkeit. Meine Knöchel schwollen an, seine aber noch mehr. Schmerzte mir der Rücken, sagte er: »Meine Rückenschmerzen bringen mich noch um.« Mußte ich mich übergeben, dann mußte er es zweimal. Ich wurde verrückt. Hier war ich, dick wie ein Elefant, und er hatte die schlimmeren Beschwerden. »Wer kriegt hier das Baby«, fragte ich, »du oder ich?« Wir gingen uns manchmal auf die Nerven.

Es wurde Ende Mai, ich war eine Woche über die Zeit und machte mir Sorgen. Am Sonnabend, dem dreißigsten, waren wir alle, Rudi und ich, meine Schwester Barb und ihr Jim, bei

Mom zum Grillen, als mein Fruchtwasser abging. Alles geriet in Aufregung: »Das Baby kommt!« Man brachte mich rasch ins Hospital nach Rosebud, aber es war kein Kinderarzt da. Der hatte gekündigt. In der Stadt war ihm einmal die Zulassung entzogen worden, und da hatte es nur noch für das Res gelangt, zwar nicht fähig, Weiße zu behandeln, aber gut genug für uns Rothäute. Kaum wieder im Besitz seiner Zulassung, hatte er keine Zeit verloren, in die Zivilisation zu seinen zahlungskräftigen Patienten zurückzukehren. Es kotzte mich an. Für solche Kerle sind wir wie Meerschweinchen, an denen man üben kann. Da stand ich nun dicht vor der Entbindung, und in diesem ganzen verdammten Hospital gab es keinen qualifizierten Arzt, der mein Baby auf die Welt bringen konnte. Man sagte uns, ich würde die fast zweihundert Meilen nach Yankton geflogen, wo es ein gutes Hospital gibt. Die ganze Nacht lang mußten wir auf das Flugzeug warten, ein kleines Sanitätsflugzeug mit sage und schreibe zwei Sitzen. Es ist mir bis heute ein Rätsel, wie sie uns alle da hineingestopft haben – den Piloten, mich, eine Krankenschwester und Rudi. Der anderthalbstündige Flug war schlimm. Wir waren zuammengequetscht, die Schwester saß praktisch auf meinem Bauch, ich bekam kaum Luft. Einen Sturm gab es auch noch, die Böen peitschten unser winziges Maschinchen, daß es rauf und runter taumelte. Manchmal hatte ich ein Gefühl, als fiele ich aus einem Fenster im zweiten Stock. Auf dem Flugplatz in Yankton übernahm uns ein Krankenwagen und jagte mit uns ins Hospital. Dort legte man mich auf eine Trage und fuhr mich in einen Raum unmittelbar neben dem Kreißsaal. Der Arzt meinte: »Ich muß Ihnen etwas geben, um die Wehen einzuleiten, der Muttermund ist noch nicht eröffnet.« Und dann redete er mir zu: »Bleiben Sie ruhig, mittags haben Sie ihr Kind.« Man legte mir einen Tropf, und Rudi kaute an seinen Fingernägeln. Er hatte nicht einen Augenblick geschlafen, und deshalb sagte ich zu ihm, er solle sich im Warteraum ein Sofa suchen. Gleich nachdem er weg war, setzten die Wehen ein, und ich schickte die Schwester nach ihm. Heftig atmend bat ich: »Ich komme nicht klar damit, sag dem Arzt, er soll mir eine Narkose geben.« Rudi versuchte mich zu beruhigen, sagte, ich solle tiefer durchatmen, redete mir gut zu und wischte mich mit einem Waschlappen ab. Zum ersten Mal hatte ich bei einer Entbindung einen Ehemann an meiner Seite.

Der Arzt kam wieder, warf einen Blick auf mich und ließ mich in den Kreißsaal fahren. Rudi fragte, ob er mit hinein dürfe. »Klar«, antwortete man ihm, hieß ihn OP-Kittel und Maske anzulegen und sich die Hände zu desinfizieren. Ich lag da, die Beine hoch in die Luft, und der Arzt sagte: »Okay, also dann pressen!« Ich preßte, und er befahl: »Halt, ich sehe den Kopf. Okay, nochmal pressen!« Und das war es dann auch schon. Keine fünf Minuten befanden wir uns im Kreißsaal, und das Baby flutschte nur so heraus, wie Zahnpasta aus der Tube. Ich sah gleich, daß es ein Mädchen war. Mom hatte mir schon vor ein paar Tagen gesagt: »Du bekommst ein Mädchen.« Und sie hatte recht behalten, wie immer. Mein Neugeborenes hatte schon eine Menge Haare. Der Arzt nahm es mir ab und gab es Rudi. Die Nabelschnur hing noch an ihm, und Rudi geriet in Panik. Er hielt das schreiende und zappelnde Baby im Arm und wußte nicht, was er tun sollte. Sie war vierundfünfzigeinhalb Zentimeter lang und wog 3820 Gramm.

Die Ärzte schalteten ein Sauggerät ein und saugten meinem Baby aus Mund und Nase Flüssigkeit ab. Sie sagten, daß sie auch in der Lunge Flüssigkeit hätte und daß man deshalb besorgt sei, sie könne eine Lungenentzündung bekommen. Dann wuschen die Schwestern das Baby und brachten es auf die Intensivstation. Rudi, der ein sentimentaler und überängstlicher Hasenfuß ist, fing an zu weinen, als er das arme kleine Ding mit all den Infusionsschläuchen in den Armen und diesen kleinen Kontrollgeräten auf der Brust sah. Er schluchzte: »Es ist so traurig, sie da so liegen zu sehen und keuchen zu hören.« Ich war bemüht, ihn nicht merken zu lassen, daß auch ich mir Sorgen machte. Dann beteten wir auf indianische Art und warteten einfach ab.

Noch ein anderes Problem stellte sich. Als wir in Rosebud ins Hospital gegangen waren, hatten wir angenommen, das Baby würde dort geboren. Rudi hatte nur ein paar alte Levis-Jeans und ein T-Shirt an. Auch Geld hatten wir nicht mitgenommen, wer hätte denn gedacht, daß wir welches brauchen würden. Und nun waren wir hier in Yankton und Rudi hatte kein Geld, um in ein Hotel gehen oder auch nur einen Bissen essen zu können. Aber der Arzt war nett. Er ließ ein Feldbett in mein Zimmer stellen, damit Rudi dort schlafen konnte. Und sogar an den Mahlzeiten durfte er teilnehmen. Dieser Arzt wurde ein wirklicher Freund. Später kam er im Urlaub den ganzen Weg nach Rosebud herübergefahren, um nachzusehen, wie es meinem Baby ging.

Ja, und dann kamen sie mit der Geburtsurkunde an und sagten: »Wir brauchen einen Namen für das Baby.« Wir hatten aber noch gar keinen, und so hängte man ihr ein Kärtchen an, auf dem stand: ›Säugling (weiblich) Olguin-Brave Bird.‹ Meine Schwester Barb war sterilisiert worden und konnte keine Kinder bekommen, und daher sollte sie die Ehre haben, dem Kind einen Namen zu geben. Ich hielt Summer Dawn für hübsch. Wir riefen Barb an, und die sagte: »Nennt sie Summer Rose.« Wir waren auf der gleichen Wellenlänge – Summer Rose, das war es.

Barb fertigte einen wunderschön mit Perlen verzierten Schildkrötenfetisch für die Nabelschnur und erklärte: »Der garantiert Summer Rose ein gutes und langes Leben. Ich werde sie auf einen guten Weg bringen, und sie wird nie abirren und immer zu ihren Wurzeln zurückkehren und eine echte Sioux sein.« Tatsächlich aber steht noch mehr dahinter, als lediglich das, was Barb sagte. Früher, ja bis vor kurzem eigentlich, machte man für ein Neugeborenes zwei völlig gleiche, mit Perlen oder Stacheln bestickte Schildkrötenfetische. Einer enthielt die Nabelschnur und wurde in der Wiege des Babys versteckt. Den anderen hängte man hoch in einem Baum oder irgendwo anders auf, wo ihn die bösen Geister sehen konnten. Man glaubte nämlich, daß diese Geister immer versuchten, die Nabelschnur in ihren Besitz zu bringen, um damit Gewalt über das Kind zu bekommen. Weil sie nun aber nicht wissen, daß in diesem Fetisch keine Nabelschnur ist, toben sie ihre Wut und ihre bösen Zauberkräfte ohne jeden Erfolg aus. In Form einer Schildkröte wird das kleine Amulett deshalb angefertigt, weil dieses Tier ein langes Leben symbolisiert. Noch Tage, nachdem man eine Schildkröte getötet hat, schlägt ihr Herz.

Summer Rose blieb nicht lange auf der Intensivstation. Sie entpuppte sich als gesundes und kräftiges Baby. Schon als sie erst wenige Tage alt war, stemmte sie sich, wenn sie auf dem Bauch lag, mit ihren winzigen Armen hoch, als wollte sie Liegestütze machen. »Sehen Sie bloß, wie stark sie ist«, sagte der Arzt. Summer Rose sieht sehr indianisch aus, mehr als ich, wie eine echte kleine Vollblutindianerin, das gefällt mir. Wenn ich sie so ansehe, bekomme ich fast Lust, noch mehr Kinder zu kriegen, aber ich drücke die Daumen, daß sie das letzte ist. Hätte mir vor einem Jahr jemand gesagt, daß ich noch einmal heiraten und ein Kind bekommen würde, hätte ich ihn ausgelacht. Es wäre mir unverantwortlich vorgekommen, ein neues Leben in die Welt zu setzen, in diese Welt, wie sie jetzt ist, aber der Geist geht seltsame Wege. Vielleicht gibt es einen Grund dafür, daß Kinder geboren werden. Vielleicht stirbt die Menschheit nicht aus, vielleicht will sich die Welt noch immer aus sich heraus erneuern, wie das die alten Geistertänzer erhofft hatten.

Wenn Kinder groß werden, entwickeln sie ihre eigene Persönlichkeit. Pedro, mein Ältester, ist jetzt zwanzig. Im Jahr 1972 war meine Mutter zu einem Sommerkurs am College von Vermillion in South Dakota. Bei einem Besuch dort wurde ich mit Pat Spears bekannt gemacht, einem Halbblut, einer Art Indianer-Hippie, der das Haar lang trug, Gras rauchte und in seinem Wohnwagen unten am Missouri große College-Parties gab. Er war so ganz anders als alle, die ich zuvor kennengelernt hatte, anders als die Jugendlichen im Reservat. Er faszinierte mich und machte mich an. Ich war noch keine siebzehn, unschuldig und sehr naiv. Über Sex wußte ich gar nichts. Schließlich blieb ich eine Zeitlang bei Pat, draußen am Fluß.

Als Mom entdeckte, daß ich schwanger war, war sie entsetzt. Myrl, mein Stiefvater, drehte durch und schrie: »Schwanger! Das ist das letzte, was ich von dir erwartet hätte!« Großmutter Flood war peinlich berührt und las mir die Leviten: »Wie konntest du das bloß machen?« Ich hätte ihr erzählen können, daß es die leichteste Sache der Welt ist, schwanger zu werden, aber ich hielt den Mund. Nun war ich das verstockte und rücksichtslose schwarze Schaf der Familie, das sie in Verruf gebracht hatte. In Parmelee und He Dog redeten die Leute über mich. Ein uneheliches Kind zu bekommen, war damals bei den sogenannten anständigen Halbblutindianern, die auch fleißig in die Kirche gingen, eine große Schande. Ich wurde ausgegrenzt, und da ich mir auch zu Hause unerwünscht vorkam, schloß ich mich der Bewegung an. Die AIM wurde mir zur Familie, in der ich meine Brüder und Schwestern fand. Ich ging nach Wounded Knee und brachte dort Pedro zur Welt.

Von Anfang an akzeptierte Crow Dog ihn wie ein eigenes Kind. Er sah seinen Nachfolger in ihm und bildete ihn zum Medizinmann aus.

Pedro wuchs in der Bewegung auf und wurde auf traditionelle Sioux-Art erzogen. Fast vom Tage seiner Geburt an war er in die Rituale der alten Religion der Lakota einbezogen. Als Baby saß er bei Peyote-Meetings auf meinem Schoß. Mit gerade sechs Jahren durchbohrte er sich beim Sonnentanz zum ersten Mal. Als er sich nicht losreißen konnte, sagte ich: »Wir werden dich ziehen.« Er weinte und schluchzte: »Faßt mich nicht an, das mache ich allein.« Wie war ich stolz. Sein ganzes Leben schon nimmt er an Zeremonien teil – Pfeifenzeremonien, Zeremonien der Kirche der Amerikanischen Ureinwohner, Visionssuchen.

Ich glaube, daß Pedros Heranwachsen in der Bewegung ihm eine besondere Weisheit und Philosophie vermittelt hat, an der er sein Leben lang festhalten wird. Seit er in Phoenix, damals wohnten wir noch in Arizona, sein erstes Meeting der Kirche der Amerikanischen Ureinwohner geleitet hat, veranstaltet er selbst Meetings. Bei seinem ersten Yuwipi-Ritual war ich nicht dabei. Er reiste damals mit Leonard herum, während ich mit den drei jüngeren Kindern zu Hause geblieben war. Beim Sonnentanz hat er sich durchbohrt, hat vom Baum gehangen und Büffelschädel gezogen. Meiner Mom gefällt das natürlich nicht, es ist nicht ihre Art. Aber sie billigt es jetzt wenigstens. Wir beide sind abgeklärter geworden und tolerieren den Glauben des anderen. Also kommt sie zum Sonnentanz, wann immer Pedro oder ich uns durchbohren, und sitzt dann unter dem heiligen Baum. Vermutlich beichtet sie diese Sünde, wenn sie das nächste Mal in die Kirche geht. Das ist eben einer der Vorteile, die man als Katholik hat – man erhält Absolution. Den armen Heiden ist dieses Glück nicht vergönnt, sie müssen einer dem anderen vergeben.

In der Schule war Pedro sehr schlecht. Am Ende ging er nicht mehr hin und erklärte mir, er wolle den traditionellen Weg einschlagen. Auf die Highschool möchte er nicht zurück, ihm reicht ein Abschluß in Allgemeinbildung. Und da er eigensinnig ist, konnte ich ihn nicht überreden, seine Meinung zu ändern. Als wir aus Arizona zurück waren, besuchte er ein Weilchen in Rosebud die Schule, aber er kam damit einfach nicht klar.

Pedro ist großgewachsen, wiegt bei einem Meter fünfundachtzig sechsundachtzig Kilo, ist dabei aber sehr schlank.

Wie alle Brave Birds sieht er sehr gut aus. Er ist ein guter Junge, der Älteren gegenüber Respekt zeigt. Leicht einzuschüchtern ist er nicht, und obwohl er andererseits den Ärger nicht sucht, kann er sich notfalls verteidigen. Er ist auch nicht knausrig. Bewundert ein anderer etwas, das er hat, dann gibt er es ihm. Großmutter Emily bringt er bei seinen Besuchen stets ein kleines Geschenk mit. Innerlich ist er noch ein Kind, geht gern mit anderen Jungen auf Parties, schlendert durch die Straßen und sieht den Mädchen nach. Ich bin dankbar, daß er nicht an Drogen oder Alkohol hängt. Hin und wieder trinkt er schon ein Bier, aber das ist auch alles.

Mein Wunsch ist es, daß Pedro auf die Schule zurückgeht und anschließend ein Handwerk oder etwas anderes lernt. Er ist ein guter Sänger mit einer kräftigen Stimme. Im Augenblick hat er eine Trommlergruppe, die sich Eagel Lake Singers nennt. Für ihre Auftritte bei Powwows bezahlt man sie. Auf der sogenannten Powwow-Runde bereisen sie das gesamte Indianergebiet, aber es ist nicht eben viel Geld, was sie damit verdienen. Jedesmal, wenn sie von einem Powwow hören, springen sie ins Auto und fahren hin. Sie waren schon in Minnesota beim Wild Rice Festival der Ojibway und in Kansas beim Kickapoo-Tanz. In der Powwow-Zeit haben sie etwa zweimal im Monat einen Job.

Als ich sechsunddreißig war, machte Pedro mich zur Großmutter. Das ist eine bittersüße Geschichte. Pedro zog mit uns von Küste zu Küste, vor allem auch nach Big Mountain, wo er eine Navajo-Freundin hatte, Evangeline. Ich liebte Evangie und hoffte, sie würde einmal meine Schwiegertochter werden. Sie und Pedro mochten sich von Kindheit an, spielten immer miteinander, als sie noch klein waren, und als sie älter wurden, wollten sie heiraten. Evangie ist sehr hübsch. Sie stammt aus einer großen traditionellen Familie. Beide Kinder gehören der Peyote-Kirche an und beide sind Sonnentänzer. Wann immer Pedro in Rosebud war, schrieben sie sich lange Liebesbriefe. Evangie ist Kostümtänzerin und macht ihre wunderschöne Ausstattung immer selbst. Das eine Jahr wurde sie zur Powwow-Schönheitskönigin gewählt. Es gab aber ein kleines Problem, und das hieß Percetta Little Bear. Percetta ist süß und lieblich, und sie war hier, in Rosebud, Evangie dagegen tausend Meilen weit weg im Navajo-Land. Und Percetta wurde, mit freundlicher Unterstützung von Pedro, schwanger. Zur Zeit des Sonnentanzes kam Evangie uns mit ihrer ganzen Familie besuchen. Da waren sie also in Rosebud und sahen in Pedro schon einen der ihren – für einen Achtzehnjährigen nicht gerade eine leichte Situation. Aber wie auch immer, am Ende waren Percetta und Evangie Freundinnen – Evangie erwies sich als sehr verständnisvoll. Mir wäre Evangie als Mutter meines Enkelkinds zwar lieber gewesen, aber ich habe Percetta schätzen gelernt. Sie ist eine gute Frau, eine gute Köchin und eine gute Hausfrau. Sie und Pedro halten zusammen. Inzwischen hat Percetta ein Mädchen geboren, das sie Vanessa genannt haben.

Bei einem Peyote-Meeting in Fort McDowell nannte mich der Leiter die ganze Nacht Großmutter: »Danke, daß du gekommen bist, Großmutter, wir freuen uns sehr über deine Anwesenheit, Großmutter.« Er tat das, um mir seinen Respekt zu erweisen, aber Großmutter möchte ich wirklich nicht genannt werden – noch nicht. Ich schätze, daran muß ich mich erst gewöhnen. Wegen der Powwows sind Pedro und Percetta an den Wochenenden häufig nicht zusammen, und dann geht sie zu ihrer Mom. Ich habe das Gefühl, sie sind ganz glücklich darüber, ab und an eine Pause voneinander zu haben. Für Pedro ist Percetta gut, weil sie ihn vom Trinken und Feiern abhält.

Natürlich können die fünfzig Dollar, die Pedro hier und da für ein Wochenende bekommt, nicht einmal einen kranken Spatzen ernähren, und deshalb hat er sich um einen richtigen Job beworben, was ja erforderlich ist, um irgendeine

Form von Sozialhilfe zu bekommen. Das ist einfach nur eine Formalität, denn es gibt im Res keine Jobs. Sie beziehen also Sozialhilfe, vierhundert Dollar für Essen, Miete und Anschaffungen. Allein zweihundert Dollar im Monat beträgt die Miete für ihren winzigen verrotteten Trailer. Da bleibt nicht viel für Essen, Kleidung, Heizung und Strom. Sie bekommen auch Essenmarken, aber es reicht eben nicht. Mit anderen Worten: Sie führen ein ganz normales Reservatleben. Das also ist Pedros Geschichte, bis jetzt jedenfalls.

Mein zweiter Sohn, Anwah, ist ein echter Crow Dog. Er hat Leonards reinrassige Gesichtszüge und seine stämmige Figur, und er tritt auch in die Fußstapfen seines Vaters. Er hat schon Schwitzbäder und Peyote-Meetings abgehalten. Mit zwölf Jahren hat er beim Sonnentanz für Leonard Peltier Büffelschädel gezogen und hat gelitten, damit der Große Geist Peltier befreit.* Als sich die Schädel nicht lösen wollten, mußten sich meine jüngeren Kinder, June Bug und Jennifer auf sie setzen, um sie schwerer zu machen. Schließlich konnte Anwah sich losreißen, und John Truddel, der das beobachtet hatte, sagte: »Das ist ein Junge, das ist die Zukunft.«

Anwah ist zwischen Leonard und mir hin- und hergerissen. Manchmal läuft er von mir weg und geht zu seinem Vater in Crow Dogs Paradies. Und dann kommt er wieder zu mir zurück. Es ist schwer für ihn, er trägt eine Menge Probleme mit sich herum. Ständig versuche ich ihn zu überzeugen, daß er, auch wenn sich Leonard und ich getrennt haben, Eltern hat, die ihn lieben.

Anwah ist ein guter und gescheiter Junge. In Lesen und Mathematik ist er eine Kanone, und deshalb macht es mich traurig, ihn so oft außerhalb der Schule zu sehen. Es ist die

* ›Büffelschädel ziehen‹ ist eine Form der Selbstfolter, der sich die Männer beim Sonnentanz unterziehen. Hoch oben am Rücken werden Spieße durch das Fleisch gezogen und dann an den Schädeln befestigt. Nun zieht der Tänzer die Schädel im Kreis herum, bis die Haken herausreißen. Das ist eine besonders schwere Form des Durchbohrens.

alte Crow-Dog-Einstellung, das angelernte Wissen des weißen Mannes hindere einen Jungen nur daran, ein traditioneller Sioux zu werden. Obgleich Anwah aufsässig ist, komme ich gut mit ihm zurecht, weil ich ganz ähnlich war. Will er irgend etwas nicht tun, dann bekommt man ihn auch nicht dazu. Mit seinen dreizehn Jahren hält er sich bereits für einen jungen Mann, an Selbstüberschätzung mangelt es ihm nicht. Er ist ein richtiger kleiner Häuptling. Besonders mit mir, aber auch mit den anderen Jungen, streitet er sich viel, möchte so gern der harte Bursche sein. Na ja, wie ich schon sagte, in seinem Alter war ich nicht anders.

Dauerte ein Peyote-Meeting die ganze Nacht hindurch, dann legten sich June Bug und Jennifer lieber schlafen, nicht so Anwah. Bei einem der Meetings trommelte er für mich, wann immer ich an der Reihe war zu singen, und all die Alten beobachteten ihn. Er war erst zwölf und sein Arm wurde müde, aber er hat bis zum Schluß getrommelt. In dieser Nacht machte Anwah mich richtig stolz.

June Bug ist das sanfteste der Kinder und liebenswert. Er ist klein für sein Alter und still. Ist man allerdings mit ihm allein, dann redet er. Er ist auch nicht gewalttätig, sondern höflich. Malen kann er gut – er hat ein Auge fürs Detail und zeichnet nach dem Gedächtnis. Das Indianische hat es ihm dabei angetan. Während Anwah einen Gangster mit einer Maschinenpistole, rotem Stirnband und Sonnenbrille malt, stellt June Bug in seinen Bildern die Büffel auf der Prärie dar, Tipis an einem Fluß oder Adler. Adler liebt er. Er malt Peyote-Rasseln und Gebetsfächer. So etwas gefällt ihm. Das ist seine Kultur, und er ist lernbegierig. In diesem Jahr hat er zum ersten Mal am Sonnentanz teilgenommen und seinen Arm durchbohrt.

Ich bin sicher, June Bug wird Maler. In seinem Zimmer hat er sich ein eigenes kleines Studio eingerichtet, und Rudi hat versucht, ihm Klarheit des Stils beizubringen. Da sitzt er nun, in sich versunken, und malt, während alle anderen Kinder spielen. Zweifellos ist er begabt. Probleme hat er mit Mathematik, aber sonst ist er sehr gescheit. Seine Hobbys sind Karate und andere Kampfsportarten und – man kann es sich schon denken – die Ninja Turtles.

Jennifer, mein viertes Kind, ist ein großes Mädchen. Sie liebt das Feine, putzt sich heraus, und dann geht sie mit den Jungen auf die Straße und spielt im Schlamm. Für ihr Alter ist sie reif und ziemlich keß. Sie liest gern und ist eine erstklassige Schülerin, ihre Lehrer mögen sie. Sie kann so richtig aus sich herausgehen, ist sehr herzlich und kommt mit anderen Kindern gut aus. June Bug und sie hängen wie die Kletten aneinander, dagegen brüllen Anwah und sie sich ständig an. Jennifer ist ausgesprochen hübsch und wird, da bin ich sicher, in einiger Zeit Powwow-Königin oder Schönheitskönigin der amerikanischen Indianer. Wie alle meine Kinder beteiligt sie sich an den Meetings der Peyote-Kirche und holt das Morgenwasser. Nur zu gern übernimmt sie bei den Zeremonien eine Aufgabe, das gibt ihr das Gefühl, wichtig zu sein. Bei den Meetings nimmt sie Medizin und kennt auch die Lieder – so ist sie erzogen worden.

Wie Anwah und June Bug hat auch Jennifer künstlerisches Talent. Sie malt gern – Anwah malt Batman, June Bug Adler und Jennifer malt Blumen, Vögel oder Clowns. Als sie fünf war, habe ich angefangen, mit ihr Perlenarbeiten zu machen, und sie hat Barbie-Puppen bestickt. Ich kaufte immer Puppenausstattungen, und sie bestickte die Kleider. Ich hoffe, sie stickt weiter. Jennifer wollte Ohrlöcher gestochen haben, ein ganzes Jahr lang redete sie davon, aber ich hatte nicht die Absicht, es in einem Juwelierladen machen zu lassen. Bei uns ist das eine religiöse Zeremonie, ebenso wie das Ritual des Ballwerfens später, wenn die Pubertät einsetzt. Deshalb haben wir das auf traditionelle Weise bei einem Sonnentanz selbst gemacht. Leonards Schwester Christine hat die Ohrläppchen durchstoßen und ihr kleine Ohrringe aus Black-Hills-Gold geschenkt. Bei dieser Gelegenheit veranstaltet man gewöhnlich ein Schenkungsfest. Gern hätte ich ein Pferd gegeben, hatte aber nicht das Geld dazu. Normalerweise kommt meine Mom nicht zum Sonnentanz, als gläubiger Katholikin widerstrebt ihr das. Für Jennifer aber kam sie, zusammen mit ihrem letzten noch lebenden Onkel, Großvater Bernard Flood. Wir brachten ihn in den Kreis, schenkten ihm eine Sternendecke und sangen ihm ein Ehrenlied. Und er gab Geld für die Schenkung. Ich war glücklich, daß Jennifers Ohren beim Sonnentanz durchbohrt worden waren. Das wird für sie ein Anlaß mehr sein, nicht den Weg des weißen Mannes zu gehen, sondern ihr Leben lang auf unsere Älteren zu hören und jene Festigkeit zu haben, die aus der Teilhabe an unserem traditionellen Leben rührt. Für mich war es etwas Besonderes, daß meinem kleinen Mädchen die Ohren vor Großvater Bernard, meiner Mutter und all den Sonnentänzern durchbohrt worden waren. Es war die letzte Zeremonie des viertägigen Wiwanyank Wacipi, und Jennifer wird sich immer daran erinnern.

Meine Kinder sind so stark, wie sie sein müssen. Sie werden überleben. Sollte es erforderlich sein, in einem Tipi zu leben, mit einem Stein als Kopfkissen, dann werden sie das tun, und darauf bin ich stolz. Letztes Jahr verschenkten sie eine Menge Spielzeug an ärmere Kinder, weil sie wissen, daß Lakota sein bedeutet, großzügig zu sein. Was die Zukunft für sie bereit hält, weiß ich nicht. Sie gehen großen Schwierigkeiten entgegen, aber sie werden durchkommen. Sollte ich, Gott behüte, noch einmal ein Kind bekommen, dann hoffe ich, daß es eine normale Geburt wird – nicht unter Beschuß, nicht bei einer Zeremonie, wo dann jemand verzweifelt nach einer Schere für die Nabelschnur sucht, und auch nicht nach einem Rettungsflug in einem sturmgeschüttelten Zweisitzer.

Kapitel 6
Das Lied des Wasservogels

Ich gehöre der Kirche der Amerikanischen Ureinwohner an, der Peyote-Kirche, deren Symbol der Wasservogel ist. Sie bildet das Zentrum meines Daseins. Wenn ich die heilige Medizin nehme, wenn ich zum Rhythmus der Wassertrommel die alten Lieder singe und mit den Älteren, mit Leuten, denen ich vertraue, im Kreis sitze, dann fühle ich, daß ich Indianer bin, daß ich mit den Menschen aller Stämme eins bin. In der Peyote-Kirche bin ich getauft worden, in ihr will ich auch sterben.

Der Gebrauch von Peyote bei indianischen Zeremonien reicht zurück bis in die Anfänge der Geschichte. Der Name der Medizin kommt vom aztekischen Wort ›peyotl‹, und das bedeutet ›Raupe‹. Jener Kaktus hat nämlich am oberen Ende einen Flaum, der an die Härchen einer Raupe erinnert. Die Spanier, die vor fast fünfhundert Jahren das Aztekenreich eroberten, trafen als erste auf Menschen, bei denen Peyote rituell gebraucht wurde. Sie nannten es ›Teufelskraut‹ oder ›teuflische Wurzel‹. Alle, die damit beteten, erklärten sie zu ›Teufelsanbetern‹ oder ›Zauberheilern‹, die gottlose heidnische Rituale vollführten, wenn sie im Doppelkreis um ein flackerndes Feuer tanzten. Noch heute meinen wir, wenn wir von ›Feuerstelle‹ sprechen, einen Ort, an dem Mitglieder der Kirche der Amerikanischen Ureinwohner ihre Meetings abhalten.

Die Spanier versuchten, den Peyote-Glauben zu unterdrücken, weil er die Indianer davon abhielt, gute Katholiken und unterwürfige Sklaven zu werden. Als sie die Inquisition in der Neuen Welt einführten, wurden von Yucatan im Süden bis nach Santa Fe in New Mexico Peyote-Leute und Anhänger anderer alter Eingeborenenreligionen ausgepeitscht, gehängt und am Pfahl verbrannt. Zwar verbrennt man uns nicht mehr am Pfahl, aber bis zum heutigen Tage gibt es Versuche, den Gebrauch von Peyote zu kriminalisieren.

Nach einer alten Legende waren es eine Großmutter und ihre Enkelin, die den Menschen das Peyote brachten. Die beiden hatten sich verlaufen, irrten tagelang in der Wüste umher und waren nahe daran, vor Durst und Erschöpfung zu sterben. Da hörte das Mädchen eine Stimme sagen: »Iß mich!« Sie schaute sich um und erblickte diese kleine Pflanze, hob sie auf und aß sie. Und sogleich überkam sie eine Erleuchtung, sie fühlte sich kräftig, verspürte weder Hunger noch Durst und sah deutlich den Weg, der sie aus der Wüste herausführen würde. Auch die Großmutter aß eine dieser seltsamen Pflanzen, fand sich ebenfalls gestärkt und erkannte den Weg nach Hause. Wieder sprach eine der Pflanzen: »Nehmt mich mit!« Und die beiden Frauen, die sehr alte und die junge, sammelten Peyote in einen Korb, und brachten es ihrem Stamm. Und der Geist des Peyote lehrte die Großmutter, wie man damit betet und die heilige Medizin bei einer Zeremonie benutzt. So wurde das Ritual geboren. Es gibt von dieser Legende verschiedene Versionen, aber ich halte die hier für die schönste. Daß eine Frau als Repräsentantin der All-Mutter des Universums, der Großen Lebensspenderin, bei Tagesanbruch das Wasser des Lebens bringt, ist ein Symbol für die bedeutende Rolle, die Frauen in der Kirche der Amerikanischen Ureinwohner spielen. In der Legende von Ptesan Win, der Weißen Büffelkalb-Frau, die den Sioux die heilige Pfeife brachte, gibt es eine Parallele dazu. Es gefällt mir und es bestärkt mich auch auf eine ganz merkwürdige Weise, wenn ich sehe, welche zentrale Rolle Frauen in der indianischen Religion spielen.

Nördlich vom Rio Grande wächst Peyote nicht, und vor ein paar hundert Jahren kannten die nordamerikanischen Stämme die heilige Medizin noch nicht. Der Gründer der Kirche der Amerikanischen Ureinwohner war Quanah Parker, Sohn eines Comanchen-Häuptlings und einer weißen Gefangenen, Cynthia Ann Parker. Selbst schon Häuptling, wurde Quanah neugierig auf die weißen Verwandten seiner toten Mutter und ging nach Chihuahua, wo John Parker, sein Onkel mütterlicherseits, wohnte. Als er dort ankam, wurde er von einem rasenden Bullen angegriffen und auf die Hörner genommen. Die Verletzungen waren fürchterlich. Er bekam eine Blutvergiftung, ein heftiges Fieber verzehrte ihn, und er lag im Sterben. Als das ein paar ortsansässige Indianer hörten, brachten sie eine Medizinfrau zu ihm, eine sogenannte Curandera oder auch Bruja, die ihm einen Zaubertrank gab, den sie Woqui nannte. Es war Peyote-Tee, und durch ihn genas er. Da wollte er mehr über diese Medizin wissen und befragte viele Leute bei den Huicholes, den Tarahumaras und den Apachen im Süden, die sie alle benutzten. So lernte er Peyote achten und mit ihm beten. Dann brachte er seinem Volk die Medizin. Er lehrte die Menschen, ihre Andacht damit nach der ›Halbmond-Weise‹, die er in Mexiko gelernt hatte, zu halten. Und er erdachte ein passendes Lied dazu, das ›Ya-na-ah-oway‹, ›Der Adler fliegt zur Sonne‹. Diesem Lied sind alle unsere nordamerikanischen Peyote-Lieder nachgebildet. Quanah trat zum christlichen Glauben über, sagte aber den Missionaren: »Ich erkenne euren Glauben solange an, wie ich nicht Peyote oder eine von meinen Frauen aufgeben muß.« In den Großen Ebenen begründete er dann eine neue Religion – die Peyote-Kirche. Sie verbindet das Christentum mit den alten indianischen Religionen, weil sie – wie er sagte – eine Religion für alle sein sollte. Wenn er von der Medizin genommen hatte und ›in der

Power‹ war, leuchteten seine Augen merkwürdig hell, und dann konnte niemand seinen Predigten widerstehen. Quanah war ein großer Häuptling, sein Einfluß reichte weit. Bei den Caddo, den Ponca, Kiowa, Cheyenne, Osage und vielen anderen Stämmen jenes Gebietes, das jetzt das westliche Oklahoma ist, führte er seine neue Religion ein. Von dort gelangte der neue Glaube zu den nördlichen Stämmen und schließlich zu uns, den Lakota. Old Henry Crow Dog war einer der ersten, die bei uns Peyote-Meetings veranstalteten. Ich muß betonen, das Peyote eine natürliche Pflanze ist und keine Droge oder ein chemisches Produkt, es macht nicht süchtig. Man nimmt die Medizin nur einmal die Woche bei einem zeremoniellen Meeting. Als ich in die Kirche der Amerikanischen Ureinwohner eintrat, fühlte ich mich anfangs nicht recht wohl, weil es soviel Christliches darin gibt und so viele Lieder von Jesus sprechen. Weshalb hatte man bei jedem Meeting auch die Bibel dabei? War das nicht eine indianische und keine weiße Religion? Um mir den Sinn für die verschiedenen Formen von Religion zu öffnen, um zu begreifen, daß wir alle zu einem großen Schöpfer beten, brauchte es Jahre. Als ich meiner Großmutter sagte: »Ich werde mich in der Kirche der Amerikanischen Ureinwohner taufen lassen«, empfand sie das als so schlimm, daß sie weinte und sich an ihren Rosenkranz klammerte. »Nur zu«, sagte sie, »wende dich von der Kirche ab.« – »Großmutter«, erwiderte ich, »ich wende mich nicht von Gott ab, es ist nur eine andere Art zu beten, der Weg, den ich wähle. Zu meinem Gebet gehören die Älteren, das Schwitzbad, die Medizin. Meine Onkel sind Führer in dieser Kirche – ich möchte auf indianische Art beten.« Jetzt, da ich älter geworden bin, achte ich alle Religionen. Das Beten mit der Pfeife hat meinen Verstand dafür geöffnet. Es wird von jedem erwartet, daß er freundlich gesinnt ist und sein Gebet nicht gegen einen anderen richtet oder gar eine böse Medizin gegen ihn anwendet. Ich habe meine eigene Pfeife, meinen Wasservogelfächer und einen Trommelstock aus schwarzem Ebenholz, den ich bei den Peyote-Meetings benutze. Damit habe ich schon viel gebetet, und ich halte an meinen heiligen Gegenständen fest, obwohl ich jetzt auch ohne Rassel und Stab beten kann.

Es ist gut, dem Großen Vater Peyote demütig gegenüberzutreten und zu sagen: »Ich bin es nur. Das ist alles, was ich besitze. Ich habe keine seltenen Federn, ich komme nur zum Beten.«

Die Kirche der Amerikanischen Ureinwohner mußte ständig um ihre Existenzberechtigung kämpfen. Die Weißen, die Priester, die Bundesregierungen wie die Staatsregierungen in den gesamten Vereinigten Staaten haben den Gebrauch unseres heiligen Sakraments stets unterdrückt. Die Missionare predigten dagegen, weil es die Indianer davon abhielt, sich den einzelnen Kirchen anzuschließen. Und diese Bedrückung ist geblieben, obwohl James Mooney, ein mit unserem Volk sympathisierender Anthropologe, Quanah Parker bei der Weiterverbreitung der Peyote-Religion unterstützt hat, obgleich die Kirche in Rosebud schon 1924 vor dem Gesetz anerkannt wurde.

In den zwanziger Jahren wetterte der große Apostel der Prohibition William Pussyfoot Johnson nicht nur gegen den ›Dämon Alkohol‹. Auch Peyote wollte er in das Verbot mit einbeziehen, weil es ›die Indianer dazu bringt, Trunkenbolde zu werden‹, und das, obwohl die Kirche der Amerikanischen Ureinwohner den Genuß von Alkohol verbietet. Zwar wurde für Eingeborene und zu religiösen Zwecken der Gebrauch unserer Medizin überall legalisiert, aber die Bemühungen, sie zu unterdrücken und für ungesetzlich zu erklären, gehen weiter. So hat erst 1991 der Oberste Gerichtshof eine Entscheidung des Staates Washington über das Verbot von Peyote in zweiter Instanz bestätigt. Wie ich schon sagte: Religionsfreiheit scheint nur für Weiße zu bestehen.

Jahrelang ist Crow Dog kreuz und quer durch das ganze Land gereist, um als Zeuge in Verfahren auszusagen, in die die Kirche der Amerikanischen Ureinwohner hineingezogen wurde – kürzlich sogar vor dem Kongreß. 1978 fuhr unsere Familie, einschließlich Leonards üblicher Begleitung, durch das halbe Land ins Reservat Colville im Staat Washington. Dieser Staat verbietet Peyote noch immer, auch bei religiösen Zeremonien. Zwei unserer Freunde und Verwandten, Roger Eagle Elk und Ken Little Brave, waren bei einem Besuch des Colville-Stammes wegen des Besitzes der heiligen Medizin verhaftet und nach dem veralteten Gesetz wegen Drogenmißbrauch festgehalten worden. Aus diesem Anlaß sagte Leonard als Zeuge der Verteidigung aus und half auch, ein Meeting nach Sioux-Art zu veranstalten, das von Ed Eagle Elk, Rogers Vater, geleitet wurde. Roger und Ken wurden schließlich freigelassen, aber die Anti-Peyote-Gesetze sind in diesem Staat weiterhin in Kraft. Ich kann mich gar nicht mehr an alle Orte erinnern, wo wir für die Kirche der Amerikanischen Ureinwohner als Zeugen auftraten – Washington D.C., St. Louis, Texas, Arizona, wir waren fast überall.

Die Kirche der Amerikanischen Ureinwohner hat ein Statut, es gibt einen Vorsitzenden und einen Stellvertreter, einen Sekretär und einen Schatzmeister. Außerdem hat sie einen Leiter des Ordnungsdienstes und einen Verwalter für die Medizin. In der Vergangenheit haben verschiedene Leute das Peyote falsch verwendet oder mißbraucht. Nun steht es unter Aufsicht des Verwalters und der Kirchenmitglieder. Man darf auch zu Hause Medizin haben, solange man sich an die Regeln hält. Verwalter ist Onkel Leslie. Zweimal im Jahr fährt er hinunter zu den Peyote-Gärten und sammelt Medizin für die Meetings.

Auf die richtige Art abgehalten, ist ein Peyote-Meeting wunderschön. Von seiner Symbolik und seinem geistigen Gehalt her genau gegliedert, nicht weniger als eine katholische Messe, ist es ein feierliches Ritual. Drei Dinge sind dafür unerläßlich – Peyote, ein Feuer und ein Tipi. Speisen gehören natürlich ebenfalls dazu. Um zehn Uhr vormittags gibt es ein Brunch und gewöhnlich auch noch ein großes Abendessen. Da kann ein Meeting schon leicht fünfhundert oder sechshundert Dollar kosten. Die Leute veranstalten Meetings zu den unterschiedlichsten Anlässen – zu Geburtstagen, Gedenkfeiern, zum Erntedankfest und anderen Gelegenheiten.

Vor Jahren, als ich anfing, solche Meetings zu besuchen, war das christliche Element noch sehr stark ausgeprägt. Inzwischen haben sie nur noch wenig oder keinen Bezug mehr zum Christentum, und das ist auf die mit dem Kampf um die Bürgerrechte der Indianer einhergehende Wiederkehr alter Religionen und die Ablehnung europäischer Ideen über das Geistige zurückzuführen. Der Charakter eines Meetings hängt davon ab, wo es stattfindet und wer es leitet. Old Henry Crow Dog hatte bis zum Ende seiner Tage eine Bibel dabei und sang Lieder wie ›Jesus, Licht der Welt‹ oder ›Jesus, unsimalayelo, nita canku wanyanka makiye lo‹ -›Jesus, vergib mir, führe mich auf Deinem Weg‹. Als ich siebzehn, achtzehn war, in meiner Weißen-Hasser-Zeit, hätte ich mich dabei vor Scham gekrümmt. Heute weiß ich es besser. Wirkliches ›Indianersein‹ heißt, gegenüber dem Glauben der Schwestern und Brüder tolerant zu sein, das ist mir inzwischen bewußt geworden. Mir ist es jetzt gleich, ob es sich um ein Kreuz-Feuer- oder ein Mond-Feuer-Meeting handelt, ob eine Bibel da ist oder nicht, ob das Meeting nach Art des Südwestens mit Maisblattzigarren aus Bull Durham abgehalten wird oder mit dem roten Pfeifenkopf und dem Kinnikinnick. Es ist auch gleichgültig, ob es in einem Haus oder einem Tipi stattfindet. Das Gefühl, Indianer zu sein, die Power zu haben, eins zu sein mit allen anderen Stämmen – das allein ist es, was zählt. Und es ist auch unwichtig, ob man den Großen Geist Wakan Tanka oder Maheo nennt, Masaau oder Manitou, ob man ihn als Frau begreift oder als Mann und Frau zugleich. Man betet immer zu ein und demselben Schöpfer, dem schöpferischen Geist. In diesem Glauben ist man geboren worden, in ihm heiratet man und in ihm stirbt man.

Die typische Peyote-Zeremonie, wie ich sie hunderte Male erlebt habe, möchte ich einmal beschreiben. Der Leiter eines Meetings heißt Wegmann oder Weghäuptling – er führt uns auf den Weg des Lebens. Ihm zur Seite stehen der Feuerhüter, der Türhüter, der Zedermann, der Trommler und die Frau, die das Morgenwasser bringt, das Wasser des Lebens. Ein Meeting beginnt immer bei Sonnenuntergang, dauert die ganze Nacht über und endet bei Tagesanbruch, wenn der Morgenstern aufgeht. Wer es auch leitet, er hat immer einen Haupt-Peyote, eine große Knolle, die manchmal über Generationen als Talisman aufbewahrt wurde und vom Vater auf den Sohn gekommen ist. Der Haupt-Peyote wird in der Mitte des Altars auf ein Bett aus Salbei gelegt. Es gibt verschiedene Altäre, der Halbmondaltar aber ist der traditionelle. Er ist sichelförmig wie ein Halbmond und aus festgeklopftem Sand geformt. Im Mittelpunkt der Zeremonie steht die Feuerstelle, das heilige Feuer, Peta owihankesni – das ewige Feuer, das von Generation zu Generation weitergegeben wird. Seine Glut wird viermal in der Nacht zu verschiedenen Figuren geformt – zu einem Halbmond, einem Morgenstern, einem Kreuz und, an einer bestimmten Stelle der Zeremonie, zu einem Herzen, einem glühenden Herzen, das im Rhythmus des eigenen Herzens und der aller anderen pulsiert, die zum Beten mit der heiligen Medizin gekommen sind.

Wunderschön und voller Symbolik sind die Utensilien, die bei einer Zeremonie in der Kirche der Amerikanischen Ureinwohner benutzt werden. Bei allen Stämmen sind es die gleichen, ob nun in einer Kreuz-Feuer-Zeremonie oder einer Mond-Feuer-Zeremonie. Da ist der federnverzierte Stab, der

Autorität symbolisiert, ein Bindeglied zwischen den Menschen und Gott, oder, wie Leonard immer sagte, »eine Direktleitung zu Tunkashila, dem Großen Geist«. Hält man den Stab in Händen, steht man mit den Übernatürlichen in Verbindung und spricht mit ihnen in einer heiligen, allumfassenden Sprache. Dann gibt es die Wassertrommel, den Herzschlag des indianischen Volkes. Sie ist die Stimme des Donners, die Seele des Regens, das Murmeln der Geister. Sie wird aus einem dreibeinigen Eisen- oder Kupfergefäß gefertigt, mit Wildleder oder Elchhaut überzogen, und dazu gehört ein Trommelstock aus Hartholz. Je nachdem, wie naß das Wildleder ist, hat die Trommel einen tiefen, grollenden oder einen hohen und klaren Klang. Der Rhythmus ist sehr schnell. Sieben runde Steine in der Größe von Murmeln werden als Verdickungen so im Trommelfell angebracht, daß es mit ungegerbten Lederriemen festgebunden werden kann. Während der Vorbereitung der Feuerstelle vor dem Meeting verrichtet derjenige, der die Trommel bringt, selbst diese Arbeit. Er geht ins Tipi, und bei jedem Stein, den er ins Fell bindet, spricht er ein Gebet. Am Ende bilden die Riemen am Boden der Trommel einen Stern.

Beim Singen hält man einen Fächer aus Papageien-, Elster-, Fliegenschnäpper-, Falken- oder Fasanenfedern in der Hand. Es heißt, mit dem Fächer könne man aus der Luft Lieder einfangen. Wir haben auch eine Kürbisrassel, die wir im Rhythmus der Trommel schütteln. Ihr Griff ist nach Kiowa-Art mit Perlen besetzt und am Ende ausgefranst, oben trägt die Rassel ein Büschel Pferdehaar. Sie verkörpert Kopf und Gedanken des Indianers und das Rasseln der kleinen Steine in ihrem Innern die Stimmen der Geister. Schüttelt man sie, spricht man in einer universellen Sprache. Die redenden Steine im Innern der Rassel sind aus Ameisenhügeln stammende kleine Kristalle. Auf diese Weise sind auch die Ameisen in unsere Religion eingeschlossen – winzig kleine Verwandte von uns Menschen.

Für den Weihrauch gibt es den Zederbeutel. Es heißt, das Verbrennen von Zeder über dem Feuer gleiche dem Bestellen eines Gartens, man sät aus und veredelt eine Seele. Zeder ins Feuer legen, erfreut die Geister. Die Zeder, ein immergrüner Baum, stellt das ewige Leben dar. Außerdem haben wir noch die Adlerknochenflöte, mit der die Stimme des Adlers in alle vier Himmelsrichtungen ausgesandt wird, und – jedenfalls bei uns Lakotas – die heilige Pfeife, in der wir Canshasha, den indianischen Tabak, rauchen. Wir beten damit. Sie nimmt einen an und ist immer da, um zu helfen.

Die Vier ist unsere heilige Zahl, und so gliedert sich ein Meeting in vier Abschnitte. Viermal geht die Medizin herum, entweder in Form kleiner Kugeln oder als Paste. Manche Leute müssen erbrechen, wenn sie von der Medizin gegessen haben. Das ist kein Grund, verlegen zu werden, auf sie wirkt sie ebenso. Irgend jemand reicht einem zu dem Zweck schon eine leere Konservendose, und keiner nimmt Anstoß daran.

Der Wegmann sitzt immer hinter dem Altar. Mit einem Gebet eröffnet er das Meeting. Rechts neben ihm sitzt der Trommler, zu seiner Linken der Zedermann mit dem ungegerbten Zederbeutel. Dem Kreis gegenüber, am Eingang des Tipis, hat der Feuerhüter seinen Platz, neben ihm die Frau, die das Wasser des Lebens tragen wird.

Diese Anordnung wird stets beibehalten, auch wenn das Meeting in einem Haus oder in einem Zimmer stattfindet.

Wenn im Uhrzeigersinn die Utensilien herumgereicht werden, beginnt der Gesang. Der Sänger hält Stab und Fächer in der linken Hand und schüttelt mit der rechten Hand die Rassel. Es singen sowohl Männer als auch Frauen, aber für keinen ist es ein Muß. Weiß man nicht, was oder wie man singen soll, gibt man die Utensilien einfach an seinen linken Nachbarn weiter. Möchte man singen, kommt der Trommler zu einem herüber und trommelt dazu. Der Rhythmus ist so schnell, daß er einem das Herz zum Rasen bringt, und man das Gefühl hat, es schlage im Rhythmus der Trommel, aber die Trommel ist doch schneller. Trommel, Rassel und Gesang vereinigen sich im gleichen Rhythmus. Als ich schwanger war, spürte ich, wie sich auch mein Kind in mir zum Rhythmus der Trommel bewegte. Jedesmal wenn man an der Reihe ist, singt man vier Lieder. Das sind die Lieder, die uns einigen, die wir voneinander lernen – Lieder der Lakota, Cheyenne, Kiowa, Navajo, Ponca und Arapaho –, und über allem stehen jene Lieder, die keine Worte haben, sondern einfach nur den Klang des uns allen gemeinsamen, uns vereinigenden Indianischen. Ich habe Peyote-Lieder nur durchs Zuhören gelernt, einige von Freunden und einige vom Geist des Peyote, als ich in der Power war – es sind kostbare Geschenke, die man bewahren muß.

Vor Jahren war ich bei einem Meeting nahe der mexikanischen Grenze, und dort aßen wir frische grüne Medizin. Als der Stab kam, begann ich die Rassel zu schütteln. Leonard hatte mir einen Adlerfächer mit einer schwarzen Schwanzfeder gegeben. Und als ich nun die Rassel zu schütteln begann, fing die Medizin an zu wirken. Ich konnte den Wind blasen hören und durch den Wind hindurch einen Ton. Ich sang diesen Ton, den ich da hörte, und während ich das tat, bewegten sich die Adlerfedern, und jede Feder hatte einen anderen Ton. Aber sie harmonierten miteinander. Die Federn tanzten, es war, als seien sie lebendig geworden.

Ein anderes Mal, in Minneapolis, hatten wir ein Peyote-Meeting zusammen mit den Winnebago. Man segnete den Stab, und als man die Trommel herumreichte, legte ich meine Hände auf sie, um dadurch selbst gesegnet zu werden, und es war fast so, als wäre ich im Innern der Trommel. Mein Herz schlug sehr schnell, im Rhythmus der Trommel, und ich konnte die Gedanken der Menschen vernehmen. Und am Morgen, als eine Frau das Wasser und das Essen brachte, hörte ich die Musik. Mit Hilfe der Medizin höre oder sehe ich manchmal so etwas. Meine Stimme hat sich verändert, aus der hohen, kindlichen Stimme von früher wurde eine tiefere, reifere Stimme – die Lieder aber sind geblieben, obwohl die ganze Zeit über neue dazugekommen sind.

Um Mitternacht bringt der Hüter des Feuers das Wasser herein. Das ist die Zeit, da die Nacht endet und man in einen neuen Tag aufbricht, in einen neuen Lebensabschnitt. Deshalb spricht er ein Gebet, das auf den Anlaß des Meetings bezogen ist, schließt gewöhnlich mit einem Dankeswort, grüßt die Verwandten, und dann beten alle mit dem Wasser. Mit Zeder oder Tabak segnet der Weghäuptling das Wasser, das befächelt wird, noch einmal. Während des Herumreichens spricht jemand, gewöhnlich ein Älterer, ein paar Worte. Ist es ein Geburtstagsmeeting für ein Kind, redet er darüber, wie gut es ist, seine eigene Kultur und Religion zu haben. Aber er sagt auch, daß man die Lebensweise der Weißen kennen muß, wenn man aus beiden Welten das Beste erhalten will, um zu überleben. Anschließend geht das Meeting weiter und die Medizin wird erneut herumgereicht. Auch der Wegmann sagt ein paar Worte. Muß jemand einmal das Zelt verlassen, vermeidet er es, vor der Medizin, vor dem jeweiligen Sänger oder vor dem Wegmann vorbeizugehen. Der Zedermann hat natürlich auch seine Aufgabe; er verbrennt Zeder, sobald einer der Anwesenden vom Geist erleuchtet wird, oder wenn jemand beten, lobpreisen oder huldigen möchte. Das Meeting dauert bis zum Morgenwasser-Ruf, der gewöhnlich bei Tagesanbruch, kurz vor dem Erscheinen des Morgensterns ertönt. Es herrscht der Glaube, ein Gebet, das man in diesem Augenblick spricht, werde erhört. Zum Morgenstern zu beten, ist eine alte Überlieferung. Die Frau des Wegmanns bringt das Wasser herein, begrüßt die Versammlung und dankt allen – den Stiftern, dem Wegmann, dem Trommler, dem Zedermann, dem Feuerhüter, dem Türhüter, eigentlich jedem, der für den Ablauf dieser Nacht etwas getan hat – und spricht ein Gebet. Sie ist die Trägerin der Erneuerung, sie ist die Wasserfrau, sie bringt das Leben und wird dafür geehrt.

Ist es nicht die Frau des Wegmanns, sollte es wenigstens seine Tochter sein. Wir Lakota sind darin wirklich genau. Andere Stämme leihen Wasserfrauen aus, lassen von irgend einer Frau, die gerade da ist, das Wasser hereinbringen. Das ist bei den Lakota nicht üblich. Man muß zur Familie gehören, um das tun zu dürfen. Auch eine beliebige Frau aus der Versammlung kann man nicht einfach nehmen. Die Frau betet mit dem Wasser, verbrennt etwas Zeder – manchmal tun das auch die Männer für sie – und segnet mit dem Fächer das Wasser. Sie fächelt den Rauch auch in die vier Himmelsrichtungen. Stets vom Eingang hergebracht, wandert das Wassergefäß im Kreis von einem zum anderen. Bei einem Kreuz-Feuer-Ritual wartet der Wegmann, bis das Wasser einmal herumgegangen ist und nimmt es dann als letzter, um es mit der Adlerknochenflöte zu segnen. Während das Wasser herumgereicht wird, kann sich der Stifter an die Anwesenden wenden, über seine Absicht sprechen und allen danken. Wenn er fertig ist, erteilt der Wegmann auch denen im Kreis das Wort, die etwas sagen möchten, und ermuntert sie, etwas Gutes über das Meeting zu äußern.

Bei einem christlich geprägten Kreuz-Feuer-Ritual gilt der Wegmann als Geistlicher, der Taufen und Eheschließungen vornehmen kann. Die Feuerstelle wird als Symbol für die Hufspuren von Crazy Horse hufeisenförmig angelegt. Das Kreuz steht in einer solchen Zeremonie nicht nur für die vier Himmelsrichtungen, sondern auch für die vier Engel, die in der biblischen Offenbarung genannt werden. Die Kreuz-Feuer-Leute sind sehr streng. Von ihren Mitgliedern wird erwartet, daß sie verheiratet sind und nur mit einem Partner Kinder haben.

Die Halbmond-Feuerstelle, an der man während des Meetings Maisblattzigaretten raucht, ist die traditionelle, nicht-christliche. Der Altar symbolisiert Mond und Fruchtbarkeit. Je nachdem, wie die Stifter das Meeting wünschen, verwendet man hier auch die Pfeife. Dem Wegmann bietet man Maisblattabak oder die Pfeife an. Gewöhnlich wird viermal geraucht. Der Brauch geht zurück auf Quanah Parkers Feuerstelle, die Comanchen-Oto-Feuerstelle. Philip Eagle Deer war Halbmond-Mann. Als seine Frau Julie das Wasser hereinbrachte und anfing zu weinen und um Vergebung ihrer Sünden zu bitten, sagte er: »Wir versuchen hier zu beten, heul nicht an dieser Feuerstelle.«

Bei einem Kreuz-Feuer wird bis Mitternacht aus der Glut ein Mond geformt. Wenn der Feuerhüter dabei ist, das Wasser hereinzubringen, also unmittelbar bevor der Stab zum Wegmann zurückkehrt, bildet man aus den glühenden Kohlen ein Herz. Es steht für Jesus und für Liebe. Im dritten Abschnitt, beim Aufgang des Morgensterns, wird das Herz zu einem Stern umgeformt. Das geschieht zur Zeit des Hauptgebets, das stets vom Wegmann gesprochen wird, was immer auch der Anlaß des Meetings sein mag. Nach Mitternacht begibt sich der Wegmann nach draußen und betet zu den vier Himmelsrichtungen. Die meisten Wegmänner lassen den Stab, die Medizin und die Gebete weitergehen, während sie das tun, einige aber halten den Stab an. Die letzte Glut wird zu einem Kreuz mit vier gleich langen Enden geformt, dem Symbol für die vier Himmelsrichtungen, oder aber man bildet daraus einen Häuptling mit Kriegskopfschmuck.

Nach Sonnenaufgang, wenn das Meeting vorüber ist, wird das heilige Essen hereingetragen. Zuerst kommt die Frau mit dem Wasser des Lebens, dann gibt es Mais und Papa, in Streifen geschnittenes Dörrfleisch, und süßes Wasna, das ist Pemmikan, also getrocknetes Fleisch, das mit Nierenfett und einer Unmenge getrockneter Beeren durchgeknetet ist. Auch Wojapi, eine Art Pudding aus Wildkirschen, essen wir und trinken dazu Wildkirschensaft. Später sitzen wir draußen im Freien und schwatzen. Den Abschluß des Ganzen bildet schließlich etwas, das uns der weiße Mann gebracht hat – Pejuta sapa, schwarze Medizin, so lautet unser Wort für Kaffee.

Die Kirche ist strikt gegen das Trinken, aber jeder hat einmal eine Schwäche, ich ebenfalls. In der Kirche wird einem gesagt: »Du sollst ein gutes Leben führen. Du sollst standhaft sein. Du sollst dich von Alkohol und Drogen fernhalten. Erziehe deine Kinder gut und laß dich nicht in Versuchung führen.« Gesagt wird das alles, weil das Trinken Tod, Tragödien, häusliche Gewalt hervorbringt. Für Leute, die trinken, ist die Kirche ein Halt. Manchmal reden Leute mit Alkoholproblemen im Meeting darüber. Der Wegmann hört sich alles an und nimmt sich die Zeit, für einen solchen Menschen zu beten. Er läßt den Zedermann etwas Zeder abbrennen, segnet und befächelt diese Person. Hat jemand Probleme mit dem Alkohol, spricht der Wegmann mit ihm und ermutigt ihn.

Als ich Leonard verließ, hatte ich das schmerzliche Gefühl, daß ich auch die Peyote-Kirche verließe, war ich doch seine Wasserfrau gewesen und von ihm im Gebrauch der heiligen Medizin unterwiesen worden. Wie es die Leute aufnehmen würden, wenn ich zu einer anderen Feuerstelle ginge und zu Meetings, die ein anderer Weghäuptling leitete, wußte ich nicht. Als ich nach Santa Fe kam, um mit Richard an diesem Buch zu arbeiten, besuchte ich ein Meeting, das alte Freunde von uns arrangiert hatten, ein Ehepaar, das in Abiquiu, fünfzig Meilen nördlich von Santa Fe, lebt. Es sind wunderbare Menschen und große Sänger. Er ist ein guter Maler, der sich beim letzten Sonnentanz durchbohrt hat. Seine Frau formt bemerkenswerte Skulpturen aus farbigem Ton. Sie halten riesige Papageien, Aras und Kakadus, und wir bekommen immer ein paar große rote, blaue oder grüne Schwanzfedern für Peyote-Fächer. Sie haben eine Feuerstelle, eigentlich zwei. Im Sommer hält er Meetings in seinem Tipi ab, direkt neben der Badehütte am Rio Chama. Im Winter veranstaltet er sie in einem alten runden Festungsturm, den wahrscheinlich frühe spanische Siedler als Zuflucht vor Apachenüberfällen gebaut haben. Ein paar Mal war Leonard dort als Wegmann. Nach meinem Autounfall im März 1991 arrangierten diese Freunde für mich ein Meeting, das Charlie, ein Medizinmann der Navajo, leitete.

Charlie sprach tatsächlich mit mir über das Trinken, und alle beteten für mich. Ich weinte und sang und nahm eine Menge Medizin. Mir gefiel die Art, wie er mich behandelte. In gewisser Weise war das Meeting schrecklich. Es fiel in eine Zeit, in der ich mich zu Tode trank. Ich war von meinen Kindern fortgegangen und brauchte dringend Hilfe, deshalb besuchte ich diese Zeremonie. Sie tat mir gut, aber ich machte mir wenig Illusionen darüber, daß ich im Augenblick wieder zu mir finden könnte. Welchen Weg ich wählte – die Flasche, die den Tod bedeutete, oder das Leben –, lag bei mir. Ich kam mir vor wie ein ungezähmtes Pferd, das in wilder Flucht davonjagt. Einen Moment gab es bei diesem Meeting, da wäre ich wirklich bald zur Tür hinausgerannt, aber ich wußte, daß es da draußen nichts für mich gab. Der Wegmann reichte mir eine Menge Medizin, und so wurde es etwas besser. Seine Familie blieb den ganzen Tag über da und redete mit mir, bis ich mich besser fühlte. Wäre das nicht eingetreten, hätten sie in der nächsten Nacht ein zweites Meeting für mich abgehalten. Charlie sagte, daß er, wenn ich mit der Trinkerei aufhörte, ein Dankesmeeting für mich abhalten würde, vier Meetings in Folge, ähnlich dem, was wir Sioux eine Wopila nennen. Mir gefiel der weiche Gesang der Navajo, der so verschieden war vom lauten, durchdringenden Gesang Leonards und anderer Lakotas. Es war schwer. Dieses kraftvolle Meeting erschütterte mich bis ins Mark.

David fuhr mir mit seinem Adlerfedernfächer und der Knochenflöte über den ganzen Körper und ließ am nächsten Tag eine neue Behandlung folgen. Schloß ich die Augen, sah ich einen Adler fliegen, blickte ich in die Glut des Feuers, sah ich auch dort den Adler. Es war wunderschön. An einem Punkt sah ich auf der anderen Seite dieses runden steinernen Raumes Leonard sitzen, ganz so, wie immer in seinen

Meetings. An seinem Gesicht konnte ich nicht erkennen, ob er mein Tun mißbilligte oder ob er mir Mut machen wollte. Dieses Meeting ließ mich begreifen, daß mein Leben auf einer Überholspur verlaufen war. Es zwang mich, selbst auf mich aufzupassen. Was diese Freunde für mich getan haben, dafür werde ich immer dankbar sein.

Zurück in Rosebud, sprach ich, ehe ich wieder zu Meetings ging, mit Freunden, um ihre Meinung zu erfahren. Onkel Leslie, der Weghäuptling ist, erzählte ich, daß ich glaubte, nicht mehr zum Großen Vater Peyote zurückkehren zu können, weil ich nicht mehr mit Leonard zusammen sei. Er sagte: »Das ist deine Kirche, in ihr bist du getauft worden und deine Kinder ebenfalls. Komm!« Nachdem ich Rudi geheiratet hatte, redete man mir zu, auch ihn mitzubringen. Sogar Leonard suchte mich auf und versicherte mir: »Du kannst immer noch zu Meetings gehen, und auch an Schwitzbädern kannst du teilnehmen. Du darfst das immer noch.« Die Kinder fanden im Haus Federn, und er machte Peyote-Fächer daraus. Auch unsere Medizin-Sachen befanden sich im Haus. Er sagte: »Ich bin nicht hier, aber die heiligen Gegenstände sind da. Also, mach weiter.« Rudi nannte er sogar ›Neffe‹. Und schließlich sangen er und Pedro gemeinsam ein Peyote-Lied.

Kapitel 7
Peyote-Erinnerungen

Bestimmte Zusammenkünfte in der Kirche der Amerikanischen Ureinwohner sind mir in lebhafter Erinnerung geblieben. Ich denke etwa an das erste Meeting nach meinem Autounfall, das bei meinem Onkel Barney stattfand. Ich hatte sehr viel Medizin genommen – sie war zu einem Brei verarbeitet worden, und von dem hatte ich vier Löffel gegessen, bevor ich ihn weitergab. Jedesmal nun, wenn ich versuchte, mich zu entspannen, wirkte die Medizin und mein Verstand erfaßte nichts von dem, was um mich vorging. Schließlich hockte ich die ganze Nacht aufrecht auf den Knien und gab auf alles acht. Hätte ich das nicht getan, hätte sich die Medizin wieder gegen mich gewandt – ich hätte mir dann vielleicht gewünscht, krank zu werden, oder ich hätte keine Luft bekommen. Solange ich aufrecht saß und lauschte, war alles in Ordnung. Versuchte ich mich zu lockern, dann wirkte es gegen mich. Onkel Barney sagte: »Als ich dich vor Jahren zum ersten Mal sah, habe ich erkannt, daß du eine nette Lady bist und eine Menge Geduld hast, und ich habe gemerkt, daß du ein Herz hast und diese Bräuche immer mochtest.« Er war froh, daß ich hier war, und meinte: »Es ist egal, was die Leute sagen, komm weiter zu den Meetings.« In solchen Meetings habe ich immer Träume, und die Medizin enthüllt mir das Wesen der Dinge. Sie verhilft mir zu mehr Einsichten. Wenn Peyote trocken oder kleingeschnitten ist, kann es einen würgen oder sogar zum Erbrechen bringen. Ich liebe Peyote, wenn es frisch und grün ist. Es hat dann nicht diesen dumpfen Geschmack, der einem das Gefühl gibt, Erde zu essen.

In früheren Zeiten gab es für ein Mädchen, das zum ersten Mal seine Regel bekommen hatte, eine besondere Zeremonie. Ein Festessen wurde für sie veranstaltet, Pferde wurden ihr zu Ehren verschenkt, und sie erhielt zusammen mit vielen anderen Geschenken neue Bekleidung aus hellem Rehleder. Etwas von diesem Brauch ist auch in die Kirche der Amerikanischen Ureinwohner übernommen worden. Ich erinnere mich an ein Meeting, das im Freien irgendwo im Res stattfand. Da war ein kleines Mädchen, etwa zwölf Jahre alt, obwohl es jünger aussah. Die Trommel kam zuerst zu ihr, bevor sie zu irgendeinem anderen ging, und am Morgen, als das heilige Essen ausgeteilt wurde, bekam sie als erste davon, und sie war auch die erste, der man das Morgenwasser reichte. Für jedermann war klar, daß sie wegen ihrer ersten Periode so ausgezeichnet wurde – für jedermann, außer für sie selbst. Sie war verblüfft, daß sie vor den Älteren bedient wurde, hat es aber nie verstanden. Am nächsten Morgen lachte sie und spielte mit ein paar kleinen Kindern so ausgelassen, als wäre nie etwas Ungewöhnliches geschehen.

Ich erinnere mich an ein Geburtstagsmeeting für Crow Dogs ältesten Sohn. Der Wegmann war Emerson Spider, und er hielt diese Zeremonie im Freien, auf der Wiese, mit nichts über uns als dem Himmel. Es war während eines Sonnentanzes, am Tag der Reinigung. So viele Menschen wollten an diesem Meeting teilnehmen, daß kein Tipi groß genug gewesen wäre. Emerson und seine Helfer stellten die heiligen Gegenstände rund um den Sonnentanzaltar auf, mitten zwischen den Badehütten und nahe dem Hauptfeuer, das von der Reinigung an bis zum Abschluß des Sonnentanzes brennt. Crow Dog legte sich eine Sternendecke um die Schultern und begann zu singen. Der Gesang zu diesem Anlaß war besonders ergreifend und wunderschön. Es war ein herrliches Meeting. Alle saßen um das Feuer herum, und man konnte die Sterne sehen. Ein Mädchen verhielt sich ganz merkwürdig. Wie außer sich schwenkte sie ihren Fächer hierhin und dahin, rief einem der Sänger zu: »Hier, nimm meinen Fächer!« und warf ihn ihm über den Kreis hinweg zu. Die Medizin wirkte ganz eigenartig auf sie. Dann sagte jemand: »Entschuldigt, kann ich mal rausgehen?« Alle mußten lachen, wir waren doch schon ›draußen‹. Das war das einzige Mal, daß ich ein Peyote-Meeting unter freiem Himmel erlebt habe – ohne Mauern und Zeltleinwand, aber mit den Sternen über uns, die auf uns herabsahen.

Ich erinnere mich an die Menschen, die in all den Jahren in Crow Dogs Paradies kamen und Meetings besuchten, erinnere mich daran, wie die Medizin auf sie wirkte. Im Mai 1975 wußten viele AIM-Anhänger, die in Wounded Knee gewesen waren – insbesondere Leonard Crow Dog und seine engsten Freunde –, daß ihnen Verhaftung und politische Prozesse bevorstanden. Sie baten Richard Erdoes, so schnell wie möglich zu ihnen zu kommen, weil sie etwas mit ihm zu besprechen hätten. Er kam, und Leonard sagte zu ihm: »Wir werden alle verhaftet und angeklagt. Aber wir haben keine Ahnung von den Gesetzen, verstehen nicht einmal die Sprache, die man vor Gericht spricht.« Richard erwiderte: »Ich bin Maler. Die Gesetze kenne ich auch nicht.« Da bedrängte ihn Leonard: »Du bist ein Weißer, du lebst in New York. Du wirst das schon machen, besorg uns einen guten Anwalt und sammle ein bißchen Geld.« Richard antwortete: »Ich kenne keine Anwälte und habe auch noch nie versucht, Geld zu sammeln.« Aber Leonard meinte nur: »Ich weiß, daß du das kannst.« Also gab Richard nach: »Okay, ich will es versuchen.«

Richard war damals Magazinillustrator und hatte für die ›Life‹-Ausgabe der nächsten Woche eine doppelseitige Zeichnung fertigzustellen. Um den Termin einzuhalten, mußte er am Sonnabend nach Hause fliegen. Nun finden alle unsere Peyote-Meetings vom Samstagabend bis Sonntagmorgen statt, aber Leonard meinte: »Wir müssen Freitagabend für ihn ein Peyote-Meeting veranstalten. Er muß Medizin nehmen und unseren Segen bekommen, damit er seine Aufgabe für uns gut erledigt.« Also hielten wir das Meeting am Freitagabend ab. Den ganzen Tag fuhr Richard in seinem Mietwagen herum, neben sich Alex One Star, der ihm vier Peyote-Lieder beibringen sollte. Dann nahmen wir ein gutes Schwitzbad, um uns zu reinigen, und mit Anbruch der Nacht begann das Meeting.

Richard war vorher schon bei einer ganzen Reihe Meetings gewesen und hatte auch Medizin genommen, aber so richtig gewirkt hatte sie auf ihn nicht. Er hatte immer dagesessen, ein bißchen wie im Traum, nachdenklich auch, aber wirklich Besitz hatte Peyote nie von ihm ergriffen. Diesmal hörte das Trommeln und Singen auf einmal auf, alle starrten Richard an und Leonard verkündete: »Endlich ist Richard in der Power!« Und er war es ganz sicherlich. Als die Trommel zu ihm kam und er an der Reihe war zu singen, sang er nur das eine Lied, das er kannte: »Heciya ya ya, wichoni ye yelo...« Dann hielt er inne. Die anderen Lieder, die Alex ihm beigebracht hatte, waren vergessen. Deutlich halluzinierte er auch. Später erzählte er uns, ihm sei Leonard in der Gestalt eines roten Pferdes erschienen, und Leute hätten auf das Pferd geschossen und Fallen aufgestellt. Das Merkwürdige daran war, daß es ein solches Pferd im Paradies gab, und Richard es auch schon geritten hatte. Sein Name war Big Red, und als ein paar Monate später die Marshals und die COINTELPRO-Männer Crow Dogs Paradies überfielen, brachten sie Big Red aus reiner Bosheit und Gemeinheit um. Nach dem Morgenwasser sagte Richard: »Nun, ich muß mich aus dem Staub machen. Meine Maschine geht heute nachmittag, und bis zum Flugplatz in Pierre sind es neunzig Meilen. Ich weiß sowieso nicht, wie ich das schaffen soll. Meine Beine gehorchen mir nicht, ich sehe alles wie in glühende Farben getaucht, mein Gehör ist weg, und dieses rote Pferd will nicht verschwinden.« Leonard sagte einfach nur: »Du kommst in Ordnung.«

Richard fuhr ab. Später hat er uns erzählt, das rote Pferd sei ständig vor dem Auto gewesen. Er habe schließlich einfach die Tür geöffnet und dieses imaginäre Pferd auf den Rücksitz klettern lassen. Als er auf dem Flugplatz ankam, rollte seine Maschine schon zur Startbahn. Er rannte wie verrückt hinterher und erreichte sie noch. Und mit ihm sei das Pferd in das Flugzeug geklettert. Sobald er in der Luft war, fielen ihm auf einmal alle vergessenen Peyote-Lieder wieder ein und er verspürte den unwiderstehlichen Drang zu singen. Laut habe er losgesungen, und alle weißen Passagiere hätten ihn angesehen, als ob er verrückt geworden sei. Ein alter Sioux aber sagte: »Hau kola«, setzte sich auf den Nachbarsitz und sang mit. In Minneapolis mußte Richard – immer noch singend – umsteigen. Zufällig sei in der Empfangshalle eine Sioux-Frau gewesen, Velma One Feather, die sich neben ihn setzte und ihn beim Singen unterstützte. Auch das Pferd war noch da. Er rief seine Frau Jean an und erzählte ihr: »Kann sein, daß ich verrückt geworden bin, aber da ist ein rotes Pferd hier bei mir in der Zelle und will nicht verschwinden. Vielleicht träume ich das bloß, aber vielleicht mußt du auch einen Ballen Heu besorgen. Wenn diese Kreatur wirklich existiert, werden wir sie ins Badezimmer stellen müssen.« Als er schließlich in La Guardia ankam und aus dem Flugzeug heraus New Yorker Boden betrat, verschwand das Pferd augenblicklich und mit ihm die Power und die Lieder. So etwas tut einem New York an.

Die Mitglieder der Kirche der Amerikanischen Ureinwohner reisen ständig kreuz und quer durchs Land und besuchen sich. Männer und Frauen der verschiedensten Stämme halten gemeinsam Meetings ab, bringen sich neue Lieder bei und sprechen über ihre Religion. Wir waren häufig bei unserem Navajo-Freund, dem Weghäuptling Leo

Harvey, der in Lukachukai in Arizona lebt, weit draußen in einer farbenprächtigen Wüstenlandschaft. Er und Crow Dog lernten sich bei einer Versammlung der Peyote-Kirche in South Dakota kennen. Ich traf Leo zum ersten Mal 1977, als wir mit der Karawane der Roten Völker das ausgedehnte Reservat der Navajo bereisten. Wir waren so etliche Wagen voll, kamen in der Nacht an und schlugen unser Lager in der Nähe von Leos Haus auf. Am nächsten Morgen gaben unsere Freunde ein großes Festmahl für uns – Hammelfleisch und geröstetes Brot und dazu viel heiße rote Chilisauce, die ich so mag. An diesem Abend hielten wir eine Zeremonie und ein Gebetsmeeting ab. Wir waren so viele, daß man aus zwei kleineren ein sehr großes Tipi zusammenstellte und darin eine Halbmondfeuerstelle errichtete. Zufällig hatte an diesem Tag ein kleines Mädchen Geburtstag, und so wurden für sie besondere Gebete gesprochen. Die Navajo-Frauen waren alle in ihren traditionellen roten und grünen Manchesterblusen mit Silberknöpfen gekommen. Kürbisblütenketten hingen ihnen um den Hals, und um ihre Handgelenke schlangen sich Türkisarmbänder. Viele trugen um die Taille Silbermuschelgürtel. Sie waren wunderschön anzusehen. Diese ganze Szene ist mir so lebhaft in Erinnerung, als wäre sie auf eine große Leinwand gemalt. Der weiche Gesang der Frauen mischte sich mit dem Heulen der Kojoten. Und dann wurde, während ein schreckliches Unwetter niederging und der Regen durch das Rauchabzugsloch ins Tipi prasselte, mein Sohn Pedro in der Kirche der Amerikanischen Ureinwohner getauft. Paten waren die Harveys. Der Wegmann, der das Meeting leitete, stellte den Kelch auf den Altar neben den Großen Vater Peyote und befächelte Pedro mit einer Adlerfeder. Dann segnete er das Tipi mit dem Morgenwasser. Auch in Big Mountain haben wir Meetings für unsere Navajo-Freunde veranstaltet, vor allem für Frauen, die nach unseren Gebeten verlangten, wann immer sie in Not waren, etwa wenn ihnen die Umsiedlung drohte.

Bei einem Peyote-Meeting tobte der Sturm so heftig, daß er das gesamte Tipi in die Luft hob, während rund um uns die Blitze in den Boden schlugen. Es war wie ein Erdbeben. Ein Blitz traf das Tipi unseres Freundes Rod Skenandore, als er gerade darin war. Eine Feuerkugel rollte über den Boden und brachte ihn völlig aus der Fassung. Unser Meeting ging weiter, als wäre nichts geschehen, obwohl ein paar Leute, die im Freien lagerten, in Panik gerieten und ins Haus rannten. Am nächsten Tag brachen wir in einer Karawane nach Kalifornien auf. Wir kamen durch Denver und schlossen uns dort dem Kreuzzug für Gerechtigkeit an, den Corky Gonzales anführte. In Oakland blieben wir im Haus des Überlebens, veranstalteten Zeremonien und hielten Reden für die gute Sache. Dann machten wir uns in einem großen Truck, dem zehn oder zwölf Autos folgten, nach Santa Barbara auf. Etwa fünfzig Meilen hinter Oakland merkte ich, daß der vierjährige Pedro fehlte. Wir hatten angenommen, daß er irgendwo im Truck schliefe. Der aber war so voller Leute, zusammengepreßt wie Sardinen in einer Büchse, daß niemand sein Fehlen bemerkt hatte. Wie immer auf Reisen zählte ich die Nasen, und er war nicht da. Also kehrten wir um und fuhren nach Oakland zurück, wo wir ihn bei ein paar Leuten auf einer Parkbank fanden. Er hatte uns nicht vermißt. In Santa Barbara gab es für ein Mädchen, das Alice hieß, ein großes Meeting auf einem Berg. Sie lebte mit ihren Kindern in einem Tipi, und die Leute von der Sozialhilfe machten ihr das Leben schwer, weil Wohnen in einem Zelt ›unhygienisch‹ sei. Man wollte ihr die Kinder wegnehmen und in ein Pflegeheim stecken, aber mit Unterstützung eines der Rechtsanwälte unserer Bewegung konnten wir das verhindern. Unglücklicherweise kam sie ein Jahr später ums Leben, weil ihr ein betrunkener Fahrer ins Auto fuhr.

Als wir in Phoenix wohnten, nahmen wir dort am Leben der Peyote-Leute teil. Ich besuchte immer die Meetings im Salt-River-Reservat, aber auch Rituale im Fort McDowell, unten am Fluß. Auch an einem Meeting, das ein Chicano namens Mendoza leitete, der halb Pima und halb Spanier war, nahm ich teil. Einige Lieder wurden dort in Spanisch gesungen.

Eine Zeitlang lebten Brad, meine Schwester Sandra und ihr Baby in New Mexico. Brad war als Bauarbeiter bei einem gewissen Ray angestellt, der ungefähr fünfzehn Meilen südwestlich von Santa Fe ein großes Geschäft besaß. Ray handelte auch mit Edelsteinen und hatte einige Jahre bei den Huichol-Indianern in Mexiko gelebt. Er hatte eine Feuerstelle, und Leonard leitete dort ein Meeting, das er zum Teil nach Art der Huichol zelebrierte. Ray besaß alle möglichen Utensilien der Huichol und der Tarahumara, darunter wunderbar gewebte Schärpen und Beutel für Peyote. Die Huichol nennen die heilige Medizin Hikuri. Jedes Jahr unternehmen sie eine feierliche und beschwerliche Pilgerfahrt von zweihundert Meilen aus ihrem Heimatgebiet in Jalisco nach San Luis Potosi und Chihuahua, um Peyote zu ernten. Die Fahrt dauert fünfzehn Tage, und in dieser Zeit fasten die Teilnehmer und meiden Sex und Salz. Bei ihrer Rückkehr wird ein großes Fest veranstaltet, bei dem sie tanzen, singen und Hirschfleisch essen. Tabak spielt in ihren Zeremonien eine große Rolle. Die Huichol beten auch den Gott des Feuers an und verwenden Peyote gegen Schlangenbisse und zum Kurieren aller möglichen Krankheiten, sogar von Knochenbrüchen. Manchmal wehren sie damit auch einen Zauber ab.

Ihr Gesang ist von unserem sehr verschieden. Anstelle einer Wassertrommel nehmen sie eine Bogensehne, pressen sie gegen den Leib, halten einen Flaschenkürbis daran und spielen das Ganze dann sehr schnell mit einem Stock. Wenn sie den Kürbis hin- und herbewegen, entstehen verschiedene Töne. Als ich mit Leonard umherreiste, habe ich eine Menge darüber gelernt, wie Peyote bei anderen Stämmen verwendet wird.

Wir müssen, um Medizin zu bekommen, weit nach Süden hinunterfahren, bis zum Rio Grande, zu seinen Peyote-Gärten, wie Leonard immer sagt. Manchmal ernten wir südlich und manchmal nördlich der Grenze, gewöhnlich nahe der kleinen Stadt Miranda. Man kann die Medizin auch bestellen, wenn man Papiere hat und beweisen kann, daß man eine Konzession der Kirche der Amerikanischen Ureinwohner besitzt und bei einem Stamm eingetragen ist. Man zeigt seine Papiere einem Händler und kann bestellen, soviel man will. Er schickt dann jemanden los, um die Medizin ernten zu lassen.

Als ich das erste Mal Medizin sammeln, also ernten war, machte ich es auf die harte Tour. Meinen ersten Peyote fand ich unter einem großen stachligen Kaktus und bekam am ganzen Leib seine Stacheln zu spüren. Leonard sagte mir, daß ich erst ein Gebet sprechen müsse, ich tat das und sah auf einmal, daß der ganze Landstrich mit Peyotepflanzen übersät war, die ich vorher nicht wahrgenommen hatte. Nachdem ich gebetet hatte, war das Einsammeln leicht.

Zweimal bin ich in den Peyote-Gärten gewesen. Wir fuhren zu einer Frau, die ich Amanda Cardenas nennen will. Sie ist halb Indianerin und halb Chicano. Ihr Land, auf dem reichlich Peyote wächst, hat sie der Peyote-Kirche überlassen. Weil die Medizin dort gedeiht, nennt sie es heiliges Land. Aber außer Peyote wachsen da auch überreichlich Zedern, Wacholderbüsche, Salbei und große Saguarokakteen, die sich vor dem Hintergrund des Himmels wie Riesen mit ausgestreckten Armen ausnehmen. Manche haben große Löcher, in denen kleine Eulen und andere Vögel nisten. Auf Amandas Land dürfen wir kostenlos sammeln. Sie hat mir erzählt, daß sie schon von Jugend an Medizin nimmt, und daß sie ihr Gesundheit und Glück gebracht hat. Ihr Haus steht vielen Stämmen offen, und sie hält auch Meetings ab. Es ist ein sehr hübsches Heim, mit einem wunderschönen Wandgemälde von einem Peyote-Meeting im Wohnzimmer.

Sie hat einen Peyote-Altar, und die Leute kommen zu ihr, um zu beten, die Medizin zu berühren und ihr Opfer darzubringen. Als wir das letzte Mal dort unten waren, vernichtete ein verfrühter Frosteinbruch sehr viel Medizin auf ihrem Land, so daß wir zu einem Händler gehen und Peyote kaufen mußten. Es gibt dort eine ganze Reihe von Händlern, die Land besitzen und aus der Ernte ein Geschäft machen. Für tausend Kugeln muß man mehr als zweihundert Dollar hinblättern, und jedes Jahr steigt der Preis noch. Auch einen Schwarzmarkt für Medizin aus der Gegend südlich der Grenze gibt es. Peyote kann man frisch oder sonnengetrocknet kaufen. Ernten wir die Medizin selbst, nehmen wir nur die Spitzen, damit die Wurzel neue Kugeln hervorbringen kann. Nie pflücken wir die ganze Pflanze.

Einmal, es war in den siebziger Jahren, fuhr ein ganzer Haufen von uns zur Medizinernte, darunter auch junge Burschen aus den Stämmen der Arapaho, der Cheyenne, Mandan und Sioux sowie ein paar Arikara-Frauen. Ich hatte Pedro dabei, der damals zwei Jahre alt war. Während dieser Fahrt lernte ich eine junge Frau kennen, Joanie Sue Young Bull. Unsere Kinder waren ungefähr gleichaltrig. Die Männer waren für ein paar Tage weg, und Joanie Sue und mir fiel im Motel allmählich die Decke auf den Kopf. Es war ein schöner Tag, und so sagte ich: »Joanie Sue, fahren wir doch mal über die Grenze und sehen uns Mexiko an.« Wir nahmen also unsere Kinder und fuhren nach Nuevo Laredo hinunter. Dort kauften wir den Jungen irgendwelche Kinkerlitzchen, und am späten Nachmittag entschlossen wir uns, wieder ins Motel zurückzufahren. Als wir uns dem Zoll näherten, merkte ich, daß ich keinen Führerschein dabei hatte. Die einzigen Papiere, die wir besaßen, waren unsere Mitgliedskarten der Kirche der Amerikanischen Ureinwohner. Wir mußten in einer langen Schlange warten und suchten inzwischen im Auto nach diesen Karten. Und da entdeckte ich plötzlich Peyote, frische Kugeln in jeder Größe.

Ob es legal war, Peyote nach Texas einzuführen, wußte ich nicht, und ich hatte Angst, man würde uns verhaften und die Medizin beschlagnahmen. Uns blieb keine andere Wahl – wir mußten das Peyote essen. Wir stopften wirklich eine Menge Medizin in uns hinein. Ich blickte zu den Zollbeamten hinüber und betete, daß es gut gehen möge. Als wir endlich zur Abfertigung kamen, fragte der Beamte, was wir gekauft hätten, und wir zeigten es ihm. Dann wollte er wissen, woher wir stammten. Ich sagte: »Wir sind aus South Dakota. Sehen Sie unser Kennzeichen?« Da meinte er: »Okay, Sie können fahren.« Irgendeinen Ausweis verlangte er nicht. Zu dem Zeitpunkt begann die Medizin zu wirken. Als wir wieder im Motel waren, öffneten wir den Kofferraum und fanden darin ungefähr zweitausend Peyote-Kugeln, von denen wir nichts gewußt hatten. Das war knapp gewesen. High, wie wir von den vielen Peyote-Kugeln waren, gingen wir mit den Kindern zum Volksfest. Es war ein wolkenverhangener Tag, nun aber hatten die Wolken Pastellfarben angenommen, und wie ich sie so betrachtete, entdeckte ich auf einmal tropische Vögel, die in den Bäumen umherflatterten. Das kam von der Medizin. Später am Abend gingen wir noch eine Runde schwimmen und wurden davon wieder nüchtern.

Rückblickend muß ich sagen, daß Leonard Crow Dog auf seine Weise ein großer Mann ist. Jedenfalls hat er einen panindianischen Glauben geschaffen, man kann es auch eine Religion nennen – eine Religion, in der es keine Rolle mehr spielt, ob man ein Meeting nach Mond-Feuer- oder Kreuz-Feuer-Art gestaltet, ob man an die Weiße Büffelkalb-Frau glaubt oder an die Maisjungfrau, ob man den Wolkentanz der Pueblos oder den Sonnentanz der Sioux tanzt. Natürlich ist er immer der traditionelle Lakota-Medizinmann geblieben, der die alten Zeremonien der Sioux genau so abhält, wie es sich gehört, aber er war für die Uramerikaner die einigende Kraft, diesen Ruhm kann man ihm nicht nehmen. Sowohl auf Bundesebene wie auch auf einzelstaatlicher Ebene hat er die Gesetzgebung entscheidend beeinflußt und die Anerkennung der indianischen Religion durchgesetzt, und zwar nicht nur die der Peyote-Kirche, sondern auch die aller anderen Glaubensrichtungen der Ureinwohner. Er hat dazu beigetragen, daß indianische Häftlinge in den Gefängnissen das Recht erhielten, Trost und Unterstützung durch einen Medizinmann zu empfangen – genau so, wie sie den weißen Häftlingen durch ihren Priester, Pfarrer oder Rabbi zuteil werden. Ihm ist es zu danken, daß man innerhalb der Gefängnismauern ein Schwitzbad nehmen oder eine Pfeifenzeremonie abhalten kann. Und das alles erreichte er nicht mit der Waffe, sondern dank seiner spirituellen Macht. Wenn ich also sage, daß er ein großer Mann ist, darf man mir das glauben.

Viele Monate, nachdem ich Crow Dog verlassen hatte, lernte ich Rudi kennen, den Mann, mit dem ich jetzt verheiratet bin. Stolz bezeichnet er sich als Chicano. Er stammt von mexikanischen Indianern ab, den Zapotec, möglicherweise aber fließt auch ein wenig Prärieindianerblut in seinen Adern. Er ist sanft, und er ist gut zu mir. Ich wollte wieder in die Kirche zurückkehren, wußte aber nicht, wie ich das anstellen sollte. Immer war ich Wasserfrau gewesen, und nun war ich nicht sicher, was die Leute von mir halten würden, wenn ich wieder zu den Meetings kam – war ich doch nicht mehr Teil von Crow Dogs Leben. Da aber lud mich Joanne ein, eine wirklich gute Freundin, die in den Meetings immer etwas Nettes über mich gesagt hatte. Leider ist sie vor kurzem gestorben. Für ihren Sohn, der von Pferden zu Tode getrampelt worden war, sollte ein Gedenkmeeting stattfinden, und das war die Gelegenheit, sich der Kirche wieder anzuschließen. Rudi wollte ich mitnehmen und ihn in der Kirche der Amerikanischen Ureinwohner einführen. Also gingen wir hin, ich stellte ihn Tante Dee, Onkel Barney und Reverend Burnette Iron Shell vor und erzählte ihnen, daß wir bald heiraten wollten, dabei nannte ich Barney ›Onkel‹. Er sagte: »Das gefällt mir. Ich kenne dich schon so lange, und als du jung warst, habe ich gemerkt, daß du viel Geduld und Verständnis und ein gutes Herz hast.« Als wir eintraten, hatten die Gebete schon begonnen. Die Medizin ging herum, dann fing der Gesang an. Es war ja auch spät – ich glaube, Mitternacht war vorbei, sie hatten schon das Feuer verändert. Später, als Rudi eine Menge Medizin genommen hatte, langte er herüber und kniff mich in den Hintern. Er hatte sich nichts dabei gedacht, aber ich wurde wild, und Rudi fühlte sich schlecht. Er hatte keine Respektlosigkeit im Sinn gehabt und entschuldigte sich später.

Barney hatte uns erklärt, daß es ein besonderes Meeting wäre und auch ein sehr ernstes. Er sagte: »Das ist ein Gedenkmeeting, also geht nicht raus, wenn ihr die Medizin nehmt.« Aber dann wollte Rudi auf die Toilette. Er hatte viel von dem Peyote-Tee getrunken und mußte ganz einfach. »O Mann«, sagte ich, »kannst du es denn nicht halten?« Also war er ein guter Junge und saß die ganze Nacht lang da. Weil er bereits Medizin genommen hatte, hatte er nicht gemerkt, daß es Peyote-Tee war. Er hatte gemeint, es sei Wasser, und ihn tassenweise getrunken. Am frühen Morgen fing das Feuer an, ihm das Kinn zu versengen, er konnte sehen, wie der Rauch auf ihn zukam, sogar mit geschlossenen Augen konnte er den Rauch sehen. Für eine Minute dachte ich, er wird krank, er aber legte sich auf die Seite und holte ein paarmal tief Luft. Da tippte ich ihn an und sagte: »Setz dich hin.« Sobald er sich aufgesetzt hatte und wieder zu beten anfing, war er in Ordnung.

Rudi hatte zum ersten Mal mit der Medizin Bekanntschaft geschlossen. Zu Meetings war er schon vorher gewesen, hatte aber nie Medizin genommen, weil er sich damals mit Drogen eingelassen hatte und glaubte, er sei nicht rein genug, um am Sakrament teilnehmen zu dürfen. Ich wiederum hatte viel getrunken, und deshalb war ich zu dem Entschluß gekommen, daß wir zur Kirche zurückkehren müßten, um da wieder herauszufinden. Wir brauchen die Medizin in unserem Leben.

Es war ein gutes Meeting. Cleveland Never Misses a Shot war der Trommler. Er spielt und singt wirklich wunderschön. Für Rudi war es eine Ehre, bei diesem Meeting dabeizusein, und die Leute hießen ihn willkommen. Onkel Barney sagte zu ihm: »Von jeher bin ich ein guter Menschenkenner und ich kann sehen, daß du ein gutes Herz hast. Ich bin so froh, daß du mit Mary zusammen bist. Sorge für sie und bleib bei der Medizin, dann werdet ihr eine lange und glückliche Ehe führen.« Ich erzählte ihm, daß Rudi im Gefängnis war, aber Barney hatte viel Verständnis. Er meinte, wir wären jetzt wieder auf dem rechten Weg, und es sei gut gewesen, zur Medizin zurückzukehren. Ich war ganz stolz auf Rudi, als das Meeting vorüber war, und sagte ihm, daß er mit der Medizin richtig umgegangen sei. Wie stark sie auf ihn gewirkt hatte, begriff er erst hinterher. Wir gingen nach draußen und sahen die Sonne als großen roten Ball über den grasbedeckten Hügeln aufgehen. Nun war alles in Ordnung. Ich war mit mir und der Welt im reinen.

Kapitel 8
Eingehüllt in eine heiße weiße Wolke

Die Weiße Büffelkalb-Frau, Ptesan Win, lehrte uns unsere älteste Zeremonie. Ich rede von Inikagapi oder Inipi, dem Schwitzbad. Das Schwitzbad ist Gebet, Lied, Heilung, Reinigung, Zwiesprache mit den Geistern. Kein Ritual der Lakota darf stattfinden – sei es ein Sonnentanz, eine Visionssuche oder eine Yuwipi-Zeremonie –, ohne daß der Teilnehmer vorher ein Schwitzbad genommen hat. Aber auch in sich selbst ist das Schwitzbad ein feierlicher Ritus. Da ich so viele Jahre mit einem der herausragenden Medizinmänner unseres Stammes gelebt und ihm bei vielen unserer Rituale assistiert hatte, wurde mir schließlich erlaubt, Schwitzbäder für Frauen zu leiten.

Das erste fand in Big Mountain statt, im Land der Navajo und Hopi. Niemand wollte ein Bad für weiße Frauen leiten. Sie liefen herum und versuchten, jemanden zu finden, und ich schätze, ich war ihre letzte Rettung. Allerdings brachte es mich etwas aus der Fassung, daß sie alles so ganz anders machten als ich. Sie ließen einfach ihre Handtücher fallen und krochen nackt hinein. Und überall standen die Männer herum. Ich ging ihnen hinterher und sagte: »Das ist heiliger Boden. Habt ein bißchen mehr Schamgefühl und Achtung vor euch selbst. Es ist uns peinlich, wenn ihr eure Körper so zur Schau stellt.« Aber das passierte mehr als einmal. Dann rollten sie sich auch immer herum und kamen schmutziger heraus als sie hineingegangen waren. Manche schrien und wollten hinaus, ein paar von ihnen aber waren wirklich stark.

Männer und Frauen schwitzen getrennt voneinander. Früher taten sie es manchmal gemeinsam, aber heute nicht mehr. Es hatte einen großen Zulauf durch weiße Besucher gegeben, die unsere Bräuche nicht kannten, und dabei war es verschiedentlich vorgekommen, daß einige Besucher die völlige Dunkelheit in der Badehütte ausnutzten, um die Frauen neben sich anzutatschen und dann zu sagen: »Das war ein Geist.« Deshalb achten wir jetzt sehr genau darauf, wie diese Bäder ablaufen. Wir trennen die Geschlechter und sorgen dafür, daß sich die Besucher anständig benehmen. Vor allem machen wir ihnen klar, daß das keine Sauna der Weißen ist, sondern eine bedeutsame religiöse Reinigung. Sind keine Außenstehenden dabei, gibt es aber immer noch ein paar gemeinsame Bäder.

Wenn ich ein Bad leite, behandeln mich weiße Frauen manchmal wie eine Medizinfrau, die alles weiß. Sie schmeicheln mir und überhäufen mich mit Geschenken, aber das paßt nicht zu mir, und ich komme mir fehl am Platz vor. Ich sage ihnen dann immer: »Ich bin doch auch nur eine Frau wie ihr.« Wenn ich sie in die Badehütte bringe, spreche ich zuerst mit der Person direkt neben dem Eingang und gehe dann herum und begrüße jede einzelne in der Hütte. Bevor sie hineingehen, mache ich sie darauf aufmerksam, daß sie nicht mehr hinaus dürfen, wenn sie erst einmal drin sind, und daß sie, wenn es ihnen zu heiß wird, an Menschen denken sollen, die leiden und Hilfe brauchen, und daß sie die Schmerzen und Probleme anderer Menschen in ihr Gebet einschließen sollen. Ich sage ihnen, daß alle in diesem Kreis gleich sind und daß wir, wenn eine schwach wird, versuchen werden, ihr Kraft zu geben und ihr zu helfen. Ich möchte die Frauen, die herkommen, zu der Einsicht bringen, daß ich nicht besser bin als sie und sie nichts Besseres sind als ich, auch wenn sie ein tolles Auto fahren sollten. Sie mögen mehr Geld haben als ich, aber im traditionellen Sinn sind wir alle gleich. Im Schwitzbad beten wir auch darum, daß uns die

Männer besser verstehen. Wenn die Frauen auf allen Vieren in die Hütte kriechen, sage ich immer, daß uns das mahnen sollte, bescheiden zu sein, schließlich sind wir nichts Besseres als unsere vierbeinigen Verwandten. Hocken wir dann in der Dunkelheit eng beieinander, so daß sich unsere Körper berühren, weise ich noch einmal darauf hin, daß wir in dieser Finsternis weder unsere Gesichter noch die Farbe unserer Haut erkennen können und daß in der Badehütte alle gleich sind – Indianerin, Weiße und Schwarze. Unsere kleine Hütte ist unser Universum geworden, unsere Galaxis, sage ich und fordere sie auf, sich auf ihr Selbst zu besinnen, auf die unermeßliche Weite ihrer Seele. Und dann singe ich zu Kate Wiohpeyata, zum Geist des Westens, und singe, damit die Übernatürlichen zu uns kommen, an unserer Reinigung teilnehmen und uns segnen, ich bitte um ein Zeichen von ihnen. Und wenn sie die sengende Hitze nicht mehr aushalten, lehre ich die Frauen ›Mitakuye oyasin‹ – ›Alle meine Verwandten‹ – zu sagen, und das ist für den Wächter draußen am Eingang das Zeichen, den Vorhang zu öffnen und kühle Luft hereinzulassen.

Ich liebe es, nachts ein Schwitzbad zu nehmen, unter den Sternen, wenn man den Dampf von der Hütte aufsteigen sieht wie einen geisterhaften Zaubernebel. Wann immer wir im Paradies einen Sonnentanz abhielten, nutzte ich eine solch Nacht für ein Bad. Die Frauen allerdings warnte ich: »Ihr müßt nicht kommen, es wird heiß werden, und ich will euch nicht schreien hören: ›Laß mich raus, ich kann es nicht mehr ertragen!‹« Und ich sagte ihnen auch: »Ich unterhalte das Bad nur, ich bin keine Leiterin, ich bin nur Teil des Kreises. Hier gibt es keine Führer, nur Frauen, die sich gegenseitig helfen.«

Ich habe schon mit Frauen aller Hautfarben geschwitzt – mit Asiatinnen, Frauen, die auf dem Tiananmen-Platz Panzern gegenübergestanden haben, mit Südafrikanerinnen aus der Anti-Apartheidsbewegung, mit Frauen aus San Salvador und Guatemala, Indianerinnen wie ich. Ihnen allen sage ich: »Ich kann euch verstehen, weil ich auch dort gewesen bin, wo ihr seid. Ob in Wounded Knee oder Soweto oder auf dem Tiananmen – es ist überall das gleiche. Dieses Bad ist der Freiheit gewidmet.« Und genauso schwitze ich dafür, daß unsere Männer stark werden und unsere Kinder den Dingen widerstehen mögen, die unser Volk zerstören.

Gewöhnlich brauche ich bei meinen Bädern fünfzig Steine. Das ist ganz schön heiß. Mit Frauen schwitze ich besonders gern, weil wir uns gegenseitig helfen und auch unsere spirituellen Erfahrungen austauschen. Einige Frauen weinen beim Bad, weil Familienmitglieder im Gefängnis sitzen oder Drogen nehmen, auf der Straße leben oder zuviel trinken. Ein paar Frauen sind wirklich Härtefälle, sie kommen und beten um ein besseres Leben. Gelacht wird aber auch. Es ist gut, sich seinen Sinn für Humor zu erhalten und unter Tränen lachen zu können. Dafür ist der Heyoka da, ein heiliger Narr, ein Clown. Menschen, die soviel leiden wie wir, brauchen das Lachen. Diese Schwitzbäder sind sehr gefühlsbetont. Wir sprechen über den Reinigungsvorgang. Frauen reinigen sich ja jeden Monat von selbst, sie brauchten also nicht zu schwitzen, aber es ist gut, miteinander zu reden, die Sorgen zu teilen und unsere Tragödien zu besprechen. Wir brauchen das. Da kam eine Frau zum Inipi, die ihre Mutter verloren hatte. Als sie hereinkam, fühlte sie sich sehr schlecht, dann aber betete sie voller Inbrunst, und nachdem sie gezedert worden war, ging es ihr schon besser. Nach der ›Vierten Tür‹ war sie glücklich. Sie saß etwas weiter hinten. Ich goß noch einmal Wasser auf, und sie schien in dieser weißen Wolke zu schweben. Das Spirituelle daran soll die Teilnehmer lediglich dazu bringen, sich selbst zu verstehen. Das ist in den indianischen Religionen sehr wichtig. Dazu bedarf es nicht einmal einer Zeremonie. Man kann im Morgengrauen aufstehen und zum Morgenstern beten, man kann auch etwas Zeder oder Salbei verbrennen. Ich nehme die

Medizin oder gehe zu einer Zeremonie oder ins Schwitzbad, wann immer ich vom Wege abgekommen bin. Und ich möchte das beibehalten, weil ich auf diese Weise für meine Kinder bete, dafür, daß sie eine Zukunft haben. Ich habe mit Navajo, Apachen, Utes und Arapaho im gesamten Westen geschwitzt. Und auch das war gut für mich. Ich habe eine Menge Ältere kennengelernt, habe ihre verschiedenen Methoden beobachtet und verschiedene Zungen gehört.

Manchmal sind Frauen im Schwitzbad, die so etwas noch nie zuvor erlebt haben, besonders weiße Frauen, die aus einem ganz anderen Grund gekommen sind, aus Neugier vielleicht, damit sie später prahlen können: »Ich habe eine Zeremonie zusammen mit richtigen Indianern mitgemacht.« Die muß man fest an die Kandare nehmen, muß sie anleiten und ihnen das rechte Verhalten beibringen. Einmal, wir waren bei einem meiner Bäder beim Beten, kümmerte sich eine Weiße überhaupt nicht darum, sie war auf ihrem Ego-Trip und sprach wie ein Macho davon, ›jemandem in den Arsch zu treten‹. Ich sagte zu ihr: »Achte auf deine Worte, wenn du hierher kommst. Du schwitzt nicht, um Reden zu halten. Du bist hier, um etwas zu lernen, um ein bißchen Verständnis zu bekommen und einen Blick in dein Inneres zu werfen. Also halte den Mund und versuche, still zu beten. Sei einfach ruhig und paß auf.«

Als ich in Phoenix war, gab es dort einen Burschen aus White River, Bob, der eine weiße Freundin hatte. Einmal unternahmen wir einen Ausflug nach Bakersfield. Im Schwitzbad saß Art, einer unserer Rosebud-Männer, neben dieser weißen Frau. In der Finsternis faßte sie nach Arts Ding, also seiner Männlichkeit, und flüsterte »O Bob, o Bob!« Da erwiderte er: »Nein, verdammt nochmal, hier ist Art. Du bist an die falsche Adresse geraten.« Es war die Überraschung ihres Lebens. Art war fuchsteufelswild. Da betete er und versuchte, sich zu befreien und zu reinigen, und diese Weiße benahm sich wie eine läufige Hündin. In der Badehütte soll man nur an das Spirituelle denken – diese Frau hatte das ganze Inipi für uns kaputtgemacht.

Früher pflegten Männer wie Frauen nach einem Schwitzbad im Winter ins eiskalte Wasser zu springen, selbst wenn sie manchmal erst das Eis aufbrechen mußten. Ich wünschte, wir hätten das nach dem Bad in Phoenix auch tun können, es hätte diese Frau abgekühlt. Bei einem Bad soll man nur reine Gedanken haben, mit den Geistern singen und erfahren, wie schön es ist, eins zu sein mit allen Lebewesen dieser Erde. Man soll an die Weiße Büffelkalb-Frau denken, die zu uns kam und sang: »Mit sichtbarem Atem komm ich daher.« Der sichtbare Atem – für mich ist das die heiße weiße Wolke, die aus der Badehütte aufsteigt. Lakota-Zeremonien sind für mich der Weg, im Gleichgewicht zu leben und mich selbst als Indianerin zu begreifen. Sie sind die Trommelschläge meines Herzens, die mir eine magische Tür öffnen. Ich gehe hindurch und erblicke auf der anderen Seite eine andersartige Wirklichkeit, das wahre Abbild unseres Universums. Diese Macht wohnt tief in meinem Herzen.

Kapitel 9
Zeremonien

Ich möchte noch mehr darüber erzählen, welche Bedeutung unsere alten Religionen für unser tägliches Leben haben – nicht als Medizinfrau, die ich nicht bin, sondern einfach als Angehörige des Stammes. Ich will nicht ›indianische Religion lehren‹, will auch keine Geheimnisse preisgeben, weil ich solche Geheimnisse, wie sie die Weißen von Uramerikanern erwarten, nicht kenne, Geheimnisse etwa, die ihnen ›Power verleihen‹ oder sie zu ›übersinnlichen Erfahrungen‹ befähigen. Ich verkaufe die Medizin nicht, sondern spreche über Grundvorstellungen, über das Alltagsleben. Indianische Religion – ich benutze das Wort Religion, weil mir ein geeigneteres fehlt – ist allgegenwärtig. Ob man frühstückt, den Fußboden fegt oder die Kinder zur Schule bringt, sie ist immer da. Wir sind nicht wie so viele Weiße, die am Sonntag für zwei Stunden in die Kirche gehen, und das war dann ihr gesamtes religiöses Leben für diese Woche. Wir sind auch nicht wie die Katholiken, die ab und an zur Beichte gehen und in Unschuld gebadet, wie neugeborene Babys, aus ihr wieder hervorkommen.

Was der Weiße Sünde nennt, insbesondere die ›Erbsünde‹, ist uns höchst fremd. Und im Hinblick auf den Teufel hat einer unserer alten Medizinmänner gesagt: »Ihr Weißen habt ihn euch ausgedacht, ihr könnt ihn behalten.« Ich stimme auch darin mit unseren Alten überein, daß es gewisse Dinge gibt, über die man mit Außenstehenden niemals sprechen sollte.

Religiöse Menschen verbrennen am Morgen Zeder, trinken mit einem Gebet Wasser und segnen das Haus und die Umgebung. Sie beten für ihre Familie und ihre Lieben. Ist ein Verwandter gestorben, gedenkt man seiner im Gebet dieses Tages. So geht das ein ganzes Leben lang, Tag für Tag. Am Morgen beginnt man mit einem Gebet, und bevor man abends zu Bett geht, beschließt man betend den Tag. Auch tagsüber denkt man an den Schöpfer. Mehr oder weniger füllt man sein ganzes Leben mit Gebeten. Ich bete, wann immer ich einen Wasservogel oder einen Adler über mir kreisen sehe. Ich bete, wenn ich ein Tabakopfer darbringe. Während einer Mahlzeit stellt man gelegentlich einen Teller für die Geister hin. Einige Menschen tun das täglich, sie sagen, daß es ihnen dann nie an Essen mangeln wird. Sogar meine Schwester Poco hat das zu Ostern getan. Sie meinte: »Ich wollte einen Geisterteller für Großmutter hinstellen.« Nach Zeremonien und auch nach Peyote-Meetings habe ich das oft gesehen.

Ebenso verschütten manche Menschen, die eine Flasche Schnaps trinken wollen, ein Gläschen davon. Oder man zerbricht eine Zigarette in zwei Hälften. Ich habe einen alten Alkoholiker gekannt, der immer ein paar Tropfen Jack Daniel's auf den Boden schüttete und sagte: »Hier, alter Saufbruder, für dich, Wichosani. Laß es dir schmecken.« Und danach sprach er ein kurzes Gebet.

Es ist einfach, zur indianischen Religion einen Bezug zu finden. Man braucht keine Kirche und keinen Sonntagsanzug, um mit dem Großen Vater zu sprechen. Ein Felsen oder ein Baum können die Kirche sein, ein Büffelschädel der Altar, und die Pfeife ist die Brücke zu den Mächten dort oben. Man kann in die Badehütte gehen und sich reinigen, beten und bei den Steinen, dem Wasser und dem Salbei Trost finden. Man kann auf einen Hügel steigen und selbst Kirche sein. Als Vermittler zwischen sich und dem Großen Geist braucht man keinen Priester. Die meisten älteren Vollblutindianer vertrauen einem Medizinmann mehr als einem Missionar oder einem weißen Arzt.

Wir glauben mehr an Kräuter als an Pillen. Meine Mom verwendet noch immer ein Kraut, das in der Nähe wächst. Man kocht die Wurzel dieser Pflanze und verwendet den Sud gegen Augenleiden. Bei Brust- und Lungenbeschwerden kocht Großmutter einen Tee aus der Rinde des Wildkirschenbaums. Salbeitee hilft gegen Magenbeschwerden. Bevor ich mit Leonard zusammenlebte, hatte ich mich nie mit Kräutern beschäftigt. Er zeigte mir dann, wie und wogegen man sie anwendet – nicht bloß für meinen eigenen Bedarf, sondern auch für andere Menschen. Kam zum Beispiel ein Kranker zu ihm, gingen wir in die Badehütte, und dort erkannte er, welche Medizin nötig war. Anschließend stiegen wir in die Berge hinauf, manchmal nur er und ich, und er sagte dann: »Diese Medizin hier ist für die Niere.« Und er zeigte mir, wie sie aussieht. Einmal grub er eine Pflanze aus – ich weiß nicht mehr, gegen welche Krankheit –, es war eine kleine Pflanze mit einer ganz bestimmten Blüte, aber die Wurzel war riesig. Er sagte zu mir: »Merk dir diese Pflanze. Irgendwann bin ich mal nicht da, wenn jemand Hilfe braucht.« Old Henry war genauso.

Es gibt gewisse Erscheinungen, die wir – im Gegensatz zu den Weißen – für so selbstverständlich halten, daß wir gut damit leben können. Ich ging zum Beispiel zum Wopila, dem Gedenkgottesdienst für Crow Dogs Schwester Delphine, die von einem betrunkenen Stammespolizisten umgebracht worden war. Dort rauchte Leonard mit dem Killer die Pfeife und vergab ihm, und der Killer gestand die Tat. Das war sehr eindringlich. Am Abend zuvor hatte die Familie – Leonard, seine Mom, sein Dad, seine Schwestern und ich – Essen für die Geister auf den Friedhof gebracht und mit Delphine gesprochen. Ich stand dabei, als sie zu reden anfingen, und konnte alles hören. Als ich mich umschaute, sah ich all die Geister an ihren Gräbern stehen. Ganz in der Nähe war das

Grab von Estes Stewarts Frau Eunice, und auch ihr Geist stand da und gab einen schrillen Schrei von sich. Überall waren die Geister, aber ich hatte keine Angst. Nicht in meinen wildesten Träumen hätte ich mir ausmalen können, daß ich über eine spirituelle Mahlzeit, die aus Medizin, Wasser, Mais, Fleisch, Obst und auch etwas Asche bestand und die wir bei einem Meeting opferten, mit den Geistern in Kontakt treten könnte.

Beim Geistertanz flog eine Adlerformation über uns hinweg. Der Kreis ruhte sich gerade aus, Leonards Vater betete, und alle waren, vom Geist ergriffen, wie in Trance, da sagte Jerry Roy: »Seht mal die Adler.« Wir blickten auf, und da war tatsächlich ein Schwarm Adler. Daß sie im Verband fliegen, hatte ich nicht gewußt, aber sie bildeten eine Formation, die fast dem AIM-Symbol glich. Wir nahmen es als Zeichen dafür, daß unser Tun gutgeheißen wurde. Beim Geistertanz wollte auch ich meine Ahnen sehen und mit ihnen sprechen – meinen Großvater zum Beispiel. Wenn man während des Tanzes den Wind in den Kiefern hört, dann hört man Menschen, Geister. Die Geister gehören zum Tanz, sie singen und reden mit uns.

Einmal hatten wir in Crow Dogs Paradies einen zahmen, kahlen Adler. Eines Tages kam er einfach hereinspaziert, als gehöre er von jeher zur Familie. Der eine Flügel hing ein wenig herunter und war gebrochen. Langsam, wie ein alter Mann und mit abwesendem Blick, marschierte er ständig überall herum. Leonards Tochter, die gerade eine schlimme Ohrentzündung hatte, weinte während einer Zeremonie vor Schmerzen. Da watschelte der Adler zu ihr hin, kratzte sie am Ohr, und augenblicklich ging es ihr besser. Er blieb monatelang bei uns und fraß Fleisch von unserem Tisch, dann war er auf einmal weg. Sein Flügel war wieder geheilt, nehme ich an.

Diejenige unserer Zeremonien, die den Weißen am meisten Scheu einflößt, ist das Yuwipi. Es ist ein Findungsritual, man will eine vermißte Person oder Sache wiederfinden oder die Ursache einer Krankheit entdecken. Es ist aber auch ein Hundefestmahl und eine Feier für Inyan, den Felsen, der unwandelbar und ewig ist. Eine Yuwipi-Zeremonie findet auf Wunsch eines Auftraggebers statt, der von den Geistern bestimmte Fragen beantwortet haben möchte. Im Mittelpunkt des Rituals steht der Yuwipi-Mann, der Dolmetscher, der dem Auftraggeber und den anderen Teilnehmern übersetzt, was die Geister gesagt haben.

Für ein Yuwipi braucht man Chanli-Tabakschnüre. Das sind kleine Tabakpäckchen, die in eine lange Schnur eingebunden werden und sowohl Opfergaben als auch Gebete darstellen. Vierhundertundfünf Tabakpäckchen sind es, die im Viereck ausgelegt werden. Es gibt einen Altar mit einem rotweißen Stab, an dem eine Adlerfeder und ein Hirschschwanz befestigt sind, dann sind da noch der Stab mit dem Adlerkopf und – an den Ecken des Vierecks – die Fahnen für die vier Himmelsrichtungen. Und es gibt das heilige Mahl.

Der Auftraggeber der Zeremonie sitzt hinter dem Altar, unmittelbar neben der Frau des Medizinmannes, der mit der Pfeife ebenfalls dort sitzt. Nun werden der Altar und ein Salbeibett hergerichtet. Beim Stopfen der Pfeife singt der Medizinmann das Pfeifenlied, und auch der Trommler singt, während die Pfeife gestopft wird. Inzwischen bringt ein Helfer Süßgras nach vorn und der Medizinmann befächelt damit die Pfeife. Ist das getan, betet er in jede Himmelsrichtung und gibt seiner Frau die Pfeife zu halten. Das ist der Augenblick, in dem die Gebete einsetzen und die Zeremonie beginnt. Der Medizinmann betritt das Viereck, das von den Tabakpäckchen gebildet wird, man fesselt ihm die Hände auf dem Rücken und bindet auch Daumen und Finger zusammen. Dann wickelt man ihn in eine Decke, die mit Lederriemen zusammengebunden wird. Eine richtige Mumie macht man aus ihm, eine großes, lebendes Medizinbündel. Zuletzt legt man ihm noch eine Sternendecke um. Nun wird er mit dem Gesicht nach unten auf den mit Salbei bestreuten Boden gelegt, und zwar so, daß der Kopf am Altar liegt. Auf jeden der sieben Knoten, mit denen er gebunden ist, kommt Salbei, und dann wird alles mit Süßgras ausgeräuchert. Nun verlassen die Helfer das Viereck, der Medizinmann bleibt allein darin, und auch der Altar wird mit einer Schnur, die niemand jemals überschreiten darf, abgesperrt. Die Glühbirnen werden mit Salbei verdeckt, und falls es einen Spiegel gibt, verhängt man ihn. Vor Beginn der Zeremonie vergewissert man sich, daß auch nicht der kleinste Lichtschimmer hereindringt – ein Yuwipi muß in völliger Dunkelheit stattfinden. Der Helfer bringt ein Bündel Salbei, die nächstsitzende Person steckt sich einen Stengel davon hinter das Ohr, gibt das Bündel dem nächsten, und so geht es weiter, bis schließlich jeder einen Stengel Salbei hinter dem Ohr stecken hat. Um den Medizinmann werden vier Rasseln gelegt, für jede Himmelsrichtung eine. Jetzt beginnt der Gesang und das Trommeln, der Medizinmann betet dazu. Vier Lieder werden gesungen, dann betreten die Geister mit großem Lärm das Viereck und die Rasseln fangen an zu klappern. Manchmal ist ein Adler zu hören, manchmal auch feine Stimmen aus den Rasseln. Funken, die in rasender Geschwindigkeit, wie Blitze, den Altar umkreisen, stieben aus den Rasseln, und all das geschieht im Rhythmus der Trommel. Was auch geschieht und was immer man sieht – alles entspringt der Macht der Zeremonie. Unablässig flackern die Geisterlichter in der Luft und schießen wie kleine Sternschnuppen unter der Decke hin und her. Und in einer Geistersprache, die nur der Yuwipi-Mann versteht, flüstern einem die Geister etwas ins Ohr. Die Rasseln fliegen durch die Luft, berühren einen manchmal und reden zu einem durch die Kraft Inyans, des Felsens, reden durch die kleinen Kristalle, die aus Ameisenhügeln gesammelt wurden. Bei diesen Zeremonien habe ich Erscheinungen. Einmal rauchten wir nach dem Ritual die Pfeife, und als sie zum ältesten

Mann zurückkam und er an ihr zog, färbte sich der Rauch, der von ihr aufstieg, leuchtend rot. Ein anderes Mal sah ich – wie von einem Zauberer gemalt und so schön, daß ich weinen mußte – einen Lagerplatz, wie er vor Hunderten von Jahren ausgesehen hat. Oft hatte ich bei Yuwipi-Ritualen Visionen, die denen bei Peyote-Meetings sehr ähnlich waren, wenn man eine Menge Medizin genommen hat, aber bei einem Yuwipi darf man keine Medizin essen. Es gibt für diese Zeremonie besondere Yuwipi-Lieder, und wenn diese gesungen werden, benimmt es einem tatsächlich den Atem, weil jeder den Geist verspürt und mit allen anderen eines Sinnes ist, man fühlt sich im Gebet vereint. Diese Gefühle sind wirklich stark und eindringlich, und während der Gesang anhält, fliegen die Rasseln durch die Luft, gehen zu gewissen Menschen und überall sind die Lichter. Es ist vorgekommen, daß die Geister die Trommel aus dem Kreis heraus in die Luft gehoben haben.

Ist das letzte der vier Lieder zu Ende, klappern und reden die Rasseln noch immer. Dann aber verschwinden die Geister – sie kehren dahin zurück, woher sie gekommen sind. Jetzt betet der Dolmetscher und erzählt anschließend, was ihm die Geister gesagt haben. Damit ist dieser Teil der Zeremonie vorüber, und das Licht geht wieder an. Im Hellen entdeckt man, daß alle Tabakschnüre und auch die Lederriemen, mit denen man den Medizinmann gefesselt hatte, zu einem festen Ball zusammengewickelt sind – das ist das Werk der Geister.

Nun wird die Pfeife geraucht. Sie geht im Kreis herum, und jeder nimmt vier Züge. Schließlich gelangt sie wieder beim Medizinmann an, der noch immer am Altar sitzt. Nachdem er sie zu Ende geraucht hat, übergibt er sie seiner Frau, die sie ausleert, auseinandernimmt und den Kopf säubert. Die Asche schüttet sie auf eine der Fahnen für die vier Himmelsrichtungen. Nun wird ihr das Wasser gereicht, sie trinkt davon, segnet sich damit und sagt: »Mitakuye oyasin.«

Dann geht das Wasser im Kreis herum, und jeder trinkt davon.

Der Medizinmann spricht mit den Leuten. Durch ihn reden die Geister, durch ihn beantworten sie die Fragen des Auftraggebers und anderer Teilnehmer. Und daran schließt sich das heilige Mahl an, zu dem die Hundesuppe gehört. Aber auch Teller mit Wasna werden hingestellt – Wagmiza Wasna, Papa Wasna und Chanpa Wasna. Wasna ist Pemmikan: Nierenfett, das mit Mais, Dörrfleisch und Wildkirschen zusammengeknetet wird. Daneben gibt es auch Wojapi, eine Art Wildkirschenpudding, geröstetes Brot und Chayaka, indianischen Tee. Das ist das traditionelle Yuwipi-Essen.

Die Hundesuppe steht schon innerhalb des Altars, also innerhalb des von den Tabakpäckchen gebildeten Vierecks, bereit. Das Hundeopfer ist eine rituelle Angelegenheit. Es ist üblich, dem Tier von der Nasenspitze bis zum Schwanz hinunter einen roten Streifen aufzumalen, dann wird er nach Westen ausgerichtet und mit einem Strick erdrosselt. Er ist fast immer sofort tot. Gewöhnlich nimmt man einen gepflegten Junghund, keinen Straßenköter. Der Hund bringt den Geist, der in der Zeremonie erscheint. Jeder im Kreis nimmt an dem Festmahl teil. Ein Helfer bringt die Suppe, ein anderer geröstetes Brot oder Wasna, und alles wird im Uhrzeigersinn herumgereicht. Der Kopf des Hundes wird dem Medizinmann übergeben, später legt man ihn draußen an einem Ort nieder, an dem niemand vorübergeht und ihn stört. Während des Essens plaudern die Leute miteinander. Man sitzt noch immer im Kreis, und die Menschen sind glücklich und haben ein gutes Gefühl. Wenn dann jeder gegessen hat, brennt ein Helfer wieder Süßgras an und befächelt jeden einzelnen im Kreis. Damit ist die Zeremonie beendet. Der Medizinmann legt seine heiligen Gegenstände und das Medizinbündel beiseite, und die Fahnen werden zusammengerollt. Sie und die Tabakpäckchen werden wie der Hundekopf an einen Ort gebracht, wo niemand sie stört.

Jetzt kann jeder tun, was er will. Manchmal gehen diese Yuwipis bis vier Uhr morgens. Das hängt davon ab, wieviel Leute da sind und wie lange die Gebete dauern, manchmal liegt es auch daran, daß man erst spät in der Nacht beginnt. Vor der Zeremonie findet gewöhnlich ein Schwitzbad statt.

Über das Yuwipi habe ich von Leonards Mutter manches erfahren. Ständig machte sie Tabakpäckchen, ebenso wie ihre Schwester Nellie, die Frau von Moses Big Crow. Sie lebt noch heute. Laura Black Tomahawk, die vergangenen Winter starb, war noch älter. Diese drei waren die wichtigsten älteren Frauen, die wirklich etwas vom Yuwipi verstanden. Sie bereiteten die Hundemahlzeiten zu. Laura hielt sogar immer direkt in St. Francis eine Hunde-Zeremonie ab. Sie wohnte in einem traditionellen Blockhaus. Ihre Mahlzeiten waren die besten, weil sie den Hund gut absengte. Außerdem war sie sehr reinlich, und das Fleisch war immer zart.

Ich habe auch Yuwipi-Heilzeremonien erlebt, bei denen die Person, die kuriert werden soll, mit der Pfeife am Altar steht, und zwar bei einer ausgewählten Fahne. Der Geist sagt: »Stell dich im Norden auf.« Da steht der Kranke dann mit der Pfeife, während die Lieder gesungen werden, und inzwischen streichen die Geister und die Rasseln über den Bereich seines Körpers, in dem die Krankheit steckt. Ist er zum Beispiel magenkrank, berühren die Geister den Leib. Wenn alle Lieder gesungen sind, fragt der Medizinmann: »Wo haben dich die Geister berührt? Dort, wo du krank bist?« Und der Kranke antwortet: »Ja.« Das also ist das Werk der Geister. Und der Medizinmann, der die Heilkräuter kennt, sagt dann, welche Pflanzen wie anzuwenden sind. Die Medizin, die man dem Kranken gibt, wird an einem bestimmten Ort aufbewahrt, und man sagt ihm auch, daß er sich in der Zeit, während der er diese indianische Medizin nimmt, von jeder Frau fernhalten soll, die ihre Menstruation hat. Während ihrer Periode darf eine Frau der Medizin nicht zu nahe kommen, nicht einmal den Raum, in dem sie aufbewahrt wird, darf sie betreten, weil das die Kräfte der Medizin beeinträchtigen würde.

Für ein Wopila, ein Dankgebet für etwas Gutes, das geschehen ist, gibt es ebenfalls Yuwipis, etwa für einen Menschen, der einen guten Job bekommen hat und nun eine Zeremonie wünscht, um dem Großen Vater zu danken, in der Hoffnung, daß auch weiterhin alles so glücklich verläuft. Ich habe auch erlebt, daß Leute bei einem Yuwipi geheiratet haben, damit ihr Gelübde gesegnet werde. Das Yuwipi kann aber auch eine Zeremonie zur Namensgebung, ein Hunkapi, sein. Es gibt die verschiedenartigsten Yuwipi-Zeremonien.

Einmal hat Crow Dog ein Yuwipi für einen Mann veranstaltet, der einen vermißten Verwandten zu finden versuchte. Durch Crow Dog, den Dolmetscher, gab der Geist zu verstehen, daß der Vermißte ermordet worden war, und er beschrieb auch den Ort, wo man den Leichnam vergraben hatte. Mit Hilfe dieser Zeremonie wurde er dann auch gefunden. Während eines Yuwipis bei den Oneida-Indianern überschüttete der Geist einen Mann mit einem Eimer Wasser, weil er sich über das Ritual lustig gemacht hatte.

Bei vielen Stämmen finden wir auch Medizinfrauen, zumeist ältere. Da gibt es eine Lakota-Frau, die in Phoenix Schwitzbäder abhält, und eine Lady mittleren Alters, die für eine Organisation mit dem Namen ›Frauen der Roten Völker‹ Sonnentänze nur für Frauen veranstaltet. Ich kenne eine Navajo-Frau, die Peyote-Meetings leitet, bei denen sie Kranke dadurch heilt, daß sie die Krankheit aus ihnen aussaugt. Auch eine Shasta-Medizinfrau habe ich getroffen, die bei ihren Heilprozeduren Kristalle verwendet, und zwar auf herkömmliche Weise und nicht nach Art der weißen New-Age-Leute. Meine Großmutter hatte mir von den ›Doppelgesichtigen Träumerinnen‹ erzählt, den mächtigen Schamaninnen früherer Zeiten. Ich glaube, sie meinte die Frauen, die von Anung-Ite geträumt haben, dem übernatürlichen Wesen mit den zwei Gesichtern, einem wunderschönen und einem abstoßend häßlichen. Doppelgesichtige Träumerinnen waren mächtige Hexen, die jeden Mann besaßen, den sie trafen, und die auch Männer irrsinnig machen konnten. Nachts hörte man sie singen. Sie flößten Furcht ein, waren aber auch große Heilerinnen und fertigten die geschicktesten Perlen- und Stickarbeiten an. Alles, was sie herstellten, war wunderschön. Soweit die Schilderung meiner Großmutter. Leider gibt es auch sehr viele Schwindlerinnen, die sich als indianische Medizinfrauen ausgeben und leichtgläubige Menschen ausnehmen. Für mich sind die Lakota-Zeremonien so wichtig wie das Atmen, und wenn ich an ihnen teilnehme, fühle ich mich im Einklang mit dem Universum und allen Lebewesen.

Kapitel 10
Der Große Vater aller Zeremonien

Ich kenne einen alten Medizinmann, der den Sonnentanz als den Großen Vater aller Zeremonien bezeichnet. Er ist das wichtigste, das feierlichste und heiligste unserer Rituale, eine Feier des Lebens, der Sonne, des Büffels, des Adlers. Er ist auch ein Selbstopfer, ein Leiden für jemanden, den man liebt und dessen Qualen man auf sich nimmt. Ein Initiationsritus oder eine Mutprobe allerdings, wie es in dem Film ›Der Mann, den sie Pferd nannten‹ dargestellt wurde, ist er nicht, das war eine Mißdeutung. Ich möchte hier nicht über den tieferen Sinn oder über Details verschiedener Rituale des Sonnentanzes reden. Das zu tun (oder nicht zu tun) wäre Aufgabe eines anerkannten Medizinmannes. Ich will über Elementares sprechen, wie ich es Jahr für Jahr in Crow Dogs Paradies erlebt habe, über solche realen Dinge wie meine Rolle als Frau und Ehefrau des Sonnentanzleiters. Beginnen will ich mit dem Alltäglichen, das bei einem Sonnentanz zu geschehen hat, mit der Arbeit und den endlosen Pflichten, nicht mit Vorgängen, die unmittelbar mit dem Ritual verbunden sind. Zuerst einmal müssen Menschen, die zu einem Sonnentanz gehen, auch wenn sie keine Tänzer sind, Geschlechtsverkehr, Trinken, Marihuana und alle anderen gewöhnlichen Vergnügungen meiden. Sie sollten sich für einen Zeitraum von zwei Wochen vor dem Tanz bis vier Tage danach aller weltlichen Dinge enthalten.

Meine schwierige Aufgabe bestand darin, in der Küche die Stellung zu halten und für alle Leute zu sorgen, die herkamen und hier lagerten. Einige von ihnen kamen, um den Schutzschirm zu errichten und alles für den Tanz vorzubereiten. Also mußte ich Holz holen, im Freien kochen, Wasser heranschleppen, die Leute abfüttern, den Abwasch machen und über dem Feuer Brot rösten. Ständig hing mir der Ruß in den Sachen. Kaum war eine Mahlzeit vorüber und der Abwasch getan, kam die Zeit für die nächste – das war schon ganz schön hart für mich. Von Sonnenaufgang bis Sonnenuntergang dauerte das, es kostete mich meine gesamte Zeit. Außerdem hatte ich mich auch um die Kinder zu kümmern, mußte sie waschen und kämmen. Brachten Leute Tabak oder die Pfeife für Crow Dog und wollten mit ihm sprechen, hieß es, alles stehen und liegen lassen, um sie zu bewirten. Dauernd tauchte irgendwer auf, dem man Kaffee anzubieten hatte. Außerdem mußte ich in den Ort gehen und die Post erledigen oder in den Laden rennen – eben all die kleinen Dinge tun, die Zeit kosteten. Crow Dogs Tochter Bernadette war mir eine große Hilfe. Ich glaube, als ich sie zum ersten Mal sah, war sie so alt wie Jennifer heute. Dort in der Küche sind wir zusammen groß geworden. Gewöhnlich kümmerte sie sich um den Kaffee und war immer da, wenn ich Hilfe brauchte. Ich konnte mich stets auf sie verlassen. Manchmal boten andere Frauen ihre Hilfe an, aber mit ihnen wären wir zuviel Leute in der Küche gewesen und es hätte ein großes Durcheinander gegeben – außerdem kochten sie anders, und das führte zu Streitereien. Jeden Tag bereiteten wir zwei alte große Töpfe voll Suppe zu und gaben in den einen Rindfleisch und in den anderen Gemüse. Alle im Camp bekamen täglich zu essen. Brot wurde über dem offenen Feuer geröstet. Ständig wurde geschwitzt – und gegessen natürlich. Die Küche war durchgehend geöffnet. Manchmal war ich mit dem Frühstück gerade fertig, wenn die Sonne schon am Himmel stand. Am offenen Feuer bereiteten wir Maisbrei oder Pfannkuchen zu. Und immer, wenn man glaubte, fertig zu sein, tauchte jemand auf, der einen weiten Weg zurückgelegt hatte, und man mußte ihm etwas zu essen machen.

Auch um die Kranken hatte ich mich zu kümmern. Viele Leute tranken das Wasser aus dem kleinen Fluß, der durch das Paradies fließt, und bekamen davon fürchterlichen Durchfall. Sie denken, weil sie auf Indianerland sind, muß das Wasser sauber sein. Dabei wird es schon am Oberlauf, außerhalb des Reservats, verunreinigt. Andere wiederum holen sich im Wald an giftigen Pflanzen einen üblen Hautausschlag. Auch einen oder zwei Fälle von Sonnenstich gibt es immer. Letzten Sommer ging eine Weiße auf die Toilette, und da ringelte sich auf dem Sitz eine große, fette Klapperschlange – auf die Begegnung hätte die Lady gern verzichtet. Ja, Langeweile gibt es nie.

Für den Sonnentanz muß eine Menge vorbereitet werden. Sehr viel Arbeit verursacht der Bau eines schattenspendenden Schirms, der kreisrund ist und einen Eingang im Osten hat, wo die Leute hereinkommen und sich hinsetzen. An der Westseite befindet sich gewöhnlich ein Platz, auf dem sich die Sonnentänzer ausruhen. Aus frischen Weidenzweigen müssen Badehütten errichtet werden – mindestens zwei große Hütten sollten es sein, eine für die Männer und eine für die Frauen. Eine andere wichtige Aufgabe ist es, eine große Menge Feuerholz herbeizuschaffen. Das Hauptfeuer wird am Morgen der Reinigung vor Sonnenaufgang entzündet und, vom Feuerwächter gehütet, bis zum letzten Tag, bis zum letzten Schwitzbad unterhalten.

Und dann ist da der heilige Sonnentanzbaum, der Baum des Lebens. Früher schickte man Kundschafter aus, die eine makellose Pappel herbeischaffen mußten, und wenn sie sie gefunden hatten, fielen sie über sie her wie über einen tapferen Feind.

Beim zeremoniellen Aufstellen des Baumes, so wie ich es erlebt habe, wird der Baum vom letzten Jahr aus seiner Verankerung gelöst und durch einen neuen ersetzt. Den alten bringt man an einen ungestörten Ort, weil an ihm noch die Opfergaben des vorigen Jahres hängen.

Der alte Baum wird am letzten Tag der Reinigung – ein Sonnentanz beginnt immer an einem Sonntag und endet am Mittwoch – herausgenommen, und man bittet die Tänzer, den Platz aufzuräumen und ihre Sachen zurechtzulegen. Anschließend holen sie den neuen Baum, manchmal in Begleitung ihrer Familien. Die einzigen, die zurückbleiben, sind die Alten. Sie brechen also auf und holen den Baum, den ein Medizinmann oder ein Alter zuvor ausgesucht und mit Wasé, roter Farbe, in den vier Himmelsrichtungen gekennzeichnet hat. Ein junges Mädchen, das Jungfrau sein muß und auch noch nicht in der Pubertät sein darf, bekommt eine Axt, mit der sie aus jeder Himmelsrichtung in den Baum schlägt. Dann hacken die Geistertänzer der Reihe nach, und zwar jeder einmal, auf den Baum ein, bis er fällt. Gewöhnlich tun das die Männer, und es geht sehr rasch. Im Fallen fangen sie den Baum auf, damit er nicht den Boden berührt. Am unteren Ende wird er etwas behauen, und wenn das getan ist, trägt man ihn, die Krone voran, zum Sonnentanzplatz. Bei der Ankunft der Tänzer steht im Lager ein Krieger, der einen Schrei ausstößt, den Ageesha. Viermal tut er das, bis sie den Schutzschirm erreicht haben. Der Baum wird nun hereingebracht und dabei ein einziges Mal ganz vorsichtig abgesetzt. Jemand steckt in die Astgabeln nun die Figuren eines Mannes und eines Büffels aus Büffelleder, dazu noch die Fahnen in den Farben der vier Himmelsrichtungen, und dann hängen alle Tänzer ihre Opfergaben in den Baum. Vor dem Hereintragen werden Lieder zur Begrüßung des Baumes gesungen. Ist all das vollzogen, füllt man in das Loch, in das der Baum eingepflanzt werden soll, spirituelle Speise – Wasser, Mais, Dörrfleisch und Wildkirschen. Manche vermengen das Dörrfleisch auch mit Büffel- und Nierenfett. Nun steckt man den Fuß des Baumes in das Loch, und mit Hilfe von Seilen, die an seiner Spitze befestigt sind, richten die Tänzer den Baum auf. Weil es ein großer Baum ist, muß er mit den Seilen auch verankert werden. In alter Zeit sang man, wenn der Baum stand:

Im Mittelpunkt der Erde
stehst du dort
und blickst dich um,
betrachtest die Menschen,
die voller Ehrfurcht vor dir stehen.
Sie wollen leben.

In den Tagen der Reinigung wird man aufgefordert, frischen Salbei für Kränze zu holen, die von den Tänzern um den Kopf, die Handgelenke und die Knöchel getragen werden. Auch die Badehütte umgibt man mit Salbei und legt ihn ebenso unter den Baum, so daß, wer sich durchbohrt, auf diesem Bett aus Salbei liegt. Es braucht deshalb eine Menge Leute, um all den Salbei zu sammeln. Die Tänzer machen ihre Adlerknochenflöten bereit und nehmen an ihren Sonnentanzausrüstungen die allerletzten Handgriffe vor. Während der Reinigung finden ständig Schwitzbäder statt, für die sehr viele Steine benötigt werden. Dann gibt es das Problem mit dem Wasser – meist muß vom Stammesbüro ein Tankwagen geholt werden, um genügend Wasser zu haben. Zur gleichen Zeit werden viele Leute zum Fasten auf den Berg gebracht. Wenn sie wieder herunterkommen, begeben sie sich direkt zum Tanz, so daß daraus ein achttägiges Ritual wird. Im Lager kommen jetzt auch ständig neue Leute an, stellen ihre Tipis auf und richten sich ein. Nun fangen die vier Tage des Tanzes an. Sind sehr viele Tänzer dabei, beginnt man schon am ersten Tag mit den Durchbohrungen. Meist haben die Tänzer bereits im Vorjahr ein entsprechendes Gelübde abgelegt.

Während der Durchbohrungen bittet man jede Frau, die ihre Regel hat, sich vom Schutzschirm, von den Badehütten und den heiligen Gegenständen fernzuhalten. Letztes Jahr bat man sie sogar, das Lager zu verlassen. Die Tänzer werden ernstlich krank, wenn ihnen Frauen während ihrer Regel zu nahe kommen. Die meisten Frauen respektieren diese Vorschrift, aber manchmal sind junge Mädchen dabei, die das nicht begreifen.

Die Art, wie sie sich durchbohren wollen, können die Tänzer selbst wählen. Ein paar habe ich gesehen, die verwendeten dazu Adlerklauen. Ich habe Männer sagen hören, daß sie sich durchbohren, weil Frauen Schmerzen bei der Geburt erleiden, also für ihre Kinder, für ihre Familien und für die Frauen, die unter Schmerzen neues Leben gebären. Sich selbst als Opfer darzubringen, ist ehrenvoll. Einige durchbohren sich auf Brust oder Rücken, legen das Seil über die Krone des Baumes und lassen sich von einem Pferd ziehen. Heute tun es die Frauen auch. Einige bringen Fleischopfer, andere durchbohren ihre Arme mit Federn und einige ziehen einen Büffelschädel hinter sich her. An eine Sonnentänzerin aus Pine Ridge, an Loretta Whirlwind Horse, erinnere ich mich. Ihr Vater war krank und konnte seine Beine nicht mehr bewegen, deshalb tanzte sie für ihn. Später erzählte er bei einem Meeting, daß er, als sie für ihn tanzte und litt, die Beine wieder bewegen und fühlen konnte.

Durchbohren Frauen sich mit einer Feder, dann machen sie das an den Armen und binden die Feder mit einem Stück Sehne fest. Manche lassen die Feder vier Tage lang im Fleisch, sprechen am letzten Tag noch einmal ein Gebet und ziehen sie dann heraus. Ich habe an den Armen alte Narben, wo ich durchbohrt worden bin. Bill Eagle Feathers hat das für mich getan, auch Fleischopfer hat er aus meinem Arm geschnitten. Dieses Jahr habe ich mich mit Holzstiften durchbohrt. Bill ist ein Mann, den ich wirklich vermisse. Beim Sonnentanz stößt er immer den Ruf des Kojoten aus. Über dem Schutzschirm und dem Lager kreisen meistens Adler, als ob sie wüßten, daß sie erwünscht sind. Sie hören die

Adlerknochenflöte der Tänzer. Wir glauben daran, daß Tunkashila mit dem Adler, unserem Verwandten, spricht. Wenn man eine Flöte bekommt, wird erwartet, daß man sie sorgsam hütet.

Die Pfeifen der Tänzer müssen alle an einem Tag geraucht werden. Ist ein Tanz vorüber, stellen sich die Tänzer mit dem Gesicht nach Süden in Reihen hintereinander auf, und dann holt die erste Reihe ihre Pfeifen von der Westseite des Schirms, wo sie alle abgelegt werden, wenn die Tänzer zum ersten Mal hereinkommen. Sie nehmen also die Pfeifen von den Ständern, gehen um den Baum herum und stellen sich wieder in Reihen auf. Gleichzeitig suchen Helfer gewisse Leute unter dem Schirm aus, die dann von den Tänzern die Pfeifen entgegennehmen. Viermal gehen die Tänzer vor und zurück, übergeben beim vierten Mal den ausgesuchten Leuten die Pfeifen und der Gesang hört auf. Die Runde ist vorüber, die Leute kehren mit den Pfeifen an ihren Platz zurück und rauchen. Die Tänzer müssen ihre Pfeifen wirklich sauber halten, damit die Leute, die sie für sie rauchen, mit dem Anzünden keine Probleme haben. Ich saß mit Rocky unter dem Schutzschirm, und sie fragte: »Warum tanzen dieses Jahr weiße Leute?« Und ich antwortete: »Das ist das Jahr der Versöhnung.« Es gibt einige wirklich aufrichtige und bemühte Menschen, aber ich fürchte, daß sie – läßt man sie erst einmal herein – versuchen könnten, alles in die Hand zu nehmen oder für sich auszunutzen.

Die Frauen wechseln sich beim Bad ab, die Männer aber nehmen sowohl spät in der Nacht als auch am frühen Morgen Schwitzbäder, sie schwitzen die ganze Zeit über. Auch Kinderschwitzbäder gibt es. Die kleinen Jungen schwitzen, meine Kinder tun das immer. June Bug sagte einmal: »Schwitzen will ich ja, aber es soll ein Männerbad sein. Ich bade nicht mit irgendwelchen Mädchen.« Er war in diesem gewissen Alter. Aber es ist wirklich hübsch, die Kinder schwitzen und beten zu sehen. Die Bäder unterhalten sie selbst, sprechen ihre Gebete und offenbaren sich. Sie benehmen sich sehr gut.

Nach dem letzten Durchgang des Durchbohrens, wenn es Zeit ist, den Sonnentanz zu beenden, gibt man etwas Wasser auf den Büffelschädel, unseren Altar. Der Helfer nimmt die Fahnen der vier Himmelsrichtungen an sich und die Tänzer sammeln ihre Pfeifen ein. Zuerst gehen die Führer hinaus. In einer bestimmten Aufstellung tanzen sie auf den östlichen Eingang zu und halten dabei viermal an. Es ist ein wunderbarer Anblick. Die Leute versammeln sich außerhalb des Schutzschirms, um den Tänzern die Hände zu schütteln, wenn sie herauskommen. Dann nehmen die Tänzer in der Badehütte ihr letztes Schwitzbad. Auch während der Tanzpausen finden verschiedene Zeremonien statt. Trauungen werden vorgenommen, oder man sticht den Mädchen Ohrlöcher. Nach dem Tanz beginnt das Fest. Gibt es in einer Familie jemanden, der vier Jahre in Folge getanzt und damit seine vier Gelübde erfüllt hat, veranstaltet man ihm zu Ehren ein Schenkungsfest. Manchmal finden auch Namensgebungen statt, und dafür haben wir besondere Lieder. Nun werden auch diejenigen, die nächstes Jahr tanzen möchten, aufgefordert, ihre Gelübde abzulegen. Und wir ehren die Sänger und Trommler, die von dem Augenblick an, als der Baum hereingebracht wurde, bis zum Ende des Tanzes ihre Lieder gesungen haben. Singen sie gar ein Ehrenlied, erhalten sie Geldgeschenke. Vier Tage lang dazusitzen und ohne Unterbrechung zu singen, ist schon hart.

Als ich getanzt habe, litt ich für meine Kinder, für die Lakota und meine Freunde bei den Diné, denen die Umsiedlung von Big Mountain bevorstand. Man schnitt mir Fleisch von der Stelle, wo ich mich durchbohrt hatte, und ich legte es in ein kleines Tabakpäckchen und opferte es dem Baum, dem Geist. Nach meiner ersten Durchbohrung war ich aufgefordert worden zu sprechen. Ich redete über meine Freunde, die in eine andere Welt gegangen waren, über

Annie Mac Aquash, die am Sonnentanz teilgenommen hatte und an die Pfeife und die heilige Medizin glaubte.

Letzten Sommer wollte ich im Paradies tanzen, war aber nach meinem Autounfall noch zu schwach. Deshalb ging ich zur Trommel, um nach Wicaglata-Art zu singen, als Echo der männlichen Sänger, und da wurde mir schlecht und ich mußte mich hinsetzen, aber ich bin sicher, daß ich irgendwann wieder tanzen werde.

Beim Sonnentanz geschieht nur Gutes, vielleicht könnte man das spirituell nennen. Da gab es zum Beispiel zwei Männer, die seit mehr als zwanzig Jahren bitterböse Feinde waren. Der eine hatte schon auf den anderen geschossen und ihn beinahe umgebracht. Und vor zwei Jahren verziehen sie einander im Geist des heiligen Tanzes, wurden Freunde und durchbohrten sich sogar gegenseitig. Ich war wirklich ergriffen.

Da ist ein Chicano, der Hunderte Meilen zu Fuß geht, den ganzen Weg von Mexiko, um zum Sonnentanz zu kommen. Man nennt ihn ›Der Glückliche‹. Vor Jahren war er einer der Überlebenden dieses schrecklichen Vorfalls mit einem ganzen Eisenbahnwagen voll illegaler Einwanderer, die erst um ihr Geld gebracht und dann dem Erstickungstod überlassen worden waren.

Beim Sonnentanz 1991 hängte man das Sternenbanner zum ersten Mal richtig herum auf. Für mich war das ein Schock. Bei AIM-Leuten hatte ich bisher nur gesehen, daß sie die Fahne auf den Kopf stellten. In diese umgedrehte Fahne hatten sich die Geistertänzer gehüllt, um damit ein Zeichen für ihre Not und ihre Trauer zu setzen, und auf die gleiche Art verwendete die AIM sie als Zeichen ihres Protests. Aber die Dinge ändern sich. Man wollte mit der Fahne unsere Veteranen ehren, die in noch jedem Krieg mitgekämpft hatten, an dem die Vereinigten Staaten beteiligt waren – Erster Weltkrieg, Zweiter Weltkrieg, Korea, Vietnam und Desert Storm. Auf all diesen weit entfernten

Kriegsschauplätzen hatten Sioux gekämpft, obwohl einige, die in Vietnam waren, später sagten, sie wären sich vorgekommen wie die Crow und Arikara, die Custer als Kundschafter eingesetzt hatte, als Kundschafter der Weißen gegen Nichtweiße. Trotzdem, viele Sioux haben in fernen Ländern ihr Leben hingegeben, und deshalb respektieren wir heute die amerikanische Fahne. Und irgendwie ist es auch gut, zu einer Verständigung zu kommen, besonders weil im letzten Jahr mit dieser Fahne Francis Primeaux geehrt wurde, ein alter Veteran und Wegführer der Kirche der Amerikanischen Ureinwohner, der kurz zuvor gestorben war.

Bei dem gleichen Sonnentanz erlaubte Archie Fire Lame Deer einigen Heyoka, den ›Vorwärts-Rückwärts-Donner-Träumern‹, zu tanzen. Es war das zweite Mal, daß sie kamen und sich durchbohrten. Da sie Heyoka sind, kleiden sie sich anders als die normalen Tänzer. Einer war mit schwarzen und weißen Punkten bemalt, ein anderer hatte sein Gesicht mit einem Schal verhüllt und ein dritter trug ein grellbuntes Phantasiekostüm und auf dem Kopf ein Büschel Federn der verschiedensten Vögel. Sie waren sehr gute Tänzer.

Die Teilnehmer an diesem Sonnentanz machten mir Mut: »Kopf hoch, Schwester!« Wir umarmten uns, lachten und weinten zusammen. Und dann gab es den Ruf: »Alle Veteranen von Wounded Knee, erhebt euch!« Da standen wir dann – Clyde und Crow Dog, Carla, Ron, Carter und ich –, und sie sangen das Ehrenlied für uns. Man sagt, die Bewegung sei tot, aber das ist sie nicht. Wir arbeiten noch immer für die Menschen, wir sind noch da. Man kann uns jetzt nicht mehr aufhalten. Als für mich und meine Schwestern und Brüder das Ehrenlied gesungen wurde, fühlte ich mich richtig gut.

Kapitel 11
Big Mountain

Ich bin noch immer Teil der Bewegung, setze mich noch immer für die Sache der Indianer ein und werde das auch bis zu meinem Tode tun. Aber ich bin ruhiger geworden. Fünf Kinder habe ich geboren, bin sechsunddreißig Jahre, Großmutter und habe das alte Zigeunerleben satt, habe es satt, im harten Winter von South Dakota wochenlang in einem Tipi kampieren zu müssen.

Nach Wounded Knee, als ich bei Crow Dog eingezogen war, nahmen wir für ein paar Jahre am Kampf für Big Mountain teil. Das ist ein Gebiet innerhalb des riesigen Reservats der Navajo in Arizona. Das Reservat ist so groß, daß man fast einen ganzen Tag braucht, um es vom einen bis zum anderen Ende zu durchfahren, und in seinem südwestlichen Teil liegt das kleinere Hopi-Reservat. Die Region von Big Mountain erstreckt sich sowohl auf Navajo- wie auf Hopi-Land. Die Grenzen wurden weder von den Hopi noch von den Navajo gezogen, sondern im Jahre 1891 von ein paar weißen Regierungstypen festgelegt, die wie üblich eine Karte von Arizona hernahmen, mit dem Lineal ein großes Quadrat darauf einzeichneten und sagten: »Okay, was in dem Quadrat liegt, gehört den Hopi, was außerhalb liegt, den Navajo. Dann haben sie sich wahrscheinlich gegenseitig auf die Schultern geklopft und sind auf einen Drink in die nächste Bar gegangen. Solange weiße Rancher oder Farmer keine Verwendung für das Land hatten, wurde es als Ödland betrachtet und dieser ganze ›Grenz-Quark‹ interessierte niemanden.

Big Mountain wurde ›Gemeinschaftlich genutztes Gebiet‹ genannt, und die Angehörigen beider Stämme weideten ihre Schafe darauf, Seite an Seite und als gute Nachbarn. Vermutlich wußten sie nicht einmal etwas von diesen Grenzen, die von den Weißen bestimmt worden waren. Die Dinge änderten sich, als gewisse Unternehmen wie die Peabody Coal Company entdeckten, daß unter dem Land Kohle und Uran lagerten, und nun fest entschlossen waren, daraus Gewinn zu ziehen. Man inszenierte den sogenannten ›Navajo-Hopi-Landkonflikt‹, den es in Wirklichkeit nie gegeben hat, jedenfalls nicht für traditionsbewußte Indianer. Stammespolitiker ließen sich kaufen, und man brach faule Rechtsstreitigkeiten vom Zaun. Peter MacDonald, der unumschränkte und sehr wohlhabende Stammesvorsitzende der Navajo, hatte seine Hand mit im Spiel. Das ist auch der Grund, weshalb ihn viele Navajo Peter MacDollar nennen. Früher einmal wurde er als der ›mächtigste Indianer der Welt‹ gefeiert, jetzt aber sitzt er, wie ich höre, wegen verschiedener Korruptionsgeschichten im Gefängnis.

Schließlich entschied die Regierung, daß alle Navajo auf der ›Hopi-Seite‹ von ihrem angestammten Land vertrieben und irgendwo außerhalb des Reservats angesiedelt werden sollten, zumeist in solchen weißen Städtchen wie Holbroock und Winslow. Die Hopi auf der ›Navajo-Seite‹ sollten ebenfalls umgesetzt werden. In Wahrheit war dieser ganze Umsiedlungsplan nichts anderes als ein Komplott, um das Gebiet für die Ausbeutung durch die Energie-Mafia freizubekommen.

Kürzlich erhielt ich von den Hopi eine Broschüre, in der die ganze Angelegenheit ins rechte Licht gerückt wird. Auszugsweise heißt es da:

Die neuerliche Teilung unseres gemeinsamen Gebiets mit den Navajo, die von den Vereinigten Staaten mit Hilfe der Gerichte und der Polizei durchgesetzt wird, dient eindeutig dem Zweck, auch jenes Land völlig unter Kontrolle zu bekommen, das den Hopi garantiert wurde. Hopi, die in andere Gegenden umgesiedelt werden, dürfen Land nur noch vom Stammesrat pachten.

Nachdem in diesem Gebiet Bodenschätze entdeckt worden waren, trat – nicht auf Antrag der wahren Hopi-Führer, sondern von Rechtsanwälten im Auftrag des Stammesrates eingebracht – das Gesetz 93-531 in Kraft, das vor der Welt den Anschein erwecken soll, die Hopi hätten auf der Grundlage von Pachtverträgen bestimmte Gebiete ihres Landes der Regierung überlassen.

Jedermann soll wissen, daß es nicht die Navajo sind, die uns unser Land nehmen wollen, sondern die Vereinigten Staaten. Hopi und Navajo haben vor langer Zeit Frieden geschlossen und ihren Vertrag durch ein Medizinbündel spirituell besiegelt.

Seit Generationen haben mehr als zehntausend traditionelle Navajo in Big Mountain gelebt und haben sich von Schafzucht und Weberei ernährt. Sie lebten in herkömmlichen Hogans und zogen mit ihren Herden von Weide zu Weide. Mit der Außenwelt hatten sie nur wenig Kontakt. Ihre erzwungene Evakuierung hält schon seit einigen Jahren an, 1995 soll die ›Umsiedlung‹ beendet sein. Bereits mehr als achthundert Familien wurden vom Land ihrer Vorfahren vertrieben und in Holbroock, Winslow oder Flagstaff wieder angesiedelt, viele von ihnen haben ihr Umsiedlungsgeld nie erhalten, sie sind mittellos und verzweifelt. Einige haben zwar ein bißchen Geld und ein armseliges Haus bekommen, aber auch sie sind verzweifelt. Sie waren es gewöhnt, in selbstgebauten Hogans zu leben, jetzt müssen sie Miete zahlen. Sie waren daran gewöhnt, die Hogans mit altmodischen Holzöfen zu beheizen, und das Holz, das sie dafür sammelten, kostete sie nichts, jetzt müssen sie für Gas und Strom bezahlen. Sie hüteten ihre Schafe und webten sich ihre Kleidung selbst, nun sind sie arbeitslose Ghettobewohner in einer fremden, feindlichen und erschreckenden Umwelt. All das ist den Navajo schon einmal geschehen, 1863 nämlich, als Kit Carson und die Armee ihr Land verwüsteten. Er und seine Männer hatten die Ernte vernichtet und Obstbäume gefällt, um das Land unbewohnbar zu machen. Tausende Navajo wurden gewaltsam in die Wüste getrieben, an einen Hunderte Meilen entfernten Ort namens Bosque Redondo, wo die meisten von ihnen an Krankheit und Unterernährung starben. An diesen ›Längsten Marsch‹ erinnert man sich noch heute mit Schrecken.

Angesichts der Umsiedlung riefen die Navajo von Big Mountain um Hilfe. Und da kamen wir ins Spiel. Im Jahre 1980 nahm Larry Anderson, ein alter Freund und Führer der Navajo-AIM, mit uns Kontakt auf. 1973 hatte er mit uns zusammen die Belagerung von Wounded Knee erlebt. Er und einige Ältere der Navajo brachten eine Pfeife und baten Leonard, in Big Mountain einen Sonnentanz abzuhalten. Sie versuchten, von anderen Stämmen des ganzen Landes Unterstützung zu bekommen, und ein Sonnentanz konnte wie ein Sammelpunkt sein, ein Zeichen der Hilfe und des Aufeinanderangewiesenseins. Die Älteren sagten: »Wir wollen weder das Gewehr aufheben, noch wollen wir irgendein Blutvergießen. Wir möchten das mit spiritueller Kraft regeln. Wir brauchen eure Gebete. Und wir glauben, daß eure Zeremonien die unseren verstärken können.«

So kamen wir dazu, die Sache der Diné in Big Mountain zu unterstützen – spirituell, physisch und politisch. Navajo ist ein Wort des weißen Mannes. Die Leute dort nennen sich selbst Diné und ihr Land Dinetah. Wir fuhren hinaus. Ich langte mit einer Gruppe ein paar Tage vor Leonard an, der noch den Sonnentanz in Rosebud zu Ende bringen mußte. Als wir das erste Mal nach Big Mountain kamen, errichteten wir unser Lager in der Nähe der Badehütten und des Schutzschirms. Howard Bad Hand und Leli Takoja sollten die Sänger sein, aber an diesem ersten Morgen waren außer mir, Fred Wapapah und noch einem Burschen keine Sänger da, und die beiden kannten kein einziges Sonnentanzlied. Also mußte ich Vorsänger spielen. Es war ein hartes Stück Arbeit, aber beim zweiten oder dritten Durchgang tauchten Howard und Leli auf. Sie waren die ganze Zeit in Black Mesa herumgeirrt.

Der Sonnentanzkreis lag innerhalb eines großen Lagers. Die Leute hatten einen Haufen Zeder und Salbei für die Zeremonien gesammelt. Verschiedene Sympathisantengruppen waren gekommen – ›Regenbogenleute‹ aus den unterschiedlichsten Ländern, Schwarze, Weiße, Gelbe, Orientalen, Latinos und wie üblich ein paar japanische Buddhistenmönche. Einige Leute hatten eine Kochhütte und einen Reisigunterstand errichtet. Es gab einen Schutzschirm und Feuergruben. Zum Kochen bildeten die Frauen Gruppen, und es waren eine ganze Menge Lebensmittel vorhanden, die von Organisationen und Einzelpersonen gespendet worden waren. Wo man auch hinsah, arbeiteten Leute, hackten Holz und brachten Steine für die Schwitzbäder. Leonard kam mit Jerry Roy und dessen Familie rechtzeitig an. Die beiden sind gute alte Freunde und unterstützen sich immer, wenn es etwas zu tun gibt. Am Eingang stellten Navajo die Wache. Zwischen diesen unterschiedlichen Gruppen herrschte ein starkes Gefühl der Zusammengehörigkeit, das allerdings nicht alle teilten. Einige Diné hatten etwas gegen den Sonnentanz, sie waren der Meinung, er entspreche nicht ihrer Lebensweise und gehöre deshalb nicht in ihr Land. Aber die Älteren von Big Mountain redeten ihnen zu. In dem einen Jahr kamen auch Ernie Peters und seine Chicano-Frau Jessie aus L.A. und bestanden darauf, daß Weiße den Zeremonienplatz einschließlich des Schutzschirmes nicht betreten dürften. Darüber gab es bei diesem Sonnentanz heftigen Streit. Schließlich wurde entschieden, daß Weißen zwar erlaubt war, unter dem Schutzschirm zu sitzen, nicht aber am Tanz teilzunehmen. Ernie und alle seine Leute standen auf und gingen. Er sagte, er wäre Sonnentanzhäuptling und würde wegen dieser Entscheidung Big Mountain nicht mehr unterstützen.

Nachts hatte jeder sein eigenes Lagerfeuer und betete für die etwa fünfunddreißig Tänzer, die wir einschließlich Larry Anderson und Clyde Bellecourt in diesem Jahr hatten. Es wurden Fleischopfer gebracht, und von den Lagern in der Ferne hörte man die Peyote-Trommel. Aus den Tipis drang Licht, und das Singen und Beten dauerte bis zum Morgengrauen. Dann trafen die Tänzer mit Sympathisantengruppen und den Älteren zusammen. Man sprach über den Kampf und auch darüber, wie es die Diné anstellen könnten, auf ihrem Land zu bleiben.

Viele der Anwesenden sprachen kein Englisch, so daß bei den Zusammenkünften lange Zeit Dolmetscher gebraucht wurden. Die Älteren berichteten, daß es wegen der vielen Heiraten zwischen Hopi und Navajo überhaupt keinen Streit um das Land gäbe, eine Menge Leute hätten Verwandte unter den Hopi. Über Generationen hätten sie das gleiche Schicksal geteilt, und die Älteren sagten auch, daß man den Hopi das Land geschenkt hatte, auf dem man sich jetzt versammelt habe. Dann sprachen einige der älteren Navajo-Frauen, und sie begannen ihre Sätze mit: »Hallo, meine Enkelkinder«. Sie sprachen über das Land und die Generationen, über die Jahrhunderte, die man zusammengelebt und Schafe gezüchtet hatte. Diese Gespräche nahmen tagelang kein Ende. Ich bemerkte, daß die Frauen mehr Einfluß, mehr Gewicht als in unserem Stamm besaßen. Voller Ärger redeten sie über die weiße Regierung, die ihnen vorschrieb, wieviele Schafe sie auf jeder Weide halten dürften, und die sie zwang, überzählige Tiere zu töten.

Die weißen Sympathisantengruppen taten viel Gutes. Sie brachten Spenden mit und leisteten eine Menge körperliche Arbeit. Viele gingen hinaus und hüteten Schafe verschiedener Familien. Im ersten Jahr, in dem ich dort war, kam Katherine Smith zu mir, eine alte Navajo-Frau – sie muß sechzig oder siebzig Jahre gewesen sein. Den einen Arm trug sie in der Schlinge, sie hatte ihn sich gebrochen, als ihr Pferd sie beim Schafehüten abgeworfen hatte. Trotzdem bestand sie darauf, mit ihrem gesunden Arm Holz zu hacken und später Feuer zum Kochen zu machen. Als sich Weiße näherten, die das Land einzäunen wollten, kam Katherine auf ihrem Pferd angaloppiert und vertrieb sie mit der Schrotflinte. Leonard, ich und noch ein paar andere unserer Gruppe veranstalteten Protestversammlungen, um zu verhindern, daß die traditionellen Navajo zur Umsiedlung gezwungen wurden, und auch, um die Kohlegesellschaft abzuschrecken. Dort, wo man Tagebaue anlegte, rissen wir die Zäune nieder und legten uns vor die Bulldozer. Wir wurden verhaftet und wegen Behinderung der Abbauarbeiten angeklagt. In Flagstaff bildete sich ein Hilfskomitee, das uns Rechtsbeistand leistete und uns herauspaukte. Ich sagte zu Leonard: »Hierher gehen wir wieder, das ist ja wie in alten Zeiten.« Natürlich ereigneten sich auch ein paar gefährliche Zusammenstöße, aber Schießereien wie in Wounded Knee gab es nicht.

Die Gegend um Big Mountain ist es wert, daß man für sie kämpft. Es ist ein wunderschönes Hochland. Kiefern, Zedern und Lärchen bedecken die Hügel, im Sommer überzieht sich das Land mit Wildblumen und blühenden Sträuchern, Kakteen, Cholla und Salbei. Auch eine Menge Tiere gibt es – Bären, Luchse, Kojoten, Rothirsche und Pumas. Letztere allerdings lassen sich nie blicken, sie sind viel zu scheu und vorsichtig. Hinreißend sind die nachtaktiven, großäugigen Katzen, die gar keine sind, mit ihren ringelförmig gestreiften Schwänzen, und auch eine besondere Eichhörnchenart mit großen, langen und buschigen Ohren. Wohin man auch blickt, immer ist die Aussicht atemberaubend schön. Die größte Stadt in der Nähe ist Tuba City, und Oraibi ist der nächstgelegene Pueblo der Hopi. In den Bergen findet man nur unbefestigte Straßen, und ich kann verstehen, daß alle Navajo-Familien allradgetriebene Pickups fahren. Die Straßen sind holprig und ziehen sich Meile um Meile hin, bis man endlich zu einem Handelsposten gelangt. Die Einheimischen störten sich an unseren Gruppen überhaupt nicht, brachten wir doch ein gewisses Zusatzgeschäft in dieses verarmte Gebiet. Einmal, als ich versuchte, zum Camp zurückzukommen, gab es einen ungeheuren Wolkenbruch. Mein Truck schwamm gewissermaßen auf diesen Straßen. Ich wollte umkehren und versank in einem See von hellrotem Schlamm, so daß nur noch die obere Hälfte des Trucks herausragte. Eine Diné-Familie zog mich mit ihrem Pickup und unter Zuhilfenahme von Schaufeln und viel Muskelkraft wieder heraus. Dann zeigten mir diese neuen Freunde eine andere, zwar viel längere, dafür trocknere Straße zum Camp. Für die Navajo ist es ein Segen, wenn es während einer Zeremonie regnet – es bedeutet, daß der Schöpfer auf ihre Gebete antwortet.

Wir hüteten für Pauline White Singer die Schafe. Sie ist eine traditionsbewußte Frau und kleidet sich wie alle diese Frauen nach der überkommenen Art der Diné – Faltenrock, Samtbluse, hohe orange-braune Mokassins und dazu viel Silber- und Türkisschmuck. Englisch spricht sie nicht, aber wir verständigten uns durch Zeichen. Pauline lebte in einem traditionellen Hogan, einem kleinen achteckigen oder fast runden Bau, der aus Stämmen errichtet und mit sonnengetrocknetem Lehm gedeckt war. Innen stand, nicht ganz in der Mitte, ein alter eiserner Ofen, auf dem sie kochte. Das Ofenrohr stieg kerzengerade nach oben, ging durch die Decke und ragte über das Dach hinaus. Den meisten Platz nahm ihr Webstuhl ein, auf dem sie herrliche Teppiche webte. Dabei saß sie auf einem Schaffell, das auf der blanken Erde ausgebreitet war. Ein eisernes Bett mit Matratze diente ihr zum Schlafen, und eine alte Truhe enthielt alles, was sie auf dieser Welt besaß, und war zugleich auch Bank oder Tisch. Außerdem hatte sie einen Kessel, ein paar Töpfe und

Pfannen, einen Kaffeetopf, eine Schöpfkelle sowie ein paar Messer, Gabeln und Löffel. Und das war alles. Sie machte Röstbrot für uns und ein köstliches, vor lauter Chili ganz rotes Hammelstew. Hammelfleisch war das Grundnahrungsmittel, aber sie fand auch draußen in der Natur Eßbares – Wurzeln, Beeren und etwas, das wie eine kleine orangefarbene Möhre aussah.

Wie alle traditionellen Leute in Big Mountain glaubte Pauline an Hexen, insbesondere an zombieartige böse Wesen, die ›Fellgänger‹ genannt wurden. Ähnlich den Werwölfen erschienen sie manchmal in tierischer Gestalt. Einiges, woran Pauline glaubte, glich den bei uns verbreiteten Überzeugungen. Genauso wie bestimmte Lakota an Wapiyas glauben, an Geisterbeschwörer, die jemanden krank machen können, indem sie ›etwas in ihn hineinschießen‹ – unsichtbare Stacheln, Federn und anderes, das ein Medizinmann ›aussaugen‹ muß, damit der Kranke wieder gesund wird –, genauso kennen die Navajo den Hexer, der Stückchen von Knochen oder Zähnen eines Toten in jemanden ›schießt‹, um ihn zu verhexen. Auch Sandkörnchen verwendet er dazu oder Asche von einem ›Geister-Hogan‹, einem Haus, das niedergebrannt wurde, weil jemand darin gestorben ist. Die Diné achten auch sorgfältig darauf, daß keines ihrer Haare, keine Fingernägel und auch keine – rundheraus gesagt – Scheiße einer Hexe in die Hände fallen. Sie könnte daraus ein Gift machen, das einen verhext oder sogar umbringt. Eine Hexe kann einem auch ›Leichenspeise‹ geben, das ist ein winziges Stückchen Fleisch von einem toten Kind, verborgen im Röstbrot oder einer Schale Lammstew.

Ebenso wie wir nehmen die Diné Schwitzbäder, aber ihre Badehütte ist ein kleiner Bau aus Holz und Lehm, in den nur eine oder zwei Personen passen. Ihre Medizinmänner sind die sogenannten ›Sänger‹ oder ›Handzitterer‹, die Kranke heilen. Bei den Sängern geschieht die Heilung durch den

Vortrag eines langen Gesangs, einer Art Heilgebet, wie etwa die ›Schönheits-Weise‹ oder die ›Segens-Weise‹. Der Patient sitzt dabei gewöhnlich auf einem Bild, das in den Sand gezeichnet wurde und das nach dem Ritual zerstört wird. So lernten wir ein paar Bräuche der Diné kennen und sie einige von uns. Aber noch etwas anderes haben wir gemeinsam – die Mehrheit der Navajo sind Angehörige der Peyote-Kirche wie wir auch, obwohl es in der Art und Weise, wie die Meetings abgehalten werden, kleine Unterschiede gibt.

Man hatte also befunden, daß es den Leuten von Big Mountain Auftrieb geben würde, wenn dort in jedem Sommer ein Sonnentanz stattfände. Crow Dog und Archie Fire Lame Deer fingen 1981 damit an. Im Laufe der Jahre kamen Tänzer von überallher, auch einige Chicano und ein paar Orientalen. Weiße Tänzer hatten wir nie, aber am Schwitzbad durften Weiße teilnehmen, um ›sich selbst zu erniedrigen‹, und sie durften in den Arbeitsgruppen mitwirken. In manchen Jahren flogen Flugzeuge über den Tanzplatz, und zwar bedrohlich niedrig und mit fürchterlichem Lärm – Düsenmaschinen der Air Force und der Navy. Ich bin sicher, daß sie uns beobachten sollten und daß sie Fotos gemacht haben.

Wo immer es ›indianisches Treiben‹ gibt, da sind auch Verrückte, Groupies und New-Age-Leute. Das eine Jahr in Big Mountain kam eine Frau ins Schwitzbad, eine ›Kristallseherin‹, die behauptete, in Los Alamos wäre man in den Besitz eines Stückchens vom Grabtuch von Turin gekommen und sei damit in der Lage, Jesus zu klonen, weil seine DNS an dem Tuch hafte. Sie sagte: »Ich sehe ihn, aber das ist der Antichrist. Der wahre Jesus ist ärgerlich und wird wiederkommen, weil er wütend auf diese Leute in Los Alamos ist.« Puh, sie hätte Science-Fiction-Schreiberin werden sollen. Ich goß schnell Wasser auf, und das dämpfte sie ein wenig. Es war ein sehr merkwürdiges Schwitzbad.

Im Jahr 1987 saß Lone Tree, ein Marinesoldat, wegen Spionage im Gefängnis. Er hatte an der US-Botschaft in

Moskau Dienst getan und war beschuldigt worden, er hätte sich von einer Russin erst verführen und dann dazu verleiten lassen, für den KGB zu spionieren. Sein Vater ist Winnebago aus Wisconsin und seine Mutter eine Navajo aus Arizona. Sie war beim Sonnentanz und hielt eine Rede, in der sie sagte, sie brauche die Gebete der Menge, man habe ihren Sohn nur deshalb zum Sündenbock gemacht und eingesperrt, weil er Indianer sei.

Ein Problem, das wir beim Sonnentanz in Big Mountain hatten, war die Hitze. Der Boden besteht aus reinem Sand. Wenn es windig ist, wacht man morgens auf und entdeckt, daß die Bettdecke über und über mit feinem, pudrigen Sand bedeckt ist. Der Sand ist heiß, und wenn man barfuß tanzt, ist es, als setze man seine Füße auf einen Grill. Ein Jahr war es so heiß – 46° im Schatten –, daß die Tänzer Brandblasen an den Fußsohlen bekamen. Einer schmierte uns Fett auf die Fußsohlen, aber das machte alles bloß noch schlimmer. Crow Dog und Lame Deer hatten Mitleid mit den Frauen. Sie legten einen künstlichen kleinen Teich an, damit wir die Füße hineinstecken konnten. Frauen bekamen auch etwas Wasser zu trinken, Männer allerdings nicht. Einige von uns fielen in Ohnmacht. Crow Dog tauchte Salbei ins Wasser und befeuchtete uns damit das Haar. Eine Diné-Frau kam, hob unser Haar im Nacken an und wedelte uns mit ihrem Fächer Kühlung zu. Auch mit Salbeirauch wurden wir befächelt, und die Diné-Frauen sangen für uns. Man hatte ein paar Sioux-Lieder ins Navajo übersetzt, so daß sie unsere Lieder in ihrer Sprache singen konnten.

In Big Mountain habe ich nur Frauenbäder geleitet, weil es bei den Navajo keine gemischten Bäder gibt. Schon bei der Reinigung hatte man mir die Leitung übertragen, weil ich dort die einzige Frau war, die damit Bescheid wußte. Mich überkam so etwas wie Lampenfieber. Zwar hatte ich schon viele Schwitzbäder erlebt, aber immer nur als Teilnehmerin, nie als Leiterin. Es ging aber alles gut, bis auf die Tatsache, daß einige der älteren Diné-Ladies der Meinung waren, ich hätte das Dampfbad für sie zu heiß gemacht. Und ich hatte geglaubt, vorsichtig mit ihnen umgegangen zu sein, hatte dabei aber vergessen, daß unsere Lakota-Bäder von allen die heißesten sind – heiß wie die Hölle. Ein Jahr später gab es dann diese Frau Jessie, die schon Bäder für Alte abhielt. Nach jedem Aufguß ließ sie sie heraus. Nun waren dort aber auch all diese Sympathisanten, Frauen, die etwas lernen und dazugehören wollten. Sie fragten überall herum, wer für sie ein Bad leiten könnte, und ich war ihre letzte Hoffnung. Also sagte ich zu. Fünfzig Steine verlangte ich für diese Badehütte. Die weißen Frauen hielten sich wirklich tapfer, aber die beiden Sioux, die auch im Bad waren, krochen aus der Hütte. Mir war das fast peinlich, meinte ich doch, Indianerfrauen müßten stark sein. Was ich jedoch nicht bemerkt hatte, war, daß irgend jemand die Badehütte unterhalb der Leinwand mit Plastikmüllbeuteln verstopft hatte, die Feuer gefangen und die beiden Indianerinnen verbrannt hatten. Wir rissen das Zeug heraus und warfen es vor die Tür. Einige Tage später wollten die Navajo-Älteren, daß ich für sie ein Bad abhielt. Ich fing hübsch vorsichtig an und steigerte die Wärme ganz allmählich, am Ende aber war es heiß. Dann beteten sie sehr lange, und das machte es bloß noch heißer. Als sie herauskamen, waren sie richtig glücklich und meinten: »Du bist die erste Frau, die uns ein Bad bereitet hat, mit dem wir wirklich zufrieden sind.« Es waren sehr starke Frauen.

1985 stand ein Navajo-Tänzer vier Tage und Nächte lang im Kreis, er hatte sich durchbohrt und die Spieße mit langen Stricken am Baum befestigt. Als er sich am letzten Tag losriß, flogen die Spieße bis hoch in den Baum. Einige Männer kletterten hinauf, um sie zu holen, und fanden sie in einer Astgabel zusammen mit einer frischen Peyote-Kugel. Das verursachte große Aufregung und wurde als etwas Übernatürliches angesehen. Alle Peyote-Leute der Diné brachten ihre Rasseln, Flaschenkürbisse und Federfächer zum Baum, um sie segnen zu lassen und um zu beten.

In Big Mountain habe ich 1987 und 1988 getanzt. Es war das erste Mal, daß ich mich nach meinem sechsundzwanzigsten Lebensjahr wieder durchbohrt hatte. Damals war ich zweiunddreißig. Das ganze Jahr über hatte ich vom Sonnentanz geträumt, davon, daß ich am Baum hing, und dafür hatte ich all die Zeit gebetet. Ich hatte auch von Großmutter und den Diné geträumt. Wir waren alle in einem Konzentrationslager, mit Stacheldraht rings herum. Männer und Frauen wurden voneinander getrennt und die Kinder in Pflegeheime gebracht. Wieder und wieder hatte ich das geträumt, bis ich mir sagte, daß dies wahrscheinlich bedeuten sollte, daß ich ein Opfer bringen und das Leid der Menschen auf mich nehmen müßte. Selbst als ich ein paar Wochen von zu Hause fort war, überfielen mich solche Träume – sie quälten mich. Schließlich kam ich wieder nach Hause, als es gerade Zeit war, nach Big Mountain zum Reinigungstag aufzubrechen. Ich ging in mein Schlafzimmer, und es lagen alle meine Sachen für mich bereit – meine Sonnentanzkleidung und mein Süßgras. Da wußte ich, daß ich nach Big Mountain mußte. Die Kinder waren traurig, weil ich wieder fortging, und sagten, sie würden für meine Rückkehr beten. Leonard kaufte mir sogar ein neues Auto, einen Camaro. Wir fuhren nach Big Mountain hinauf und schafften es gerade zur Reinigung. Die Frauen wollten, daß ich sofort ein Schwitzbad abhielt. Obwohl es für die Älteren war, unter denen es ein paar große Beter gab, machte ich es wirklich heiß. Ich dachte an meinen Traum und betete die ganze Zeit über. Während des Tanzes aß ich ständig Medizin, um Kraft zu bekommen. Träume hatte ich immer noch und dachte über ihre Bedeutung nach. Schließlich fragte ich Archie um Rat und erzählte ihm von den Träumen. Ob es richtig wäre, sich zu durchbohren und an den Baum zu hängen, weil ich von diesem Traum nicht loskam, wollte ich wissen. Und er meinte, es wäre gut, das zu tun. Als man mich aber zum Baum brachte, bekam ich Angst und hätte ihnen am liebsten gesagt, sie sollten die ganze Sache vergessen. Aber es gab kein Zurück, ich war mit einem feierlichen Eid eine Verpflichtung eingegangen. Sie brachten mich zum heiligen Pfahl, und ich legte mich mit dem Gesicht nach unten neben ihn. Eine Navajo-Frau aus Big Mountain, Sarah Katenay, durchbohrte mich mit einem Haken seitlich hoch oben am Rücken, und ein Mischling, etwa in meinem Alter, durchbohrte mich an der anderen Seite. Sie stachen richtig tief und befestigten an den Haken Seile, die sie über die Baumkrone warfen und an denen mich die Männer, die auf der anderen Seite standen, langsam nach oben zogen. Da hing ich nun eine Weile frei in der Luft, vielleicht sieben oder acht Fuß über dem Boden. Mit einem Adlerflügel in jeder Hand ruderte ich in der Luft umher, weil ich hoffte, mich durch die Bewegungen befreien zu können. Auf einmal riß der Haken an der rechten Seite heraus und ich wirbelte herum wie ein Samenkorn im Wind. Schließlich riß auch der andere Haken, und da ich ganz schön hoch hing, war alles, was ich denken konnte: ›Du mußt versuchen, auf den Füßen zu landen.‹

Nachdem ich frei war, brachte man ein Mädchen zu mir. Sie warf einen Blick auf meinen Rücken und wurde ohnmächtig, so daß ich ihr mit meinen Adlerflügeln Luft zufächeln mußte. Ich umarmte meine Familie und jeden, der mir in den Weg kam – ich war noch in Trance und glücklich, lachte und weinte zugleich und war stolz darauf, daß ich meinen Schwur gehalten hatte. Dann kamen alle Älteren zu mir, nur um mich zu berühren – sie weinten und beteten und sagten, ich hätte etwas Großartiges für die Menschen vollbracht. Danach geleiteten mich Helfer noch einmal um den Kreis und zu meinem Platz bei den Tänzern zurück, während die Frauen unter dem Schutzschirm für mich den schrillen ›Tapferkeitsschrei‹ heulten. Später gingen wir zu Sarahs Hogan hinüber, setzten uns im Kreis auf die nackte Erde und schlangen ihr wunderbares Chili-Stew hinunter.

In den folgenden Monaten hatte ich wieder Träume, aber diesmal erschien mir ein rotes Pferd, und ich wußte, daß ich meinen Schwur erneuern und mit dem Pferd tanzen mußte. Also zog ich noch einmal meine fransenbesetzte Rehlederkleidung an und ging nach Big Mountain. Wieder stand ich im Kreis. Der Zedermann ging herum, von einem Tänzer zum anderen, und hielt in einer großen Muschel brennende Zeder, so daß wir uns selbst befächeln konnten. Man verbrannte auch Salbei für uns, und sein herber Geruch hing in der Luft. Wie immer hatte ich heilige Medizin gegessen – sie sollte mir helfen, meine Qualen zu ertragen. Wieder wurde ich zum Baum geleitet und an zwei Stellen auf dem Rücken durchbohrt, dieses Mal von meinem Sohn Pedro. Und wieder wurden die Seile über den heiligen Baum geworfen, nun aber an ein Pferd gebunden, auf dem ein junger Krieger saß. Als er das Pferd ein Stück vorwärts trieb, wurde ich langsam in die Luft gehoben. Der Reiter muß sich auf seinen Job verstehen, sonst prallt der Tänzer gegen den Baum. Auch diesmal hielt ich in jeder Hand einen Adlerflügel. Nun bewegte der Reiter das Pferd etwa fünfzig Fuß weit nach Osten und galoppierte dann plötzlich zum Baum zurück, wodurch ich – um freizukommen – ruckartig durchgeschüttelt wurde. Schließlich forderte ich ihn auf, ganz nahe heranzukommen, und als er das tat, holte er die Seile so ein, daß ich in der Luft hängenblieb. Das Pferd erreichte den Baum und begann zu tanzen. Es war ein kräftiger Zauber. Mit meinen beiden Adlerflügeln scheuchte ich das Pferd von mir fort, das mit seinem Reiter in Richtung Osten davonraste, und ich wurde freigerissen. Ein Stück meiner Rückenhaut legten sie als Opfergabe auf den Baum. Ich war froh, daß man mir erlaubt hatte, auf diese religiöse Art zu leiden. Mein Körper trägt die Spuren meiner Opfer. Aus Big Mountain habe ich vier Narben auf dem Rücken – zwei, weil ich am Baum gehangen hatte, und zwei vom Tanz mit dem Pferd. Zwei tiefe Narben an den Armen, dicht unter den Schultern, stammen von meinem ersten Sonnentanz, und dazu habe ich noch Narben von Fleischopfern, bei denen mir der alte Bill Eagle Feather vierzig kleine Hautstücke aus den Armen geschnitten hat. Ebenfalls zwei Narben befinden sich an meinen Handgelenken, die man mir beim Sonnentanz mit Federn durchbohrt hat. Und Fools Crows Tochter hat mir auf zeremonielle Art in jedes Ohr vier Löcher gestochen. Narben habe ich auch bei zahlreichen Unfällen und Schlägereien davongetragen, und außerdem fehlen mir ein paar Zähne – Ergebnis von den vielen Kämpfen. Für mich sind es ehrenhafte Narben.

Der Kampf um Big Mountain wurde von den Frauen geführt, den mutigen Müttern und Großmüttern der Diné. Sie waren die Seele des Widerstands. Sarah Katenay, die mich durchbohrt hatte, und Mary Shay entwickelten das Web-Projekt, das eine Gruppe traditioneller Frauen umfaßte, die Decken webten, um dadurch Mittel für ihren Kampf zu bekommen. Mit Hilfe weißer Sympathisanten verkauften sie die Decken in Kalifornien für Beträge zwischen sechzig und tausend Dollar das Stück. Auf diese Weise brachten sie eine Menge Geld für Big Mountain zusammen. Aber dieses Projekt hatte auch eine spirituelle Seite. Das Weben haben die Diné von der Spinnenfrau gelernt, jenem übernatürlichen Wesen, das die Menschen der ersten Welt vor der Flut gerettet hatte. Sie machte ein Floß aus Spinnweben, eine Art Arche Noah, auf das die Menschen kletterten, um zu überleben. Die Spinnenfrau war es auch, die den Lebensfaden für einen Helden spann, der Monstertöter genannt wird. Einige Frauen singen und beten beim Weben. In ihren Decken belassen sie stets eine Unvollkommenheit, weil nichts, was der Mensch macht, vollkommen sein soll. So lassen sie beispielsweise ein kleines Loch, damit die Geister entkommen können. Im Oktober 1992 führten etwa dreißig ältere Frauen des Web-Projekts einen Protest an und sagten, die Vertreibung von ihrem heiligen Land sei eine Verletzung der Navajo-Religion. Der Kampf um Big Mountain ist verloren. Die zwangsweise Umsiedlung geht weiter. Ich fürchte, aus diesem herrlichen Land wird, verursacht durch den Tagebau, ein großes schwarzes Loch. Allerdings glaube ich nicht, daß unser Kampf vergeblich war. Eines Tages wird er Früchte tragen, und unsere jahrelange Unterstützung für die Menschen von Big Mountain hat den Bund zwischen den Diné und den Lakota, insbesondere zwischen den Mitgliedern der Peyote-Kirche beider Stämme, befestigt. Er war wie eine lange, lange Alowanpi – eine siebenjährige Verbrüderungszeremonie.

Kapitel 12
Unter der Tempe-Brücke

Bevor ich Leonard für immer verließ, hatte ich versucht, aus dem Paradies davonzulaufen. Ich konnte das Leben dort nicht mehr ertragen, es brachte mich um – in geistiger, physischer und religiöser Hinsicht. Wir saßen wie in einer Art Druckkessel, und unsere Nerven lagen bloß. Schon wegen einer Kleinigkeit explodierten wir, und auch das Bett teilten wir nicht mehr miteinander. Also nahm ich die Kinder und ging. Ein schlechter Scherz wäre es, würde ich sagen, daß ich von Crow Dog wegging und auf den Hund kam. Ich war allein, mittellos, ohne Dach über dem Kopf und hatte für vier Kinder zu sorgen. Ohne Schutz war ich verletzlich. Und ich wurde verbal und physisch mißhandelt. Auf einer Party, bei der wie üblich schwer getrunken wurde, prügelte mich ein Mann ohne jeden Grund fast zu Tode. Er war sinnlos betrunken und in einem Zustand blinder Wut, die er an jedem ausließ, der verletzlich und weiblich, vor allem kleiner und schwächer war.

Kurze Zeit lebte ich in einer Hütte draußen in der Wildnis. In dieser Gegend gab es eine Menge Gewalt – das Schreien und Brüllen der Betrunkenen konnte man die ganze Nacht hindurch hören. Ich war zutiefst deprimiert. In meinem Kühlschrank war immer Jack Daniel's vorrätig, und wenn ich früh aufstand, nahm ich einen Drink als Muntermacher. Da ich aber nicht einmal soviel Geld auftreiben konnte, um für diese Bruchbude die Miete zahlen zu können, mußte ich ausziehen. Wieder einmal war der Himmel mein Dach.

Da ich Herzbeschwerden hatte, ging ich ins Hospital zu einem EKG. Man gab mir ein paar Muskelrelaxanzien, die ich einnehmen sollte. Mir war zumute, als hätte ich eine ganze Flasche niedergemacht. Ich wollte das alles hinter mich bringen, ich wollte sterben. Also packte ich mein Zeug zusammen und ging mit allen Kindern zu Mom. Aber die wurde damit nicht fertig, waren doch schon zwei meiner Schwestern mit ihren Babys bei ihr untergekrochen. Dann bekam ich einen Job im Hospital, und zwar im Archiv der Krankenblätter. Ich war das allerkleinste Licht dort, und die Bezahlung reichte nicht aus, um Leib und Seele zusammenzuhalten. Andererseits aber konnte ich meine Freundinnen warnen, wenn ich den Unterlagen entnahm, daß ein Mann Tripper oder Herpes hatte.

Eine wirklich gute Freundin hatte ich, sie hieß Norma Brave. In der Bewegung war sie immer vornweg gewesen, und sie wäre auch nach Wounded Knee gegangen, aber ihre Eltern erlaubten es nicht. Später heiratete sie einen viel älteren Mann – einen Verwandten von mir, jedenfalls im Sinne der ausgedehnten Sioux-Familie. Genau wie ich hatte sie sehr viel mit den Kindern zu tun, so daß keine Zeit für irgend etwas anderes blieb, auch nicht dafür, wieder zur Schule zu gehen. Ihr Leben war schwer. Sie hatte Zwillinge, ein Mädchen und einen Jungen. Eines der Kinder litt an einer Hirnschädigung, und das Wasser mußte mit einem Schlauch abgeleitet werden. Beide waren wir in der Bewegung gewesen, beide Sonnentänzer, und so wurden wir enge Freundinnen. Wir sprachen über unsere Sorgen und versuchten, uns gegenseitig Kraft zu geben. Sie erzählte, daß sie gern wieder zur Schule gehen würde und hoffe, irgendeine Form von Unterstützung zu bekommen, damit sie einen Beruf erlernen könnte. Ich war erst kurze Zeit im Hospital, als man Norma einlieferte – tot. Irgend jemand hatte sie so zusammengeschlagen, daß sie wie eine Stoffpuppe aussah, die man in den Mülleimer geworfen hatte. Zusammen mit ihrer

Familie ging ich zu ihr, bevor ihr Körper kalt war. Ich sah sie an und war wie gelähmt, sah ich doch mich selbst dort liegen. Man sagte, ein Schlag hätte Norma getötet, aber ich glaube, es war Mißhandlung.

Das ist ein echtes Problem. Der Mann, mit dem ich damals zusammen lebte und bei dem ich eben eingezogen war, prügelte mich bereits. Eines Tages hatte er mich schlimm mißhandelt, überall war ich grün und blau. Gerade da kam Normas Schwester Mary Ann mit meiner Schwester Barb vorbei. Ich erlaubte ihnen nicht, Licht zu machen, weil ich nicht wollte, daß sie mich so sahen. Sie kamen also herein, und wir unterhielten uns über Norma. Auf einmal machte jemand doch Licht. Mary Ann starrte mich an und sagte: »Mein Gott!« Dann aber erzählte sie mir von der Weißen-Büffelkalb-Gesellschaft und ihrem Heim für mißhandelte Frauen. »Du solltest dorthin gehen«, sagte sie, »so zu leben, ist doch traurig. Geh ins Heim. Sieh mich an, ich habe keine Schwester mehr. Sei doch nicht der Babysitter für diesen Mann, geh hin, tu es für dich und deine Kinder.«

Also zog ich mit meinen Kindern in dieses Heim, ein großes Gebäude außerhalb von Mission. Dort geht es sehr streng zu. Laut darf man nicht sein, und mit den Kindern schimpfen darf man auch nicht. Man hat sie zu beaufsichtigen, damit sie nicht herumrennen oder ungezogen sind, und das ist schwer. Man hat Pflichten und Aufgaben. Solange man im Heim wohnt, muß man arbeiten und beim Saubermachen helfen. Aber wenigstens ging es dort friedlich zu, die Leute, die das Heim betrieben, hatten eine friedliche Atmosphäre geschaffen. Man muß mit Beratern reden, ihnen seine Geschichte erzählen und dabei ehrlich sein, ihnen sagen, warum alles so gekommen ist. Ein Berater versicherte mir, daß mir das Heim helfen würde, aber ich war völlig verschreckt. Ich hatte Angst auszugehen, nicht einmal für eine halbe Stunde und nicht einmal in den Lebensmittelladen. Eine Tages kam Archie Fire Lame Deer mich besuchen. Ich erzählte ihm, daß ich Leonard verlassen hätte, und da nahm er mich in den Arm. Weil er Medizinmann ist, fragte ich ihn, ob ich mit der Pfeife beten dürfe, und er versicherte mir, das sei okay. Das große Problem aber war, daß Leonard es absolut nicht akzeptieren wollte, daß ich ihn verlassen hatte. Der Druck wurde so groß, daß mich schließlich das Gefühl bedrängte, ganz aus South Dakota verschwinden zu müssen.

Eine Lady der Weißen-Büffelkalb-Gesellschaft begleitete mich nach Marshall in Minnesota und brachte mich in dem dortigen Heim unter. Allerdings gab es ein Problem. Ehe man mich aufnehmen wollte, mußte ich erst alle möglichen bürokratischen Hürden überwinden, und bis mein Kindergeld von Rosebud nach Marshall überwiesen wurde, brauchte es einen ganzen Monat. Also saß ich ohne einen Pfennig auf der Straße, in einer fremden Stadt und mit vier hungrigen Kindern an der Hand. Wie immer, wenn ich völlig verzweifelt bin, wandte ich mich an Richard Erdoes in Santa Fe. Zum Glück hatte ich noch mein Notizbuch mit den Telefonnummern und rief ihn an. Und wie immer half er mir, so daß ich die Zeit überbrücken konnte, bis alles geregelt war. Schließlich bekam ich meinen Scheck und wurde in das Heim aufgenommen.

Es half aber nicht viel, daß ich nun in Minnesota war. In Rosebud haben sie einen Computer, mit dem sie verfolgen können, wohin die Unterstützung geht, und dadurch fand Leonard heraus, wo ich steckte. Das beunruhigte mich. Ich war entschlossen, nicht mehr zu ihm zurückzugehen. Also verließ ich Marshall und stand wieder auf der Straße. Ich ging nach Sioux Falls und nahm dann den Bus nach Omaha. Dort gab ich die Kinder im Heim ab. Wie ich schon erwähnte, wußte ich, daß mein Vater in Omaha wohnte, und so suchte ich seine Adresse. Es war Weihnachten. Ich ging ihn besuchen, und es war mir gar nicht recht, ihm erzählen zu müssen, daß ich im Heim war und kein Geld hatte. Er sagte darauf: »Ich würde dich hereinbitten, aber ich habe

Familie.« Das brach mir fast das Herz. Schließlich war ich seine Tochter, aber er hatte mit mir oder meinen Schwestern nie etwas im Sinn gehabt. Ich schätze, er konnte mich und meine vier Kinder dort nicht gebrauchen. Um sein Gewissen zu beruhigen, gab er mir dreißig Dollar. Damit kam ich bis Denver.

Im Heim in Denver ging es streng zu. War man gereizt oder brauchte etwas Zeit für eine Tasse Kaffee, paßte schon irgend jemand auf die Kinder auf. Wollte man aber für ein paar Stunden ausgehen, um sich zu entspannen und allem zu entfliehen, dann half niemand aus. Man hatte straffe Regeln. Die Workshops, die abgehalten wurden, waren keine große Hilfe. Und dann gab es noch eine Menge psychologische Beratung, aber die brauchte ich nicht. Was ich benötigte, war eine Bleibe, Schulunterricht für meine Kinder und einen Job für die Zeit, in der sie in der Schule waren.

Also ging ich weiter nach Tucson. Ich dachte mir, ich könnte ebensogut nach Süden gehen, wo es wenigstens warm war. In Denver lag der Schnee einen Fuß hoch. Außerdem hatte ich im Südwesten Freunde, die der Kirche der Amerikanischen Ureinwohner angehörten, und ich hatte das große Bedürfnis, an einem Meeting teilzunehmen. In Tucson nahm man mich im Heim nicht auf, weil ich nicht ›in ihren Zuständigkeitsbereich‹ gehörte. Man schickte mich zur Heilsamee, deren Heim sich in einen Männer- und einen Frauenbereich gliederte. Dort traf ich eine Menge Leute, die in der gleichen Lage waren wie ich. Ich merkte, daß ich nicht die einzige war, und das tröstete mich. Das Holiday Inn war nicht gerade die Unterkunft der Heilsarmee. Mit vielen anderen Frauen war ich in einem Raum untergebracht, und wir hatten Doppelstockbetten – eins für mich, eins für meine beiden größeren und eins für die beiden kleineren Kinder. Man gab uns Laken, Decken und ein Handtuch. Am Morgen wurde zeitig geweckt, dann reichte man eine Art vegetarische Suppe. Die Leute, die das Heim unterhielten, hatten besseres Essen, das konnte man riechen. Ich hatte die Kinder dabei – Pedro, Anwah, June Bug und Jennifer, die erst zwei war und noch nicht sprechen konnte. Das alles war wie ein Alptraum. Jede Minute waren die Leute von der Heilsarmee hinter mir her: »Paß auf deine Kinder auf! Kümmere dich um die Kinder! Paß auf! Paß auf!« Die Kinder waren in dem Alter, wo man herumrennt und dauernd etwas anstellt. Sie wollten nicht in eine kleine Kammer gepfercht werden, die ›Spielzimmer‹ hieß. Ständig liefen sie in alle Richtungen auseinander und ich mußte hinter ihnen herjagen, natürlich auch hinter ihnen saubermachen. Es war, als müßte man einen Sack Flöhe hüten. Bei der Heilsarmee mußte man um sechs Uhr morgens aufgestanden sein. Jeden Tag war es dasselbe: »Kann ich nicht noch einen Tag länger bleiben? Ich weiß nicht, wo ich hin soll.« Für die Kinder war es sehr schwer.

Mir scheint, der größte Unterschied zwischen Weißen und Indianern besteht darin, wie man diejenigen behandelt, die in Not geraten sind. Wir mögen arm sein oder sogar sinnlos betrunken, aber irgendwie kümmern wir uns umeinander. Hat man kein Dach über dem Kopf, kann man an jede Tür klopfen, irgendwer nimmt einen auf. Man erhält ein eigenes Bett oder eine Couch zum Schlafen, und zu essen bekommt man das gleiche wie die Gastgeber. Vor allem läßt man niemand spüren, daß das aus Wohltätigkeit geschieht. Nein, das ist ganz selbstverständlich, weil wir der Ansicht sind, daß alle im selben Boot sitzen. Da gibt es keine Klassenunterschiede, und selbst ein Cousin sechsten Grades ist immer noch als Verwandter willkommen, als Angehöriger der Tiyospaye, der ausgedehnten Familie. In New York sah ich einmal an einem bitterkalten Tag eine alte Obdachlose in dünnen Kleidern auf dem Pflaster vor einem piekfeinen Juweliergeschäft liegen. Ein gutgekleidetes Paar stieg über sie hinweg und betrat den Laden, möglicherweise, um eine Zweitausend-Dollar-Uhr zu kaufen. Sie taten so, als ob die arme Frau nicht da wäre. Im Res würde das nicht passieren. Sicher haben wir unsere Fehler, aber wenigstens teilen wir miteinander, haben noch ein Empfinden für den anderen. Jeder Indianer ist für uns ein Bruder oder eine Schwester, die an unserem Tisch willkommen sind.

Schließlich warf uns die Heilsarmee hinaus. Zum Glück hatte ich in der Stadt einen Freund, Ron Rosen, den wir Doc nannten, weil er in Wounded Knee freiwillig als Arzt gearbeitet hatte. Mit ihm nahm ich Kontakt auf und erzählte ihm, daß ich Hilfe brauchte. Er rettete uns. Doc fand mich an der Busstation, auf einem Pappkarton sitzend, ohne Geld und mit allen meinen Kindern, die vor Hunger weinten. Er ging mit uns gleich in den nächsen McDonald's-Schuppen. Ich hatte noch andere Freunde in Tucson – Ed Mendoza und seine Frau, Peyote-Leute wie ich –, und die nahmen uns auf. Dann kam uns ein weiterer Freund zu Hilfe, Fred Walking Badger, ein Papago. Er ist Medizinmann und hat einmal nach einer großen Schlägerei mit einem Weißen im Gefängnis gesessen. Fred hatte gehört, daß dieser Mann eine zweiköpfige Schlange besaß, und war mit ihm aneinandergeraten, weil er ein solches Tier für heilig hielt und der Meinung war, einem Weißen, der so etwas als Kuriosität ausstellen könnte, dürfte dieses Tier nicht gehören. Also war Walking Badger hingegangen, um die Schlange zu holen, aber der Weiße weigerte sich, sie herauszugeben. Das Ergebnis war eine gewaltige Prügelei mit beträchtlichem Schaden für alle Beteiligten.

Endlich bekam ich wieder meine Schecks von der Sozialhilfe und konnte mir eine kleine Anzahlung auf einen klapprigen Wohnwagen in der Nähe der Schule leisten. Ich war immer bemüht, die Kinder zum Lernen anzuhalten. Die Mendozas versuchten zudem, ihre Kirche zu organisieren, so daß ich auch wieder an Meetings teilnehmen konnte. Dann aber fand Crow Dog wieder einmal heraus, wo ich mich aufhielt, und deshab packte ich zusammen und machte mich erneut auf den Weg. In Phoenix holte uns Leonard schließlich ein – und da waren wir nun wieder beisammen, die ganze glückliche Familie. Wir bekamen eine Wohnung, in der wir uns alle einrichteten – Leonard und ich allerdings nicht als Mann und Frau, sondern als Bruder und Schwester. So kam es, daß wir drei Jahre in Phoenix lebten.

Ich gab es auf davonzulaufen. Leonard und ich hatten eine Übereinkunft getroffen: Wir waren keine Liebenden mehr. Er hielt überall im Land seine Zeremonien ab und wünschte, daß ich mit ihm reiste, aber mir hing das Zigeunerleben zum Hals heraus. Ich sagte nein. Wir hatten beide unsere Fehler, aber wir versuchten es noch einmal. Wäre die Trinkerei nicht gewesen, hätte es klappen können. Mit der Feierei verbrauchten wir viel Geld. Wir führten keinen normalen, geregelten Haushalt, in dem die Eltern von neun bis fünf einem Job nachgehen. Leonard sorgte immer dafür, daß wir etwas zu essen hatten, und das war es. Wir waren zwar zusammen, aber physisch und emotional lebten wir voneinander getrennt. Wurde der Druck unerträglich, hackten wir aufeinander herum. Mir tut das heute leid und ihm sicherlich auch. Oft war er lange Zeit fort, und er war frei – er konnte mit anderen Frauen zusammen sein. Ich ging in Bars und nahm ein paar Drinks mit den Jungs.

Der Wechsel von Rosebud nach Phoenix glich dem Sprung aus der Bratpfanne ins Feuer. Binnen kürzester Zeit kam Leonards ganzes Gefolge von South Dakota herunter und zog bei uns ein. Es ging zu wie in einem Ameisenhaufen. Einige Leute waren ja nett und gingen auch zur Hand, aber der völlige Mangel an Privatsphäre machte mich einfach fertig. Immer wenn ich nach Hause kam, hatte ich die Vorstellung, mich einer arktischen Vogelkolonie zuzugesellen – einer Million Möwen oder Seeschwalben, die sich auf einem winzigen Felsen zusammendrängen. Und wie üblich hörten die Hilferufe nie auf, das Geld der Sozialhilfe ging drauf, um ein paar Betrunkene aus dem Gefängnis zu holen, und bei

Tag und Nacht gab es das gleiche unaufhörliche Kommen und Gehen. Das Elend aus dem Paradies kam nun nach Phoenix.

Wir wohnten in verschiedenen Gegenden, meist aber im Barrio. In Rosebud hatten wir uns bei 50° unter Null den Hintern abgefroren, und in Phoenix floß uns der Schweiß in Strömen, wenn das Thermometer Tag für Tag 35° über Null anzeigte. Wir zogen hierhin und dahin, bis wir schließlich wieder in der gleichen Gegend landeten, aus der wir ausgezogen waren – einer spanischen Gemeinde, die aus Mexikanern und Indianern bestand. Und das war gut so, weil man nachts auf die Straße konnte, ohne belästigt zu werden. Eine Menge Leute wurden aber auch verhaftet, weil sie illegal aus Mexiko herübergekommen waren. Daneben gab es auch städtische Verordnungen – soundsoviel Personen pro Haushalt –, weil man zehn Menschen in einem Raum vorgefunden hatte. Unser letztes Haus war hübsch, eines der ältesten der ganzen Stadt, ein ziemlich großer Bau aus Adobe-Ziegeln in spanischem Stil, mit einer großen Veranda und Säulen davor. Es lag in der Van Buren, Ecke Vierzehnte, und die Umgebung des Barrios war richtig heruntergekommen. Mein ältester Sohn, Pedro, hatte sich in der Schule zuerst recht ordentlich angestellt, dann aber plötzlich sein Verhalten geändert. Tagsüber pflegte er zu schlafen und die ganze Nacht auf den Beinen zu sein. Auch mit Banden trieb er sich herum, und ich bin ziemlich sicher, daß er damals Drogen nahm. Ich dachte daran wegzugehen, aber andererseits gefiel mir Phoenix. Unsere Nachbarn waren nett, allerdings zogen immer mehr Außenstehende zu und auch Drogendealer versuchten, neue Gebiete zu erobern. Kokain konnte man an jeder Straßenecke bekommen. Pedro trug ständig ein Messer bei sich und hätte nicht gezögert, in Notwehr jemanden zu erstechen. Er wollte eine Pistole, aber ich sagte ihm: »Nein, du denkst, du kannst dich damit schützen. Aber wenn du eine Pistole hast, wirst du durch die Pistole sterben.« Eines

Abends saß ich auf der Veranda, als so ein Bursche herankam und sagte: »He, ich habe guten Stoff, etwas Crack.« Ich erwiderte: »Wirklich? Zeig mal...« Er kam zu mir, und ich griff nach ihm und schlug ihn ins Gesicht. Dann sagte ich: »Verschwinde lieber aus meinem Garten, ich habe Kinder. Und versuche ja nie wieder, Drogen hierherzuschleppen.« Später sagte man mir, daß ich das nicht hätte tun sollen: »Weißt du denn nicht, daß die meisten von denen Pistolen haben?« Auch Nutten gab es in der Nachbarschaft und eine Menge Drogen und Banden, von denen ein ganzer Haufen aus L. A. kam.

Ich hatte Kurse am P.C., am Phoenix College, belegt, zum Beispiel in Hauswirtschaftskunde, Ernährungslehre, Textilkunde, Kindesentwicklung und Nähen. Tagsüber kümmerte ich mich um die Kinder, und so war nur an den Abenden Zeit, den Unterricht zu besuchen. Es machte mir wirklich Spaß – ich war mit mir zufrieden, und die Lehrer am P.C. waren erstklassig.

Eines Abends aber, als ich nach Hause kam, war Leonard bereits da und spielte verrückt. Er wollte wissen, wo ich gewesen war. Als ich sagte, beim Unterricht, meinte er, das sei Zeitverschwendung und ich sollte lieber zu Hause bleiben bei den Kindern, schließlich sei ich Mutter und Hausfrau. Es gab zwar unsere Übereinkunft, aber irgendwie hatte er immer noch das Gefühl, daß ich ihm gehörte – wenn nicht ihm als Ehemann, dann als einer Art Vater oder älterem Bruder. Es war für uns beide eine schwierige Situation. Wir suchten voneinander loszukommen, konnten es aber nicht. Manchmal hat er sich wirklich viel Mühe gegeben, den Standpunkt der Frau zu verstehen, und er hält sich sogar für ›pro-weiblich‹. Aber er stammt aus einer männerorientierten Jäger- und Kriegergesellschaft, deren jahrhundertealte Denkweise ihm in Fleisch und Blut übergegangen ist, aus einer Gesellschaft, in der es Sprichworte wie dieses gibt: ›Die Frau soll nicht vor dem Mann gehen.‹ Außerdem kommt er aus einem

Stamm, der eine große mündliche Überlieferung besitzt. Er ist ein wunderbarer und überzeugender Redner, kann aber weder lesen noch schreiben. Von seinem Vater und seinem Großvater hat er die Verachtung für die Bücher und Schulen der Weißen geerbt. Bücherwissen ist für ihn tachesli – ein Bullenschiß. Ich will ihn aber nicht bloßstellen. Zu seiner und seines Vaters Zeit waren die Schulen einfach fürchterlich. Old Henry ging acht Jahre in die dritte Klasse, weil es in indianischen Schulen keine höheren Klassen gab. Andererseits kenne ich Männer und Frauen, die ihre Highschool-Diplome bekommen haben, obwohl sie total ungebildet sind – und das vor zwanzig Jahren ebenso wie heute. Ich verstand ihn also gut, aber mir half das nicht. Als wir umzogen, ging ich nicht mehr ins College.

Gern hätte ich ein Haus gekauft, aber das konnten wir uns nicht leisten, so daß wir wieder in der Vierzehnten Straße landeten, und zwar dort, wo die Nutten waren, die Zuhälter und Drogenabhängigen. Aber uns belästigte niemand. Meine Freundin Sharon hatte immer etwas zu rauchen, und wir tranken auch Bier. Ihr Junge bekam großen Ärger, weil er auf einen Bullen geschossen hatte. Er war noch jung, aber schon ein Gangster, der mit Drogen zu tun hatte. Es half nicht viel, daß unsere indianischen und mexikanischen Nachbarn freundlich waren und, wenn nötig, stets bereit zu helfen, denn die Banden aus L. A. und Chicago machten sich breit. Daß wir in einem sehr gefährlichen Stadtteil wohnten, wurde uns auf schreckliche und herzzerreißende Weise deutlich.

Zu unseren engsten Freunden gehörten die Roys, eine Indianerfamilie aus Minnesota. Vater Jerry ist ein feiner und gütiger Mann, der viele Male am Sonnentanz teilgenommen und am Baum gehangen hat. Seinen Lebensunterhalt verdient er damit, daß er Tipis herstellt und verkauft. Leonard und Jerry waren stets zusammen, sie waren fast wie Zwillinge. Die Roys waren nach Phoenix gezogen, um Leonard zu helfen, weil er jemanden brauchte, der für ihn alles organisierte und die Korrespondenz erledigte. Jerry brachte seine gesamte Familie mit. Auch in Phoenix verkaufte er noch seine Tipis. Gemeinsam mit uns gingen sie immer zu Meetings und Schwitzbädern ins Salt River Reservat.

Jerry hat eine große Anzahl Kinder. Der eine Sohn, John, ist ein sehr religiöser junger Mann, der sich beim Sonnentanz durchbohrt hat. Der damals jüngste Sohn war ein süßes und freundliches Kind namens Teddy Bear, dem es gar nicht gefiel, in einer großen Stadt mit über einer Million Einwohnern zu leben. Er mochte die überfüllten Schulen nicht und vermißte seine alten Freunde und Klassenkameraden aus der kleinen Stadt, aus der die Roys kamen. Also ging er nach Minnesota zurück und wohnte bei seiner Tante. Teddy Bear entwickelte sich wirklich sehr gut. Er war in die Ehrenrolle eingetragen und spielte im Footballteam. Eines Tages rief er an, daß er in den Weihnachtsferien nach Phoenix kommen würde. Seine Mutter, Pat, war glücklich. Heiligabend wollte Pat uns und ihre ganze Familie zum Dinner ausführen, aber der ältere Bruder, Miles, war nicht da, er ging seinem Hobby nach und spielte Poolbillard. Gegen halb zehn hatte Pat das Warten auf Miles satt und schickte Teddy Bear und Mickey, einen weiteren Bruder, los, um ihn zu suchen und nach Hause zu bringen, damit wir ins Restaurant gehen konnten. Wir tranken ein paar Bier, als jemand richtig laut an die Tür klopfte. Wir machten auf, aber niemand war draußen. Nach Indianerart bedeutet das Tod, es ist die Art, einem mitzuteilen, daß jemand, den man liebt, tot ist.

Etwa eine Stunde später rief Jerry an und sagte: »Teddy Bear ist erstochen worden. Er ist tot.« Ich konnte es nicht glauben. Sie waren gegen Mitternacht aus der Bar gekommen – es war eine kleine Bar, abseits der Siebenten Straße, mit einer schmuddeligen kleinen Kegelbahn und einem Parkplatz an der Hinterfront –, da näherten sich ihnen ein paar andere Burschen, die sich prügeln wollten. Wie es angefangen hat, weiß ich nicht. Aber ich schätze, sie waren betrunken, mochten keine Indianer und wollten ihnen einfach etwas auswischen. Teddy Bear fuhr das Auto, er stieg aus, um seinen Bruder zu warnen, daß einer dieser Burschen ein Messer hatte, und bekam es an Stelle seines Bruders direkt ins Herz. Sie legten Teddy Bear ins Auto und jagten ins Hospital, das etwa vier Blocks entfernt war. Sie waren so in Eile, daß sie mit dem Wagen in die Eingangstür des Hospitals krachten, aber es war schon zu spät. Noch in der Nacht brachte man Teddy Bear ins Leichenschauhaus. Gegen die Mitglieder dieser Bande wurde nie Anklage erhoben, weil man das Messer nicht finden konnte.

In der nächsten Nacht hielten wir ein Peyote-Meeting ab, wir saßen da und wußten nicht, was wir tun sollten. Jeder war niedergeschlagen, wir alle weinten. Am Morgen, als ich das Wasser hereinbrachte, klingelte das Telefon – es war Leonard Peltier, der aus dem Gefängnis anrief. Jerry teilte ihm die schlimme Nachricht mit. Das war übrigens das letzte Mal, das ich mit Peltier sprach. Dann hielten wir für Teddy Bear die Totenwache. Wir ließen den Stab, den Fächer und die Trommel herumgehen und sangen für ihn. Er war gerade siebzehn gewesen, ein hübscher Junge, der noch das ganze Leben vor sich gehabt hatte. Leonard beerdigte ihn im Reservat neben Clear Water, der in Wounded Knee umgebracht worden war – Jerry wollte es so.

Nach dieser Tragödie begann ich, mir immer mehr Sorgen um Pedro und meine anderen Kinder zu machen. Die Tatsache, daß Teddy Bear clean gewesen war und auch nicht getrunken hatte – er hatte sich nur um seine Schule gekümmert –, machte alles nur noch schlimmer.

Ich war deprimierter denn je. Zu Beginn unserer Zeit in Phoenix hatte ich zu Leonard gesagt, daß ich niemals mehr nach South Dakota zurückgehen wollte. Darin war ich eisern, so daß er nichts daran ändern konnte. Und das war auch der Grund, weshalb wir dablieben, schließlich liebte er die Kinder ebenso. In der Kirche der Amerikanischen Ureinwohner traf er verschiedene Verwandte, er ging zu Schwitzbädern und unternahm Vortragsreisen. Und wenn er zurückkam, dann nur, um erneut loszufahren, wenn ihn eine Universität einlud. Ich blieb mit den Kindern zu Hause, fühlte mich einsam und fing an zu trinken.

Es gab in Phoenix zwei Orte, wo Indianer gern hingingen, um sich zu betrinken. Der eine hieß Mr. Lucky's. Am Wochenende spielten im Obergeschoß verschiedene Bands Countrymusik, im Erdgeschoß gab es eine Disco mit Rock 'n' Roll. Donnerstags war immer Ladie's Night. An bestimmten Abenden traten bei Mr. Lucky's Muskelmänner auf, männliche Stripper, damit die Frauen etwas zu glotzen hatten. An anderen Abenden waren Go-Go-Girls für die Männer da. Die zweite beliebte Indianer-Tränke war das Cancan in der Fünfzehnten Straße. Es war riesig groß und hatte einmal als Warenhaus gedient. Über der Bar hing ein doppelseitiges ›Playboy‹-Akt-Poster von Sacheen Little Feather. Sehr anregend. Sacheen ist eine Freundin, die vor Jahren einmal Schlagzeilen gemacht hatte, als sie für Marlon Brando einen Oscar in Empfang nahm. Das Cancan war der Ort für Countrymusik. Da gab es eine riesige Tanzfläche, die stets gerammelt voll mit Navajo war. Und wie die tanzen konnten! In Phoenix gibt es eine Menge Diné, die im Winter dorthin arbeiten kommen, ich habe hier viele Freunde aus Big Mountain getroffen. Mir gefiel Mr. Lucky's besser als das Cancan. Die meisten Bars in Phoenix schlossen um eins, Lucky's aber hatte bis zwei offen, und Stammgästen wurde nach dem letzten Tanz eine Margarita spendiert.

Noch eine zweite Bar mit Stripperinnen gab es, in der ich einmal mit Bull Bear und einer anderen Rothaut, einem Apachen, war. Und während ich noch mit dem Parken meines Autos beschäftigt war, standen die beiden schon an der Theke. Sie hatten bereits einen sitzen. Verschiedene Schilder hingen da herum wie ›NICHT ANFASSEN‹ oder ›FIN-

GER WEG‹, was heißen sollte, daß es den Gästen nicht gestattet war, die Go-Go-Girls anzufassen oder zu tätscheln. Eins der Mädchen kam an unseren Tisch, und ich sagte zu Bull Bear: »Sie erwartet ein Trinkgeld.« Er aber hatte kein Geld mehr, also gab ich ihm einen Fünfer, und er versuchte, ihn ihr in den Bikini zu stopfen. Der Apache hatte schon seine Hand zwischen ihren Beinen. Nun gab es da einen großen, kräftigen Rausschmeißer, ein richtiges Schwergewicht, und der kam gleich angelaufen und brüllte: »Nicht anfassen, nicht anfassen!« Über das Mädchen hinweg schlug der Apache auf Bull Bear ein und schrie: »Ich nehme sie dir weg!« Sie aber wollte mit keinem von beiden etwas zu tun haben. Zum Glück kamen beide noch rechtzeitig hinaus, ehe es richtig zur Sache ging.

Eines Abends war ich bei Mr. Lucky's in der Disko und tanzte, wenn mich einer aufforderte. Da kam so ein Bursche und sagte: »Rate, aus welchem Stamm ich bin.« Ich antwortete: »Apache.« – »Stimmt«, erwiderte er, und ich sagte: »Jetzt du, was bin ich?« – »Sioux«, war seine Antwort. Und dann sagte er: »Los, zeigen wir's denen mal.« Also gingen wir hin und tanzten den letzten Tanz. Er war mit einem Pima, der Moran hieß, und zwei anderen Kerlen da. Als ich zu meinem Wagen ging, kamen sie herüber und fragten: »Hast du Lust, noch einen zu trinken? Auf, zur Tempe-Brücke.« Wir fuhren eine Seitenstraße hinunter bis zu einem Platz, auf dem eine Menge Autos parkten. Man saß einfach herum, hörte der Musik aus den Kofferheulen unter der Brücke zu, trank, schlenderte herum, traf Leute und schwatzte. Es war ganz in der Nähe der Universität, jeder stellte sich da mit seinem Auto hin und trank. Tauchte allerdings die Polizei auf, mußte man schleunigst verschwinden, weil es nicht erlaubt ist, sich dort aufzuhalten.

Ich trank mit Moran, dann brachten wir diesen Navajo nach Hause und gingen anschließend zu Moran. Es war fast acht Uhr morgens und schon um die 35°. Bei Moran merkte ich, daß ich meine Autoschlüssel verloren hatte, wahrscheinlich bei diesem Navajo. »Mein Cousin hat einen Truck«, meinte Moran. Dieser fuhr uns dann zwar herum, aber das Problem war, daß ich mich nicht mehr erinnern konnte, wo wir den Burschen abgesetzt hatten. Wir kauften noch ein bißchen Bier, stiegen in einen anderen Wagen und fuhren wieder zur Brücke, um dort nach den Schlüsseln zu suchen. Da war es aber schon Abend, und wir konnten sie nirgendwo finden. Ich mußte mal, ging hinter die Büsche und fiel doch prompt, kaum hatte ich die Hose heruntergezogen, in den Kanal. Das war vielleicht ein Mist! Ich versuchte, aus dem Wasser zu kommen, schaffte es aber nicht, weil das Ufer zu steil war. Da fing ich zu schreien an, und Moran und noch ein anderer Kerl kamen angelaufen. Vom vielen Alkohol drehte sich mir der Kopf, und ich sagte: »Los, kommt rein, das Wasser ist prima!« Die beiden halfen mir heraus. Die Schlüssel fand ich nicht wieder, also mußte ein Schlosser kommen und einen neuen machen. Wir nahmen noch einen Zwölfer-Pack, und die ganze Sache entwickelte sich zu einer Achtundvierzig-Stunden-Sauferei. Ein Bier nach dem anderen kippten wir in uns hinein. Mein Kopf schwamm, und ich konnte nicht mehr aufstehen. Moran nahm mich mit in sein Appartement im Wilde-Winds-Komplex,legte mich auf eine Couch und warf mir eine Decke über. Ich war für die Welt tot. In einer Ecke hockte eine zerzauste Frau, die eine Bierflasche umklammert hielt, niemand wußte, wie sie dorthin gekommen war. Als mich jemand schüttelte und zeterte: »Wer ist das?«, wurde ich wach. Es war Morans Frau, eine junge Arikara-Indianerin. Sie schrie noch einmal: »Wer ist das? Machst du mit meinem Mann rum?« – »Das ist nur ein Sioux-Mädchen, das seinen Rausch ausschläft, sonst nichts«, rief Moran aus dem anderen Zimmer. Dann brachen wir alle in Gelächter aus. Als ich wieder nüchtern und angezogen war, fand ich Moran mit Shorts und Schuhen im Swimmingpool sitzen, den sie hinter dem Haus hatten. Grinsend sagte er:

»Spring rein!« Ich sprang. Auf einmal tauchte die Frau mit der Bierflasche auf, kletterte auf den Fahrersitz von Morans Auto und versuchte loszufahren. Moran rannte hin und stoppte sie, indem er auf die Motorhaube sprang. Später brachte er mich zu meiner Wohnung, und ich stellte ihn meinen Kindern und Brad vor, meinem Schwager, der auf die Kinder aufgepaßt hatte. Dann duschte ich und zog etwas Frisches an. Nach dieser Geschichte nahm ich mich für eine Weile zusammen. Für eine Woche, um genau zu sein.

Am nächsten Wochenende fuhren wir ins Apachen-Reservat nach San Carlos, wo Geronimos Stamm lebt. Als erstes gingen ein paar von uns ein bißchen Poolbillard spielen und etwas trinken, ich nahm Jack Daniel's. Morans Haus war nur zwei Blocks weit entfernt, also gingen wir dorthin und lernten noch einen Burschen kennen, der in den Schnapsladen fahren wollte. Wir nahmen den Camaro, und der wurde wirklich rappelvoll – eine ganze Wagenladung Kerle. Auf einmal wurde ich gestoppt, und man machte mit mir gleich an Ort und Stelle einen dieser Alkoholtests. Ich fiel mit Pauken und Trompeten durch. Man legte mir Handschellen an und stieß mich in ein Auto. Es war heiß und ich schwitzte und heulte – die Tränen liefen mir nur so über das Gesicht. Acht Stunden hielten sie mich in einer Ausnüchterungszelle fest, wo ich fast in eine Schlägerei mit zwei Nutten geraten wäre, einer dicken alten Schwarzen und einer Mexikanerin. Sie redeten über ihre Kämpferqualitäten und ihre Männer und quatschten und quatschten. Mir brummte der Schädel, und deshalb fuhr ich sie an: »Warum haltet ihr nicht das Maul? Ist das alles, worüber ihr reden könnt? Ich habe diesen Scheiß satt.« Sie antworteten: »Mädchen, wenn du frech werden willst, bist du an der falschen Adresse. Was denkst du eigentlich, wer du bist?« Und dann prahlten sie weiter, was für große Kämpfer sie wären und wie gemein sie werden könnten. Es war klar, sie wollten mich provozieren. Aber es war noch eine reinblütige Indianerin mit uns in der

Zelle, und die hielt mich zurück. Mit Sicherheit war sie eine Kriegerin, und ein Blick auf sie kühlte die Nutten ab. Dann erschien Moran mit einem Bürgen für die Kaution und holte mich heraus.

Ich kam vor Gericht, und das war ziemlich unangenehm, weil ich zu sechshundert Dollar Strafe verurteilt wurde. Es gab ein städtisches Programm, in dessen Rahmen man seine Strafe abarbeiten konnte – in meinem Fall bedeutete das zwölf Tage Arbeit. Wir waren eine richtige Mannschaft – man traf sich früh am Morgen und wurde mit dem Bus zu einem Park gebracht oder an einen anderen Ort, wo man an diesem Tag arbeiten sollte. In die dreckigsten Gegenden der Stadt schickten sie uns. Überall auf den Straßen lag Scheiße herum, und die Männer mußten sie mit Schaufeln wegräumen. Ich hatte in den Parks die Toiletten zu reinigen und ringsherum alles aufzuräumen. Die Toiletten mußten wirklich sauber sein, ein Inspektor überwachte uns und kontrollierte unsere Arbeit. Später fegten wir Straßen, mußten Abfälle einsammeln, Unkraut zupfen oder die Parks pflegen, das Programm war ganz schön anstrengend.

Meckern durfte man nicht, man mußte sich zusammennehmen. Die meisten in der Truppe waren illegale Einwanderer aus Mexiko, kaum einer von ihnen sprach Englisch. Ich machte mir eine Menge Freunde dort. Wir saßen hinten im Bus und unterhielten uns – wenigstens diejenigen, die Englisch konnten, die anderen schwatzten auf Spanisch. Ein Schwarzer war besonders nett zu mir und half mir immer, wenn die Arbeit für mich zu schwer war. Jeden Vormittag hatten wir zwanzig Minuten Pause. Wir setzten uns in einen Park, und einmal gingen zwei Burschen hinter einen Hügel, um einen Joint zu rauchen. Dann mußten sie pinkeln, schlugen sich ins Gebüsch und wurden prompt wegen unsittlicher Entblößung verhaftet und aus dem Programm ausgeschlossen. Nicht einmal mit zurückfahren ließ man sie – sie mußten laufen.

Um die letzten paar Tage zu begießen, gingen wir aus und tranken unser erstes Bud nach zwölf Tagen. Der Direktor des Programms meinte dazu: »Immer trinkt nur und fahrt dann Auto, laßt euch verhaften und zu einer Geldstrafe verknacken, das hält das Programm am Leben!« Ich hatte ein T-Shirt von Bud Light an, und dieser Kerl, der Alberto, fragte mich ein ums andere Mal: »He, Bud Light, wollen wir nach der Arbeit einen trinken?« Schließlich sagte ich zu, ging mit ihm in eine Bar und trank ein paar Bier. Dann versuchte er, mir die feineren Stöße beim Poolbillard beizubringen. Nach einer Weile entschlossen wir uns, ein bißchen herumzufahren. In einem Park hielten wir an. Man darf sich aber so spät nicht in einem Park aufhalten, und natürlich bekam das die Polizei mit. Gegen Alberto lag wegen einiger alter Strafzettel ein Haftbefehl aus Mesa vor, und deshalb brachte man ihn ins Gefängnis. Er übergab mir sein Geld, zweihundert Dollar, und sagte, ich solle es für ihn aufheben und mir ein Taxi nach Hause nehmen. Aber ich fand keins und mußte laufen. Der Park befand sich auf der anderen Seite der Stadt, und das bedeutete, daß ich sechzig Blocks weit marschieren mußte – durch die übelste Gegend von Phoenix. Es war gefährlich und ich hatte Angst. Ein paar miese Typen rannten hinter mir her und schrien: »He, Mädchen, bleib stehn!« Mein Herz klopfte, aber ich ging weiter. Da überholte mich einer der Männer und baute sich vor mir auf. Ich sollte ihm für zehn Dollar einen blasen. »Spinnst du?« sagte ich, »sowas mach' ich nicht.« Es sah gar nicht gut für mich aus. Aus den Augenwinkeln heraus beobachtete ich, daß diese Kerle noch einen Kumpel hatten, der ihnen im Auto langsam folgte. Da kam mir plötzlich eine Idee. Ich sagte zu dem Kerl vor mir: »Was du verlangst, kann ich nicht, aber ganz bei mir in der Nähe kenne ich ein paar Nutten. Nehmt mich mit, und ich zeig' sie euch.« Damit waren sie einverstanden. So kam ich zu einer Heimfahrt, und dann zeigte ich dem, der mich bedrängt hatte, die Nutten. Er war glücklich, und ich war nach Hause gefahren worden. Verrückt!

Alberto hatte mir die Telefonnummer seiner Schwester gegeben. Ich rief sie an, und sie holte ihn aus dem Gefängnis. Als ich sie besuchte, sagte ich zu Alberto: »Dein Geld habe ich noch«, und ich gab ihm seine zweihundert Dollar wieder. »Machst du Witze?« fragte er. »Jeder andere hätte das Geld ausgegeben.« Danach wurden wir gute Freunde. Alberto stammt aus Nogales. Manchmal fuhr er noch nach Mexiko und brachte mir jedesmal ein kleines Geschenk mit, irgendwelche Kleinigkeiten. Inzwischen hatte Bernadette, Leonards Tochter, die damals auf meine Kinder aufpaßte, genug von meiner Trinkerei und war ausgezogen.

Ich aber blieb bei meiner ›flüssigen Diät‹. Eine Indianerin aus dem Arbeitskommando hatte mir von mexikanischen Bars erzählt: »Geh' in die Innenstadt. Da gibt's ein paar nette Bars mit gutaussehenden Männern, die Geld haben.« Besonders eine Bar, die nur einen Block von meiner Wohnung entfernt war und wo es die besten Margaritas der Stadt gab, hatte sie mir beschrieben. Die Atmosphäre in der Bar war recht angenehm, man schwatzte und tanzte und machte sich einen hübschen Abend. Ich saß immer an der Bar, nippte an meiner Margarita und beobachtete das Treiben. Dann entdeckte ich auf der anderen Straßenseite noch eine Bar. Eines Tages ging ich hinüber und siehe da, in einer Nische saß Albert Two Hawk aus Rosebud, der Sohn von Webster, einem ehemaligen Stammesvorsitzenden. Wirklich erstaunlich, an welch merkwürdigen Orten man alte Bekannte von Zuhause wiedertrifft. Ich spielte mit ihm Poolbillard, gewann ein Spiel, und als ich vor Freude in die Luft sprang, rutschte ich aus und brach mir den Fuß. Ich hatte nicht einmal etwas getrunken, es war einfach Ungeschicklichkeit. Ein paar Wochen lang humpelte ich mit einem Gipsverband herum, ging aber immer noch in die Nachtclubs tanzen. Ich war nicht unterzukriegen, war ständig in Fahrt.

Eines Tages klopfte es an die Tür. Es war Moran, mein Apachen-Freund von der Tempe-Brücke. Er fuhr mich auf den South Mountain hinauf, um vom Aussichtspunkt aus den Sonnenuntergang zu beobachten. Es war sehr romantisch und die Aussicht wunderbar. Dann lud er mich zum Essen ein und ließ mir etwas wirklich Gutes servieren. Moran kommt aus Salt River. Er ist – wenn er nicht unter der Brücke ist, das ist sein Problem – Dachdecker und steht jeden Morgen um vier Uhr auf, um zur Arbeit zu gehen. Zum Abschied gab er mir einen Kuß und sagte: »Wann immer du mich brauchst, ich bin da.« Mit diesem freundlichen Versprechen endete mein Aufenthalt in Phoenix. Ich hatte die Szene dort und das Leben, das ich führte, einfach satt, nahm meine Kinder und fuhr nach Rosebud zurück.

Kapitel 13
Ein Leben von Bier, Zuteilungen und Liebe

Von Phoenix wieder ins Res zurückgekehrt, erlitt ich das, was die Wasichu einen Kulturschock nennen. Alles war noch schlimmer als je zuvor – Rosebud glich einem vom Krieg verwüsteten Gebiet. Armut hatte ich ja schon früher erlebt, in meiner Jugend, nun aber schien es, als wären wir in der guten alten Zeit von vor fünfundzwanzig Jahren geradezu wohlhabend gewesen. Die meisten der kleinen Geschäfte, die es damals gegeben hatte, zaghafte Versuche, das Leben nach Art der Weißen zu meistern, waren verschwunden. Das alte Kino, das schon vor Jahren zu einer Ruine verfallen war, das kleine Café mit dem Billard-Saal, der kleine Laden, den sich Barb mit einem indianischen Schmuckgestalter geteilt und in dem sie so tolle Westernhemden genäht hatte, selbst das große Handelsimperium der Abourezk – alles war weg, fort, verschwunden. Das gesamte Res stank nach Armut, die man auch an der schlaffen, teilnahmslosen Art und Weise erkannte, in der sich die Leute bewegten. Hielt zufällig ein Touristenauto an, tauchte wie ein Zombie aus dem Schatten ein Säufer auf und versuchte zu schnorren. Jedermann lebte von der Fürsorge – Sozialhilfe, Kinderbeihilfe, Essenmarken und Lebensmittelzuteilungen.

Gerade eben, da ich mit Richard an der Abschlußkorrektur dieses Manuskripts sitze, gibt mir jemand die ›New York Times‹ vom 20. September 1992. Unter der Schlagzeile TRAURIGER RUHM FÜR DIE SIOUX: HOMELAND AN DER SPITZE DES ELENDS findet sich auf der Titelseite ein Artikel, der den Untertitel trägt ›Leben auf unterster Stufe. Amerikas ärmstes County‹ und der unsere Reservate als ›schäbige Orte ohne jede Hoffnung‹ beschreibt. Weiter heißt es, daß Pine Ridge, unser Nachbarreservat, das direkt an unseres grenzt, das ärmste aller 3141 Counties der USA ist. Ja nun, wenn Pine Ridge das ärmste ist, muß Rosebud das zweitärmste sein. Das Durchschnittseinkommen bei uns beläuft sich auf etwa 3100 Dollar, und 65 Prozent der Bevölkerung leben unterhalb der Armutsgrenze. Wir sind das übriggebliebene, das überflüssige Volk.

Die meisten Leute leben von Sozialhilfe. Man geht hin und bittet um einen Job, damit das registriert wird. Jobs gibt es aber keine, und so ist man automatisch berechtigt, in das Sozialhilfesystem aufgenommen zu werden. Man muß ins Büro für Indianische Angelegenheiten und zu den Sozialdiensten und dort seine Situation schildern – Einkommen, Ausgaben, Anzahl der in der Familie lebenden Personen. Auch als Alleinstehender ist man dazu berechtigt. Man bekommt sehr wenig – nach Bezahlung der Rechnungen bleiben etwa die Lebenshaltungskosten für eine Woche. Viele Leute machen irgendwelche kunsthandwerklichen Dinge, Perlen- oder Stachelstickereien, die sie privat oder über den Handelsposten verkaufen. Manchmal kann man dort etwas loswerden, allerdings gibt es so viele Leute, die solche Sachen herstellen, daß es gar nicht genug Plätze gibt, wo man so etwas verkaufen kann. Gewöhnlich endet es damit, daß man seine Ware verschleudert. Als Sozialhilfeempfänger kann man auch Essenmarken bekommen, also entweder Lebensmittelzuteilungen oder Marken, beides zusammen gibt es nicht. Die Zuteilungen sind allerdings miserabel, immer das gleiche alte Zeug aus den staatlichen Lagern – Milch- und Eipulver, Dörrfleisch, getrocknete Kartoffeln und Schweinefleisch, alles Dinge, aus denen Sioux sich nichts machen. Auch ein paar bessere Sachen wie Reis, Mehl und Getreideflocken kann man haben, daneben aber viel zuviel Käse und

Butter. Viele Leute im mittleren Alter, aber auch viele Junge, sind dick. Allerdings ist es nicht das gesunde und muskulöse Wohlgenährtsein, das von gutem, nahrhaftem Essen herrührt, sondern sie sind einfach ungesund schwammig. Außerdem bekommt man nicht alles, was ich hier aufgezählt habe – man muß eine Auswahl treffen. Geben sie einem die eine Sache, kann man eine andere nicht haben.

Ich bevorzuge Marken, weil man dafür frischere Lebensmittel bekommt. Um Marken oder Zuteilungen zu erhalten, muß man sich durch einen Haufen bürokratischen Kram durcharbeiten, muß zum Beispiel nachweisen, daß man ein niedriges oder gar kein Einkommen bezieht. Nun, das ist relativ leicht, weil es auf fast jeden im Res zutrifft. Die Bearbeitung des Antrags aber dauert dann ihre Zeit, und hat man endlich die Marken, ist das Geld von der Sozialhilfe schon ausgegeben. Vor ein paar Jahren war ich selbst Sozialhilfeempfänger. Sie bewilligen einem die Miete und die Kosten für Strom und Gas – das ist alles. Für Bekleidung, Sprit und Telefon und eine ganze Reihe anderer Dinge, ohne die man nicht auskommt, gibt es nichts. Dreißig Dollar pro Person und außerdem die Marken, die nicht weit reichen. Was soll man machen? Die Leute haben so verzweifelt Geld nötig, daß sie ihre Marken oder Zuteilungen für den halben Preis verkaufen. Man muß sich entscheiden, ob man vernünftig essen will oder für die Kinder Sachen kauft, damit sie zur Schule gehen können. Marken oder Zuteilungen zu verkaufen, ist natürlich nicht statthaft, man wird dafür bestraft. Und außerdem versuchen die Behörden auf jede erdenkliche Weise, einem die Sozialhilfe zu beschneiden. Da gibt es so eine Bürokratin, die jeden, der beim Bingo ein paar Dollar gewonnen hat, sofort meldet, und dann wird ihm der Fürsorgescheck gekürzt. Als meine Schwester Barb einen kleinen Handel anfing, indem sie Burritos zubereitete und von Haus zu Haus verkaufte, meldete diese Frau das gleich weiter. Jeder Versuch, etwas zu beginnen, sich irgendeine Beschäftigung zu suchen, mit der man ein bißchen Geld nebenbei verdienen kann, endet mit einer Kürzung der Sozialhilfe. Einige Leute haben es längst aufgegeben, arbeiten zu wollen, sie saufen lieber. Um an ihren Schnaps zu kommen, verkaufen die Alkoholiker ihre Verpflegungsmarken, lieber hungern sie und lassen ihre Kinder darben, als auf ihren Stoff zu verzichten. Und was ein paar Frauen machen, wenn sie die Kinderbeihilfe bekommen, ist ein Witz – sie geben den Kindern irgendwelchen Trödel und ein paar Bonbons, damit sie zufrieden sind, und dann fangen sie an zu feiern. Man muß aber auch sehen, daß die Menschen trinken, um ihr Elend zu vergessen. Das Leben ist hart, und viele Leute sind einfach nicht in der Lage, einen Monat zu überstehen, ohne Essen zu verkaufen oder gegen etwas einzutauschen, was sie brauchen. Ich wünschte, wir hätten solche Verpflegungsstellen, wie es sie in den Städten gibt, aber das bleibt ein Traum. Es fehlt an Geld, um Träume Wirklichkeit werden zu lassen. Und so wie bei uns ist es in allen kleinen Weilern und Ansiedlungen im Res, in Orten wie He Dog, wo meine Mom lebt, oder in Black Pipe, in Upper Cut Meat, Soldier Creek, Grass Mountain, Two Strikes, Ring Thunder und Bad Nation.

Achtzig Prozent der Menschen sind arbeitslos. Die wenigen Jobs, die es gibt, werden von den Stammesvorsitzenden und den Politikern, die zumeist Halbblutindianer sind, an ihre Verwandten vergeben. Vetternwirtschaft heißt dieses Spielchen. Aber kann man es ihnen übelnehmen, wenn sie einen dringend benötigten Job einem Bruder oder Neffen zuschanzen? Die Bürokraten vermitteln uns eine Berufsausbildung – als Tischler, Schuster oder Karosserieschlosser. Leonard und ich wurden einmal zur gleichen Zeit als Automechaniker ausgebildet. Das kam uns ganz gelegen, weil unsere Autos so alt und klapprig sind, daß wir sie dauernd zusammenflicken müssen. Die Autofriedhöfe sind ja immer voller Leute, die nach funktionstüchtigen Einzelteilen suchen, das ist eine Beschäftigung, die im Res floriert. Aber wieviel Tischler, Schuster oder Mechaniker braucht man hier? Sehr wenige. In den Black Hills gibt es ein paar Unternehmer, die Jobs anbieten – Scheinattacken auf nachgebaute Palisadenzäune und Forts etwa oder Arbeit in nachempfundenen Indianerdörfern entlang des Highway, an dem dann Schilder mit solchen Aufschriften stehen: INDIANER BEI DER ARBEIT – SEHEN SIE, WIE SIE LEBEN oder SCHAUEN SIE ECHTEN INDIANERN BEI DER HERSTELLUNG VON MOKASSINS ZU oder auch DIE NACHGESTELLTE SCHLACHT VON CUSTER – ECHTE SIOUX-KRIEGER AUF PFERDEN, VON MAI BIS OKTOBER JEDEN NACHMITTAG. Diese Arbeit bringt sehr wenig ein, ist erniedrigend und zwingt die Leute, den ganzen Sommer hindurch siebzig oder hundert Meilen von zu Hause entfernt zu leben. Ben Black Elk, der Sohn des Mannes, über den das Buch ›Black Elk spricht‹ geschrieben wurde, war hochbegabt und intelligent. Aber der einzige Job, den er finden konnte, war der, in Keystone, im Schatten des Mount Rushmore, in voller Kriegsbemalung, mit Kopfschmuck und Hirschlederhemd auf einer Bank herumzusitzen und für Touristen zu posieren, die ihn fotografierten, wenn er den Arm um eine grienende Lady gelegt oder irgendeine weiße Göre auf dem Schoß hatte. Für das Posieren bekam er fünfundzwanzig Cent, nach ein paar Jahren verlangte er einen Dollar – so erging es einem Mann, der das Zeug dazu hatte, Wissenschaftler oder Arzt zu werden, wenn er nur die geringste Chance dazu gehabt hätte. Ein paar Leute bekommen Jobs auf einer Ranch, beim Kartoffellesen oder Viehhüten. Auch das ist Sklavenarbeit und gewöhnlich weit weg von zu Hause.

Die Regierung versucht, das moderne ›Indianerproblem‹ durch Umsiedlung zu lösen, und das heißt, daß eine große Anzahl Lakota in entfernte Städte gebracht werden. Eine beträchtliche Zahl von Sioux leben in L. A., Denver, Chicago,

Rapid City, Cleveland und St. Paul – sie bilden dort eigene Ghettos und sind ebenso fehl am Platz wie ein Krokodil am Times Square in Manhatten. Oft führt die Umsiedlung zu einem Verlust an Identität. Weit weg vom Res hören einige Leute auf, Indianer zu sein und werden doch von den Weißen nie akzeptiert. Sie sitzen, wie es ein Freund von mir einmal ausdrückte, mit dem Arsch zwischen zwei Stühlen, einem roten und einem weißen. Dann gibt es noch das Problem der ›juckenden Füße‹. Viele Leute, vor allem Männer, macht das Leben im Reservat, wo es für sie nichts zu tun gibt und wo nichts passiert, krank, also fangen sie an, von Ort zu Ort herumzuziehen, immer in der Hoffnung auf ein besseres Leben, und wenn sie das nicht finden, gehen sie eben wieder auf die Straße. Das ist der Grund, warum man Lakota an den merkwürdigsten Orten begegnet – in Seattle, Tacoma, Vancouver, Manhatten, Dallas, Santa Fe und Tucson. Wohin man auch kommt, überall findet man einen Sioux.

Im Res beherrscht einen ständig ein Gefühl der Hilflosigkeit und Unsicherheit. Werde ich nächsten Monat die Miete aufbringen können? Dreht man mir den Strom ab, weil ich nicht bezahlt habe? Werde ich noch Telefon haben? Nie weiß man, was im nächsten Moment sein wird, lebt von einem Tag zum anderen, und das beeinträchtigt das Lebensgefühl. Wir leben in einer Kultur, in der sich Armut mit unserer indianischen Art vermischt hat. Der Gang der Dinge ist nicht ordentlich und vorhersehbar, man kann nicht vorausplanen. Um sich bewegen zu können, ist man so sehr auf sein Auto angewiesen, daß man sich wie ein Gefangener vorkommt, wenn man kein Benzingeld mehr hat. Nirgendwo kann man hin, man kann nicht einmal Fehler machen. Ich beobachte, wie Männer ihren Frauen gegenüber bösartig werden. Der Mann hat keinen Job, kann nicht für den Unterhalt sorgen. Großzügig zu sein, Geschenke zu machen, ist bei den Sioux selbstverständlich, aber diese Burschen haben nichts zu verschenken. Mit ihrer Kinderbeihilfe und dem bißchen, was sie mit Perlenstickerei nebenbei verdient, wird daher die Frau zum ›Brotverdiener‹. Manchmal kann der Mann das nicht mehr ertragen und geht weg. Mein Vater pflegte zu sagen: »Ich habe genug von dieser Babyscheiße.« Es kommt zu Gefühlsausbrüchen, Explosionen der Wut. Jede Woche wird jemand umgebracht. Und die Frauen kämpfen wegen genau derselben Kleinigkeiten wie die Männer, grollen wegen irgendwelcher Dinge, die vor Jahren passiert sind. Ich habe eine Schlägerei zwischen zwei alten, klapprigen Ehepaaren beobachtet. Sie sahen aus, als wären sie alle um die Achtzig, konnten kaum noch laufen, waren aber betrunken. Die Männer beschuldigten sich gegenseitig, es mit der Frau des anderen zu treiben, kreischten sich mit ihren matten Stimmchen an und schlugen kraftlos aufeinander ein. Die alten Frauen zogen sich gegenseitig an den Haaren und schrien: »Du wolltest mir meinen Mann wegnehmen!« Es war grotesk. Ich bezweifle, daß es diese Urgroßväter überhaupt noch treiben konnten. In meiner Jugend war ich eine große Kämpferin, jetzt aber prügele ich mich nicht mehr, wenn ich es umgehen kann, ich habe meine Lektion gelernt. Aber eine Pistole oder ein Würgeholz habe ich zur Verteidigung bei mir, für alle Fälle.

Im Res und im benachbarten Pine Ridge sind Drogen ein Problem, es gibt von allem etwas. Die Leute gehen ins Gefängnis dafür, daß sie allen möglichen Stoff, angefangen von Marihuana bis hin zu Kokain, besitzen oder damit dealen. Es gibt auch LSD, Speed, Aufputsch- und Beruhigungsmittel und Heroin – Crack noch nicht so sehr viel, jedenfalls bis jetzt. Beliebt bei den Leuten ist Pej. Das Sioux-Wort für Hasch ist Pejin, und deshalb nennt man Hasch kurz Pej. Es ist so teuer, daß die Leute es nur bei besonderen Anlässen rauchen. Sie bauen es auch an, aber das muß man an einem sicheren Ort tun, weil es sonst jemand finden und sich damit davonmachen könnte. Ich kenne einen Burschen, der eine große Pflanze mit hochwertigem Marihuana gezogen hatte.

Ein Freund stahl sie ihm, riß sie mit der Wurzel aus. Er lief durch Mission und schrie: »Dieses Arschloch hat mir mein Hasch gestohlen! Ich bringe ihn um!« Auf gutes Pej sind die Leute ganz versessen, und wenn sie die Mazaska, das Geld, dazu haben, zahlen sie jeden Preis. Es gibt Dealer, die jedermann kennt und die jahrelang gedealt haben, aber nie festgenommen wurden. Vielleicht haben sie höheren Orts Freunde. Andererseits wurde im vergangenen Winter einer der Hauptdealer in Pine Ridge verhaftet. Er war Großverdiener, und man war jahrelang hinter ihm her, ehe man ihn fassen konnte. Sein eigener Cousin zeigte ihn an, für eine lumpige Belohnung. Er hatte eine mehrjährige Gefängnisstrafe zu erwarten, schaffte es aber, sich durch einen Kuhhandel mildernde Umstände zu ergaunern. Man fand zwölf Harley-Davidsons bei ihm zu Hause, die beschlagnahmt wurden. Es gibt auch Agenten, die versuchen, die Leute reinzulegen. Einmal kamen zwei Kerle und klopften an meine Tür. Als Pedro öffnete, sagten sie: »Takoja, wir haben gehört, du kannst hier hochwertiges Pej besorgen. Geld haben wir.« Pedro antwortete: »Da seid ihr hier falsch, geht woanders hin.« Er wußte, worauf sie aus waren. Es heißt, daß manche Leute telefonisch benachrichtigt werden, wenn etwas in der Luft liegt. Ich finde, Hasch sollte legalisiert werden, dann könnte die Regierung sich auf den harten Stoff konzentrieren.

Jugendliche Abhängige im Res haben für Pej oder andere teure Drogen kein Geld, und deshalb ›schnüffeln‹ sie Benzin oder White- Out, dieses weiße Kunststoffzeug, mit dem man Tippfehler korrigiert. Die Flasche wird geöffnet in eine Papiertüte gesteckt, dann hält man das Gesicht darüber und inhaliert die Dämpfe. Ein Mädchen lag danach wochenlang im Koma und starb schließlich. Haarspray geht auch. Man bohrt ein Loch in die Spraydose, läßt das Treibgas ab und schüttelt den Inhalt, bis er schaumig wird. Dann schlürft man das ganze oder atmet die Dämpfe ein. Es hat viel Kick, und die Schädeldecke öffnet sich einem geradezu wie vom Hufschlag eines Maultiers. Selbst Schuhcreme kann zu einer leckeren Suppe aufgekocht werden, die einen so richtig high macht und einen fürchterlichen Kater hinterläßt. Leute, die sich keinen normalen Rausch leisten können, trinken fast alles – Parfüm, Hustensaft oder auch Haarfestiger. Im Augenblick ist ›Montana Gin‹ das Größte, eine Flasche Lysol auf eine Gallone Wasser. Die Wirkung ist ungeheuer. Ein Bursche, der das Mischungsverhältnis umgedreht hatte, schwoll im Gesicht an, wurde schwarz und starb. Man kann Lysol auch durch Brot seihen, das soll einen, wie ich höre, völlig blau machen, ohne daß man taumelt. Welche üblen Sachen auch in New York, Chicago oder L. A. ausgeheckt werden, am Ende finden sie ihren Weg ins Res. Viele Leute bei uns stehen gleichzeitig auf Drogen und auf Alkohol. Mein Glück war, daß ich nie an harte Drogen geriet. Ab und zu habe ich ein bißchen Pej geraucht, aber das war alles.

Eines der größten Probleme sind die Wohnverhältnisse. Neue Wohnungen sind da, aber die Mieten fangen bei 190 Dollar an und können bis zu 500 Dollar betragen – das hängt ganz davon ab, wieviel Personen zur Familie gehören und wieviel Räume man demzufolge braucht. Wer von Sozialhilfe oder Kinderbeihilfe lebt, kann sich so etwas nicht leisten. Man sucht dann jemanden, der einem eine alte Hütte oder einen Wohnanhänger vermietet. In den letzten paar Jahren habe ich ein Dutzend ›Heime‹ gehabt. Für den ersten Monat kratzt man die Miete noch zusammen, dann zahlt man einfach nicht mehr und bleibt, solange man kann, während der Eigentümer versucht, einen loszuwerden. Am Ende gelingt ihm das natürlich, und die Suche nach einer Bleibe, die man sich leisten kann, beginnt von neuem. Als wir im Freien kampieren mußten, in einem Tipi mit Propangasherd und einem Schutzdach aus Reisig, gefiel das den Kindern. Sie hatten ein riesiges Gebiet zum Herumstromern und Spielen und einen Fluß zum Baden, ich aber war dafür schon zu alt. Wenn es regnete, mußte man sich beeilen und alles wegräumen. Im Tipi war es naß – der Regen tropfte durch das Rauchabzugsloch – und draußen watete man knöcheltief im Schlamm.

Den letzten Sommer verbrachten wir in einem heruntergekommenen Wohnanhänger in Antelope. Der Sperrholzfußboden war derart verrottet, daß man den Finger durchstecken konnte. Am Eingang befand sich sogar ein großes Loch. Ich legte einen kleinen, schäbigen Teppich darüber, betete, daß niemand ihn durchtrat und brach mir selbst ein Bein. Strom hatten wir nur im Wohnraum. In einem kleinen Schlafzimmer gab es ein rotes Licht, das den Raum wie die Dunkelkammer eines Fotografen erscheinen ließ. Um die Toilettenspülung in Gang zu bringen, die wahrlich eine große technische Herausforderung darstellte, hätte man ein Einstein sein müssen.

Ich nagelte über die Eingangstür ein Schild: DIESES EIGENTUM IST BEI SMITH & WESSON VERSICHERT. Das schien geholfen zu haben, da niemand versucht hat einzubrechen. Wie gewöhnlich zahlten wir die Miete nicht weiter und mußten wieder umziehen.

Bei einer Indianerlady in Antelope bekamen wir einen anderen Wohnwagen. Er hatte Telefon und sogar Kabelfernsehen, dafür aber kein warmes Wasser, so daß die Kinder in einer kleinen Zinkwanne baden mußten, für die wir das Wasser auf dem Herd wärmten. Außerdem stand er in allzu ›freundlicher‹ Nachbarschaft – wir wurden geradezu überrannt von Leuten, die einen oder zwei Zwölfer-Packs mitbrachten und bis in die Morgenstunden Bier pichelten, so daß wir zu gar nichts kamen.

Zwei Monate des letzten Sommers verbrachte ich in einem hundertjährigen Blockhaus, das auf der blanken Erde stand und keinen Stromanschluß hatte. Ich nannte es ›mein kleines Heim in der Prärie‹. Draußen gab es in einiger Entfernung eine Pumpe, außerdem hatte es das übliche Außenklo mit einer Million summender Fliegen, und drinnen stand ein Holzofen. Das war alles. Eigentlich kein schlechter Ort zum Leben – solange es warm war. Wir befanden uns draußen in den Hügeln, zwei Elstern am Tag waren das einzige, was man hörte. Gelebt haben wir von unseren Zuteilungen, und ich buk mein eigenes Brot. Wenn das Auto kaputtging, was natürlich dauernd passierte, war ich von der Außenwelt abgeschnitten. Als es kalt zu werden anfing, mußte ich wieder ausziehen, während eines South-Dakota-Winters konnte man dort nicht leben.

Aber es wird immer schlimmer. Sucht man heutzutage eine Wohnung, muß man beim Wohnungsamt seiner alten Gemeinde einen Antrag stellen. Die Mitarbeiter schauen in den Unterlagen nach, und wenn man irgendwelche Schulden hat, bekommt man die Wohnung erst, nachdem man alles bezahlt hat. Die meisten Leute haben so hohe Mietschulden, daß sie nie in der Lage sein werden, sie zu begleichen. Und deshalb lebt so mancher in einem Autowrack oder sogar in einer prähistorischen Erdhütte.

Steht es ganz schlimm um uns, ziehen wir zu Mom. Sie hat ein sehr hübsches ›normales‹ Haus, wie eine Weiße aus der unteren Mittelklasse, aber sie hat auch einen festen Job in der Elementarschule in He Dog, und mein Stiefvater ist Lehrer i.R. und bekommt eine Pension. Sie gehören zu den wenigen, die über ein festes Einkommen verfügen, deshalb geht sie auch jeder um Geld oder eine Bleibe an. Vor einiger Zeit kampierte alles bei Mom draußen – ich mit Rudi und den vier Kindern, meine Schwester Sandra mit ihrem Baby, ein Verwandter ebenfalls mit einem Baby und einer meiner Brüder. Er ist diplomierter Computerfachmann, aber es gibt für ihn keine Jobs, er gilt als überqualifiziert. Man ist immer entweder über- oder unterqualifiziert, wenn es irgendwo einen Posten zu besetzen gibt, falls man nicht mit einem unserer großmächtigen Politiker verwandt ist. Bei Mom gibt es nur ein Badezimmer – man stelle sich das nur einmal vor. Wir versuchen alle, unsere eigene Wohnung zu haben und Mutter nicht zum Wahnsinn zu treiben, aber manchmal kriechen wir noch wie kleine Küken unter die Flügel der Glucke und wärmen uns ein wenig.

Im Augenblick haben wir einen Wohnanhänger für uns allein. Alles in ihm geht kaputt – den einen Tag der Kühlschrank, den anderen der Herd. Aber etwas zusammenflicken kann Rudi.

Auch die medizinische Versorgung ist nicht übermäßig gut. Eine Menge Leute haben zu den Ärzten kein Vertrauen und gehen lieber zu einem Medizinmann. Viele Kinder sterben an der sogenannten Säuglingsdiarrhoe. Man muß schon 41° Fieber haben, um ins Hospital aufgenommen zu werden, und wirklich schwere Sachen behandeln sie dort nicht. Als ich meinen großen Autounfall hatte, haben sie mich nach Sioux Falls geflogen. Das gleiche geschah mit Bobby Leader Charge, als ihn ein betrunkener Weißer mit einer AK-47 angeschossen hatte.

Dann ist da das Rassenproblem. Viele versuchen es zu vergessen, aber es gibt auch einige, denen des ewige Gezänk darum, ob einer nun Halb-, Viertel- oder Achtelindianer ist oder ob er beim Stamm registriert ist oder nicht, weh tut. Weil ich eine Iyeska, ein Mischling, bin, wurde ich oft gedemütigt. Deshalb fühlte ich mich bei der AIM heimisch, denn dort versteht man sich einfach als Rothaut und nicht als Vollblutindianer oder Mischling. Man wird wegen seiner Haltung akzeptiert und nicht wegen seiner Abstammung. Als ich ins Paradies einzog, bereiteten mir einige von Crow Dogs Verwandten Schwierigkeiten, und manchmal, wenn ich mit Leonard nicht einer Meinung war, sagte auch er, ich hätte eine ›Iyeska-Einstellung‹. Andererseits glaube ich aber auch, daß die Ikche Wichasha, die Vollblutindianer, gewisse Gründe für ihre Voreingenommenheit haben, denn es sind die Mischlinge und die Weißen, die alles unter Kontrolle halten.

Für einen Indianer ist es schwer, einen Job oder einen Kredit zu bekommen. Von den Iyeskas werden die reinblütigen Indianer als ›dumm, ungebildet und rückständig‹ verunglimpft, während jene damit kontern, daß die Iyeskas sich mit den Weißen identifizierten, geldgierig seien und vergessen hätten, was es bedeutet, Indianer zu sein. Aber auch unter den Iyeskas gibt es viele gute, einfache Menschen, von denen die alten Traditionen hochgehalten werden. Häufig aber haben beide Seiten nur Klischeevorstellungen voneinander. Ja, und dann das Landproblem. Als vor Jahren ein Stammesvorsitzender das SLU – das Stammesland-Unternehmen – gründete, wurde die Verpachtung von Reservatsland an weiße Rancher legal. Oft ist das Pachtgeld, das die Leute einmal im Jahr erhalten, ihr einziges Einkommen. Einige aber haben seit Jahren kein Geld gesehen, weil es in dem üblichen bürokratischen Labyrinth hängengeblieben ist. Das Res gleicht jetzt einem Schachbrett, dessen Felder zur Hälfte Weißen gehören oder an sie verpachtet sind. Das Verhältnis zwischen Voll- und Halbblutindianern indessen hat sich verbessert, und dazu hat unser kleines Sinte Gleska College (sein englischer Name ist Spotted Tail College) eine Menge beigetragen. Es hat beide Seiten zusammengeführt und den Gebrauch der Lakota-Sprache wiederbelebt. Spricht jemand erst einmal Lakota, akzeptieren ihn die Vollblutindianer als einen der ihren. Auf dem College lernt man, einander zu unterstützen statt gegeneinander zu arbeiten. Anerkennung dafür gebührt Lionel Bordeaux, der dieses Programm ins Leben rief.

Ginge es nach mir, wären die Menschen selbständiger und weniger abhängig von Washington. Sie müßten billigere und bessere Häuser haben, Hausgärten und Platz für ein paar Bäume. Die Frauen sollten zusammenkommen und darüber reden, wie man die Dinge zum Besseren wenden kann. Programme für Frauen, die ihre Familien zusammenzuhalten versuchen, gibt es, allerdings nicht genug Sozialarbeiter.

Und viele Frauen können an den Zusammenkünften nicht teilnehmen, weil sie kein Auto besitzen oder kein Geld für Sprit haben. Die Kirche der Amerikanischen Ureinwohner hat eine Frauenhilfe ins Leben gerufen, die viel Gutes bewirkt. Man ermuntert uns, traditionelles Kunsthandwerk zu betreiben, und viele Menschen fertigen wunderschöne Perlen- und Stickarbeiten an. Aber um Verkaufsmöglichkeiten dafür zu finden, müssen sie weit fahren. Die mit Perlen und Federn besetzten Ohrringe, die ich selbst anfertige, kann ich in Phoenix oder Santa Fe ohne große Mühe loswerden, im Res allerdings gibt es dafür keinen Laden.

Aber nicht alles ist schlecht. Die Landschaft zum Beispiel ist sehr schön, wir leben recht zurückgezogen und unberührt von dem üblichen amerikanischen Konkurrenzkampf. Gemächlich, eben nach indianischem Zeitmaß, gehen die Tage vorüber. In den Wohnvierteln kurven junge Leute herum, parken irgendwo, halten einen Schwatz mit alten Freunden oder lernen neue kennen. Man trinkt ein oder zwei Bier und macht seine Späßchen. Die Jungen werfen ein Auge auf die Mädchen, und die Mädchen kichern. Sie hören Rock 'n' Roll oder Countrymusik und singen Forty-Niner-Songs. Im Club sitzen wie aufgereiht die weißen Cowboys mit ihren großen Hüten. Sie versorgen ihr Vieh, haben ihre Rodeos und bleiben meist unter sich, Reibereien gibt es nicht mit ihnen. Hin und wieder veranstalten wir ›Enthaltsamkeits-Tanzabende‹. Man geht am Wochenende tanzen und trinkt – zu leckeren Snacks – nur Softdrinks, absolut keinen Alkohol. Fragt man dann jemand, seit wann er nicht mehr trinke, lautet die Antwort stets: »Seit gestern.« Irgendein Bursche fängt an zu sticheln: »Tu bloß nichts, was auch ich nicht tun würde.« Und dann sage ich ihm: »Ich hab doch schon alles versucht.«

Ich springe hin und her zwischen der weißen und der indianischen Welt. In meiner ›Weiße-Mittelklasse-Phase‹ drehe ich das Radio voll auf, schminke mich, lackiere mir sogar die Nägel, toupiere mein Haar oder drehe mir auch Locken. Ohne musikalische Dauerberieselung kann ich nicht leben. Geradezu süchtig bin ich nach modernen Sioux-Songs von Jackie Bird. Es gibt ein Band von ihr, das ich wieder und wieder auflege. Ich stopfe irgendwelchen Mist in mich hinein und werde fett, trinke anstelle von Bud Margaritas, und den ganzen Tag spielt der Fernseher, auch wenn keiner hinsieht. Eines Tages schaue ich dann in den Spiegel und sage: »Scheiße, was ist hier los?« Nach Indianerart lasse ich von da an mein Haar wieder offen hängen, lege ein enges Halsband an, besuche ein Meeting, nehme Medizin, gehe zum Yuwipi, singe Forty-Niner-Songs, esse Wasna und Wojapi und bin glücklich, wieder Indianer zu sein. Wahrscheinlich haben meine ›weißen‹ Phasen etwas mit dem Mittelklasse-Leben zu tun, das ich in New York kennengelernt habe.

Es ist etwas sehr Schlimmes im Gange. Der Kampf für die Rechte der Uramerikaner ist heutzutage in erster Linie ein Kampf um unser Land und um die Erhaltung der Umwelt. Das Land ist ein lebendiger Teil von uns – ist das Land erst einmal tot, sind wir es auch. Nun besteht der Kampf nicht allein darin, gegen Styropor, Aerosol und Pampers zu predigen, obwohl ich das auch tue, und nicht darin, gegen die Müllverbrennung in offenen Deponien zu protestieren, und auch nicht in dem Versuch, Trucks zu stoppen, die mit radioaktiven Abfällen von Edgemont her durch das Res fahren. Jetzt geht es darum, daß unser Reservat von gewissen Unternehmern aus Connecticut beziehungsweise aus dem Osten schlechthin in eine Mülldeponie verwandelt werden soll. Die Wasichu, die uns schon die Pocken, die Masern und den Whiskey gebracht haben, wollen uns jetzt auch noch unter ihrem Abfall begraben. Der Stammesvorstand hat einen Deal gemacht, ohne Abstimmung und gegen den Willen der Menschen hat er uns verkauft. Und die Abfallbeseitigungsfirma wird uns aus Minneapolis, Denver und anderen Großstädten Scheiße und Dreck herkarren und uns auf einer

Fläche von über zweitausend Hektar unseres schönsten Landes, ganz in der Nähe unserer heiligsten Orte und auch nicht weit von Wounded Knee entfernt, mit einem Mount Everest aus Abfall beglücken. Ich habe mitgekämpft für eine souveräne Nation der Sioux, diese Schlacht haben wir verloren. Auf einmal aber, wenn es um den gefährlichen Abfall geht, dürfen wir ein ›souveräner Stamm‹ sein, den man von den Umweltschutzgesetzen und -vorschriften ausnehmen kann. Diese Firmen, die jetzt mit ihrem Müll zu uns kommen, tun das nicht nur, um die Gesetze zu umgehen, durch die weiße Amerikaner geschützt werden, sondern weil es so auch sehr viel billiger ist. »Die unbedarften Indianer«, argumentieren diese Leute, »sind doch so hinter dem Geld her, daß sie jede Bedingung akzeptieren.«

In dem Vertrag, den unsere Stammesführer unterschrieben haben, heißt es unter anderem: ›In keinem Fall sollen auf dieses Projekt irgendwelche Umweltvorschriften oder -standards anwendbar sein.‹ Und um allem noch die Krone aufzusetzen, sollen allein diese Umweltverschmutzer das Recht haben zu entscheiden, welche Art Dreck, Gift, toxischen oder anderswie gefährlichen Müll sie über uns ausschütten. Sollte der Stamm später einmal strengere Standards für die Müllbeseitigung einführen, dann müssen wir diese Bastarde für die Kosten, die sich aus den neuen Vorschriften ergeben, auch noch entschädigen. Und natürlich werden wir für immer mit dem zu leben haben, was sie uns hinschütten. Für die Genehmigung, so zu verfahren, zahlen sie dem Stamm die bedeutende Summe von einem Dollar für jede Tonne Müll. Ob und in welcher Höhe unsere großen Iyeska-Führer für diesen Ausverkauf unter der Hand bezahlt worden sind, weiß ich nicht, aber sollten wir herausfinden, daß sich irgend jemand hat bestechen lassen, werden wir unsere Skalpiermesser schleifen. In der Zwischenzeit kämpfen wir gegen die auflaufende Flut des weißen Abfalls. Die meisten Mitglieder des Stammesrates sind mit uns einer Meinung.

In Sturgis, South Dakota, am Rande der Black Hills halten jedes Jahr zweihunderttausend Motorbiker ein riesiges Treffen ab. Wegen ihrer struppigen Bärte und ihrer Tätowierungen nennt man sie häufig ungehobelte und barbarische Archie-Bunker-Typen. Aber viele dieser Biker haben uns ihre Hilfe für unseren Kampf angeboten. In T-Shirts, die mit dem Slogan bedruckt waren: ERINNERT EUCH, SEX WAR EINMAL SICHER UND BIKER WAREN GEFÄHRLICH, kamen sie nach Rosebud herunter. Dieses Land muß wirklich im Begriff sein, vor die Hunde zu gehen, wenn sogar Biker zu Umweltschützern werden. Nach unserem Eindruck waren es nette, fröhliche und interessierte Männer und Frauen. Sie wollten im Reservat, in Ghost Hawk Park, gegen die Müllkippe demonstrieren, aber die Politiker verboten es. Wohl niemanden, der dieses Kapitel gelesen hat, wird es überraschen, daß ich wieder einmal in einem tiefen Tal der Depression versank und Trost bei der Flasche suchte.

Kapitel 14
Voll in Fahrt

Und wieder fing ich mit der Trinkerei an, ließ ich mich volllaufen wie ein Loch. Ich kam schwer in Fahrt, und das hielt lange an – vom Sommer 1990 bis ins Frühjahr 1991. In dieser Zeit war ich wahrscheinlich kaum einmal nüchtern, sondern lebte wie hinter einem Dunstschleier. Im Alkoholismus sehen die AIM und all die anderen Indianerrechtsorganisationen unser Hauptproblem und versuchen auf jede erdenkliche Weise, es aus der Welt zu schaffen, aber nichts scheint zu helfen. Man kann dieses Problem nicht lösen, ohne seine Ursachen zu beseitigen, und das wiederum geht nicht, weil es die Regierung und die weiße Gesellschaft sind, von denen diese Ursachen geschaffen werden. Beide aber befinden sich außerhalb unserer Macht und unseres Einflusses. Das gilt nicht nur für die Sioux-Reservate, sondern für fast alle Stämme in den Vereinigten Staaten. Die Weißen sind es, die den Schnaps herstellen, transportieren und an uns verkaufen, die also davon profitieren und die Gesetze für seinen Verkauf festlegen. Es ist die Mißachtung durch die freie Gesellschaft, die es uns unmöglich macht, unserer hoffnungslosen Armut zu entrinnen. Und deshalb ertränken wir unser Elend in billigem Wein und Whiskey.

Sowohl in Pine Ridge als auch in Rosebud waren Besitz und Verkauf von Alkohol verboten, was dazu führte, daß viele Sioux im kleinen, man könnte sagen: auf familiäre Art, Alkoholschmuggler wurden. Im Reservat Rosebud wurde der Schnaps letzten Sommer freigegeben, und jetzt ist er überall zu haben. Jeder, der das Geld dazu und gute Beziehungen hat, kann eine Bar oder einen ›Club‹ eröffnen. Einer ist außerhalb von Mission, und dort erließ man jetzt, weil es zuviele Schlägereien gab, strenge Vorschriften. Wer mehr als einmal Trouble verursacht, bekommt für immer Lokalverbot. Außerhalb von Mission haben wir auch einen Schnapsladen, den R & R, und an anderen Orten im Res gibt es Bars. Hinter dem neuen Gesetz stand die Überlegung, daß bei uns weniger Unfälle passieren würden, wenn man den Schnaps freigibt. Wer in Mission wohnte, mußte, um sich zu besaufen, vorher die ganze Strecke nach Nebraska hinunterfahren – ein Ausflug von neunzig Meilen. Von anderen Orten im Res aus hatte man es sogar noch weiter, um an sein Lieblingsgift zu kommen. Man betrank sich in Valentine, vierzig Meilen südlich, in Nebraska oder in Murdo im Norden und baute dann auf dem langen Heimweg einen Unfall. Verletzungen und Todesfälle durch Fahren unter Alkohol sollten durch die Zulassung von Schnaps im Res, also da, wo die Durstigen wohnten, verhindert werden. Ich habe allerdings das Gefühl, es fahren nicht weniger Leute unter Alkoholeinfluß als früher und auch die Zahl der Unfälle ist mehr oder weniger gleich geblieben. Im benachbarten Pine Ridge ist Alkohol noch immer verboten. Findet die Stammespolizei auch nur eine einzige Büchse Bier im Auto, wird man verhaftet, eingesperrt und mit einer Geldstrafe belegt. Der Alkoholismus aber ist in Pine Ridge nicht weniger verbreitet als in Rosebud. Die Leute aus Ridge fahren jetzt eben ins zwei Meilen vom Reservat entfernte White Clay und trinken ihr Bier, meistens Old Milwaukee oder auch Busch, das billiger ist, literweise. Wer etwas Härteres will, muß noch ein Stück weiterfahren, unter Umständen sogar bis nach Gordon in Nebraska. White Clay ist berüchtigt wegen der Schlägereien. Die Leute versuchen, durch das Bier reich zu werden. Man kann einen Diamanten hingeben und bekommt doch nur einen Kasten Bier. Ob ein Reservat Schnaps erlaubt oder nicht, scheint, alles in allem, keinen großen Unterschied zu machen.

Als ein geselliges Volk lieben wir es, uns gegenseitig zu besuchen. Plaudernd, klatschend und scherzend zusammenzusitzen, ist unser hauptsächlicher Zeitvertreib – in Wahrheit eigentlich der einzige –, und es gibt kaum ein Zusammentreffen ohne Alkohol. Lieblingsbeschäftigungen dabei sind Quarter Pitch und Spinners. Beim Quarter Pitch versucht man, einen Quarter, einen Vierteldollar, so abprallen zu lassen, das er in ein Glas Bier springt. Der Verlierer muß es dann austrinken. Es gibt noch einen Haufen anderer Regeln, aber das ist die Hauptsache. Nach einer Nacht Quarter Pitch kann man alles vergessen! Spinners wird gespielt, indem man einen Vierteldollar in die Luft wirft und auf Kopf oder Zahl setzt. Der Verlierer muß unentwegt trinken, solange die Münze erneut herumwirbelt. Einen Kasten Bier macht man mit Quarter Pitch oder Spinners in zwanzig Minuten nieder. Es ist ein Spaß, aber ein tödlicher. Zum Trinken in die Clubs zu gehen, kostet eine Menge Geld, daher kaufen viele Leute ihr Bier lieber im Laden und spielen zu Hause Quarter Pitch. Der Spaß und die Aufregung nehmen jeden gefangen, und jeder wird blau. Ich vertrage sehr viel weniger Alkohol als früher, weil ich jetzt kaum einen Tropfen anrühre und Rudi nicht möchte, daß einer von uns betrunken ist. Aber als wir heirateten, gaben unsere indianischen Freunde in Santa Fe für uns eine große Party, und zwar auf einem öffentlichen Zeltplatz oben in den Bergen, auf halbem Weg zum Skigebiet. Natürlich hatten sie ein paar große Kühlboxen voller Bier dabei und fingen an, Quarter Pitch zu spielen. Rudi hatten sie sich ausgesucht, weil er das Spiel nicht kannte. Und wie ein braver Junge trank er, weil er ihnen einen Gefallen tun wollte. Aber da er nicht daran gewöhnt war, kippte er um und fiel aufs Bett. Als ich hineinging, um ihm einen Kuß zu geben, verfehlte ich das Bett und landete auf der Erde. Das war unser einziger Rückfall, seit wir zusammen sind.

Trotz meiner gigantischen Sauferei war mir noch soviel Verstand geblieben, daß ich wußte, ich brauchte Hilfe und sollte mich in Behandlung oder doch wenigstens zur Beratung begeben. Ich setzte mich mit Leonard in Verbindung, und seine Antwort war: »Wir haben die Medizin, wir haben Peyote, die Pfeife und die Badehütte. Es gibt Ältere hier, mit denen du reden kannst.« Das war gut, aber rückblickend muß ich heute sagen, daß es mir leid tut, damals keine professionelle Hilfe gesucht zu haben. Auch wenn es nichts genützt hätte, wenigstens einen Versuch wäre es wert gewesen. Auf dieser neunmonatigen Sauftour habe ich nicht weniger als fünf Autos ruiniert und bin dem Tod mehrfach von der Schippe gesprungen.

Einmal, als ich mit meiner Schwester Barb fetete, wurde die Party gewalttätig und ging schließlich in eine Sauforgie über. »Laß uns gehen, solange wir noch wegkommen«, sagte Barb, aber mir war noch nicht nach Aufhören zumute. Barb gab es auf und meinte: »Mir reicht dieser Scheiß!« Damit ging sie. Schließlich entschloß ich mich, meine Schwester zu suchen, setzte mich ins Auto und fuhr ihr hinterher. Im Auto fand ich noch eine volle Flasche kanadischen Whiskey und trank davon. Stockbetrunken raste ich die Straße entlang, in der einen Hand das Steuer, in der anderen die Flasche, aus der ich große Schlucke nahm. Da ich Barb nicht finden konnte, fuhr ich nach Westen, Richtung Parmelee, und dann drehte sich alles – mein Kopf, das Auto, die ganze Welt. Das ist das letzte, woran ich mich erinnern kann, danach kam das große Nichts. Am nächsten Morgen wachte ich im Beifahrersitz auf und wunderte mich, wie ich dorthin gekommen war. Dann bemerkte ich den Whiskey, trank den Rest aus und kletterte auf den Fahrersitz. Als ich versuchte, den Wagen anzulassen, sprang er nicht an. Wahrscheinlich war der Tank leer, aber in meinem Zustand wurde mir das nicht klar. Ich kroch aus dem Wagen, um nachzusehen, und entdeckte, daß ich nur ein paar Zentimeter vor einem steilen Abhang stand. Nur ein wenig weiter, und das wär es dann gewesen. Ich taumelte auf die Straße, um einen Wagen anzuhalten. Ganz in der Nähe prasselte ein großes Präriefeuer, und der Wind peitschte die Flammen auf. Für einen Augenblick fragte ich mich, ob ich mir das nur einbildete oder ob das Feuer wirklich loderte. Es brannte tatsächlich, und es war dann ein Feuerwehrauto, das mich mitnahm und an der Kreuzung absetzte. Von dort lief ich nach Hause und wurde dabei allmählich nüchtern. Meinen Freunden sagte ich: »Beinahe hätte ich mich selbst umgebracht.« Aber sie lachten nur.

Meine Saufsträhne hielt noch an, als mein erstes Buch erschien und ich nach New York und Washington auf Publicity-Tour gehen mußte. In Manhattan verbrachte ich einen Teil meiner Zeit mit meinem Koautor und seiner Frau, einen anderen Teil mit Marylin, einer weißen Freundin aus den alten Bürgerrechtstagen. Als ich mit ein paar Freunden ausgewesen war und zu Richard zurückkam, sagte er: »Mary, du bist völlig fertig. Jean wird dich ins Bett bringen. Schlaf dich aus und bleib nüchtern, morgen sollen wir interviewt werden.« Jean brachte mich ins Bett, aber kaum schliefen sie und Richard, stand ich auf, zog mich an und stahl mich aus der Wohnung. Das war auf der West Side, Achtundneunzigste Straße. Ich entdeckte eine geöffnete Bar, ging hinein und bestellte mir ein paar Margaritas. Der Barkeeper weigerte sich: »Sie sind zu betrunken, Ihnen gebe ich nichts mehr.« Da wurde ich laut und wahrscheinlich auch obszön. Anschließend stieg ich in ein Taxi und fragte den Fahrer, einen Puertoricaner, ob er wüßte, wo man ein bißchen Pej, ein bißchen Pot, auftreiben könnte. »Sicher«, sagte er, »machen wir 'ne kleine Fahrt.« Er stellte das Taxameter ab und fuhr geradewegs nach Harlem. Dort brachte er mich zu einem Dealer, einem Schwarzen, mit dem ich wegen des Preises stritt. Der Bursche wurde eklig und bedrohte mich mit seinem Messer. Ich sagte zu ihm: »Na, versuchs doch, du Hänfling!« Der Taxifahrer zerrte mich ins Auto zurück und fuhr mit quietschenden Reifen davon. Er bekam fast einen Herzanfall. »Jesus, Lady«, sagte er, »sind alle Indianer so verrückt?« Dann redete er mir gut zu. Zwei Stunden lang fuhr er mit mir herum und zeigte mir New York bei Nacht. Und dann wollte er nicht mal Geld haben. Ich werde diesem Mann ewig dankbar sein. Er hätte mich ausrauben oder vergewaltigen können, stattdessen behandelte er mich wie ein Vater. Wie ich mich an den Heimweg erinnern konnte oder gar an Richards Adresse, weiß ich nicht mehr, aber irgendwie kam ich zurück. Einen Schlüssel brauchte ich nicht, weil ich die Wohnungstür gar nicht zugemacht hatte. Am Morgen war ich die Unschuld in Person, aber Jean und Richard hatten nicht einmal bemerkt, daß ich weg gewesen war. Später habe ich ihnen davon erzählt, jedenfalls, soweit ich mich daran erinnern konnte. »Du weißt gar nicht, was für ein Glück du gehabt hast«, war alles, was Richard sagen konnte.

Alle zusammen fuhren wir nach D.C. Ich zeigte mich von meiner besten Seite. Die Interviews waren gut, und ich war so nüchtern wie ein Richter. Auch in der Larry King Show ging alles glatt, aber dann schlug das Unglück wieder zu. In dem eleganten Hotel, in dem uns unser Verleger untergebracht hatte, bewohnten Jean und Richard das eine Zimmer und ich das andere. Dort stand so eine Art Nachttisch mit einer Lampe darauf. Auf einmal bemerkte ich, daß das in Wahrheit ein Kühlschrank war, wohlgefüllt mit Bier und den köstlichsten harten Sachen. Ich machte mich gleich ans Werk. Als Richard am Morgen kam, um mich zu wecken, fand er mich völlig am Boden zerstört und das Zimmer in einer unbeschreiblichen Unordnung. In seinem Zimmer hatte er auch so einen Kühlschrank, man soll sich einen kleinen Schlummertrunk genehmigen können, den das Hotel später in Rechnung stellt. Aber Jean und Richard waren viel zu normal, um darin etwas anderes als einen Lampentisch zu sehen.

Wie sie mich in das Taxi zum Bahnhof bekamen, weiß ich nicht. Der Fahrer war ein junger Mann aus Äthiopien. Ich kletterte neben ihn auf den Vordersitz und wollte das Taxi lenken – es gab eine ziemliche Balgerei. Im Zug bekam ich mit der Schaffnerin Streit und belegte sie mit allen möglichen Schimpfwörtern. In Wilmington hätte sie uns beinahe aus dem Zug geworfen. Richard stieß mich in eine Ecke und sagte: »Laß uns Peyote-Lieder singen!« Das lenkte mich soweit ab, daß ich keinen weiteren Aufstand mehr veranstaltete. Die ganze restliche Fahrt über sangen wir, sehr zur Verwunderung der anderen Fahrgäste. Während der Interviews bei unserem Verleger brummte mir immer noch der Schädel. Ich habe keine Ahnung, was die Leerung dieses Kühlschranks Grove gekostet hat, es muß jedenfalls eine hübsche Summe gewesen sein, denn bei den folgenden Übernachtungen in einer Reihe von anderen Städten stellte der Verleger sicher, daß ich nicht wieder in Versuchung geriet. Was Richard und Jean betrifft, kann ich nur sagen, daß sie sehr viel Geduld aufbrachten.

Als ich von der Publicity-Tour wieder nach Hause kam, machte ich weiter wie zuvor. Man unternimmt die verrücktesten Dinge, wenn man betrunken ist. Auf dem Jahrmarkt in Rosebud lernte ich einen Jungen kennen, halb so alt wie ich. Wir tranken Bier und Tequila, und es war sehr heiß, wodurch sich die Wirkung des Alkohols noch verstärkte. Ich saß gerade fest, das heißt, ich hatte kein Auto, oder vielmehr, das letzte, das ich zuschanden gefahren hatte, befand sich in der Werkstatt und mir fehlte das Geld, um es abzuholen. Ich kam mir wie eingesperrt vor, wie ein Vogel ohne Flügel, war unruhig und rastlos. »Im Wind River Shoshonen-Reservat in Wyoming soll ich Pferde zureiten«, sagte der Junge. – »Worauf warten wir dann?« fragte ich. »Los, Hiyupo!« Da der Junge auch keinen Wagen hatte, fuhren wir per Anhalter, und auf dem ganzen Weg schluckten wir Bier – von Kilgore nach Valentine, dann nach Pine Ridge und schließlich nach

Everett zum Wild Rice Festival. Wir hielten sogar am Long Horn Saloon in Scenic an, einem dunklen, schwermütigen Laden, in dem noch immer zehn Zentimeter hoch auf den Fußboden Sägespäne gestreut werden. Früher stand auf einem Schild FÜR INDIANER VERBOTEN, aber heute gibt es bloß noch einen Käfig, in den randalierende Rothäute gesperrt werden. Während der Fahrt riefen wir ab und zu: »Stop, stop! Ein Neon, ein Neon!« Wir meinten damit einen Schnapsladen mit einer Neonreklame für ›Bud‹, ›Coors‹ oder ›Miller‹. Eine irre Fahrt war das, von Neon zu Neon. Zufällig trafen wir Dan und Orville White Butterfly, die anboten, uns mitzunehmen. Zwar war es nicht ganz die Richtung, in die wir wollten, aber wenigstens fuhren sie nach Norden. Also, was soll's! Sie setzten uns in Lame Deer, Montana, im nördlichen Cheyenne-Reservat ab. Der Junge und ich waren so fertig, daß wir unser Zeug in White Butterflys Kofferraum vergaßen. Frierend standen wir da, als ein typischer klappriger ›Indianerwagen‹ heranschnaufte. Im Wagen waren zwei Cheyenne, zwei Kästen Bier, zwei Flaschen Jack Daniel's – alles doppelt. Sie nahmen uns zu ihrer Hütte in den Bergen mit, und dort blieben wir die ganze Nacht, bis ›alles Doppelte‹ leergetrunken war. Dann brachten unsere neuen Kumpels uns zum Highway zurück. Während wir dort auf eine Mitfahrgelegenheit warteten, zeigte uns jemand bei der örtlichen Polizei an, und wir wurden wegen öffentlicher Trunkenheit verhaftet. Die Cops brachten uns ins nächste Gefängnis und sagten: »Wir erweisen euch einen Gefallen, in eurem Zustand seid ihr eine Gefahr für euch selbst.« Man steckte uns in die Ausnüchterungszelle und ließ uns erst am nächsten Morgen um sechs Uhr wieder frei. Ich hatte nichts mehr. Das einzige, was ich noch besaß, als man uns verhaftet hatte, war mein Würgeholz gewesen, das ich zur Verteidigung immer bei mir trage, aber die Cops hatten es als gefährliche Waffe beschlagnahmt. Wie es in den Bergen so geht, schlug plötzlich das Wetter um. Ohne Jacken standen wir schlotternd auf der Straße. Das Geld, mit dem wir unsere Fahrt angetreten hatten, war längst ausgegeben – in der Hauptsache für Bier. Ich hatte gerade noch genug, um einen Freund anzurufen und zu bitten, uns telegrafisch ein bißchen Mazaska zu überweisen, aber das einzige Telefon, das ich fand, war außer Betrieb. Wir zitterten und unsere Zähne klapperten wie Kastagnetten. Der Boden war gefroren. Um sieben Uhr ging die Gefängnistür auf und entließ einen anderen Säufer, einen Cheyenne, der ein Auto ohne Heizung hatte. Er nahm uns mit zu sich nach Lodge Grass, Montana. Dort gab es wenigstens einen Ofen und ein bißchen Holz, um uns wieder aufzutauen. Die Wände seiner Hütte waren bedeckt mit ›Playboy‹-Postern. Er bewirtete uns mit in der Pfanne geröstetem Brot und Fleisch und lud uns anschließend zu ein paar Montana-Gins ein, das ist Lysol, das man durch eine Scheibe Brot saugt. Wir hatten aber gerade noch genug Verstand, um höflich abzulehnen. Der Montana-Gin streckte ihn schnell zu Boden, wo er dann lag, mit offenem Mund und vorgequollenen Augen, aber Gott sei Dank noch atmend. Wir stolperten in der Wildnis herum, bis uns endlich ein paar Crow mitfahren ließen, wir befanden uns hier ja im Land der Crow. Unsere neuen Freunde nahmen uns zu sich nach Hause mit, in die Big Horn Mountains, und setzten uns ein warmes Essen, heißen Kaffee und Coke vor, wovon wir wieder nüchtern wurden. Sogar alles Geld, das sie bei sich hatten, neun Dollar, gaben sie uns – Crow, unsere ehemaligen Erzfeinde! Damit kamen wir bis Landers in Wyoming, von dort liefen wir dann die zehn Meilen bis zum Onkel des Jungen, der halb Shoshone und halb Sioux war.

Nachdem sich herausgestellt hatte, daß der Kleine als Zureiter nicht viel taugte – fast hätte er sich das Rückgrat gebrochen –, fanden wir, daß es an der Zeit wäre, wieder nach Hause zu fahren. Einen fahrbaren Untersatz hatte ich immer noch nicht. Bei einem Gebrauchtwagenhändler fand ich eine

Karre, die fünfhundert Dollar kosten sollte. Sie sah zwar schlimm aus, aber der Motor war noch halbwegs brauchbar. Also rief ich Richard an, der wieder in Santa Fe war, und bat ihn um Hilfe. Er überwies das Geld telegrafisch. Den Wagen hatten wir genau einen Tag, dann fuhr ihn der Junge zu Schrott. Richard nannte das Ganze ›eine bemerkenswerte Odyssee, eine wahre Anabasis‹, was immer das auch bedeuten mag. Wie ich schon erwähnte, er ist sehr nachsichtig.

Im Suff gerät man unweigerlich in Schlägereien. Man pfeift sich einen rein und sucht nach Feinden. Sind keine da, prügelt man sich eben mit seinen Freunden. Daraus entwickelt sich eine Massenkeilerei, selbst wenn dies das letzte ist, was man eigentlich gewollt hat. Mit zwei Freunden, George und Ron, ging ich einmal vierzig Meilen vom Res entfernt, in Valentine, Nebraska, aus. Ich trank Everclear, hochprozentigen Korn, und war lila itomni, total blau. George rief mich ins Hinterzimmer und sagte: »Mir ist wirklich noch nicht danach, ins Res zurückzufahren.« – »Mir auch nicht«, antwortete ich, »wenigstens jetzt noch nicht. Ich mach noch ein bißchen weiter und fahre später.« Gerade bewunderte ich ein niedliches Baby, als dessen Mutter, die genausoviel Everclear getrunken hatte wie ich, wieder auftauchte und mich beschuldigte, ihr Baby stehlen zu wollen. Ich versicherte ihr zwar, daß ich genug eigene Babys hätte, aber die Sache wuchs sich zu einer richtig schönen, altmodischen Kneipenschlägerei aus. Ihre gesamte Familie mischte mit und George und Ronny auch. Sie waren in der Überzahl und gewannen die Oberhand. Da drehte die Frau durch, lief nach draußen, bekam einen Hammer oder einen Stein zu fassen und zerschlug damit die Scheiben unseres Autos. Aber bevor sie damit fertig war, sprangen wir einfach hinein und fuhren los. Das war so gegen ein Uhr nachts, und es herrschten Minustemperaturen. Als wir aus Valentine heraus und gerade am Friedhof waren, gab der Wagen seinen Geist auf. Wir waren blau und zerschlagen. Ein Trucker hielt an und nahm uns nach Mission mit. Auf die Idee, meine Schwester Barb und ihren Mann Jim anzurufen, kam ich nicht. Ich war jämmerlich zerschlagen, hatte einen Schock und konnte kaum sprechen. Mein Gesicht war so grün und blau und verschwollen, daß sogar meine besten Freunde mich nicht wiedererkannten. Man brachte mich ins Hospital, die Polizei kam, fotografierte mein Gesicht und schrieb meine Aussage auf. Danach erlitt ich einen Erstickungsanfall, konnte einfach nicht atmen und glaubte zu sterben. Das dauerte so etwa zwei Stunden, bis eine Schwester mir eine Spritze gab. Als man mich gehen ließ, war Jim nach einem einzigen Blick auf mich entschlossen, sein Gewehr zu laden und irgendwelchen Schaden anzurichten. Er beruhigte sich erst, als jemand ihm erzählte, die Leute, die mich verprügelt hatten, und zwar die ganze Familie, seien nervenkrank und litten unter Wahnvorstellungen. Das war das erste und definitiv letzte Mal, daß ich Everclear getrunken habe.

In Irish's Bar geriet ich mit Tina, einer guten Freundin, aneinander. Wir waren beide ganz schön voll, und ich sagte: »Das hier ist mein Bier.« Wir fingen an, uns zu schubsen, sie stieß mich über den Tisch, ich fiel und holte mir an der Tischkante ein großes Veilchen. Da umarmten wir uns und vertrugen uns wieder. Sie ist eine meiner besten Freundinnen, aber wenn man blau ist, kennt man weder sich selber noch irgendeinen anderen. Und das ist auch der Grund, weshalb Freunde, Brüder sogar, im Suff manchmal rot sehen und sich gegenseitig umbringen oder zu Krüppeln schlagen.

Als ich in Santa Fe war, um für dieses Buch auf Band zu sprechen, bekam ich von meinem Verleger ein bißchen Geld und kaufte mir für die Hälfte davon einen toll aussehenden Gebrauchtwagen. Damit wollte ich die achthundert Meilen nach Rosebud fahren. Richard war besorgt, daß ich allein fahren wollte, aber ich kann sehr eigensinnig sein und bestand darauf, daß gar nichts dabei wäre. Da meinte er: »Um Gottes willen, trink nicht, wenn du fährst. Trink am besten überhaupt nichts und fahr direkt nach Hause ins Res.« Das versprach ich. Ich hätte mich auch daran halten sollen, aber in Pine Ridge unterbrach ich die Fahrt, um eine alte Freundin zu besuchen, die mit mir in Wounded Knee gewesen war. Schnapstrinken ist in Ridge eine strafbare Handlung, also mußte ich aufpassen. Nur über Nacht wollte ich bleiben und dann nach Rosebud weiterfahren, ich war ja fast zu Hause. Aber als unser Stoff alle war, gingen wir zu einem Schmuggler, der uns zwei halbe Liter kanadischen Lord Calvert Whiskey verkaufte. »Laß uns zum Staudamm in White Clay fahren und den Sonnenaufgang beobachten«, schlug ich vor. Wir parkten dort oben und machten uns über den Lord Calvert her. Irgend jemand aber hatte mich angezeigt, daß ich beinahe einen Menschen überfahren hätte, und so tauchten bald zwei Burschen von der Stammespolizei auf. Sie befahlen mir auszusteigen. Ohne es zu wissen, hatte ich auf einem Einkaufsbeutel mit Marihuana gesessen – bis heute weiß ich nicht, wie er dahin kam. Jedenfalls saß ich in der Tinte. Schwierigkeiten finden mich stets – oder ich finde sie. Da Drogenbesitz ein Verstoß gegen das Bundesrecht ist, wurde das FBI aus Rapid City eingeschaltet. Bei der Durchsuchung fanden sie die sechzehnhundert Dollar, die mir von dem Geld meines Verlegers geblieben waren und von denen ich gehofft hatte, sie würden mich drei Monate über Wasser halten. »Aha«, hieß es, »Drogengeld.« Sie waren überzeugt, soviel Bargeld bei einer Indianerin müsse Drogengeld sein. Schuld daran war ich selbst, niemand sonst hatte mich in diese Situation gebracht, das hatte ich ganz allein besorgt. Die FBI-Leute fragten, ob ich reden wolle, und ich verneinte – eine automatische Reaktion aus alten AIM-Tagen. Man steckte mich in die Zelle und behielt mich übers Wochenende dort. Ich hatte noch nicht einmal meine Kinder gesehen. Am Montag wurde ich zur Anklage vernommen und gegen Kaution freigelassen. Die Richterin war wirklich nett zu mir, ich denke, wegen meiner ›Lakota Woman‹, die gerade erschienen war. Auch wegen FuA, Fahren unter Alkoholeinfluß, hatte man mich natürlich am Wickel und brummte mir dreißig Tage auf. Dann folgte die Anklage wegen Drogenbesitzes. Weil ich die dreißig Tage nicht absitzen wollte, ging ich nicht zur Verhandlung. Um mein Auto zurückzubekommen, das voller Geschenke für die Kinder war, mußte ich Himmel und Hölle in Bewegung setzen. Mein Geld war inzwischen von Rapid City nach Pierre, der Hauptstadt des Bundesstaates, geschickt worden. Richard und der Verleger mußten zahllose Telefonate führen und Unterlagen beibringen, die bewiesen, daß es sich um ehrlich verdientes Geld handelte. Um es zurückzubekommen, mußte ich die neunzig Meilen nach Pierre fahren. Zum ersten Mal in meinem Leben behandelten mich die FBI-Leute mit einem Funken Respekt, fast so, als wäre ich eine Weiße. Sie meinten: »Sie haben ein Buch geschrieben. Es tut gut, mal jemanden aus dem Reservat zu sehen, der etwas aus sich macht.« Gleichzeitig aber drohte man mir: »Machen Sie sich aber nichts vor, das hier wird nicht unter den Teppich gekehrt.«

Ich kletterte in mein tolles gelbes Auto und fuhr zu Mom, wo ich all mein Zeug auspackte. Nach einer Woche Gefängnis wollte ich in den Club gehen und es ihnen heimzahlen. Vor allem aber wollte ich mit mir allein sein. Zu Mom sagte ich: »Ich muß nach Mission, ich brauche etwas.« Dann fuhr ich in den Club. Schließlich kaufte ich mir einen Kasten Bier und mietete ein Zimmer im Motel in Antelope. Draußen schneite es, und ich saß ganz allein da und trank mich ins Vergessen – aus Enttäuschung und weil ich das Zigeunerleben restlos satt hatte. Dauernd bei anderen Leuten wohnen – ich wollte ein Heim haben, in dem ich meine Kinder aufziehen konnte, ich wollte endlich Wurzeln schlagen. Das Weinen tat mir gut und ich bedauerte mich, besonders nachdem der Kasten Bier alle war.

Ich erinnere mich nicht einmal mehr, wie oft ich im Zusammenhang mit der Sauferei im Gefängnis gesessen habe.

Einmal in dieser Szene, kommt man nur schwer wieder heraus.

Es hat einen Punkt gegeben, an dem ich mich in Behandlung begeben wollte, weil mir bewußt geworden war, wie sehr es meine Kinder verletzte, mich so zu sehen. Wann immer es mir schlecht ging, stieg ich ins Auto, fuhr in der Gegend umher und trank. Vor drei Jahren habe ich den Neujahrstag im Gefängnis verbracht. Ich hatte Martini und Rossi getrunken und mit Bier nachgespült. Wie aus heiterem Himmel, ich schätze, der Teufel hat mich geritten, sagte ich: »Ich will nach Parmelee fahren, ich will in meine Heimatstadt.« Auf dem Weg dorthin sah ich neben der Straße einen Wagen stehen, dem der Sprit ausgegangen war, und daneben ein paar unglückliche Burschen. Also hielt ich an und nahm sie in die Stadt mit. Der eine, ein junger Mann namens Blue Horse, war ein guter alter Bekannter von mir. Wir kamen ins Gespräch und ich fragte: »Kommst du mit nach Norris, einen Zwölfer-Pack holen?« Er hielt das für eine gute Idee, wir holten den Zwölfer und fuhren nach Parmelee zurück, wo ich den Wagen abstellte, um den Pack anzubrechen und zu trinken. Dummerweise stand ich in der Nähe eines Polizeiautos, das auf betrunkene Neujahrs-Nachtschwärmer wartete. Und schon war der Cop da und beschuldigte mich, rücksichtslos gefahren zu sein. Er sagte: »Sie sind gesehen worden, wie Sie in Alonzo Smith's Garten gerauscht sind und ziemlichen Schaden angerichtet haben.« Ich versicherte ihm, ich sei das nicht gewesen, ein anderer Wagen, der meinem ähnlich sei, müsse das getan haben. Das war zwar die reine Wahrheit, trotzdem mußte ich den Kopf dafür hinhalten. Man brachte mich ins Gefängnis, und schon war ich wieder einmal in der überfüllten Ausnüchterungszelle. Ich wünschte allen ein frohes neues Jahr.

Nur zwei Wochen später landete ich mit meiner Freundin Tina erneut hier, diesmal wegen ›öffentlichem Verzehr‹, das heißt, wir hatten im Freien, auf der Straße, Bier getrunken.

Das brachte also eine weitere ›Übernachtung‹. Man wird zu seinem eigenen Schutz eingesperrt und zwölf Stunden später wieder entlassen. Ich widerte mich selbst an.

Sogar nach meinem schweren Unfall im März 1991 war ich nicht sofort bereit aufzuhören. Mom hackte auf mir herum und versuchte alles mögliche. Mir ging es noch immer ziemlich schlecht, aber ich war auch unruhig und drehte durch, weil ich mich nicht frei bewegen konnte. Moms Haus war so überfüllt, daß es mich den letzten Nerv kostete. Ich fühlte mich wie eingesperrt und besorgte mir eine eigene Bleibe. Als meine Medikamente abgesetzt wurden, fing ich an, Bier zu trinken, um den Schmerz zu betäuben. Ich trank regelmäßig. Mom hatte die Nase von mir voll und sagte: »Du hast noch immer einen Schock. Du mußt wieder in die Kirche gehen, du mußt zu einem Psychiater, du gehörst wieder ins Hospital. Du kannst nicht einen solchen Unfall bauen und dann hingehen und da weitermachen, wo du aufgehört hast.« Aber einen guten Monat lang half mir die Trinkerei, die Schmerzen zu bekämpfen, dann brauchte ich das nicht mehr.

Eines Sonntags ging ich mit ein paar Freunden in Debbies ›Nachtclub‹. Mit Debbie war ich groß geworden, und der Unfall war vor ihrem Haus passiert. Wie wir so herumsaßen und ein paar Runden tranken, kam Debbie an unseren Tisch und sagte, alles ginge auf Rechnung des Hauses. Also fing ich an, nahm doppelte Jacks on the Rocks und wurde ziemlich blau. Meine Freunde wollten gehen, und ich sagte: »Ich nehme nur noch einen, ich finde meinen Weg schon.« Also verabschiedeten sie sich und ließen mich weitertrinken. Debbie trug einem ihrer Freunde auf, mich nach Hause zu bringen. Er setzte mich in seinen Lieferwagen, wußte aber nicht, wo ich wohnte, und ich war nicht imstande, es ihm zu zeigen. Da brachte er mich zu sich nach Hause, in Mission. Ich war völlig hin und wollte nur ein bißchen klarer im Kopf werden. Er meinte, entweder könnte ich mit zu ihm kommen oder im Lieferwagen liegenbleiben. Ich blieb draußen. Nach ungefähr fünfzehn Minuten stand ich auf. Um auf keinen Fall irgendwelchen Cops über den Weg zu laufen, ging ich durch die Seitenstraßen, aber irgendwie fand mich die Polizei und hielt mich an. »Wohin wollen Sie?« wurde ich gefragt. Und ich antwortete: »Ich bin auf dem Heimweg. Da drüben wohne ich, bin fast zu Hause.« – »Steig ein«, sagten sie, und ich wußte, sie brachten mich zur Übernachtung ins Gefängnis.

Wieder erfuhr es Mom durch ihren Scanner und war aufgebracht. Ich hatte mich fast schon daran gewöhnt, im Gefängnis zu sein. Sie lassen einen zwölf Stunden lang nicht telefonieren. Ist man voll, stecken sie einen in die Ausnüchterungszelle. Dort habe ich eine Menge Leute getroffen, die ich kannte. Schließlich ist es besser, mit anderen zusammen zu sein, man kann sich unterhalten und das verkürzt die Zeit. Man kann aber auch zusammen singen, die AIM-Lieder zum Beispiel oder Forty-Niner-Songs. Zu Prügeleien kommt es da im Knast kaum; man schwatzt und macht Witzchen – »Ich möchte wissen, was wir zu essen bekommen.« Dabei weiß jeder, was es geben wird – ein bißchen Haferschleim und kalten, bitteren Kaffee, das ist das Frühstück. Das Essen ist schrecklich. Einmal allerdings, als wir im Gefängnis von Kyle, im Reservat Pine Ridge, saßen, wurden wir gut beköstigt. Aber das Gefängnis von Rosebud ist mies. Die Ausnüchterungszelle besteht lediglich aus einem Klobecken, dem Fußboden, einem Ausguß und dazu kommt noch die Kamera, mit der sie einen beobachten können. Betten gibt es nicht, nur den kalten, gekachelten Fußboden. Zieht jemand an der Toilettenspülung, hallt der Lärm durch den Raum, und das ganze Gebäude schwankt wie bei einem Erdbeben. Draußen hört man die Schlüssel klappern und Stimmen fragen: »He, Wärter, wie spät ist es? – Wann kommen wir vor Gericht? – Kann ich telefonieren?« Man sitzt tatenlos herum. Randalieren oder toben bekommt keinem gut. Sie stecken einen dann in eine Zelle, in der gewöhnlich vier Betten stehen. Die Matratze muß man selbst hereintragen und bekommt dazu eklige und kratzige alte Wolldecken. Aber in dem Augenblick ist man doch froh, sie zu haben, kommt man doch geradewegs aus der ›Kühlzelle‹. Alles ist ziemlich cool im Gefängnis von Rosebud. Über dem Eingang hängt ein Schild, auf dem steht ›Hotel Herzeleid‹, und das ist kein Spaß.

Unter all den verschiedenen Gruppen und Rassen in diesem sogenannten Schmelztiegel haben wir Uramerikaner die höchste Selbstmordrate. Und das hängt mit der Verzweiflung zusammen, die wiederum zum Trinken führt. Man könnte sogar sagen, Fahren unter Alkoholeinfluß sei eine Form des indianischen Selbstmords, weil so viele Menschen dabei sterben oder für immer Krüppel bleiben. Ein Selbstmord, den ein guter Freund vor zwei Jahren beging, quält mich noch immer im Schlaf. Sein Name war Pewee Leader Charge. Er war ein freundlicher und sanfter Mann, ungeheuer talentiert, ein guter Maler und begabter Poet. Von einer schweren Verwundung in Vietnam blieb ihm ein steifes Bein zurück. Als Mitglied der AIM hatte er die Belagerung in Wounded Knee miterlebt. Auch er war ein unheilbarer Alkoholiker. Seine Ehe mit einer der schönsten Indianerinnen, die ich je gesehen habe, einer Navajo, die er auf dem College kennengelernt hatte, hielt nur ein Weilchen. Sie hatten zusammen ein Kind, ein niedliches Mädchen, das Anpo-Wichahpi, Morgenstern, hieß. Seine Schwiegermutter leitete in Fort Defiance in Arizona ein Antialkoholikerzentrum und bedrängte Pewee ständig, daß er in Gegenwart anderer den feierlichen Eid ablegen solle, mit dem Trinken aufzuhören. Aber Pewee weigerte sich stets, sagte, er wäre noch nicht soweit und wolle keine leeren Versprechungen machen. Schließlich verließ ihn seine Frau, als sie erkannte, daß sie ihn nie vom Trinken würde abbringen können. So kam er nach South Dakota zurück. Er versuchte mancherlei, aber der

Alkohol verdarb ihm immer alles. Wieder und wieder saß er im Gefängnis, manchmal rief sogar seine eigene Mutter die Cops. Aber verdammen kann man sie deswegen nicht, sie konnte es einfach nicht mehr ertragen und wurde es auch müde, ihn immer wieder gegen Kaution herauszuholen und seine Geldstrafen zu bezahlen.

Für Pewee empfand ich viel Liebe und Respekt, weil er völlig in der alten Religion unseres Volkes lebte. Ich wuchs mit ihm auf und er war es, der mich zu meinem ersten Sonnentanz mitnahm und mir dessen Schönheit und Bedeutung nahebrachte. In jenem Sommer, in dem er nach South Dakota zurückkam, wollte er sich bei Joe Eagles Sonnentanz durchbohren, aber seine Mutter sagte, er sei dafür nicht würdig, weil er soviel trinke. Und das traf ihn tief. Vielleicht war es sein letzter Strohhalm gewesen. Er kam ins Gefängnis – zum letzten Mal, wie sich herausstellte. Seine Mutter holte ihn nicht heraus, sie hatte ihn schon längst aufgegeben. Und es stimmte auch, daß er hoffnungslos an der Flasche hing und sein ganzer Intellekt und alle seine Talente ihm nicht helfen konnten. Zwei Vietnam-Veteranen, Bill und Jack Menard, versuchten ihn freizubekommen. Sie wandten sich an den Stammesrichter und baten ihn, Pewee zu entlassen, weil er immer noch sowohl an seiner alten Verletzung als auch an der Schädigung durch Agent Orange und am Vietnam-Streß-Syndrom leide. Der Richter lehnte ab.

Ich saß nach dem Sonnentanz unter dem Schutzschirm in Crow Dogs Paradies, als Pewees jüngster Bruder, Bobby, mit Tränen in den Augen zu mir kam und erzählte, daß Pewee sich im Gefängnis erhängt hatte. Sie haben dort in den Zellen TV-Kameras, und ein Wärter soll die Häftlinge die ganze Zeit über beobachten, aber als Pewee starb, hat das niemand gesehen. Es ging das Gerücht, der Wärter habe es gerade mit einer Telefonistin getrieben. Gerüchte gibt es immer. Ich war wie versteinert, und eine kalte Hand preßte mir die Brust zusammen. Dann kamen mir die Tränen. Pewee – das war ich, das waren wir alle.

Bobby zeigte mir Pewees Abschiedsbrief an seine Schwester, in dem er schrieb, es sei ihm alles derart über und er hätte es satt, immer der Taugenichts zu sein; das Leben, das er führe, sei ihm zuwider. Und weiter schrieb er, er hätte seine Familie sehr geliebt, aber sie sollten alle zum Teufel gehen. Er bat darum, Crow Dog möge ihn auf traditionelle Art beerdigen – nicht in einem Sarg, sondern nach der Aufbahrung auf einem herkömmlichen Gerüst, in eine Sternendecke gehüllt. Er wolle bei den Alten sein, die schon vor hundert Jahren gestorben waren, und wünsche kein christliches Begräbnis. Auch solle sein Leichnam nicht in einem Auto transportiert werden, sondern in einem von Pferden gezogenen Wagen. Er benannte die Menschen, die ihn in seiner Sternendecke tragen sollten, und wollte ausschließlich von Vietnam- und Wounded-Knee-Veteranen begleitet werden. In einem Tipi wollte er aufgebahrt sein – man nahm eins von Jerry Roys. Als Maler hatte er Zeichnungen für sein Begräbnis angefertigt. Am Grab sollten ein Büffelschädel liegen, seine Sonnentanzausrüstung, die Pfeife und alle seine heiligen Gegenstände. Als ich zu seiner Totenwache ging, fühlte ich mich elend. Alle traditionsbewußten Leute kamen hin, ganz Parmelee. Meine Mutter war auch dabei und war überwältigt, wie schön dieses traditionelle Hinübergehen in eine andere Welt ist. Alle beteten, auf Lakota und Englisch – Christen, Peyote-Leute und Sioux. Als man ihn beisetzte, kreiste über uns ein Adler, und die Leute sagten, das sei Tunkashila, der Pewee in die Welt der Geister geleite. Nach der Beerdigung erlitt ich eine Art Nervenzusammenbruch. Wieder und wieder fragte ich mich, warum er so hatte sterben müssen. Dann holte ich mir einen Kasten Bier und betrank mich.

Aber mit seinem Tod machte mir Pewee ein großes Geschenk. Sein Selbstmord war einer der Hauptgründe dafür, daß ich schließlich für immer mit dem Trinken aufhörte. Mir war bewußt geworden, daß ich Depressionen hatte und die Trinkerei sie nur noch schlimmer machte. Ich dachte bei mir: ›Pewee ist tot, aber was ist mit dir? Der Alkohol hat dich fast dorthin gebracht, wo Pewee jetzt ist.‹ Ich wollte mich umbringen, aber Mom sagte: »Daran darfst du nicht einmal denken. Du hast Familie. Du glaubst, daß du allein bist, aber das bist du nicht. Wir alle beten für dich und machen uns Sorgen. Du mußt dein Leben leben – entscheide dich dafür. Zu lange bist du von uns fort gewesen. Geh in die Kirche oder in deine Peyote-Kirche oder zu einem Arzt oder zu Onkel Fool Bull, der ist Medizinmann. Du mußt dich aufraffen und gesund werden.« Und so stand ich eines Morgens auf, lächelte mich im Spiegel an und goß die letzte Flasche Jack Daniel's in den Ausguß.

Ich will keinen falschen Eindruck vermitteln. Im Res gibt es außer allem Schlechten auch Gutes. Die Natur ist wunderschön, und es gibt die Tapferkeit im Unglück. Es gibt Güte, und die Menschen helfen einander. Arme teilen das wenige, was sie besitzen, mit denen, die noch ärmer sind. Es gibt beherzte Frauen, große Powwows, Lieder und Zeremonien. Unsere heilige Medizin haben wir, und die Adler fliegen noch immer über die sandigen Hügel. Nur das Trinken ist ein großes Problem. Ich möchte dieses Kapitel dem Pima-Indianer Ira Hayes widmen, dem Helden von Iwo Jima und Träger der Ehrenmedaille des Kongresses, der im Rausch in einem Straßengraben ertrank. Er war ein Opfer mehr in einem Land, das für Helden keine Verwendung hat, wenn sie zufällig Uramerikaner sind.

Kapitel 15
Eine Blutung kommt immer zum Stehen, man muß nur fest genug drücken

Im Jahre 1973, während der Belagerung, richteten Freiwillige, hauptsächlich unsere Frauen, in Wounded Knee ein Krankenhaus ein. Es kam häufig zu Feuergefechten, und die Folge davon war, daß wir eine ganze Anzahl von Leuten mit Schußverletzungen hatten. Ich erinnere mich noch an ein Schild an der Wand unseres hausgemachten ›Hospitals‹: EINE BLUTUNG KOMMT IMMER ZUM STEHEN, MAN MUSS NUR FEST GENUG DRÜCKEN. Das war zwar wortwörtlich gemeint, aber für mich hatte es auch einen übertragenen Sinn – nach meiner Auffassung drücken Indianerfrauen ständig fest zu, um die Blutung ihres Herzens zum Stehen zu bringen. Uramerikaner und Frau zu sein, das ist nicht einfach. Als 1977 ein großes Ehrenfest für Crow Dog stattfand, wurde auch ich geehrt. Zwei Medizinmänner, Bill Eagle Feathers und Wallace Black Elk, verliehen mir einen neuen Namen – Ohitika Win, und das bedeutet Tapfere Frau. Man färbte mir den Scheitel rot und befestigte eine Adlerfeder in meinem Haar. Ich habe allerdings das Gefühl, daß die meisten Indianerinnen Ohitika Win sind, sehr tapfere Frauen. Und das muß man auch sein, um unter dieser Regierung im Schatten der Armut leben zu können, und den Unterhalt für seine Kinder, die inmitten des Zerfalls unserer Reservate und der Zerstörung vieler unserer alten Bräuche aufwachsen, zusammenzukratzen.

Den Frauen gegenüber haben unsere Männer von jeher zwei gegensätzliche Einstellungen vertreten. Einerseits war die Lakota-Gesellschaft männerorientiert, wie es bei den Stämmen der nomadisierenden Jäger und Krieger üblich war. Bei den seßhaften, Getreideanbau betreibenden Pueblo ist die Gesellschaft frauenorientiert. Die guten alten Zeiten, als die ›roten Ritter der Prärie‹, die stolzen Krieger, die ›edlen Wilden‹ das Land westlich des Missouri beherrschten und es Millionen Büffel dort gab – diese Zeiten haben wir in gewisser Weise überromantisiert. Zwar hatten damals die Frauen einen Ehrenplatz inne, aber es gab auch viele Bräuche, die ganz und gar nicht romantisch waren. Wenn ein Mann seiner Frau überdrüssig geworden war, brauchte er nur in den Tanzkreis zu treten, einen Knochen in die Luft zu werfen und dazu zu singen: »Genauso werfe ich meine Frau weg.« Sie war dann schutz- und hilflos. Ein eifersüchtiger Ehemann konnte seiner Frau, hatte sie Ehebruch begangen, die Nasenspitze abschneiden, um sie so für andere unattraktiv zu machen. Nahm er allerdings ein Mädchen mit hinter die Büsche, wurde ihm *seine* Nasenspitze nicht abgeschnitten. Während die jungen Frauen und Mädchen als eine Art Keuschheitsgürtel Haarschnüre zwischen den Beinen trugen, durfte sich ein junger Mann einen Namen als Verführer machen. Fast alle Arbeit wurde von Frauen verrichtet. Sie sammelten Holz und brachen manchmal unter der Last fast zusammen. Frühe weiße Siedler staunten, als sie sahen, daß indianische Frauen größere Lasten tragen konnten als weiße Männer. Unsere Frauen standen zeitiger auf als die Männer und holten vom Fluß Wasser. Und es waren die Frauen, die das Tipi auf- und abzubauen hatten. Zwischen Männern und Frauen gab es keine Kommunikation. ›Mit einer Frau sprechen‹ bedeutete nicht, miteinander zu reden, sondern es war eine Umschreibung für Liebe machen. Noch heute drückt sich etwas von dieser Einstellung in solchen vermeintlich spaßigen Sprüchen aus wie dem: ›Bevor der weiße Mann kam, gab es keine Steuern, kein Telefon, keine Gefängnisse, keine Klapsmühlen, und die Arbeit haben die Frauen gemacht. Und da glaubte der dumme weiße Mann, er könne ein System wie dieses noch verbessern.‹

Der Krieger entschuldigte sich dafür, daß er den Frauen die meiste Arbeit aufbürdete, damit, daß er die Hände jederzeit zur Jagd frei haben müsse, falls sich eine Gelegenheit bieten sollte, oder daß er seine Familie bei einem plötzlichen Überfall verteidigen müsse. Ein Körnchen Wahrheit lag schon darin, aber die Männer übertrieben es auch mit ihrem ›Hände frei haben‹. Und doch hatte ein Weißer unrecht, als er folgendes Gedicht schrieb:

> Ich bedaure die arme Squaw,
> sie ist Lasttier und Sklavin,
> gefesselt durch Stammesgesetz,
> von Jugend an bis ins Grab.

In Ehren gehalten wurden Frauen bei uns mehr als bei den Weißen. Fast das ganze neunzehnte Jahrhundert hindurch hatten viele amerikanische Frauen kein Recht auf Eigentum. Unsere Frauen hatten dies immer. Das Tipi gehörte ebenso wie das Haus in den Pueblos des Südwestens der Frau. In der Politik der Weißen spielte selbst die Lady aus der Oberschicht keine Rolle, bis 1920 hatten amerikanische Frauen kein Wahlrecht. Man vergleiche damit die Rolle der Frauen im irokesischen Langhaus – sie waren es, die den Stammeshäuptling wählten.

Waren die alten Sioux einerseits männliche Chauvinisten, hatten sie andererseits Achtung vor der Frau. Sie beteten zu Wanka Tanka, den sie auch Tunkashila, den Großen Vater Geist, nannten. Aber das wichtigste übernatürliche Wesen in ihrer Mythologie war Ptesan Win, die Weiße Büffelkalb-Frau, die den Lakota die Pfeife brachte, sie in deren Gebrauch unterwies und sie lehrte, wie menschliche Wesen zu leben. Von ihrer Macht erzählt eine Geschichte, in der sie zuerst zwei jungen Jägern erschien, von denen der eine seine Hand nach ihr ausgestreckt hatte, um sie körperlich zu besitzen. Für diesen Mangel an Achtung wurde er zu einem kleinen Häufchen Knochen und Asche verbrannt. Ein seltsamer Mythos für einen Stamm, dessen junge Männer mit ihren sexuellen Eroberungen prahlen. Unsere Überlieferungen erzählen auch von Wohpe, einem anderen bedeutsamen übernatürlichen Wesen, zugleich Frau und Sternschnuppe, das ein Weißer vielleicht als Göttin der Liebe, Schönheit und Reinheit bezeichnen würde. Und es gibt jene mystische Frau, die schwanger wurde, als sie einen Kieselstein verschluckte, und die dann Iyan-Hokshi gebar, den Steinjungen, der ein Held wurde und eine große Hexe erschlug. Im Gegensatz zu Wanka Tanka-Tunkashila, der wie der Gott der Christen nie als Person erscheint, sind Ptesan Win und Wohpe wunderschöne weibliche Wesen. Es wird erzählt, daß die Weiße Büffelkalb-Frau die Menschen mit ihrer außerirdischen Schönheit blendete. In einigen Geschichten erscheint sie den Jägern als junges Mädchen, gekleidet in strahlend weißes Rehleder, in anderen ist sie nackt und nur in ihr langes rabenschwarzes Haar gehüllt. Verläßt sie den Stamm, nachdem sie ihn alles Wissenswerte gelehrt hat, verwandelt sie sich in ein weißes Büffelkalb und symbolisiert somit die enge Verwandtschaft zwischen den Menschen und diesem heiligen Tier, das sich selbst opferte, damit die Menschen überlebten, und dessen Schädel unser heiliger Altar ist. Und wie Ptesan Win Männer und Frauen in die verschiedenen Bereiche des Lebens einwies, gab der Büffel uns alles, was wir zum Leben brauchten – sein Fleisch ernährte uns, aus seinem Fell und seiner Haut fertigten wir Kleider und Decken, aus seinen Knochen Messer, Ahlen und sogar kleine Schlitten für die Kinder. Und während es unmöglich ist, sich vorzustellen, wie Wanka Tanka-Tunkashila aussieht, falls er überhaupt sichtbar ist, erscheinen Ptesan Win und Wohpe in menschlicher Gestalt. Damit verfügen die Sioux-Machos über eine – wie es die Anthropologen ausdrücken – ›Kulturheldin‹, aber keinen wirklichen Kulturhelden.

Die Gegensätze reichen aber noch weiter. Während die Männer versuchen, die Frauen zu dominieren, fürchten sie sich in Wahrheit vor ihnen. So glaubt man, daß die Macht einer Frau, die ihre Regel hat, sogar die Kräfte des bedeutendsten Medizinmannes unwirksam macht. In der alten Sioux-Gesellschaft wurde die Frau, das sprichwörtliche ›Lasttier‹, für die schönste Perlenstickerei oder die schönste Kindertrage genauso geehrt wie ein Mann für seine Tapferkeit vor dem Feind. Ein Kind zu gebären, wurde ebenso hoch geschätzt wie die Tat eines Kriegers in der Schlacht. Selbst ein kleines Mädchen, das sich bei einem Sonnentanz die Ohren rituell durchbohren ließ, erntete den gleichen Respekt wie ein Mann, der am Baum gehangen oder Büffelschädel gezogen hatte. Bekam ein Mädchen zum ersten Mal die Regel, wurde zu seinen Ehren ein verschwenderisches Fest gegeben, und wenn es ein wenig älter geworden war, wurde es noch einmal durch die Zeremonie des Ballwerfens geehrt. Ein Jäger dagegen, der das erlegte Wild nicht mit denen teilte, die ohne Hilfe dastanden, den Witwen und Waisen des Stammes, wurde verachtet. Daß die beiden bedeutenden Rituale, die den Übergang vom Mädchen zur Frau feiern, heute nur noch höchst selten vollzogen werden und fast vergessen sind, ist traurig. Ich glaube, es würde uns sehr helfen und für mehr Harmonie zwischen Männern und Frauen sorgen, wenn diese Zeremonien wiederbelebt würden.

Noch vieles, was der Frau symbolisch einen hervorragenden Platz einräumt, gibt es in den Ritualen, die der Unterdrückung der indianischen Religion nicht zum Opfer fielen und die noch heute im ganzen Reservat abgehalten werden. Die Badehütte wurde als das Universum der Frau betrachtet. Ihr geheiligter kleiner Erdwall stellte Maka dar, die

Erde, die nährende All-Mutter. Man nannte die Erde auch Unchi – Große Mutter. Der befruchtende Himmel war männlich, die empfangende Erde weiblich. Ein Grund für die Abneigung der Lakota, Bauern zu werden, war ihre Überzeugung, man dürfe ›der Großen Mutter nicht das Haar schneiden oder das Innere aufreißen‹, und das bedeutet, daß man den Boden nicht umgraben oder pflügen soll und auch die Pflanzen nicht abschneiden darf, die auf ihm wachsen. Die Frau war Hüterin des Feuers und brachte das Wasser des Lebens. Frau – das stand für Stetigkeit, Schöpfung und Weiterleben.

Ähnliche Betrachtungsweisen und Symbole findet man bei fast allen Stämmen der Uramerikaner. Die Pueblo, Navajo und Irokesen leiteten ihre Abstammung immer von der Frau her. In einigen Pueblo-Stämmen bekommen die Kinder den Familiennamen der Mutter, und die Söhne schließen sich der religiösen Gemeinschaft, der Kiva, ihres Onkels mütterlicherseits an und nicht der ihres Vaters. Wollte eine Pueblo-Frau sich früher von ihrem Mann trennen, brauchte sie nur seine Mokassins vor ihre Tür zu stellen, dann mußte er gehen. Bei den Navajo repräsentieren die Pfosten, die den Hogan stützen, übernatürliche weibliche Wesen, wiederum ein Symbol dafür, daß es die Frau ist, von der die Familie zusammengehalten wird.

Die Spinnenfrau ist ein übernatürliches weibliches Wesen, das in der Mythologie der Navajo ebenso bekannt ist wie bei den Hopi. Bei den Hopi heißt sie Kokyang Wuhai und ist sehr mächtig. Sie ist Eines und Vieles, ihre Kräfte wirken sowohl positiv wie negativ. Für die Pueblo, die Keresan sprechen, erschuf die Göttin Tse Che Nako die Welt mit allen Tieren, Pflanzen und den Sprachen. Weibliche Gottheiten sind in der Mythologie fast aller Stämme vorhanden.

Starke Frauen hat es bei uns immer gegeben. Ein Sprichwort der Cheyenne sagt: ›Solange die Herzen unserer Frauen schlagen, wird das Volk leben. Sind die Herzen der

Frauen aber überwunden, ist alles verloren.‹ Vor Jahrhunderten hatten Irokesen-Frauen genug vom ewigen Krieg zwischen den Stämmen und streikten. Sie weigerten sich, mit den Männern zu schlafen und Kinder zu gebären, sofern nicht Frieden geschlossen werde. Sie haben gewonnen.

Bei den alten Sioux überdeckte das Schöne in den Beziehungen zwischen Männern und Frauen so manches Häßliche. Um die Frauen zu demütigen, wurde schon einiges getan, aber noch mehr, um sie aufzurichten. Die Arbeit der Frauen war schwer, aber die Jagd war auch für die Männer nicht leicht, und wenigstens waren die Aufgaben der beiden Geschlechter wohl definiert. Jeder wußte, wo er oder sie hingehörte. Für Männer wie für Frauen gab es feste Regeln und Verantwortlichkeiten, man wußte, was von einem erwartet wurde, und konnte damit leben. Wer seine Frau mißhandelte, wurde ebenso ausgestoßen wie ein Mann, der den Launen seines Penis eher nachgab als dem Drängen seines Herzens.

Die Zerstörung der alten Lebensweise geschah durch den äußeren Druck der Macht der Weißen. Die Tiyospaye, die Großfamilie, fiel auseinander, vieles von dem, was in unserer traditionellen Gesellschaft positiv war, wurde weggewischt und viel Negatives nicht nur erhalten, sondern auch noch befördert. Die weiße Gesellschaft funktioniert bis heute nach männlichen Wertvorstellungen. Man denke nur an die vielen weißen Familien, die stolz sind auf ihre cherokesische Urgroßmutter. Aber wo ist der gute alte indianische Urgroßvater? Nirgendwo, denn für einen Grenzer war es akzeptabel, sich eine eingeborene Frau ins Bett zu holen, aber daß ein Indianer eine weiße Frau nahm, das war nicht akzeptabel. Die Überzeugung der Weißen von der männlichen Überlegenheit hat auf uns abgefärbt, die vorherrschende Kultur hat unseren Stämmen ihre Werte aufgezwungen.

Bei unseren Lakota-Stämmen sind die Widersprüche zwischen zwei gegensätzlichen Wertvorstellungen nicht nur eine kollektive Erfahrung, sondern sie sind tief in uns verwurzelt. Ich erinnere mich noch, wie angerührt und erregt ich war, als mir Crow Dog das Wesen der Ptesan Win erklärte, der Weißen Büffelkalb-Frau. Er pflegt eine eigene Betrachtungsweise, eine eigene Sprache, wenn er über heilige Dinge redet, tief und wundervoll. Er beschrieb Ptesan Win als die Heilige Frau, die Bringerin des Feuers, des Feuersteins, des Steinmessers. Er sagte: »Sie hatte die Macht, sie brachte die Pfeife. Sie war die Rote Frau des Roten Volkes, sie war dreidimensional.« Und dann erzählte er weiter: »Die Heilige Frau war jung und schön. Sie wurde im Schoß der Ewigkeit geboren, im Schoß des Universums. Sie war die Schöpferin der Schöpfung. Ihre Rückentrage enthielt all die Medizinen, die wir heute haben, die Heilkräuter und Wurzeln. Sie war die allwissende Lehrerin. Macht war ihr gegeben. Diese Frau war das Zentrum des Universums. Sie brachte die sieben Steine, die Badehütte und die sieben Stöcke zum Feueranzünden. Sie hatte die Chanwaluta, den roten Holzteller, auf dem sie das heilige Essen brachte – indianischen Mais, Wildkirschen und Timpisila, die wilde Rübe. Diese Dinge hat sie den Menschen gebracht, das sollten unsere Frauen lernen.« Er konnte so wunderbar reden, mit soviel Verständnis, und konnte doch gleichzeitig ein richtiger Macho sein, das eine schien Hand in Hand mit dem anderen zu gehen. In unserer Mythologie gibt es noch eine andere übernatürliche Frau, Anung-Ite, die Zweigesichtige. Die eine Seite ihres Gesichts ist unbeschreiblich schön, und die zweite ist häßlicher als alles andere in der Welt. Und genauso haben wir alle zwei Gesichter bekommen, als uns von außen eine fremde Kultur aufgezwungen wurde.

Auch die Frauen blieben davon nicht verschont. Früher waren sie stolz auf ihre Tugend. ›Ein-Mann-Frauen‹ wurden hoch geehrt. Es gab eine Zeremonie, da bissen die Frauen auf das Isan, das heilige Steinmesser, und verkündeten dabei, daß sie nur mit einem Mann zusammen waren, mit dem, dem sie

Kinder geschenkt hatten. Heute ist das Res voller unverheirateter Mütter, die häufig Kinder von verschiedenen Männern haben. Ich bilde da keine Ausnahme, aber deswegen schäme ich mich nicht. Leben gebären ist etwas Großes. Es geht mir einfach darum, daß unsere alten Werte verschwunden sind und unsere Welt auseinandergebrochen ist.

Ich habe das Gefühl, viele unserer Männer grollen den Frauen, und ich kenne den Grund dafür. Die Männer können nicht mehr jagen, sie finden keine Jobs und können nicht mehr für eine Familie sorgen, für sie gibt es nichts, was sie tun könnten. Eine Frau kann immer noch Perlenstickereien an Touristen verkaufen oder in den Touristenfallen am Highway kellnern oder in den vielen Motels saubermachen. Die Frauen erhalten die Schecks der Sozialhilfe und der Kinderbeihilfe. Oft genug muß der Mann seine Familie verlassen, weil die Frau keine Sozialhilfe erhält, solange noch ein Ehemann da ist. Die Rollen sind also anders verteilt. Heute ist in vielen Fällen die Frau der Versorger, gewöhnlich ein sehr armseliger. Findet sie Arbeit, muß sie ihre Kinder den Großeltern überlassen. Eine ganze Generation von Reservatskindern wächst auf, die nicht von Vater und Mutter, sondern von der Oma großgezogen wurden.

Die Armut ist heute größer als je zuvor. Die ärmsten Counties in den USA – Shannon, Mellette und Todd – liegen in den Reservaten von Rosebud und Pine Ridge. Von der Wiege bis zur Bahre dauert die Arbeitslosigkeit an, und die Abhängigkeit von den mageren Almosen der Regierung zerstört die Seele unseres Volkes. Armut, Abhängigkeit und Elend erzeugen Wut, eine Wut, die sich nicht gegen die Ursachen, sondern nur gegen sich selbst wenden kann. Wer machtlos ist, kann seine Frustrationen oft nur an denen auslassen, die noch verletzlicher sind.

Daß es für sie nichts zu tun gibt und sie nicht für ihre Familien sorgen können, lassen manche Männer an ihren Frauen aus. Als ich fünfzehn Jahre alt war, wurde ich vergewaltigt. Man sagte mir, es wäre mein eigener Fehler gewesen, weil ich allein auf einer einsamen Straße ging, weil ich kein Messer bei mir hatte, weil ich einfach zu dumm war, um es besser zu wissen. Man kann treten, beißen, kratzen, aber er ist immer größer, stärker, das ist es. Ich habe mich nicht gut gefühlt hinterher, das muß ich sagen. Ich schämte mich, und es war mir viel zu peinlich, als daß ich es meiner Mom gesagt hätte. Auch zur Polizei ging ich nicht, weil das strikt verboten ist. Von da an trug ich ein Messer bei mir und schlitzte einigen Kerlen, die versuchten, mich für sich einzufangen, sogar die Reifen auf. Mit siebzehn wurde ich schwanger. Er war ein gutaussehender Indianerjunge mit langen Zöpfen. Vielleicht waren es diese Zöpfe. Er war beliebt und nahm mich mit in die Wildnis hinaus. Später merkte ich, daß er nur daran interessiert war, daß seine Hemden und Hosen ausgebessert wurden. Das wollte ich nicht tun, deshalb ging ich nach Wounded Knee, um mein Kind zur Welt zu bringen.

Einmal sagte mir ein Mann, dem ich zu verstehen gegeben hatte, daß ich an ihm nicht interessiert war: »Mit einem Kasten Bier, einem vollen Einkaufsbeutel und einem bißchen Gequatsche kann ich jede Frau kriegen.« Von den netteren bekommt man zu hören: »Kriegerfrau, laß uns einen kleinen Krieger machen.« Neun Monate später stillt die Frau ihren kleinen Krieger und der große Krieger ist über alle Berge. Die Ansicht, daß jede Frau dazu gut ist, mit im Schlafsack zu liegen und auf die Kinder aufzupassen, ist weitverbreitet. Auch geschlagen werden Frauen oft, ich kenne genügend davon. Und immer ist es die gleiche Geschichte. Obwohl sie zusammengeschlagen werden, bleiben sie bei dem Mann, weil sie ihn trotz allem lieben, oder sie bleiben um der Kinder willen. Das ist nämlich alles, was sie in ihrem Leben kennengelernt haben, und so erscheint das vielen normal. Eine Menge Frauen begreifen einfach nicht, daß sie ihr Leben leben können, ohne von einem Mann abhängig zu sein, der sie verprügelt. Meistens verschwinden diese Kerle dann mit dem Geld der Sozialhilfe oder sie verkaufen die Essenmarken beziehungsweise die Zuteilungen und gehen feiern. Ein Mann will ausgehen und feiern, und wenn er feiern will, dann tut er das auch. Regt sich die Frau darüber auf, bekommt sie Prügel, und daraus entwickelt sich eine Riesenschlägerei, bei der fast immer der Mann gewinnt. Und selbst die Kinder sind davon betroffen, sie müssen mit ansehen, wie ihre Mutter geschlagen wird. So ist es eben, und es gibt keine Möglichkeit, ein vernünftiges Leben für die Menschen einzurichten. Man sieht Frauen mit blauen Augen und verschwollenen Lippen, die an ihrer Ehe festhalten. Ich könnte das nicht.

Vor Jahren lebte meine Schwester Barb mit einem Alkoholiker zusammen, der im Suff gewalttätig wurde. Sie lebten draußen in der Prärie, und eines Tages rief seine Mutter meine Mom an und sagte ihr: »Du solltest mal nach deiner Tochter sehen, sie ist in einer schlimmen Verfassung.« Mom fuhr hinaus und entdeckte, daß Barb so sehr abgenommen hatte, daß sie nur noch neunzig Pfund wog. Mit einem Radschlüssel hatte dieser Mann sie geschlagen und ihr Whiskey in den Hals geschüttet. Wie üblich pflegte Mom sie, bis sie wieder sie selbst war. Ich sagte zu Barb: »Da hast du dir aber den rechten ausgesucht.« Barb meinte nur: »Das sagst ausgerechnet du.«

Annie Mae Pictou Aquash war meine Freundin, eine der stärksten und tapfersten Frauen in der Bewegung, schön und begabt. Während der Belagerung von Wounded Knee heiratete sie Noo-Ge-Shik Aquash, der dort ein großer Held war, ein eleganter, schlanker, reinblütiger Indianer mit schwarzem Bärtchen und flottem Hut. Ihre Trauung war wunderschön. Wallace Black Elk hielt eine traditionelle Zeremonie ab, man verbrannte Zeder und rauchte die Pfeife. Für eine glückliche Zukunft brachten vier Männer und vier Frauen Fleischopfer, die Leute drängten sich um sie und sangen das Lied der AIM. Ebenso wie die Geburt meines

Sohnes wurde diese erste Hochzeit auf dem für unabhängig erklärten Gebiet der Oglala als gutes Omen angesehen. Zwei Jahre später zog Annie Mae bei uns in Crow Dogs Paradies ein – allein. Noo-Ge-Shik war Krieger und Maler und schien ein aufrichtiger und feinfühliger Mann zu sein, in bezug auf Frauen aber hatte er eine dunkle Seite. Annie Mae erzählte mir, er hätte sie schlecht behandelt, wäre sehr besitzergreifend und unheilbar eifersüchtig und hätte ihr nicht erlaubt, irgendwelche Freunde zu treffen. Wochenlang hätte er sie sogar wie eine Geisel gehalten und sie geschlagen. Sie aber war nicht die Art Frau, die so etwas hinnimmt, und deshalb hatte sie ihn verlassen.

Männer, die fast bis zur Bewußtlosigkeit betrunken sind, werden zu ›Monstern‹ und werfen ›tödliche Blicke‹ um sich. Da gab es einmal einen Mann und seine Frau, ihre Namen werde ich nicht nennen, die schienen eine gute Ehe zu führen und miteinander glücklich zu sein. Eines Tages hatte er von dem harten Stoff mehr als gewöhnlich getrunken, er drehte durch und brachte sie um. Warum er das getan hatte, wußte er nicht – er besaß nicht einmal die leiseste Erinnerung daran. Am Tag zuvor hatte ich sie miteinander lachen und scherzen gesehen. Eine andere Freundin von mir wurde tot in ihrem Haus aufgefunden, mit einem Nylonstrumpf erdrosselt, und eine junge Frau, Nellie, entdeckte man eines Morgens in St. Francis tot zwischen ein paar Müllkübeln. Sie hatte ein neugeborenes Baby. Im Res ist der Tod etwas Alltägliches. Manchmal ist es auch der Mann, der stirbt. Ich kannte ein Mädchen, das mit einem Trinker zusammenlebte. Sie hatte einen guten Job als Sekretärin im Stammesbüro. Einmal gaben sie eine Party, und als sie in der Küche stand, kam er von hinten auf sie zu und fing an, sie zu würgen. Da griff sie nach einem Messer und stieß es ihm ins Herz. Jetzt ist sie in einem Rehabilitationszentrum in Sioux Falls. Und dann gab es den Fall, als eine Frau, die mit ihrem Auto zum Einkaufen gefahren war, ihren Mann dabei erwischte, wie er in einem anderen Wagen mit einer Frau Liebe machte. Sie gab Gas und fuhr mit voller Geschwindigkeit in das andere Auto hinein – alle kamen ums Leben.

Im Jahre 1984 war eine Lady von der Nordwestküste, Paula Three Stars, in einen berühmt gewordenen Totschlag verwickelt. Sie hatte eine ganze Reihe von Jahren mit Sonny Evening zusammengelebt, einem Alkoholiker, der sie jedesmal, wenn er betrunken war, windelweich schlug. Und dann hatte er es einmal zuviel getan, und Paula, die es müde geworden war, ständig verprügelt zu werden, brachte ihn in Notwehr um. Nun, Männern gestand man stets das Recht zu, in Notwehr zu töten – um sich selbst zu verteidigen oder ihre Familien oder ihr Eigentum. Einer Frau wurde dieses Recht nicht so selbstverständlich eingeräumt. Paula wurde in erster Instanz wegen Mordes zu zehn Jahren verurteilt. Sie kam sich ›wie betäubt, betrogen und mißhandelt‹ vor. Dank der Intervention einer Reihe mutiger Sprecherinnen und Organisationen der Uramerikaner wurde ihre Strafe später für drei Jahre auf Bewährung ausgesetzt, und sie wurde entlassen. Ein weiterer bekannter Fall war der von Yvonne Wanrow, einer Colville-Indianerin, die den Weißen William ›Chicken Bill‹ Wesler erschoß, einen berüchtigten Kinderschänder. Wesler drang total betrunken in der Morgendämmerung in Yvonnes Haus ein und torkelte auf das Bett zu, in dem Yvonnes drei Kinder schliefen. Am Tag zuvor hatte Chicken Bill versucht, Yvonnes neunjährigen Jungen zu belästigen. Er hatte ihn mit einem Messer bedroht und am Arm festgehalten, aber irgendwie war es Darren gelungen zu entkommen. Und davor hatte Chicken Bill die siebenjährige Tochter von Yvonnes Babysitterin vergewaltigt. Als er in ihr Haus eindrang, ging Yvonne an Krücken, ein Bein, das sie sich gebrochen hatte, in Gips. Sie wollte keinerlei Risiko eingehen und schoß Chicken Bill auf kurze Entfernung über den Haufen – schließlich mußte sie nicht nur sich selbst, sondern auch ihre Kinder verteidigen. Aber ungeachtet der Tatsache, daß der Eindringling wegen gleicher Vergehen schon mehrmals verhaftet worden und deshalb der Polizei gut bekannt war, wurde Yvonne Wanrow wegen Mordes angeklagt und mußte jahrelang um ihre Freiheit kämpfen. Es gibt viele solcher Fälle, aber diese beiden mögen genügen, um ein Schlaglicht auf das Problem zu werfen.

Wir müssen die häusliche Gewalt bekämpfen. Die Frauen sind jetzt dabei, etwas dagegen zu unternehmen. Sie gehen in die Stammespolitik und haben keine Angst, gegen gewalttätige Männer Unterlassungsurteile durchzusetzen. Man bestärkt sich gegenseitig. In Rosebud haben wir die Weiße-Büffel-Frau-Gesellschaft und in Pine Ridge gibt es die Gesellschaft des Heiligen Tuches. Die Weiße-Büffel-Frau-Gesellschaft wurde 1979 von Tillie Black Bear gegründet, selbst Opfer häuslicher Gewalt. Sie war es auch, die eine Aktion startete, in der alle Ehrenmedaillen widerrufen werden sollten, die an Soldaten verliehen worden waren, die 1890 in Wounded Knee unsere Frauen und Kinder massakriert hatten. Wenn ein Mann seine Frau verletzt, kann sie ihn wegen häuslicher Gewalt ins Gefängnis bringen. Zwar darf ihn ein Stammesrichter selbst dann entlassen, wenn er außerstande ist, Kaution zu stellen, aber ihm ist nicht erlaubt, in sein Haus zurückzugehen oder in die Nähe seiner Frau zu kommen und Ärger zu machen. Außerdem zwingt ihn das Gericht, eine Beratungsstelle aufzusuchen. Dafür gibt es alle möglichen Programme, und zwar für Männer wie für Frauen. Man kann einem Paar auch die Kinder wegen Vernachlässigung wegnehmen, und sie können einen dazu bringen, zur Alkoholikerberatung zu gehen. In Antelope existiert ein Rehabilitationszentrum, das Kleine Mangel genannt wird. Dorthin geht man für dreißig Tage zur Behandlung und darf in der Zeit weder Briefe schreiben noch telefonieren. Viele Kinder kommen wegen häuslicher Gewalt auch in Pflegeheime. Ein paar Männer sagen zwar, wenn Behandlung angeordnet wird: »Zum Teufel damit!« und verschwinden nach Denver oder St. Paul, wo sie dann in Indianerghettos leben und es ihren Familien überlassen, für sich selber zu sorgen. Andere aber, denen an ihrer Familie gelegen ist, gestehen ihre Fehler ein und versuchen sie abzulegen.

Bei einigen Stämmen hat es Fälle von Inzest gegeben. Das ist etwas vollkommen Neues und hat nicht nur mit Alkoholismus zu tun, sondern auch mit dem zu engen Kontakt zur ›Zivilisation‹ des weißen Amerika. In der Vergangenheit waren Inzest und sexuelle Belästigung von Kindern durch nahe Verwandte völlig unbekannt, weil diese Verbrechen das bedeutendste Tabu der Uramerikaner verletzen. Angst und Abscheu vor Inzest waren so ausgeprägt, daß sie zu den sogenannten Unterlassungstabus führten, die es einer Schwiegermutter unmöglich machten, mit dem Schwiegersohn zu reden oder ihm zu nahe zu kommen, und einem Schwiegervater verboten, sich mit seiner Schwiegertochter zu unterhalten. Jetzt aber sickern die Laster und Verbrechen der dominierenden weißen Gesellschaft in unsere Reservate ein, und das ist das Ergebnis der Unterdrückung unserer alten Religion, die ein Bollwerk gegen solche Dinge dargestellt hatte.

Ein weiteres Problem, dem wir entgegentreten, ist die Heimeinweisung von Kindern wegen Trunksucht ihrer Väter oder wegen ›primitiver häuslicher Lebensbedingungen‹. Aus den fadenscheinigsten Gründen werden die Kinder aus ihren Familien herausgerissen und in Waisenhäusern oder Pflegeheimen der Weißen aufgezogen. Und dann lehnen wir die vielfältigen Versuche kinderloser weißer Ehepaare ab, unsere Kinder zu adoptieren. Ein Kind, das von Außenstehenden adoptiert wird, ist für uns verloren. Unsere Kinder aber sind unsere größte Hoffnung für die Zukunft, wir können es uns nicht leisten, sie zu verlieren.

Ich erinnere mich, daß in Michigan von indianischen Frauen der Rat zum Schutz des uramerikanischen Kindes,

Native American Child Protection Council (NACPC), gegründet wurde, um die ›massenhafte Entführung und Adoption indianischer Kinder‹ zu verhindern. Sie machten darauf aufmerksam, daß es eine Art Massenansturm auf indianische Babys gebe, weil es an weißen Babys mangelte, die zur Adoption frei waren, und weil niemand schwarze Babys haben wollte. Da gingen Vertreter von Adoptionsagenturen in die Häuser der Uramerikaner und erzählten den Leuten, daß ihre Wohnung ungeeignet sei, ›weil zwei oder drei Kinder in einem Bett schlafen müßten‹. Zum Teufel, bei den meisten indianischen Familien, die ich kenne, schlafen zwei oder drei Kinder in einem Bett. Die weiße ›Kernfamilie‹ mit einem Limit von zwei Kindern gibt es bei uns nicht, und für mehr als ein Schlafzimmer sind unsere Häuser, zumeist nur Hütten oder Wohnwagen, zu klein.

Der NACPC schloß sich mit anderen indianischen Frauengruppierungen zusammen, und es herrscht die gemeinsame Auffassung, unsere Kinder sollten nicht von Außenstehenden adoptiert werden, wenn wenigstens ein Ehepartner Uramerikaner ist. Außerdem sind wir der Meinung, solange keine Garantie dafür vorliegt, daß die Kinder ihre indianische Identität nicht verlieren, dürfen sie nicht zur Adoption freigegeben werden. Wieder und wieder geraten wir in diesem Kampf um unsere Kleinen, unsere zukünftige Generation, mit den Weißen aneinander, die unsere Familien dazu bewegen möchten, ihre Kinder aus finanziellen, rassischen oder religiösen Gründen herzugeben.

Zu den größten Übeltätern gehört die Kirche der Mormonen. Einige ihrer Kirchengebäude haben die Heiligen der Letzten Tage in Indianerreservaten gebaut. Um Kinder von uns bei Mormonenfamilien unterzubringen, betreiben sie ein Programm, das die Eltern mit Versprechungen von einem besseren Leben für ihre Kinder ködert. Da heißt es zum Beispiel: ›Eure Kinder bekommen eine bessere Ausbildung, besseres Essen, bessere Kleidung und bessere Lebensbedingungen als ihr sie ihnen je bieten könnt.‹ Mit Bonbons und Spielzeug versucht man sogar die Kinder zu bestechen. Den Indianerfrauen setzt man zu, ein Papier über ein ›freiwilliges Unterbringungsprogramm für ein Jahr‹ zu unterschreiben, gemeint ist allerdings: für immer. Man sagt: ›Wir werden eure Kinder vor Licht und Entzücken erstrahlen lassen‹, was immer das auch bedeuten mag. Das alles ist einfach Kindesraub. Und Hand in Hand damit geht, vor allem im Südwesten, ein großangelegter Landraub. Wir alle bekämpfen diese fremde Kirche mit allen Mitteln.

Eine andere Sache, an der ich mich beteiligte, war der Versuch, die zwangsweise Sterilisierung indianischer Frauen zu verhindern. Meine Schwester Barb wurde ohne ihre Einwilligung sterilisiert. Mom glaubt zwar, Barb sei die Gebärmutter aus gesundheitlichen Gründen entfernt worden, und behauptet immer, daß Barb ohne diese Operation gestorben wäre. Barb und ich aber denken anders darüber. Damals, vor etwa fünfzehn oder zwanzig Jahren, gab es bei den weißen BIA-Ärzten den Trend, Indianerfrauen entweder durch Entfernung der Gebärmutter oder der Eierstöcke zu sterilisieren. Die vorherrschende Einstellung bei den Weißen, die unser Leben bestimmten, war folgende: Diese verdammten Indianer hecken wie die Karnickel, leben unterhalb der Armutsgrenze, bekommen Sozialhilfe und sind eine Last für den amerikanischen Steuerzahler. Und dabei sind die meisten noch nicht einmal richtig vor dem Gesetz verheiratet! Verhindern wir also, daß diese Squaws noch mehr Bälger in die Welt setzen!

Gnadenlos wurde vielen Frauen von Sozialarbeitern und Hospitalangestellten zugesetzt, die ihnen erklärten, sie wären schlechte Mütter, weil sie dauernd betrunken seien, weil ihre Häuser unhygienisch wären und sie auch nicht genug Geld hätten, um ihre Kinder anständig großzuziehen. Wieder und wieder bedrängte man die Frauen: »Wäre es nicht besser, gar keine Kinder mehr zu bekommen, als daß sie weit weg in Pflegeheimen aufwachsen?« Im Juli 1974 zum Beispiel wurden in einem kleinen Hospital in Claremore, Oklahoma, nicht weniger als achtundvierzig Sterilisationen an Indianerfrauen vorgenommen. Einer der bedeutendsten Gegner dieser Form von Völkermord war Dr. Connie Uri, ein indianischer Arzt, der damals in Los Angeles lebte und die Indianerrechtsbewegung unterstützte. Insgesamt wurden in diesen Jahren mehrere hundert illegale Sterilisationen vorgenommen. Auch Chicano-Frauen hatten diese Sterilisatoren im Visier. Barb nahm an einer Konferenz in Europa, die sich mit diesem Thema beschäftigte, teil und schilderte dort, was bei uns vor sich geht.

Den Frauen im Res gefällt mein Buch ›Lakota Woman‹, sie ziehen mich auf und nennen mich einen Star. Immer wieder sagen sie: »Es war längst Zeit, daß jemand endlich den Mut hatte, die Wahrheit zu sagen und über alles zu schreiben, was bei uns passiert. Insgeheim redet jeder darüber, aber an die Öffentlichkeit traut sich keiner damit.« Und viele indianische Frauen haben mir erzählt, daß sie richtig stolz darauf sind. Sogar ein paar Burschen sind zu mir gekommen, um sich das Buch signieren zu lassen, und auch die meinten: »Richtig so, Schwester, laß alles raus. Sag, wie es ist, das ist wichtig.« Auch im College wird das Buch behandelt. Allerdings hat die Medaille auch eine Kehrseite. Einige behaupten nämlich, ich hätte das romantische Image des edlen Indianers zerstört, und eine meiner Tanten kritisiert mich wegen des persönlichen Krams, über den ich spreche. Sie ist christliche Fundamentalistin und kann einfach nicht verstehen, wie ich solche peinlichen Sachen zu Papier bringen konnte und dabei Dinge erwähnt habe, über die man nicht redet. Viele Frauen kommen jetzt um Rat zu mir, und denen sage ich immer: »Ich bin keine Älteste. Es gibt Großmütter, die länger als ich auf der Welt sind und in ihrem langen Leben viele Erfahrungen gesammelt haben. Die können euch mehr sagen als ich.« Ich rate den Schwestern einfach: »Seid stark für euch selbst und für andere.« Auf einmal habe ich auch viele weiße Verehrerinnen. Ein paar sind New-Age-Leute und schicken mir Kristalle. Die sind zwar sehr schön, und ich sehe sie mir gern an, aber ich weiß mit diesen wunderbar funkelnden Dingen nichts anzufangen. Mir ist bekannt, daß es Leute gibt, die dafür eine Gabe besitzen, ich aber gehöre nicht dazu. Auch eine ganze Reihe Leserbriefe habe ich erhalten. Einige Frauen schrieben etwa: ›Ich fühle mit Dir, habe ich doch die gleichen Sachen durch‹, oder auch: ›Ich erinnere mich an diese Tage, Du hast sie mir wieder ins Gedächtnis gerufen‹, oder: ›Die Wahrheit ist immer schön, auch wenn sie schmutzig ist‹. Ein paar weiße Frauen schrieben, sie hätten gar nicht gewußt, daß noch Indianer existierten, die ums Überleben kämpften. Im Brief einer Schwarzen stand: ›Ich liebe Dich, Schwester. Ich lebe in einem städtischen Slum und Du in einem ländlichen – das ist der ganze Unterschied. Was Du erlebt hast, haben auch wir erlebt.‹ Einige Schreiberinnen baten um Hilfe, andere boten Hilfe an. Eine Frau aus Kalifornien wollte herkommen und bei mir leben. Sie wollte in die indianische Spiritualität eindringen und Visionen bekommen. Und sie wollte in einem Tipi leben. Ich schrieb ihr zurück, das Leben in einem Tipi sei nicht ganz so großartig, vor allem nicht im Winter und mit Kindern, und ich riet ihr, sie solle in der Nähe der Wasserleitung, des Gasofens und des WC's bleiben. Ich hoffe, daß mein Buch einiges erreicht hat, und ich stimme jener Frau zu, die schrieb, daß die Wahrheit schön ist, selbst wenn sie schmutzig ist.

Ich bin stolz auf unsere indianischen Frauen, stolz auf ihren Mut im Unglück und stolz darauf, daß sie die Stämme zusammenhalten. Ich muß oft an sie denken, vor allem an ANNIE MAE AQUASH, die eine Zeitlang bei uns gelebt hat. Sie war eine Micmac und lernte unsere Sioux-Lebensart kennen. Bei Meetings der Kirche der Amerikanischen Ureinwohner nahm sie mit mir Medizin. Wo immer auch Indianer schlecht behandelt wurden oder Probleme hatten, fand man Annie Mae mittendrin. Sie sagte mir einmal: »Wenn einer meiner Brüder angeschossen oder umgebracht wird, dann gehe ich hin und kämpfe mit den anderen. Ich werde meine Schwestern verteidigen, wenn sie Ärger bekommen. Ich werde für mein Volk sterben. Was schert mich ein langes Leben? Lieber jung sterben, als daneben stehen und andere kämpfen sehen.« Sie starb jung, ihre gefrorene Leiche lag im Schnee. Ich glaube, sie wußte, daß sie eines gewaltsamen Todes sterben würde. Ihr Geist aber lebt. Sie war meine beste Freundin.

Besonders eng verbunden fühle ich mich den Schwestern, die mit mir in Knee waren. Da ist LORELEI DE CORA, unsere ›Pistolen-Mama‹, die mit gerade neunzehn Jahren unsere Klinik in Wounded Knee leitete. Sie ist eine Miniconjou-Sioux und seit ihrem sechzehnten Lebensjahr in der Bewegung. Ein paar Jahre war sie mit Ted Means verheiratet, dem Bruder von Russell. Ich kann mich noch daran erinnern, wie sie der Menge in Knee sagte: »Das hier ist es. Hier leisten die Geringsten und Ärmsten Widerstand. Wir sind die Wurzeln des Grases.« Sie war eine der Mitbegründerinnen der Organisation Frauen aller Roten Völker. Mehrere unserer Frauen nahmen an den Feuergefechten teil, und wenn jemand verwundet wurde, holten ihn unsere Sanitäterinnen – Lorelei De Cora, ihre Schwester Mary und Madonna Gilbert – im Kugelhagel herein. Jetzt arbeitet sie als Schwester in unserem Stammeshospital und leitet im Res ein Programm gegen Aids. Neulich habe ich sie gefragt: »Haben wir damals wirklich alle diese verrückten Sachen gemacht?« Sie hat nur gelacht: »Wir haben sie für normal gehalten.«

Da ist weiter KA-MOOK. Sie ist eine Oglala aus Pine Ridge und war früher unter dem Namen Darlene Nichols bekannt. Bis vor kurzem war sie mit Dennis Banks verheiratet, einem unserer Führer und Mitbegründer der AIM. Ka-Mook wurde 1975 wegen Waffenbesitzes verhaftet und nach

Wichita in Kansas ins Gefängnis gesteckt, wo sie ihre zweite Tochter zur Welt brachte und sie Ta Tiyopa Maza Win, Eisentürfrau, nannte. Damals schrieb sie aus dem Gefängnis: ›Eisentürfrau ist ein sehr passender Name. Zweieinhalb Monate war sie hinter eisernen Türen, und das sagt ihr Name aus.‹ Ka-Mook wurde unter Höchstsicherheitsbedingungen in Einzelhaft gehalten. Kurz bevor sie niederkam, stieß ihr ein Wärter den Finger in den Bauch und fragte: »Bist du sicher, daß da ein Baby drin ist und keine M-16?« Das war so seine Vorstellung von einem Scherz. Sie schrieb auch aus ihrer Zelle: ›Die Bundesbehörden stecken uns hinter Gitter, um uns klein zu machen, aber ewig kann man uns nicht im Gefängnis behalten. Irgendwann sind wir alle wieder draußen, und wir werden um vieles stärker sein. Vielleicht haben unsere Kinder dann nicht mehr so zu leiden und Dinge durchzumachen, wie wir sie jetzt erleben. Auch die Leute draußen werden dadurch, daß wir hinter Gittern sitzen, stärker. Nur aus einem Grund bin ich hier, und das sind meine Kinder und die Kinder unseres Volkes.«

Viel zu verdanken habe ich GROSSMUTTER JOSETTE WAWASIK, einer Ojibway-Lady, die bei Pedros Entbindung am 11.April 1973 als Hebamme einsprang. Sie half meinem Baby auf die Welt, als die Kugeln durch die Luft flogen und die Schweine in gepanzerten Mannschaftswagen dicht vor der Verteidigungslinie herumkurvten. Sie ging ganz ruhig vor, drückte auf meinen Bauch, hob das Neugeborene hoch und schnitt die Nabelschnur durch, als ob es sich um eine Routineentbindung in einem friedlichen städtischen Hospital handele. Dann hielt sie mein Kind am Fenster hoch, damit jeder es sehen konnte, und draußen gab es ein Trommeln und Singen, gab es Lachen und Weinen, und alle fielen sich in die Arme. »Ich bin hier in Knee, weil ich an das Leben glaube«, sagte Großmutter Wawasik zu mir. Ich werde mich immer an sie erinnern. Als mein Baby da war, kochten sie für mich ein großes Festmahl, aber die Jungen waren so aufgeregt, daß sie alles selber aufaßen. Also trank ich Tee. Carter Camp, einer der AIM-Anführer, erklärte Pedro zu seinem Neffen und sagte: »Ich bin sein erster Onkel.« Und Dennis Banks stellte eine Geburtsurkunde des Unabhängigen Gebiets der Oglala aus – ich habe sie noch.

Auch GRACE BLACK ELK werde ich nie vergessen, die Frau von Wallace, die leider schon in die Welt der Geister eingegangen ist. In Knee sagte sie zu uns: »Man kann uns doch nichts weiter tun, als uns umzubringen. Und wenn sie das tun, werden nach uns andere kommen, die diesen Kampf zu Ende führen.«

Eine der tapfersten Frauen, die ich je getroffen habe, war GLADYS BISONETTE aus Pine Ridge, die den Schlägern, die so viele von unseren Leuten ermordet hatten, immer mutig die Stirn bot und die unserem Mini-Hitler Dicky Wilson ins Gesicht sagte, daß er ein Killer, ein Gauner und ein betrunkener Idiot sei. Gladys war es, die zusammen mit ein paar anderen Frauen kurz vor der Besetzung bei einem Meeting in Calico den Männern sagte: »Laßt uns in Wounded Knee Stellung beziehen. Dieser Ort hat für uns große Bedeutung, weil dort so viele unseres Volkes massakriert worden sind. Wenn ihr Männer das nicht tut, werden die Frauen es tun, und ihr könnt zu Hause bleiben und auf die Kinder aufpassen.«

Nachdem die Marshals das Feuer auf uns eröffnet hatten, sagte Gladys zu den Frauen: »Da kommen Kugeln aus der Nacht und zwitschern uns um die Köpfe, um die Leiber, um die Beine. Kugeln über uns, Kugeln um uns, aber keine dieser Kugeln wird ihren Weg in unsere Leiber finden, weil uns der Große Geist beschützt. Habt keine Angst vor den Kugeln – ich nenne sie Schweinekugeln.«

Neben Gladys stand ELLEN MOVES CAMP, eine Lakota, die aus dem Gesundheitsdienst gefeuert worden war, weil sie sich gegen die herrschende Unterdrückung gewandt hatte. Sie erinnerte sich: »Auf dem Meeting in der Community Hall in Calico waren nur zwei Männer von der AIM anwesend, aber dreihundert Frauen und Älteste, Häuptlinge und alle Medizinmänner außer einem, der zu alt und zu krank war, um zu kommen. Damals haben wir dort den Entschluß gefaßt, bei Wounded Knee Widerstand zu leisten. Die Frauen waren es, die vorangingen und sprachen und die zuerst auf die Idee kamen, Wounded Knee zu besetzen, während die Männer zögerten und sich Gedanken über die Folgen machten. Und es waren wirklich die alten Leute, die Großväter und Großmütter, die uns zustimmten und sagten: ›Geht hin und tut es!‹« In Knee lief Ellen mit einem Stirnband herum, auf dem stand: KLAGT NIXON AN. Wie die meisten von uns ist Ellen ruhiger geworden. Sie muß jetzt zu Hause bleiben, in Wanblee, South Dakota, und die Enkel hüten – unser aller Schicksal.

Eine dritte mutige Sioux war LOU BEAN. An der Spitze von etwa dreihundert Demonstranten stand sie in Pine Ridge fünfundsiebzig schwerbewaffneten Marshals gegenüber. Einer der Marshals sagte zu ihr: »Wir fünfundsiebzig Mann könnten die Scheiße aus euch rausprügeln, aus dem ganzen Volk der Sioux und aus der AIM dazu.« Und sie erwiderte: »Genau das hat Custer auch gesagt. Warum kommt ihr nicht her und versucht es? Wir sind bereit zu kämpfen!« Da rührten sie sich nicht vom Fleck und beschäftigten sich damit, aus ihren kleinen Lunch-Schachteln Sandwiches zu essen. Lou fügte noch hinzu: »Lieber nehme ich eine Klapperschlange in den Arm als einen von euch.«

Eine sehr gute Freundin von mir ist MICHELLE RICHARDS, die wir Mickey nennen. In Knee war sie eine der standhaftesten Frauen. Hochschwanger hob sie mit einer anderen Wounded-Knee-Schwester das Grab für Annie Mae aus. Wahrhaft heroisch war ihre Weigerung, vor einer Grand Jury gegen einen Bruder auszusagen, der einen gemeinen Drogendealer erschossen hatte – ausgerechnet in Valentine, Nebraska. Sie betonte, daß sie als traditionsbewußte Uramerikanerin sich nicht zum Handlanger des kriminellen weißen Justizsystems machen könne. Wegen ihrer Weigerung wurde sie ohne Anklage drei Monate in Haft genommen. Sie trat in den Hungerstreik und nahm neununddreißig Tage keine Nahrung zu sich. Dann verweigerte sie sogar das Wasser. Man brachte sie ins Hospital, wo sie, an ihr Bett gefesselt und rund um die Uhr überwacht, zwangsernährt wurde. Ihren Willen konnte man allerdings nicht brechen. Schließlich gab man auf und ließ sie gehen. Wir bewunderten sie für ihre Haltung, aber Mickey tat das achselzuckend ab. Sie haßt die bezahlten Schläger, und das aus gutem Grund: Ihrer Mutter haben diese Typen in den Hintern geschossen und ihrem jungen Neffen in den Arm. Heute ist Mickey Großmutter, lebt immer noch in Pine Ridge und ist mit einem Sioux aus dem Reservat Standing Rock verheiratet.

Ich erinnere mich auch an eine Lakota-Frau, die IRMA hieß und in Wounded Knee durch die Linien hin- und herschlüpfte und jedesmal einen schweren Rucksack voller Lebensmittel mitbrachte. Man mußte dazu von Porcupine her kommen, und das bedeutete, neun Meilen weit durch ein Gelände marschieren, das voller Stolperdraht-Leuchtkugeln war und in dem es vor Marshals mit Infrarot-Zielfernrohren und scharfen Hunden nur so wimmelte. Dann war da auch MILDRED, die als die Übergabe diskutiert wurde, den Kriegern ein paar mitreißende Worte sagte: »Wir sind jetzt in eben den Hohlwegen, in denen vor hundert Jahren unsere Frauen und Kinder massakriert worden sind. Es ist der gleiche Ort, es sind die gleichen Wasserläufe, das gleiche Chankpe Opi Wakpala. Sie wollen, daß wir herauskommen und unsere Gewehre abgeben, aber so verrückt sind wir nicht!«

Zu den mutigen Frauen aus dem Osten gehörte CARLA BLAKEY, eine Salteaux-Indianerin aus Kanada, die ein paar Jahre mit Art Blakey, einem schwarzen Jazzschlagzeuger, verheiratet war. Sie ist an einem Ort aufgewachsen, wo man auf der Straße den Polarbären begegnet. Letzten Sommer kam sie zum Sonnentanz und erhielt als Ehrung den kleinen regenbogenfarbenen Stoffstreifen, den alle Aktivisten von Wounded Knee voller Stolz tragen. Mit Carla waren TRUDY LAMB und CHARMAINE LYONS zusammen. Trudy, die aus einem kleinen Reservat in New Jersey stammt, hatte ihre Flöte mitgebracht. Charmaine war eine Cherokesin aus North Carolina, von den Sechs Völkern. Ich erinnere mich auch an eine Frau aus dem Nordwesten, die zu mir sagte: »Ihr kämpft um euer Land. Ihr habt ein besonderes, verwandtschaftliches Verhältnis zum Büffel. Ja, und ich bin hierhergekommen, um für unseren Bruder, den Lachs, zu kämpfen.«

Und was war mit SAHRA BAD HEART BULL? Ihr Sohn, Wesley Bad Heart Bull, wurde in dem kleinen Ort Buffalo Gap, am Rande der Black Hills, von Darold Schmidt, einem weißen Rassisten, erstochen. Der Prozeß in Custer, mitten in den Black Hills, begann genau eine Woche vor der Besetzung von Wounded Knee. Wir alle fuhren hin – die AIM-Leute und die Sioux aus Pine Ridge und Rosebud –, um zu erleben, wie Recht gesprochen wird. Custer nennt sich ›die Stadt mit dem Pulvergeruch‹, und diesem Beinamen wurde sie vollauf gerecht, denn als wir merkten, daß der Mörder nur wegen Totschlags angeklagt war und dann noch frei ausgehen würde, steckten wir das Gericht und die Handelskammer, eine Art Blockhütte, in Brand. Und das ließ, wie es ein Bursche bezeichnete, ›ein höllisches Rauchsignal in den Himmel steigen.‹ Sarah, die Mutter des Opfers, wurde am Betreten des Gerichts gehindert. Als sie trotzdem hineinzugelangen versuchte, stießen ein paar Schweine mit Helmen und Gesichtsschilden sie die Treppe hinunter, und als sie aufstehen wollte, schlug sie einer der Trooper mit seinem langen Schlagstock. Dann brach die Hölle los. An den Tumult erinnere ich mich noch sehr lebhaft.

Ich stand mit allen anderen AIM-Leuten draußen, während Dennis Banks, Russell Means und Leonard Crow Dog sich im Gerichtssaal befanden. Nur eine Handvoll Burschen von uns waren noch mit drin. Wir versuchten hineinzukommen, und die Einsatzgruppe der Polizei blockierte die Türen. Da ging es los. Die Schweine prügelten auf die Leute ein. Ich sah, wie zwei von ihnen ein junges Mädchen durch den Schnee schleiften, sie hatten ihr die Kleider heruntergerissen, so daß sie nur noch BH und Schlüpfer trug. Ein Mädchen direkt neben mir ging mit einem Hammer auf einen Trooper los und zerschlug ihm seinen Gesichtsschild. Als Russell Means aus dem Gericht kam, knüppelten ihn die Schweine mit ihren langen Hartholzstöcken zusammen. Später sah ich ihn dann benommen und in Handschellen im Schnee sitzen. Ich war damals schwanger und dick wie ein Flußpferd oder eher wie ein Wal. Wir machten Molotow-Cocktails; Carter Camp, Dace Means, Stan Holder und Victorio verhöhnten die von der Einsatztruppe: »Na los, kommt doch. Was versteckt ihr euch hinter den Büschen?« Diese Schweine aber rührten sich nicht von der Stelle. Sie sahen, daß die AIM-Burschen zu allem entschlossen waren, und sie wollten nicht sterben. Es ging zu wie auf einem Kriegsschauplatz, wie in einem Vietnam-Film. Dann kam Dennis in einem großen alten Propangastankwagen und fuhr direkt durch die Flammen. Das brachte die Staatspolizisten aus der Fassung. Es war ein Spaß, weil zu der gleichen Zeit, als die Gebäude brannten, sich alle an der Tankstelle angestellt hatten, um kostenlos zu tanken. Wir nahmen eine Nebenstraße, die aus Custer herausführte, und fuhren zurück zur Mother-Butler-Hall in Rapid City. Die Cops versuchten, uns zu stoppen, aber Crow Dog sagte: »Sie dürfen diesen Wagen nicht durchsuchen. Wir haben heilige Gegenstände hier drin.« Und seltsamerweise ließen sie uns durch. Später, in Rapid City, sprang alles in die Autos und fuhr in die Innenstadt, um sich mit den Bauernburschen zu prügeln.

Eine ganze Wagenladung von uns wurde verhaftet. Mich hatte man irgendwie übersehen. Damals zerschnitt ich einer Weißen das Gesicht. Sie hatte mich angekreischt: »Ihr verdammten dreckigen Indianer, warum kommt ihr hierher, wo euch keiner will? Schafft eure beschissenen roten Ärsche hier weg!« Ich griff mir einen von diesen Glasaschenbechern, zerschlug ihn und zerschlitzte ihr das Gesicht.

Ja, wegen Störung der öffentlichen Ordnung auf den Stufen des Gerichts und wegen ihrer Proteste gegen den Mörder ihres Sohnes wurde Sahra Bad Heart Bull zu drei bis fünf Jahren Gefängnis verurteilt. Obwohl schon älter, war sie doch stark und kämpfte gegen die Kerle von der Einsatztruppe wie eine Wildkatze. Der Mörder ihres Sohnes bekam zwei Monate auf Bewährung. Das ist nichts Ungewöhnliches.

Ich hatte noch zwei Freundinnen in Wounded Knee. TONIA ACKERMAN, Anfang zwanzig, war in Montana aufgewachsen, hatte mehrere Jahre lang das College besucht und war Lehrerin und Beraterin am Little Red School House in St. Paul, einer alternativen AIM-Schule für indianische Kinder. Tonia war ein richtiger Raufbold. An ihren Cowboystiefeln hatte sie dreieckige eiserne Spitzen und wußte sie durchaus zu gebrauchen. MADONNA GILBERT war schon Mutter von drei Kindern, als sie nach Wounded Knee kam, aber das war nicht ihre erste Belagerung. Während der Besetzung der Insel Alcatraz von 1970 bis 1971 hatte sie dort neun Monate zugebracht. Auch sie war Lehrerin und wurde in der indianischen Frauenbewegung bekannt. Jetzt hält sie Powwows ab und ist eine meisterhafte Glöckchentänzerin.

Unter den älteren Frauen zählte LIZZIE FAST HORSE zu den tapfersten. Im Jahre 1971, sie war schon Urgroßmutter, schloß sie sich einer Demonstration unter der Führung von Lehman Brightman an, in der die Black Hills für unser Volk zurückgefordert wurden. Gemeinsam mit John Fire Lame Deer, etwa einem Dutzend Sioux aus Rapid City und unseren weißen Freunden Richard und Jean Erdoes, kletterte sie bis auf den Gipfel des Mount Rushmore und stand auf Teddy Roosevelts Kopf. Auch MINNIE TWO SHOES gehörte zu dieser Gruppe, eine Assiniboin-Sioux, die später in Crow Dogs Paradies kam, um ihr erstes Baby zur Welt zu bringen. Leonards Schwester Christine half ihr bei der Geburt. Vor kurzem habe ich Minnie in Montana oben gesehen. Sie hat jetzt ein paar Kinder mehr und alle Hände voll zu tun, so daß sie sich für unsere Sache nicht mehr so sehr engagieren kann.

Man muß nicht in Wounded Knee gewesen sein, um als Kämpfer für indianische Rechte anerkannt zu werden. Rocky, die Schwester meines Mannes, hat seit ihrem fünfzehnten Lebensjahr mit der Bewegung zu tun und ist seitdem sehr aktiv gewesen. In Colorado wurde sie wegen ihres Eintretens für die Bürgerrechte der Indianer und der Chicano bekannt. An einem College in Denver lehrt sie uramerikanische und spanische Literatur, und sie ist auch eine Curandera, eine Kräuterheilerin. In ihrem Haus stehen ganze Regale voller Pflanzen, Wurzeln und Beeren, und sie kennt sie alle. Sie unterstützt auch Obdachlose. Sie ist eine wirklich gute Freundin und nimmt fast jedes Jahr am Sonnentanz in Crow Dogs Paradies teil.

Kennengelernt habe ich Rocky im Sommer 1974, beim Sonnentanz. Pedro war noch ein Baby. Wir sind die ganze Zeit gut miteinander ausgekommen – ich mußte ja dauernd kochen und sie half mir immer in der Küche und bei den Tabakschnüren, holte Salbei und erledigte andere Dinge, die zu tun waren. Sie war mir eine wirkliche Hilfe. Später wurden wir gute Freundinnen und tanzten schließlich sogar den Sonnentanz gemeinsam. Ihre Tür stand uns immer offen, wenn wir durch Denver kamen.

Eine bedeutende Führerin ist JANET McLOUD, eine Puyallup aus Helm im Staat Washington. Beim Kampf um die Rechte der Uramerikaner – um die Fischereirechte, die

Rechte der Frau, alle möglichen Rechte – stand Janet viele Jahre lang in vorderster Front. Jetzt ist sie Haupt einer sehr großen Familie – ihr Mann Don, ein wunderbarer Mensch, starb vor ein paar Jahren. Die Familie, in der Hauptsache Fischer, hält fest zusammen. Der Lachs ist für sie das, was für uns Sioux der Büffel ist. Janet, die Begründerin eines Kreises der Indianerfrauen aus dem Nordwesten, ist damit beschäftigt, Vorträge zu halten, Interviews zu machen und ihre Zeitung ›Moccasin Line‹ herauszugeben. Auf einer indianischen Frauenkonferenz in New York sagte sie einmal: »Man nennt das hier eine feministische Versammlung, ich würde es eher eine Stärkung nennen.

Indianerfrauen müssen stark sein, sie haben gar keine Wahl, zuviel lastet auf ihren Schultern. Versteht ihr, was ich meine?«

Auf der gleichen Konferenz sprach auch SHIRLEY HILL WITT, eine irokesische Anthropologin und Mitbegründerin des Nationalrates der Indianischen Jugend. Sie sprach darüber, ob das Klischee der ›bronzefarbenen, attraktiven, nackten Prinzessin‹ das Naturkind meint oder ob es das heißgeliebte Hirngespinst Hollywoods ist. Oft werde diese Version mit der Pocahontas-Legende vermengt. Wie es die Story verlangt, sterbe sie einen Opfertod, um dem weißen Mann, der ihre Liebe nicht erwidert, das Leben zu retten, woraufhin er mit einer sinnlichen, aber bis obenhin zugeknöpften Blondine glücklich weiterlebe.

Bei Shirley Hill Witts Ausführungen über Hollywood-Klischees fällt mir ein, daß wir mit dem Film ›Der mit dem Wolf tanzt‹ auch nicht so recht glücklich sind. Seine Bildersprache ist atemberaubend, aber ansonsten handelt es sich um die alte Geschichte – Held und Heldin sind, wie üblich, Weiße.

Da ich über Hollywood spreche, muß ich an eine andere Freundin denken, an SACHEEN LITTLE FEATHER. Sie machte 1973 Schlagzeilen, als Marlon Brando sie überredet hatte, ihn bei der Oscar-Verleihung zu vertreten. Nachdem verkündet worden war, daß er den Preis für seine Darstellung in ›Der Pate‹ bekomme, ließ er Sacheen hinaufgehen und dem Publikum mitteilen, daß er den Oscar ausschlage, weil Hollywood ständig nur abgenutzte Schablonen auf der Leinwand präsentiere. Bei dieser Gelegenheit sprach sie voller Zorn über die Notlage der Uramerikaner und prangerte die Ungerechtigkeiten an, die man ihrem Volk zufügt. Das Ergebnis war, daß sie von der empörten Filmindustrie auf die schwarze Liste gesetzt wurde, und damit war ihre Karriere als Schauspielerin ruiniert. Brando rührte keinen Finger mehr für sie. Erst kürzlich hat sie mir erzählt, daß sie seit über zehn Jahren nichts von ihm gehört habe. Lange Zeit war sie obdachlos. Sie sagte mir: »Als ich wirklich Hilfe brauchte, hat mich Brando ignoriert. Ich war nur ein Bauer in seinem Spiel.« Und dann hat man sie tatsächlich ausgebeutet. Sie wurde unter Druck gesetzt, Aktaufnahmen für den ›Playboy‹ zu machen, um die ›Schönheit der indianischen Frau zu zeigen‹. Damals war sie jung und naiv und fiel auf diesen Unsinn herein. Ich bin ihr 1991 noch einmal begegnet, als ich in Kalifornien war, um für mein Buch die Werbetrommel zu rühren – Sacheen ist immer noch wunderbar. Über mein Buch war sie wirklich glücklich und meinte: »Es war längst an der Zeit, daß Indianerinnen deutlich für ihre Rechte eintreten. Zu lange sind wir unterdrückt worden.« Sie hat nie aufgehört, eine Aktivistin zu sein und für die Menschen zu arbeiten. Sie bekämpft den Alkoholismus bei Indianern und Weißen, hält Vorträge über gesunde Lebensführung und versucht, Obdachlosen zu helfen. Sacheens Bruder ist an Aids gestorben, und sie nimmt jetzt teil am Kampf gegen diese furchtbare Krankheit. Sie geht zu den Leuten auf der Straße, gibt Nadeln und Kondome aus und verteilt auch Informationen darüber, wie eine Ansteckung zu vermeiden ist. Als ich in L. A. war, hat sie für mich gekocht. Wir saßen am Tisch – Sacheen, ihr Freund und ich, und da stellte sich heraus, daß wir alle Linkshänder sind. Wir fanden es lustig, daß mir meine Mutter einmal gesagt hatte: »Du weißt, was die traditionellen Sioux über Linkshänder sagen – nämlich, daß es Leute sind, die dauernd Pech haben.« Auf mich trifft das ganz sicher zu, ich ziehe Probleme geradezu an. Ich konnte Sacheen nur zustimmen, als sie sagte: »Zuerst mußt du dich richtig ärgern über das, was dir zugestoßen ist, erst dann kann die Heilung beginnen.«

Durch Richard und Jean lernte ich BEVERLY HUNGRY WOLF kennen, eine Frau von den Blood-Leuten, die zum Volk der Blackfoot gehören. Sie ist wie ich Schriftstellerin und hat Bücher über die Bräuche ihres Volkes geschrieben. Wenn in ihrem Stamm eine Frau träumt, Medizinfrau und Heilerin zu sein, dann kann sie das auch werden. Die Himmelsbewohner haben viele religiöse Riten den Frauen übertragen und nicht den Männern. Frauen haben öfter Träume als Männer. Und viele Zeremonien können ohne Frauen, die in ihnen eine Rolle spielen, nicht abgehalten werden. Bei den Blood gibt es sowohl Frauen- als auch Männergemeinschaften, und in einigen Fällen kann eine Frau durchaus auch in eine Männergemeinschaft eintreten.

Auch heilige Frauen, von denen die Sonnentanzhütte errichtet wird, und die fasten, um ihr Gelübde zu erfüllen, gibt es. Die Menschen suchen eine heilige Frau wegen eines Gebets auf oder um sich das Gesicht bemalen zu lassen. Es war gut zu sehen, wie geachtet diese Frauen in der Gesellschaft der Blood sind.

Letztes Jahr fand ich in YOSSI RAMOS, einer Halbmexikanerin mit dem klassischen Gesicht einer reinblütigen Indianerin, eine neue Freundin. Sie wohnt jetzt mit ihrer Tochter in Santa Fe, hat aber auch ein paar Jahre in New York verbracht und sowohl in Crow Dogs Paradies als auch in Big Mountain am Sonnentanz teilgenommen. In den siebziger Jahren, lange bevor sie der AIM beitrat, betätigte sie sich in der indianischen Bürgerrechtsbewegung.

Vor dem Naturgeschichtsmuseum in New York steht eine große Statue von Teddy Roosevelt zu Pferde, die ihn als Eroberer des Westens darstellt. An Teddys Seite gehen mit gesenktem Kopf ein Afrikaner und ein Indianer. Es ist ein monströses Abbild des Einsamen Rangers. Ich habe es mir ein paarmal angesehen. Yossi und ihre Gruppe hatten beschlossen, etwas dagegen zu unternehmen. Sie waren wütend, weil Bundestruppen gerade Alcatraz erstürmt und einhundertfünfzig Uramerikaner, die den Felsen neunzehn Monate lang besetzt hielten, vertrieben hatten. Also zogen Yossi und noch sechs andere am 15. Juli 1971 mit Eimern voll roter Farbe zum Museum und brachten ein paar ›Verzierungen‹ an, wobei sie Teddys Nase besondere Aufmerksamkeit schenkten. Sie bespritzten den Bronze-Cowboy über und über mit Farbe und schrieben auf den Sockel: ›Gebt Alcatraz zurück!‹ und ›Rassistischer Killer‹. Um Mitternacht waren sie mit ihren Malereien fertig, gegen 2 Uhr 30 aber wurden sie von einigen Cops des Reviers am Central Park aufgespürt und verhaftet. Man stellte Yossi und die anderen wegen groben Unfugs vor Gericht. Außer Yossi, die damals gerade sechzehn war, gehörten noch Janice Kekahbah vom Nationalrat der Indianischen Jugend, Blanche Wahnee, Marie Helene LaRaque und Charmaine Lyons dazu. Charmaine war später auch in Wounded Knee dabei. Helene lebt jetzt, wie ich gehört habe, in Kanada, in der Nähe des Polarkreises, und setzt sich dort für die Rechte der Deneh ein. Yossi meint heute, die Erfahrung damals hätte sich gelohnt.

Angeregt durch die ›Befreiung‹ von Alcatraz beschloß bei einer anderen Gelegenheit eine Gruppe von vornehmlich indianischen Frauen, Ellis Island zu besetzen, das damals völlig verwüstet und mit Schotter bedeckt war. Fast hätten sie es geschafft, aber ihr Boot begann zu sinken und mit knapper Not kamen sie an den Strand von Manhattan zurück. Zur gleichen Zeit hielten unglücklicherweise zwei Burschen, die auf Alcatraz dabeigewesen waren, eine Pressekonferenz ab und verkündeten: »Indianer haben Ellis Island besetzt.« Das brachte die Bundesbehörden in Bewegung, und von da an kreiste ständig ein Boot der Küstenwache um die Insel, so daß die Frauen schließlich aufgaben.

Eine andere New Yorker Indianerin, die ich bewundert habe, war JEFFE KIMBALL, eine wunderbare Malerin aus dem Stamm der Osage. Sie führte ein ungewöhnliches Leben, hatte in Paris die Künste studiert und leitete eine Zeitlang die Art Students League in New York. Viele junge eingeborene Maler hat sie ›entdeckt‹ und unablässig deren Karrieren gefördert. Auch für die Rechte der Indianer setzte sie sich sehr ein und war auch an dem Versuch, Ellis Island zu besetzen, beteiligt. In den sechziger und siebziger Jahren gab es drei Orte, wo Indianer unterkriechen konnten, wenn sie nach New York kamen – bei Richard Erdoes in der Achtundneunzigsten Straße, bei Stan Steiner, dem Autor von ›The New Indians‹, auf der Lower East Side und bei Jeffe in der Bank Street im Village. Jeffe starb in Santa Fe an Krebs. Bei ihrer Totenwache erschien wie aus dem Nichts ein Pueblo-Ältester und erlöste Jeffes Seele mit Maispollen. Uramerikaner schulden ihr viel.

Zu Hause in Rosebud habe ich zwei Freundinnen, APRIL und TINA. Wann immer jemand versucht, mich zu belästigen, legen sie sich mit ihm oder mit ihnen an und sagen: »Laß unsere Schwester in Ruhe!« April ist ein großes stämmiges Mädchen, das es mit jedem Mann aufnehmen kann, auch grobe Kerle fürchten sie. Wir haben einige Male Seite an Seite gekämpft. Die Aufzählung mutiger Schwestern, die ich voller Stolz Freundinnen nenne, könnte ich ohne Mühe fortsetzen, aber ich fürchte, die Reihe wäre so lang, daß ich besser aufhöre. Sie alle sind Ohitika Win – tapfere Frauen.

Vor vielen Jahren sprach ich mit einer greisen Frau, die nun schon lange tot ist. Damals war sie fast hundert Jahre alt, und ihre Schilderung der alten Zeiten hatte mich fasziniert. Geboren war sie im Reservat Rosebud; einige ihrer Vorfahren, kanadische Indianer, hatten in unseren Stamm eingeheiratet. Noch immer lebte sie auf dem Land nördlich von Antelope Creek, das seinerzeit ihren Vorfahren zugesprochen worden war. Sie sagte, daß sie auf ›fünf Generationen zurückschauen‹ könne, ihren Urgroßvater und ihre Urgroßmutter noch gekannt hatte, und beklagte, daß die Leute heutzutage ihre Urgroßeltern nicht mehr kennen, ›weil sie nicht lange genug leben‹. Auch daß so viele Kinder nicht mehr Lakota sprechen können, bedauerte sie. Ihr Großvater habe seine Frauen noch kaufen müssen, erzählte sie, und für sie mit vielen Pferden und gegerbten Häuten bezahlt. Zwei Frauen habe er gehabt, obwohl ihm die Missionare deswegen oft zugesetzt hätten. Man hatte sie gezwungen, die Klosterschule zu besuchen, und dort war sie geschlagen worden, weil sie auf Indianisch betete. Und obwohl sie nur wenig Bildung besaß, hatte sie all ihren Verstand beisammen. Ihre Mutter hatte sie gelehrt, bescheiden zu sein, und hatte darauf bestanden, daß sie knöchellange Hemden trug und ihr Haar stets in zwei Zöpfe flocht. Nie hatte sie gesehen, daß sich ein Mädchen und ein Junge in der Öffentlichkeit küßten, jedenfalls nicht bis zu ihrem fünfzigsten Lebensjahr, und dann hatte es sie schockiert. Sie fand, die Mädchen heute liefen ›halbnackt‹ herum. Und sie erzählte, daß sie in ihrer Jugend stets mit einem Strick aus Haaren zwischen den Beinen geschlafen hätte, damit sie nicht sexuell belästigt werden konnte.

Es gereicht der AIM zur Ehre, daß sie versucht hat, die Einstellung der Männer den Frauen gegenüber zu verändern. In der Bewegung waren wir alle gleich. Und einige Entscheidungen wurden sogar von den Frauen getroffen – zum Beispiel von den älteren Frauen in Calico, die den Männern sagten, sie sollten Wounded Knee besetzen. Und die Männer setzten die Sicherheit ihrer Frauen immer an die erste Stelle. Als die Kugeln durch die Luft preschten, deckte mich Pedro Bisonette mit seinem Körper, und ein sechzehnjähriger Junge gab mir Schutz, als ich zum Außenklo ging. Nach der großen Schießerei in Oglala am 26. Juni 1975, bei der zwei FBI-Agenten getötet wurden, bekam Joe Killsright Stuntz eine Gewehrkugel zwischen die Augen, als er versuchte, die Flucht der AIM-Gruppe zu decken, damit die Frauen eine Chance erhielten zu entkommen. Wenn ich also das Macho-Gehabe einiger unserer Männer kritisiere, erinnere ich mich gleichzeitig doch auch an jene, die ihr Leben für uns aufs Spiel setzten.

Wir Indianer haben gewisse Fortschritte erzielt, aber selbst die werden uns von der Regierung und dem Obersten Gericht wieder genommen. Es geht tatsächlich neuerdings abwärts, ökonomisch und politisch. Ganz krank bin ich von der vielen Scheiße, die von den Wasichu seit mehr als fünfhundert Jahren über uns ausgekippt wird, seit uns ein Bursche ›entdeckt‹ hat, der nur achttausend Meilen vom Kurs abgekommen war und glaubte, in Indien gelandet zu sein. Ich habe es satt, von einer fremden und feindlichen Kultur beherrscht zu werden, habe es satt, mich der Vorstellung anpassen zu müssen, die der Weiße von Schönheit hat, und die mich zwingt, eine Elfenbeinhaut zu haben, dünn zu sein wie eine Zaunlatte, aber große Brüste zu haben, die mir Geld für allen möglichen Mist abverlangt, damit ich ›wunderbar seidiges Haar‹ bekomme, von einem ›Nagelkünstler‹ manikürt werde und mir die Haare abrasiere, die von Natur aus in meinen Achselhöhlen wachsen. Ich bin es leid, aufgefordert zu werden, mich Standards anzupassen, die nicht unsere eigenen sind. Ich bin es leid, in einer Gesellschaft leben zu müssen, die vom Geld beherrscht wird, beziehungsweise – jedenfalls für uns Eingeborene – vom absoluten Mangel daran. Ich bin es leid, zusehen zu müssen, wie unsere Männer aus Verzweiflung, Langeweile und dem Mangel an sinnvoller Beschäftigung dazu getrieben werden, im Alkohol Vergessen zu suchen, Selbstmord zu begehen oder im Gefängnis zu enden. Ich bin es leid zu sehen, wie Indianer auf Grund der herrschenden Bedingungen in Gewalttätigkeiten gegeneinander getrieben werden. Die ständige Verringerung unseres Landbesitzes beobachten zu müssen, bin ich leid, weil wir ohne Land aufhören zu existieren. Ich bin es gottverdammt nochmal leid, wegen meines Geschlechts und meiner Rasse unterdrückt zu werden. In den Zeitungen für Indianer Anzeigen wie diese zu lesen: ›Kräftiges, williges Mädchen als Babysitter und Mädchen für alles gesucht. Sie muß gesetzt und anpassungsfähig sein. R-Gespräch‹, habe ich satt. Was ist bloß los? Kann es sein, daß ihnen unsere schwarzen Schwestern für die Dreckarbeit ausgehen? Und ich habe es auch über, Anzeigen wie diese zu lesen: ›Liebevolles Ehepaar möchte süßen, gesunden kleinen Jungen adoptieren‹. Nach fünfhundertjähriger Unterjochung stehen wir endlich auf und melden uns zu Wort. Wie meine Schwestern aus vielen Stämmen schenke ich Leben für die Wiedergeburt unseres Volkes, kämpfe ich für eine sichere Existenz noch ungeborener Generationen. Ich bin eine Sioux.

Kapitel 16
Mond-Kräfte

In einer für ihr Leben wichtigen Angelegenheit besteht zwischen indianischen Frauen und ihren weißen und schwarzen Schwestern ein großer Unterschied. Sagt eine Lakota-Frau: »Ich bin in meinem Mond«, dann heißt das, sie hat ihre Regel, und das ist für uns von besonderer, magischer und mythischer Bedeutung. Im Mond sein – das bedeutet: umgeben sein von alten, ewigen Überzeugungen, von Legenden, Mythen und Bräuchen, die bis auf den Anbeginn der Zeiten zurückgehen. Weit verbreitet, und zwar nicht nur bei uns Sioux, sondern bei den meisten Stämmen der Uramerikaner, ist der Glaube, daß eine Frau während der Regel über besondere, alles besiegende Kräfte verfügt, von denen die Kräfte der Männer, sogar die der Medizinmänner, aufgehoben werden. Schon durch ihre bloße Anwesenheit kann eine menstruierende Frau Zeremonien oder Heilrituale unwirksam machen. Ein Medizinmann, der wegen seiner erfolglosen Heilversuche verspottet wurde, sagte einmal: »Es war eine Frau in ihrem Mond dabei, das ist der Grund. Sie hat es absichtlich getan.« Ich glaube tatsächlich, daß einige Männer während unserer Regel Angst vor uns haben. Leonard Crow Dog hat in seiner Vision von der Schöpfung, der Genesis der Sioux, die Rolle, die der Frau darin zukam, sehr schön und poetisch beschrieben, in Worten, die von kosmischen Mysterien erfüllt sind:

»Und dann war für Tunkashila die Zeit reif, die Frau zu erschaffen. Damals gab es noch keinen Mond, es war die Zeit des heiligen Beginns. Wieder rief die Sonne alle Planeten und Übernatürlichen zusammen, und als sie sich versammelt hatten, riß sich die Sonne in einem hellen Blitzstrahl ein Auge aus. Der Wind trug das Auge an seinen vorherbestimmten Platz, und aus ihm wurde der Mond, und er war weiblich. Und auf diesem neuen Stern, diesem Augenplaneten, erschuf er die Frau. ›Du bist die Planetenjungfrau, das Mondmädchen‹, sprach er zu ihr. ›Ich habe dich berührt und aus meinem eigenen Schatten erschaffen. Ich will, daß du auf der Erde wandelst.‹ Und dies geschah in tiefer Finsternis, zur Zeit des Neumonds.

›Wie werde ich dort wandeln?‹, fragte die Frau. Also verlieh die Sonne der Frau Kräfte und Verstand. Aus Blitzen schuf sie eine Brücke vom Mond zur Erde, auf der die Frau gehen konnte. Diese Brücke zu überqueren dauerte eine lange, lange Zeit. Nun hatte der Schöpfer des Universums Mann und Frau erschaffen und jedem eigene Kräfte verliehen, die ihnen auf immer geblieben sind. Für diese Schöpfung hatte die Sonne eine Million Äonen Zeit aufgebraucht. Sie unterwies die Frau in ihren Aufgaben, und die Frau lernte durch ihre Träume, ihre Visionen und durch ihre weiblichen Kräfte. Der Große Geist hatte Mann und Frau füreinander erschaffen, aber sie mußten einander erst kennenlernen, sich aneinander gewöhnen und um ihrer Aufgaben willen einer den anderen verstehen lernen. Tunkashila ließ Blut in die Frau fließen. Sie schritt zwar auf den Blitzen, aber sie schritt auch auf einer Blutader, die vom Mond bis zur Erde reichte. Diese Ader war eine Schnur, eine Nabelschnur, die in den Leib der Frau mündete und durch die sie für immer mit dem Mond verbunden ist. Und der Geist sprach zu ihr: »Du bist die Hüterin der Nachkommen. Du bist die Lebensspenderin. Du wirst die Trägerin des Universums sein.« Auf die Kräfte des Mondes bezieht sich auch die Legende von Ota Wichasha, dem Blutklümpchenjungen. Ich führe Crow Dogs Version an:

»Wie also kam der Indianer auf die Welt? Er wurde vom Sonnenaufgang und von der Frau geboren. Als die Erde erschaffen worden war, lebte die Frau zunächst allein auf ihr. Wunderschön war diese Frau und noch kein Mann hatte sie berührt. Da traf sie einen Geist, eine Macht vom Mond, den Schatten der Zeugung. Davon blutete sie zum ersten Mal. Sie legte gelbe Rinde und ein Kaninchenfell zwischen die Beine, um das Blut aufzuhalten. Und nachdem sie also dieser Macht begegnet war und der weibliche Zyklus in ihr begonnen hatte, legte sie sich schlafen.

Als sie am anderen Morgen aufstand, verspürte sie den Drang, Wasser zu lassen. Sie nahm die gelbe Rinde und das Kaninchenfell zwischen ihren Schenkeln fort und hockte sich hin, und dabei fiel ein kleiner Tropfen Monatsblut auf die Erde. Mashtinchala, das Kaninchen, fand das kleine Blutklümpchen und fing an, damit zu spielen und es ins Leben zu stoßen. Dies geschah mit Hilfe von Takuskanskan, der geheimnisvollen bewegenden Kraft, von der die Leibesfrucht und alles Lebendige belebt werden. Und wie es so hin- und hergestoßen wurde, nahm das formlose Blutklümpchen Gestalt an und bildete sich zu einem kleinen Körper. Das Kaninchen spielte weiter damit, und da wuchsen dem Körper kleine Arme und Beine. Noch ein bißchen stupste das Kaninchen, und auf einmal hatte der kleine Körper Augen und Herz. Und so begann sich das kleine Blutklümpchen zu beleben und wuchs zu We Ota Wichasha, dem ersten Mann, heran.« Von dieser Geschichte gibt es verschiedene Versionen, und auch andere Stämme haben Legenden vom Blutklümpchenjungen, und alle heben die gewaltige Macht hervor, die Frauen in ihrer Mondzeit besitzen.

›Ishnati‹ ist der Lakota-Begriff für Menstruation. Er bedeutet soviel wie ›allein wohnen‹, weil eine Frau früher vier Tage lang in einem besonderen Tipi oder in der Mondhütte isoliert wurde. Während ihrer Periode darf eine Frau nicht in die Nähe der Pfeife kommen, sie würde einen schlechten Einfluß auf sie ausstrahlen, und sie könnte auch alle anderen zeremoniellen Gegenstände – die Adlerflügel und die Adlerknochenflöten, die Kürbisrassel, den Peyote-Fächer – schädigen. Durch die Anwesenheit einer menstruierenden Frau bei einem Heilungsritual verlieren nicht nur Weihrauch, Salbei, Zeder und Süßgras ihre heilenden Kräfte, sie könnten dem Kranken sogar Schaden zufügen. Man glaubt, eine Frau in ihrem Mond entweiht die Medizin. Und wenn die Männer singen, sollte eine solche Frau nicht einmal in die Nähe der Trommel kommen, weil auch die Trommel heilig ist. Das sind die Lehren unserer Traditionalisten, und jeder hält sich daran. Dabei ist es nicht so, wie in einigen nichtindianischen Kulturen, daß die Menstruation als etwas Unreines angesehen wird, vielmehr werden die Mond-Kräfte der Frau für so mächtig gehalten, daß sie alle anderen Kräfte umkehren können. Nicht einmal mit Eßwaren sollte eine Frau dann umgehen, auch nicht für jemanden kochen, weil das Magenbeschwerden hervorrufen könnte. Ein Mann sollte mit einer Frau, die ihre Regel hat, auch nicht sprechen, denn davon kann er Geschwüre oder Pusteln bekommen, und der Verkehr mit einer Menstruierenden könnte für einen Mann im Wahnsinn enden. Mondblut läßt Blumen verwelken. Einmal hörte ich, wie ein alter Mann einem Besucher erzählte: »Wenn eine Frau in ihrem Mond eine Klapperschlange anspuckt, stirbt die Schlange.« Der Besucher wollte wissen: »Habt ihr je, um zu sehen, ob das stimmt, eine Menstruierende festgehalten und auf eine Schlange spucken lassen?« Und der Alte erwiderte: »Das ist nicht nötig, jeder weiß das doch seit altersher.«

Man glaubt auch, daß eine Frau, die ein Wieselfell berührt, krank wird und sich ihre Beine ausrenkt, und daß ein Mann, der mit einer Frau in ihrem Mond Liebe macht und dabei ein Wieselfell trägt, von einer todbringenden Krankheit befallen werden kann.

Beim Sonnentanz verkündete der Ausrufer: »Die Tänzer können jede Frau befragen, ob sie in ihrem Mond ist, vor allem die jungen Mädchen draußen, die es nicht besser wissen. Ist eine in ihrem Mond, sollte sie das Lager verlassen und erst zurückkehren, wenn alles vorüber ist.« In einem Jahr hatten wir über der Straße, außerhalb des Lagers, in dem jeder seine Medizin offen liegenläßt, ein eigenes ›Mond-Lager‹. Wer zu einem Sonnentanz geht, sollte über seinen Zyklus Bescheid wissen, damit er das Ritual nicht beeinträchigt. Meine Freundin Rocky, die Jahr um Jahr am Sonnentanz teilnimmt, bemerkte einmal eine Frau, die befleckt war. Diese aber stritt es ab und sagte: »Meine Schlüpfer sind nur schmutzig.« Als Rocky sie von Frauen der Sicherungsgruppe untersuchen ließ, fand man natürlich heraus, daß sie in ihrem Mond war, und sie mußte den Kreis sofort verlassen. Wenn Männer so etwas erfahren, sind sie sehr aufgebracht. Menstruierende Frauen machen die Tänzer krank und schwach, so daß sie hinstürzen. Ihnen ist die Kraft genommen, die sie brauchen, um das Durchbohren zu ertragen. Nach Auffassung der Älteren kann bei Männern sogar ein rein zufälliger Kontakt mit Menstruationsblut Hautkrankheiten oder Erkrankungen der Geschlechtsorgane verursachen, da es eine gewaltige negative Energie besitzt. Meine erste Teilnahme am Sonnentanz war damals eigentlich nicht vorgesehen, ich hatte nicht einmal meine Pfeife dabei. Aber da eine Frau in ihren Mond kam, nahm ich ihren Platz im Kreis ein und tanzte an ihrer Stelle.

Vor Jahren, als die Bewegung noch in voller Aktion war, gingen die Mädchen sehr energisch vor. Es gab eine ›Mond-Wache‹, die menstruierende Frauen in die Mond-Hütte brachte, wo man zwar für sie sorgte, wo sie aber auch überwacht und am Umherlaufen gehindert wurden. Mit den Jahren aber empfand man das als lästig. Die Frauen wollten nicht dauernd gefragt werden, ob sie vielleicht ihre Regel hätten, und sie verspürten auch keine Lust, vier Tage und vier Nächte lang in der Mond-Hütte eingesperrt zu sein. Also einigten wir uns schließlich auf eine Verhaltensregel – wer in seinem Mond ist, bleibt einfach weg.

Auch für alle anderen Zeremonien gilt das. Keine Frau in ihrem Mond darf an der Reinigung in der Badehütte teilnehmen. Ein alter Mann erzählte mir einmal, daß bei einer Yuwipi-Zeremonie, zu der eine menstruierende Frau gekommen war, alle anwesenden Geister von solcher Furcht ergriffen worden waren, daß sie wie ein Wirbelwind aus dem Raum stürmten und dabei alle Fensterscheiben zerbrachen. Auch bei einer nach christlicher Art gestalteten Kreuz-Feuer-Zeremonie der Kirche der Amerikanischen Ureinwohner ist es einer Frau in ihrem Mond nicht gestattet, teilzunehmen oder das heilige Morgenmahl zu berühren. Übrigens darf dies auch keine Frau nach einer Geburt. Solange sie noch blutet, und sei es auch nur wenig, gilt das wie ihr Ishnati, und sie muß wegbleiben. Früher mieden streng traditionalistische Männer ihre Frauen sogar, solange sie noch stillten, und enthielten sich für eine beträchtliche Zeit des Verkehrs. Das war eine Art natürlicher Geburtenkontrolle und schuf einen Abstand zwischen den Geburten.

Aber auch die Frauen selbst müssen vor ihren eigenen Mond-Kräften geschützt werden. Medizinfrau kann eine Frau deshalb erst nach der Menopause werden. Bekäme sie noch ihre Regel, würden ihre Mond-Kräfte mit den Medizin-Kräften zusammenprallen und sich gegenseitig aufheben, es gäbe dann überhaupt keine Kräfte mehr, also auch keine Heilung. Frauen müssen darauf achten, daß Iktome, der böse Spinnenmann, oder ein Kojote nicht in den Besitz ihres Monatsblutes gelangen, weil diese sonst absolute Gewalt über sie erlangen. Und sie müssen auch dafür sorgen, daß sich ein Wapiya, ein Zauberer, auch nicht den kleinsten Spritzer von ihrem Blut beschafft. Mischt er den nämlich mit anderen Medizinen, vermag er einen Liebeszauber herzustellen, der seinen Besitzer für diese Frauen unwiderstehlich macht. Alles das ist Teil des Lakol Wichohan, des indianischen Brauchtums.

Ich habe mich umgehört und auch darüber nachgelesen, welche Ansichten über die Menstruation es bei anderen Stämmen gibt. Bei unseren alten Feinden, den Crow, durfte ein Frau, die ihre Regel hatte, keinem verwundeten Mann oder einem Krieger auf dem Kriegspfad nahekommen. Mond-Hütten stellen sie heute nicht mehr auf, aber früher mußten sich menstruierende Frauen vier Tage lang in Hütten aus Weidenzweigen aufhalten, durften kein Fleisch, sondern nur wilde Wurzeln und Pflanzen essen. War die Regel vorbei, reinigten sie sich in der Badehütte, beräucherten sich mit Zeder, zogen frische Kleider an und nahmen dann ihr normales Alltagsleben wieder auf.

In den Mythen einiger Stämme menstruieren auch die weiblichen Übernatürlichen. Die Wechselnde Frau, das große, übernatürliche, gottähnliche Wesen der Navajo, so wurde mir erzählt, hatte ihre erste Regel im letzten Viertel des Mondes. Sofort sang man für sie den Segensgesang und sprach einen großen Segen, auf daß den Diné viele Nachkommen geboren würden. Seitdem haben alle Frauen ihre monatliche Regel, denn die Wechselnde Frau hatte diesen Vorgang auf alle Frauen übertragen, und sie zeigte den Diné auch, wie man für ein Mädchen anläßlich ihrer ersten Blutung die Pubertätszeremonie begeht.

Nach einigen Schöpfungsmythen des Südwestens machten Mutter Erde und Vater Himmel Liebe miteinander und schufen in dem vierfältigen Leib der Erde Leben. Mutter Erde ließ danach die Weltmeere entstehen und versetzte sie mit Milchtropfen aus ihren Brüsten in Bewegung. Aus dem Innersten des vierfältigen Leibes, dem Leib der Zeugung, ging das höhere Leben hervor. Es war noch urtümlich und unwissend. Vater Sonne belebte den Samen in Mutter, Erde und sie gebar die Heldenzwillinge. Die gottähnlichen Zwillinge führten dann alle Geschöpfe in den zweiten großen

Leib hinauf, den Unter-dem-Nabel-Ort. Nach der Legende gelangten sie dorthin mit Hilfe von Maisstengeln oder Spinnwebfäden. Von hier stiegen Menschen und Tiere in die dritte Höhle empor, in die Erdvagina. Und schließlich führten die Heldenzwillinge alle Lebewesen in den vierten und letzten Schoß, den Strahlenden Sonnenort. Hier erhielten die Menschen ihre heutige Gestalt, sie bekamen Verstand, und die Frauen hatten ihren Regelzyklus. Die Schöpfung war vollendet.

Bei unseren alten Verbündeten, den Cheyenne, blieb eine menstruierende Frau vier Tage lang in der Mond-Hütte. In dieser Zeit durfte sie kein gekochtes Fleisch essen, sondern nur solches, das über glühenden Kohlen geröstet worden war. Befand sich der Stamm unterwegs, durfte sie nur auf einer Stute reiten, nicht auf einem Hengst oder Wallach. Ein Mann, der aus einer Schale aß oder einem Becher trank, den zuvor eine Frau benutzt hatte, die in ihrem Mond war, konnte sicher sein, im nächsten Kampf verwundet oder sogar getötet zu werden, und das gleiche galt für einen Mann, der mit einer Frau während ihrer Periode geschlafen hatte. Besondere Obacht mußte man darauf geben, daß die Waffen eines Mannes nicht durch Mond-Kräfte verunreinigt wurden, denn kein Pfeil oder Gewehr, die eine Frau in ihrer Regel berührt hatte, würden treffen. Schilde besitzen männliche magische Kräfte, die den Krieger in der Schlacht schützten. Betrat eine menstruierende Frau zufällig ein Tipi, in dem ein Schild aufbewahrt wurde, verlor er im gleichen Augenblick die Kraft, seinen Besitzer zu schützen. Um diese Kraft wieder zu beleben, durfte der Eigentümer seine Hütte so lange nicht mehr betreten, bis der verunreinigte Schild in feierlicher Zeremonie mit dem Rauch von Süßgras oder Wacholderblättern gereinigt war. Auch das Tipi mußte zum Teil abgebaut werden und erst, nachdem der Schild seine Macht wiedererlangt hatte, wurde es wieder eingedeckt und zusammengebunden. Bei den Arapaho muß sich eine Frau in ihrem Mond von Kranken fernhalten, um deren Krankheit nicht zu verschlimmern. Sie muß für sich bleiben, von ihrem eigenen Teller essen und über einem eigenen Feuer kochen. Mädchen dürfen Kleider, die eine Schwangere getragen hat, nicht anziehen, damit sie nicht ebenfalls schwanger werden.

Bei den Winnebago muß eine menstruierende Frau vier Tage fasten, darf sich nicht hinlegen, sondern muß die ganze Zeit in eine Decke gehüllt dasitzen. Ihren Körper mit den Händen zu berühren, ist ihr nicht erlaubt, dazu muß sie einen Stock benutzen. Man nahm an, eine menstruierende Frau raube einem heiligen Mann seine Spiritualität und seine Kräfte. Einig waren sich die Winnebago aber in dem Glauben, daß es eine größere Macht gibt als die Mond-Kräfte einer Frau, nämlich die Kräfte des Kriegsbündels. Kam eine menstruierende Frau ihm zu nahe, hörte ihr Monatsfluß nicht auf und sie blutete, bis sie starb. Von einer Kriegsbündel-Zeremonie hielten sich die Frauen deshalb so weit wie möglich entfernt. Taten sie es nicht, konnten sie nur noch vom Eigentümer des Bündels geheilt werden.

Bei den Comanchen mußten sich Frauen, die ihre Periode hatten, in ihrem eigenen Tipi aufhalten, sie konnten aber auch zu ihren Eltern ziehen, weil die Medizin alter Leute ›zu schwach‹ war, um Schaden zu nehmen. Falls jemand etwas aus dem Tipi dieser Frauen benötigte, wurde es ihm draußen hingelegt, weil niemand hereinkommen durfte. In ihrer Abgeschiedenheit sollten sich die Frauen weder das Gesicht waschen, das dadurch Runzeln bekommen hätte, noch die Haare kämmen, damit sie nicht vorzeitig ergrauten. Nach der Regel hatten sie sich in einem fließenden Gewässer zu reinigen – gleichgültig, wie kalt es war.

Bei den Papago wagte kein Mann, den kleinen Hüttchen zu nahe zu kommen, in denen sich die Frauen während ihres Mondes aufhielten, und falls er zufällig an einem vorüberkam, mußte er das Gesicht abwenden. Auch bei ihnen sprach man einer menstruierenden Frau ungeheure geheimnisvolle

Kräfte zu – nicht nur die Fähigkeit, die Regel zu bekommen, sondern auch die Kraft, Kinder zu gebären. Von den Kräften der Männer für die Jagd oder den Krieg unterschieden sich die der Frauen vollkommen, daher mußten die beiden Kräfte voneinander getrennt werden, damit sie sich nicht gegenseitig aufhoben. Der bloße Blick einer menstruierenden Frau auf einen Mann hätte ihm wahrscheinlich für immer die Kraft zur Jagd genommen. Wäre eine solche Frau über die Spur eines Hirschs gegangen, wäre der Hirsch verschwunden, und das hätte eine Hungersnot verursacht. Oft zerbrach eine Frau die Teller, von denen sie während der Periode gegessen hatte. Papago-Frauen sind auch heute noch nicht böse, wenn sie für einige Tage abgeschieden leben müssen. Sie sagen, das sei ein willkommener Urlaub von der Arbeit.

Bei einigen Stämmen der Westküste glaubte man, daß außergewöhnlich tapfere Männer einige ihrer Ausrüstungsgegenstände für die Wal-, Walroß- und Bärenjagd mit Menstrualblut beschmieren sollten, um so ihren männlichen Kräften noch die der Frau hinzuzufügen. Allerdings stand dieser Glaube ziemlich allein.

Herausgebildet haben sich derartige Bräuche bei den meisten Stämmen nicht etwa, um die Frau zu unterdrücken, nein, man wollte lediglich ihren Kräften aus dem Weg gehen. Die Sioux hielten für Mädchen eine besondere Pubertätszeremonie ab, Ishnati Awichalowan genannt. Der Ausrufer des Lagers, der Ehayapa, ritt um den Kreis der Tipis herum und verkündete, daß eine junge Winchinchila nun erwachsen und bereit sei, die Pflichten einer Frau zu übernehmen. Im Triumphzug wurde sie dann auf einer Decke zum Tipi ihres Vaters getragen. Dort bekam sie neue, weiße Wildlederkleidung, man brachte ihr viele Geschenke und verschenkte andererseits ihr zu Ehren Pferde. Manchmal fand für sie auch eine komplizierte Büffelzeremonie statt, mit einem Büffelschädel-Altar, der ihre Beziehung zu Ptesan Win, der Weißen Büffelkalb-Frau, demonstrierte. Das erste

Monatsblut des Mädchens wurde sorgfältig aufgefangen, eingehüllt und in die Krone eines wilden Pflaumenbaumes gelegt, wo ihm böse Geister keinen Schaden zufügen konnten.

Auch die Cheyenne kannten ein feierliches Pubertätsritual. Die Großmutter des Mädchens streute weißen Salbei, Wacholdernadeln und Süßgras über glühende Kohlen und zederte und befächelte das Mädchen. Manchmal stand dieses, nackt und nur in ein Büffelfell gehüllt, mit gespreizten Beinen über den rauchenden Kohlen und weihte seinen Leib für die künftige Mutterschaft.

Die Geschlechtsreifezeremonie bei den Navajo war ein sehr verwickeltes Ritual, das Kin'aldah genannt wurde. Es dauerte vier Nächte, und die ganze letzte Nacht hindurch wurde gesungen. Der erste Mond eines Mädchens war etwas, worauf man stolz war und was man allen Leuten verkündete. Zeremoniell wusch man ihm die Haare mit Yucca-Schaum, und jeden Morgen rannte das Mädchen bei Tagesanbruch in Richtung Osten. Freunde und Verwandte liefen mit, aber niemand durfte sie überholen. Es gab auch jeden Tag ein ›Formungsritual‹, bei dem eine ältere Frau den Körper des Mädchens massierte und ihm die Haare kämmte. Dadurch sollte es so schön wie die Wechselnde Frau werden, die für die Navajo das ist, was uns Ptesan Win bedeutet. In einer von Maishülsen umgebenen Grube wurde ein riesiger Maiskuchen gebacken, und der Besitz des Mädchens, seine Decke, der Schmuck und die Kleider, wurden ausgelegt, um gesegnet zu werden. Manchmal schenkte man ihm Türkis- und Silberarmreifen oder vielleicht auch eine Kürbisblütenkette.

Ein freudig bejubeltes Ereignis, das von vielen Festgästen besucht wurde, war das Pubertätsfest für ein Mädchen auch bei den Apachen. Wie bei anderen Stämmen mußte das Mädchen vier Tage lang in einem besonderen Zelt leben, und wenn es herauskam, trug es prächtige neue, fransenbesetzte

Hirschlederkleidung und galt als Ebenbild der Weißen Frau, der All-Mutter und Kulturheldin der Apachen. Wie die Göttin besaß sie in dieser Zeit die Fähigkeit, Segen zu spenden. Dabei unterstützte sie ein Sänger mit seinen heiligen Gesängen. Nachts tanzten maskierte Tänzer den Tanz der Berggeister, denn die Weiße Frau hatte gesagt: »Von nun an begeht eine Pubertätszeremonie für die Mädchen. Wenn Mädchen zum ersten Mal menstruieren, soll es Gesänge und ein großes Fest geben. Maskierte Tänzer sollen für sie tanzen.« Und weil es ein so freudiges und glückliches Fest war, wurde ein Mädchen, das gerade Frau geworden war, ›Die, durch die es uns gut geht‹ genannt.

Die alten Tabus, die mit dem Pubertätsritus verbunden sind, werden bei uns Sioux und anderen Stämmen der Prärieindianer nicht mehr so genau beachtet wie früher. Aber noch immer weit verbreitet ist die Überzeugung, daß eine Frau in ihrem Mond über besondere Kräfte verfügt, und die Furcht davor, was diese Kräfte einem Medizinmann-Ritual anhaben können, ist so stark wie je.

In der Familie meiner Mutter ignorierte man solche Bräuche, man war zu christlich gesinnt. Als ich heranwuchs, wußte ich gar nichts darüber. Über die Menstruation sprachen wir nicht einmal, niemals hat jemand diese wichtige Angelegenheit erwähnt. Da wir als junge Mädchen bei unserer Großmutter aufwuchsen, erhielten wir nicht einmal einen Hinweis darauf. Und in der katholischen Internatsschule mißbilligten die Priester und Nonnen jedes Gespräch über Dinge, die auch nur den geringsten Zusammenhang mit Sex hatten.

Schon frühzeitig traf ich ganz bewußt meine Wahl. Ich beschloß, mich unserer alten Lakota-Religion zuzuwenden und den Bräuchen unseres Volkes zu folgen. Deshalb halte ich mich auch an die alten Regeln für unsere Mond-Zeit und lasse menstruierende Frauen weder in die Badehütte noch in den Tanzkreis. Solange ich allerdings noch mit meiner Mutter in die Kirche ging oder während meiner Zeit auf der katholischen Internatsschule in St. Francis, habe ich mich so manches Mal gefragt, ob den Priestern, dem Bischof und dem unfehlbaren Papst nicht doch einmal ein leiser Zweifel an der unbefleckten Empfängnis oder an der heiligen Wandlung von Brot und Wein in Fleisch und Blut Jesu Christi gekommen ist. Und darf nicht auch ich ein klein wenig zweifeln, ob diese Klapperschlange wirklich stirbt, wenn ich sie während meines Mondes anspucke?

Kapitel 17
Das Land ist unser Blut

Maka ke wakan – das Land ist heilig. Dieses Wort umreißt den Kern unserer Existenz. Das Land ist unsere Mutter, die Flüsse sind unser Blut. Nimmt man uns das Land, sterben wir – vielmehr, der Indianer in uns stirbt. Wir würden zu sonnengebräunten Weißen werden, zum Strandgut und Überbleibsel dieses großen Schmelztiegels. Das Land ist es, wo selbst die Uramerikaner, die in den Wasichu-Städten leben, weit weg von zu Hause, wieder zu sich finden können, zu ihrem Indianersein. Eine Nabelschnur verbindet uns mit unserem Land und damit auch mit unseren Zeremonien – dem Sonnentanz, der Visionssuche, dem Yuwipi. Hier können die Indianer aus der Stadt ihre Sprache wiederentdecken, mit Älteren reden, für eine kurze Zeit ›als Indianer leben‹, das Heulen ihres Bruders, des Kojoten, hören und den Präriewind im Gesicht spüren, der den Duft von Salbei und Süßgras mit sich führt. Der Weiße kann gewissermaßen körperlos leben, in einem künstlichen Universum und ohne Verbindung zu einem besonderen Landstrich – wir können das nicht. Wir sind an unser indianisches Land gebunden.

Es ist aber auch kein Wunder, daß wir es so lieben, denn es ist schön. Da gibt es majestätische Berge, Granittürme, sanft geschwungene Hügel voller Büffelgras und Kiefern und verzauberte Orte, wo Geister wohnen. Es gibt Ödland – Mondlandschaften mit phantastischen Formen, die wie Türme längst untergegangener Städte oder merkwürdige, vielmastige Schiffe aussehen, die durch geisterhafte Wüsten segeln. Es ist übersät mit den Knochen längst ausgestorbener Tiere – etwa der zottigen Mammute mit ihren gigantischen Stoßzähnen, der riesigen Dinosaurier, der Säbelzahnkatzen und von Unktehi, dem großen Wasserungeheuer. In den tiefeingeschnittenen Wasserläufen und Trockentälern stolpert man über große, siebzig Millionen Jahre alte Seemuscheln, deren Perlmuttschicht in den Farben des Regenbogens funkelt. Hier gibt es auch wunderbare Höhlen, an deren Wänden Kristalle wachsen. Der größte Reiz unseres Landes aber ist, jedenfalls für mich, seine ungeheure Weite, die Prärie, der ›Ozean aus Gras‹, wo es ›zwischen dir und dem Nordpol nichts gibt als einen Stacheldrahtzaun‹. Als Mom noch ein Kind war, gab es keine Zäune. Jetzt aber füllt sich diese zauberhafte Weite, und unser Land schrumpft auf immer zusammen.

Vor zehn Jahren kämpften wir gegen die Bundestruppen, die unsere Navajo-Brüder und -Schwestern, die Diné, von ihrem angestammten Weideland in Big Mountain vertrieben. Von nun an werden wir um unser Lakota-Land zu kämpfen haben, und das ist ein Kampf ums Überleben.

Zwischen den Stämmen der Indianer und der amerikanischen Regierung hat es 341 Verträge gegeben, die uns ewige Eigentumsrechte an unserem Land garantierten – ›solange die Sonne scheint und die Flüsse fließen‹ -, und alle sind sie gebrochen worden. Unser berühmter Häuptling Red Cloud sagte einmal: »Der weiße Mann hat uns viele Versprechungen gemacht, gehalten hat er aber bloß eine. Er hat gesagt: ›Wir werden euer Land nehmen‹, und er hat es genommen.« Im Jahre 1929 oder 1930, als meine Großmutter jung war, beging man einen Sonnentanz, einen geheimen Sonnentanz an einem versteckten Ort, weit weg von den Augen der Wasichus, weil unsere Religion damals noch verboten war und man wegen der Teilnahme an einer indianischen Zeremonie verhaftet und eingesperrt werden konnte. Und bei dieser Gelegenheit hielt der heilige Mann Hollow Horn Bear, der aus meinem eigenen Ashké-Clan kam, eine Rede an die Tänzer, in der er sagte: »Es kommt der Tag, und er ist nicht mehr weit, da wird Unchi, unsere Große Mutter Erde, bittere Tränen weinen und euch bitten, sie für unsere noch ungeborenen Generationen zu bewahren. Und wenn ihr es versäumt, all eure Kräfte und eure Macht zu ihrer Verteidigung zu vereinen, wird unser Volk wie die Hunde krepieren.« Das war ein schwerwiegendes Wort, aber schwerwiegend ist auch die Aufgabe, die wir zu erfüllen haben.

Und Sitting Bull war es, der einmal sagte: »Ihr verlangt, daß ich den Boden pflüge. Soll ich ein Messer nehmen und meiner Mutter die Brust aufreißen? Wenn ich das tue, wird sie mich nach meinem Tode nicht an ihrem Herzen ruhen lassen.

Ihr verlangt, daß ich nach Steinen grabe. Soll ich unter ihrer Haut nach den Knochen graben? Wenn ich das tue, kann ich nach meinem Tode nicht mehr in ihren Körper zurückkehren, um wiedergeboren zu werden.

Ihr verlangt, daß ich Gras schneide, Heu mache und es verkaufe, um reich wie ein weißer Mann zu werden? Aber wie kann ich es wagen, meiner Mutter das Haar abzuschneiden?«

Unser Land ist heute stärker bedroht als je zuvor. Nachdem, wie es die Weißen ausdrückten der, ›Westen gewonnen wurde, indem man den blutrünstigen roten Wilden jungfräulichen Boden entriß«, überließen sie uns das Land, das ihnen wertlos erschien – Land mit wenig Wasser und ungeeignet für den Ackerbau oder Wüsten, in denen nichts wachsen konnte. Dann aber entdeckten sie, daß unter diesem Land Kohle, Kupfer, Öl, Erdgas und Uran lagerten, und plötzlich empfanden oder erfanden die Weißen ›ein patriotisches Bedürfnis, diese Energiequellen zu erschließen‹. Unser Res ist zum ›potentiell ertragreichen Gebiet‹ erklärt worden.

Die Geschichte des großen Landraubs durch die Weißen, die uns unsere alten Jagdgründe nahmen, ist sehr traurig. Im

Jahre 1858 schloß die Regierung mit den Stämmen östlich und westlich des Missouri eine Reihe von Verträgen. Man ließ die Häuptlinge ›den Federhalter berühren‹ und diese Verträge mit dem Daumenabdruck besiegeln. Und sie glaubten, was ihnen der weiße Mann erzählte, daß nämlich diese merkwürdigen Papierstücke ihr Land schützen würden. Sie wurden belogen. Zu dieser Zeit gehörten uns noch die westlichen Prärien. Im Jahre 1861 wurde das Dakota-Territorium, auch bekannt als Großes Sioux-Reservat, eingerichtet. Es umfaßte ein gewaltiges Gebiet des heutigen North- und South-Dakota, ganz Nebraska nördlich des Platte Rivers und riesige Stücke von Montana und Wyoming, östlich der Rocky Mountains. Zur selben Zeit gehörte unseren Brüdern, den Sioux-Stämmen östlich des Missouri, fast ganz Minnesota. Da fielen Horden landhungriger Europäer, zumeist Schweden und Deutsche, in ihr Territorium ein und zwangen sie mit vorgehaltenem Gewehr, sehr viel von ihrem Land herauszugeben. Im Gegenzug versprach man ihnen zum Ausgleich Lebensmittelzuteilungen. Diese Zuteilungen aber wurden vom weißen Agenten und seinen Kumpanen gestohlen, die damit das Volk dem Hungertod aussetzten. Der Agent meinte nur: »Sollen sie doch Gras fressen.« 1863 erhoben sich die Dakota in Minnesota, töteten den Agenten und stopften ihm den Mund mit Gras. Man nannte das den Großen Sioux-Aufstand. In einer alten Zeitung habe ich die Schlagzeile gefunden: DIE SIOUX MÜSSEN AUSGEROTTET WERDEN, UND JETZT IST EIN GÜNSTIGER ZEITPUNKT DAFÜR. In dem Artikel heißt es: ›Sie haben jedes Recht auf Eigentum und Leben verloren. Ausrottung – schnell, sicher und schrecklich – ist das einzige, was uns zufriedenstellen kann.‹ Und die Armee handelte entsprechend. Die Sioux wurden aus Minnesota über den Missouri vertrieben. In Mankato gab es eine Massenerhängung von achtunddreißig Sioux-Kriegern, und das war, da bin ich ganz sicher, eine bessere Show als ein TV-Spektakel heute. Die Krieger stimmten ihre Sterbegesänge an und nahmen ihr Schicksal an.

Im Jahre 1867 begannen die Weißen mit dem Bau der Transkontinental-Eisenbahn durch Sioux-Land. Gleichzeitig bauten sie eine Fahrstraße zu den kurz darauf entdeckten Goldfeldern in Montana, den sogenannten Bozeman Trail. Wir nannten sie die Straße der Diebe. Wir wollten keinen Krieg mit den Weißen, alles, was wir wünschten, war, in Ruhe gelassen zu werden. Aber sie zwangen uns, unser Land zu verteidigen, und Crazy Horse, Red Cloud und unsere Verbündeten von den Cheyenne bekämpften die Armee entlang des Bozeman Trails. Ein gewisser Captain Fetterman schwor, daß er mit achtzig Mann das ganze Volk der Sioux überrennen könnte. Er hatte genau achtzig Mann bei sich, als wir sie bis auf den letzten Mann erledigten. Die Armee war gezwungen, die Straße der Diebe aufzugeben – für kurze Zeit.

Im Jahre 1868 schlossen wir den berühmten Vertrag von Fort Laramie, in dem uns die Regierung noch immer die ausgedehnten Prärien versprach, die als das Große Sioux-Reservat bekannt sind. Der Vertrag wurde gebrochen, noch ehe die Tinte trocken war. Er war nichts weiter als ein kleines Stück Papier, mit dem sich der weiße Mann den Arsch abwischte. Die Black Hills, unsere heiligen Paha Sapa, sind das Herz des Großen Sioux-Reservats, das uns für alle Ewigkeit gehören sollte. Das war We Maka Ognaka Ichante oder auch Ichantognaka, das Herz der Erde, die unser Blut ist, der Kern des Daseins, der Ort, an dem nach unseren Legenden das Volk der Lakota seinen Ursprung nahm, das Heim der Wakinyan, der legendären Donnervögel. Im Jahre 1874 leitete General Custer, ungeachtet des Vertrages, eine Armee-Expedition in die Black Hills und berichtete, daß es ›dort sogar in den Graswurzeln Gold gibt‹. Red Cloud sagte: »Daß es dort oben kleine gelbe Metallklumpen gibt, wußten wir, aber wir haben uns damit nicht abgegeben, weil sie zu nichts nutze waren.« So dachten die Weißen allerdings nicht, und binnen kürzester Zeit wurden unsere heiligen Berge von besessenen Goldsuchern überrannt. Wir haben diese Berge nie wieder zurückbekommen, ließen aber wenigstens Custer für alles, was er angerichtet hatte, bezahlen. Er hatte geprahlt, mit seiner Siebenten Kavallerie alle Indianer der Prärie niederreiten zu können. Bei Little Big Horn bewiesen wir ihm das Gegenteil. Am Ende aber wurden wir besiegt. Sie waren uns im Verhältnis von hundert zu eins überlegen, und wir hatten keine Gatling-Gewehre und keine Kanonen. Man richtete die Territorien in Montana und dann in Wyoming ein, und jedesmal verloren wir wieder Land. Die Gauner in Washington übereigneten den Eisenbahngesellschaften fast zweihunderttausend Quadratkilometer Indianerland – der größte Landraub aller Zeiten. Im Jahre 1889 teilte die Regierung das Territorium Dakota in die beiden Staaten North Dakota und South Dakota auf und gab sie zur Besiedlung frei. Das Volk der Lakota wurde in fünf verschiedene Reservate gezwängt, immerhin aber nahm unser Res Rosebud noch eine Fläche von etwa achtundzwanzigtausend Quadratkilometern ein, im Osten durch den Missouri begrenzt, im Norden durch den Big White River und im Süden durch die Grenze zu Nebraska. Einige unserer Leute wurden gezwungen, Landparzellen anzunehmen, die gewöhnlich etwa zweihundertvierzig Hektar pro Familie umfaßten, oft auch weniger. Das war etwas Neues. Wir hatten immer geglaubt, die Erde sei für alle Menschen da und könne nicht einem Einzelnen oder einer Familie ›gehören‹. Plötzlich mußte man auch nicht einmal Vollblutindianer sein, um eine Parzelle zu erhalten, selbst ein Sechzehntel Indianerblut genügte. Land konnte nun gekauft und verkauft werden.

Nach und nach wurden die Counties Gregory, Tripp und Mellette zur Besiedlung freigegeben. ›Nichtparzelliertes‹ Land überließ man weißen Siedlern, und den Indianern wurde angeboten, Land zu kaufen, falls sie das Geld dazu besäßen. Sie hatten aber nicht. Mom ist noch ein kleines Stück der ursprünglichen Parzelle der Brave Birds geblieben, vermutlich aber werden die Wasichus schon einen Weg finden, um ihr auch das noch zu nehmen. Um 1970 war unser einst so großes Reservat auf dreitausendneunhundert Quadratkilometer zusammengeschrumpft. Wow, könnte man meinen, diese verdammten Indianer haben immer noch zuviel Land. Man sollte aber bedenken, daß heute der größte Teil des Res einem Schachbrett aus Landparzellen von Roten und Weißen gleicht. Ein Großteil des Indianerbesitzes ist an weiße Rancher verpachtet, und der Pachtzins bewegt sich zwischen sechzig Cent und höchstens drei Dollar pro Hektar. Der Preis wird vom Büro für Indianerangelegenheiten festgesetzt – ›im Interesse der Indianer‹, vor allem aber wohl im Profitinteresse der Weißen, die auf unserem Land Vieh züchten. Und häufig muß man auf sein Pachtgeld warten, bis man graue Haare bekommt.

Immer mehr Land fällt unter die Zuständigkeit des Staates, der es uns Stück für Stück abnimmt. Weiße Einwohner und Landeigner haben sich schon immer dafür stark gemacht, daß der Staat für Teile unseres Reservats zuständig wird. Sie sind davon überzeugt, und das zu Recht, daß sich im Falle eines Konflikts mit unseren Leuten staatliche Gerichte und Polizeibeamte viel nachdrücklicher um ihre Interessen kümmern werden als die Bundesregierung oder die Stammesräte. Selten offen eingestanden, haben sie ständig die Hoffnung im Hinterkopf, daß eine Zuständigkeit des Staates letztlich die Einführung einer Grundsteuer für Uramerikaner mit sich bringen wird. Und da die meisten indianischen Besitzer zu arm sind, um Steuern zahlen zu können, wären sie dazu verdammt, mit ihren Zahlungen in Rückstand zu geraten und dadurch gezwungen, ihre Parzellen für ein Trinkgeld an begierige weiße Käufer zu verschleudern. Die Legislative von South Dakota verabschiedete über all die Jahre hinweg gegen den gewaltsamen Widerstand der Stämme eine ganze Anzahl von Gesetzesvorlagen. Vor allem in der Amtszeit von Gouverneur Bill Janklow, der die AIM haßte, fielen mehr und mehr Reservate unter die Gerichtsbarkeit des Staates. Natürlich waren diese Gesetze ›zum Wohle der Indianer‹ gedacht, die unter staatlicher Zuständigkeit viel besser gestellt sein würden als unter unseren kuriosen Stammesregierungen. Wir leisteten Widerstand. Ein paar Fälle konnten wir vor den Bundesgerichten gewinnen, aber aufhalten konnten wir das ständige Nagen an unseren Rechten und unserem Land nicht.

So führen wir jetzt den letzten Indianerkrieg, um das Wenige festzuhalten, was uns geblieben ist. Vor einigen Jahren veröffentlichte ›Akwesasne Notes‹ einen Artikel, in dem es heißt: ›Es wird immer deutlicher, warum die AIM von solchen Gruppen wie der Law Enforcement Assistance Administration als eine der fünf gefährlichsten Gruppierungen der Vereinigten Staaten bezeichnet wurde. Das geschah, weil mächtige Elemente der US-Gesellschaft intensive Anstrengungen unternehmen, um in den Besitz der Energie-, Wasser- und Erzressourcen zu gelangen, die jetzt auf Indianerland liegen‹. Deshalb also waren sie wie der Teufel hinter uns her. Die Bewegung wurde von ganzen Agentenbanden unterwandert, die Zwietracht säten.

Die meisten unserer Führer wurden durch erneute Verfahren oder Anklagen neutralisiert, während viele andere von uns im Gefängnis saßen. Noch kämpft die AIM um unser Land, aber sie ist nicht mehr, was sie einmal war. Viele ihrer Führer sind tot, viele sind ausgebrannt oder zu alt. Und doch müssen wir alles tun, was wir können. Alle Auseinandersetzungen, an denen ich beteiligt war – die Spur der Gebrochenen Verträge, Wounded Knee und Big Mountain –, waren Kämpfe um unser Land.

Unsere Nöte werden von den anderen Lakota-Reservaten geteilt – von Pine Ridge, Standing Rock, Cheyenne River und Oak Creek. Alle Uramerikaner im ganzen Land haben die gleichen Probleme.

Nachdem sie im Reservat die ersten zwanzig oder dreißig Jahre, eine Zeit voller Hunger und äußerstem Elend, irgendwie überlebt hatten, gewannen viele Familien unseres Ashké-Clans ihre wirtschaftliche Unabhängigkeit dadurch wieder zurück, daß sie Rinder hielten und herrliche Reitpferde züchteten. In Pine Ridge und Rosebud gab es gemeinschaftliche Rinderherden, und einige Indianer waren kleine Rancher geworden. Aber schnell war die Regierung dabei, unsere aufkeimende Wirtschaft zu zerstören. Der Erste Weltkrieg brach aus, und 1917 verkaufte der weiße Verwalter unser Vieh, ›weil es für den Kriegserfolg erforderlich war‹. Weiße Rancher, an die das Land danach verpachtet wurde, durften dagegen ihren Viehbestand auf unserem Land weiden lassen. Daß die Stammesregierungen in unseren Sioux-Reservaten und auch anderswo zumeist aus ›Äpfeln‹ bestehen – außen rot und innen weiß –, also aus den am meisten Assimilierten mit dem geringsten Anteil indianischen Bluts, ist dabei keinesfalls hilfreich. Sie haben kaum den Wunsch, unser Land zu verteidigen. Bei einem Hearing über die Souveränität des Stammes sagte meine Freundin Agnes Lamont aus: »Heutzutage sitzen die Stammesräte alle an einem großen Tisch und lassen die Leute nicht wissen, was vorgeht. Das ist gerade so wie damals, als Häuptling Red Cloud mit den Weißen zusammenkam und sie ihn betrunken machten … man sagt, sie hätten ihn betrunken gemacht, damit er ihnen das Land überschrieb.«

Old Henry besaß eine ganze Truhe voller bemerkenswerter Papiere – vergilbt und mit Siegeln versehen, an denen rote und blaue Bänder befestigt waren. Ein ums andere Mal nahm er diese Dokumente zur Hand und sagte: »Hier, das beweist es – alles Land, das du siehst, von hier bis dort hinüber, gehört uns.« Mag sein, aber in den achtziger Jahren des vorigen Jahrhunderts hatte die Regierung einseitig alle diese

Verträge mit uns aufgehoben und uns unsere Souveränität genommen. Deshalb sind diese Tausende Seiten Papier mit ihren goldenen Siegeln oder den roten Siegellackabdrücken nichts wert. Als das alte Haus abbrannte, ging auch Old Henrys Truhe in Flammen auf.

Wir kämpfen aber nicht nur für unser eigenes, viel kleiner gewordenes Reservat Rosebud. Wir kämpfen auch um das, was allen Sioux und Cheyenne rechtmäßig gehört oder gehört hat – um die heiligen Black Hills. Um sie gibt es einen Rechtsstreit, der schon ein Menschenleben lang andauert, und die Rechtsanwälte, die unsere Ansprüche vertreten, sind Millionäre geworden, aber das ist bis jetzt das einzige Ergebnis. Regierung und Oberste Gerichte des Landes haben zugegeben, daß uns dieses riesige Gebiet gestohlen worden ist. Aber ob gestohlen oder ›gekauft‹, Onkel Sam gibt niemals irgendwelches Indianerland zurück. Statt dessen hat er etwa 122 Millionen Dollar als Entschädigung für das gestohlene Land angeboten, die wir aber nicht angenommen haben. Was wir sagen, ist dies: »Gebt uns die Black Hills zurück. Dann werden wir möglicherweise das Geld annehmen, das bei euch als Bezahlung für all das Gold und Uran hinterlegt worden ist, das ihr aus den Bergen herausgeholt habt und noch herausholt.«

Allein an Gold sind aus unserem heiligen Land vierzehn Billionen Dollar herausgeholt worden, und da bietet man uns 120 Millionen als Entschädigung! Das ist so, als ob mir jemand mein nagelneues Auto stiehlt und zwanzig Jahre später kommt und sagt: »Tut mir leid, daß ich dir das Auto gestohlen habe, aber ich mache es wieder gut. Hier sind zwanzig Dollar.« Wir stecken in einer Sackgasse.

Im Dezember 1976 schrieb der ›Crazy Horse Advocate’: ›Die Black Hills sind den Lakota heilig. Die heilige Pfeife und die Black Hills gehören in unserer Religion zusammen. Die Black Hills sind unsere Kirche, sind der Ort, an dem wir beten, sie sind unsere Beerdigungsstätte. Die Gebeine unserer Großväter liegen in diesen Hügeln begraben. Wie kann man erwarten, daß wir für ein paar schäbige weiße Dollars unsere Kirche und unsere Friedhöfe hergeben? Niemals werden wir verkaufen.« Natürlich gibt es immer gewisse Viertelblutindianer, die das Geld gern nehmen und weggehen würden. Solange wir nicht verkaufen wollen, was unser Jerusalem, unser Mekka ist, solange sind wir ihnen zahlenmäßig überlegen.

Überall in den Black Hills sollten Tafeln aufgestellt sein, auf denen steht: VORSICHT, RADIOAKTIVER BODEN! Vor ungefähr fünfundzwanzig Jahren begann der große Uranrausch. Bis 1980 waren rund 6.000 Quadratkilometer in den Black Hills auf Uran erkundet und fast 6.000 Uranclaims abgesteckt worden. Die Union Carbide hatte beabsichtigt, ein Viertel des Pine-Ridge-Reservats für Uranerkundungen abzustecken. Zum Glück weigerte sich der Stammesrat, sie hereinzulassen. Was aber kam, war das Gedröhn ostwärts fahrender Trucks, die mit radioaktivem Material durch Pine Ridge und Rosebud fuhren. Das meiste von dem Zeug kam aus dem Gebiet von Edgemont in den südlichen Ausläufern der Black Hills, dem am meisten verseuchten Teil South Dakotas. Einige Leute in diesem Gebiet hatten radioaktiven Abraum sogar für die Fundamente ihrer Häuser verwendet, weil ihnen nicht klar war, daß es sich um ›heißes Material‹ handelte. Für sie hieß es einfach: ›Geh fort oder krieg Krebs.‹ Die Union Carbide brachte etwa sechstausend Probebohrungen in diesem Gebiet nieder. Ein zweites Zentrum solcher Abbauaktivitäten war Craven Canyon, wo es die vielen Felsmalereien gibt, die uns heilig sind. Unter dem Vertragsland der Lakota gibt es gefährliches Material im Werte von Billionen Dollar, und wir meinen, es sollte dort einfach bleiben, je länger und je tiefer, umso besser. Bei einer Protestveranstaltung gegen die Entweihung unseres heiligen Landes sagte Russel Means, wenn ich mich recht erinnere, folgendes: »Erst muß man uns töten. Sie haben mich dreimal angeschossen, sie haben nach mir gestochen und mich mit ihren Knüppeln zusammengeschlagen, aber wenn sie mich auch noch zehnmal anschießen, ich werde weiterkämpfen. Hier, auf diesem Boden, werde ich im Kampf sterben.«

Man bekommt nicht einmal heraus, worauf diese riesigen Gesellschaften eigentlich aus sind. Wenn wir genaue Angaben haben wollen, sagt man uns: »Das ist Verschlußsache, geheim« oder »Das sind Wettbewerbsunterlagen.« Wir kommen überhaupt nicht weiter.

Das Verfahren, mit dem diese Gesellschaften nach Uran suchten, bestand darin, eine Bohrung niederzubringen, Wasserproben zu entnehmen und sie auf Radioaktivität hin zu untersuchen. Waren die Werte hoch, wußte man, daß dort Uran lagerte. Als man in Pine Ridge Untersuchungen anstellte, entdeckte man, daß das Wasser ungewöhnlich stark radioaktiv war. Durch die vielen Abbauaktivitäten und Schachtabteufungen rund um uns her war bereits das Grundwasser verseucht. Wir machten unsere Witze: »Leuchte ich schon im Dunkeln? Leuchte ich farbig?« oder »Wir wollen Brot, und man gibt uns gelben Kuchen.« Aber die Sache war bitterernst. In Pine Ridge gab es auf 1000 Geburten 101 Fehlgeburten, das liegt siebenmal höher als die nationale Durchschnittsrate, und unsere Krebsquote war viermal höher. Je näher man am Abbau und an den Bohrungen seine Wohnstätte hatte, um so höher war die Wahrscheinlichkeit einer Krebserkrankung. Sogar Genveränderungen traten auf. Es waren Madonna Gilbert und WARN, ›Women of All the Red Nations‹, die zu Beginn der achtziger Jahre den Kampf aufnahmen und Nachforschungen anstellten. Wir demonstrierten mit Transparenten, auf denen stand: GOLD HAT CUSTER UMGEBRACHT – URAN WIRD UNS ALLE UMBRINGEN! oder auch: HALTE DICH AN DEINEN GEIGERZÄHLER, ER HAT NEUIGKEITEN FÜR DICH! Man hat mir gesagt, ein Pfund Uran würde genügen, um bei jedem Bewohner dieser Erde Lungenkrebs zu verursachen. Das ist doch wohl Grund genug, sich Sorgen zu machen.

Ich muß etwas zu Union Carbide, TVA, Gulf, Chevron, Anaconda, Kerr-McGee, Peabody Coal und all den anderen Konzernen sagen. Sie sind nicht rassistisch. Auch das Land weißer Rancher und Farmer würden sie durchwühlen, wenn sie davon überzeugt wären, daß es ›ertragreich‹ ist. Also haben wir zu diesen weißen Leuten gesagt: »Ihr seid auch bald dran, ihr seid die nächsten Indianer.« Und sie haben darauf reagiert. In einer Bar meinte ein weißer Bursche zu mir: »Das ist Weideland und kein Uran-, Kohle- oder Ölland. Das sagt jedenfalls mein Gewehr über dem Kamin. Jetzt sind wir alle Indianer.« Das Ergebnis war, daß sich Weiße und Uramerikaner zur Black-Hills-Allianz zusammenschlossen. Sie hat bereits eine Menge geleistet, aber jedesmal, wenn wir eine Schlacht verlieren, werden ein paar Leute mutlos und geben auf. Die großen Gesellschaften nennen das Lakota-Land einen ›Kernenergie-Park‹ oder ›Multinationaler Energiebereich Black Hills‹ oder sogar ›Nationalopfer-Areal‹. Ich frage mich, wer und was hier geopfert werden soll. Es macht mich schaudern. Ein paar Leute meinen, der Zusammenbruch der Sowjetunion würde den Uranabbau zum Erliegen bringen, und das wäre dann die ›Friedensdividende‹ für uns Indianer. Daran glaube ich nicht. Sie werden immer wieder einen Verwendungszweck für dieses Teufelszeug finden, genauso wie sie immer wieder Indianerland als ideales Testgebiet für ihre Waffen finden. Im Jahre 1942 beschlagnahmte die Regierung 53.800 Hektar des Reservats Pine Ridge und machte daraus ein Übungsgebiet für Flächenbombardements. Das war in der Nähe von Sheep Mountain, einem der landschaftlich schönsten Teile South Dakotas. Wir haben das Land nie zurückbekommen. Und erst unlängst hat Honeywell versucht, aus Hell's Canyon, der voller alter Felsmalereien ist, ein Testgebiet für etwas zu machen, das man ›Panzerabwehr-Lenkraketen-System‹

nennt. Es ist uns gerade noch gelungen, das Vorhaben zu Fall zu bringen.

Und dann gibt es noch Öl, Gas und Kohle unter dem Indianerland, in South Dakota ebenso wie in Montana und Wyoming. Im Reservat der Cheyenne sind durch den Tagebau sogar alte Indianergräber freigelegt und Schädel und Knochen überall verstreut worden. Man wollte selbst in Birney abbauen, wo das heilige Stammesbündel der Cheyenne, Issiwun, aufbewahrt wird. Die Kohlegesellschaften bauen in der Nähe des Reservats sogenannte Vergasungsanlagen. Man pumpt heißen Wasserdampf durch glühende Kohle und ›verkocht‹ sie zu Gas. Was dadurch der Umwelt zugefügt wird, ist eine Horrorgeschichte. Alle diese verschiedenen Arten der Landnutzung setzen uns toxischen Abfallprodukten, atomarer Verstrahlung und der Verunreinigung unserer Wasserreserven aus. Und diese Unternehmen benötigen solche Wassermengen, daß die Leute vorhersagen, unser Wasser sei in fünfunddreißg Jahren verbraucht, und das wenige, was davon übrigbleibt, wird sich in eine giftige Jauchegrube verwandelt haben. Für viele Menschen bei uns, die immer noch mit einem alten Holzofen und einer Kerosinlampe auskommen, ist die sinnlose Energieverschwendung der Weißen unfaßbar. Wir haben ein altes Sprichwort: ›Ein kleines Indianerfeuer wärmt, wenn man nahe dabei sitzt. Das große Feuer der Weißen erwärmt einen beim Holzhacken und -heranschleppen.‹ Und das müssen jetzt die armen Angehörigen einer Minderheit erledigen.

Wir haben versucht, die Black Hills damit zurückzufordern, daß wir verschiedentlich diese oder jene Gegend besetzten. In den Jahren 1971 und 1972 nahmen ein paar von uns den Mount Rushmore in Besitz, den der alte John Fire immer den ›Riesigen Touristenaschenbecher‹ nannte. Es ist doch wirklich der Gipfel der Schändung, wenn die Gesichter der Eroberer hoch über dem eroberten Land plaziert werden. Unsere jungen Männer bildeten eine Menschenkette und pinkelten Teddy Roosevelt auf die Nase, eine Aktion, an der die Frauen mangels geeigneter Ausstattung leider nicht teilnehmen konnten. Auch einen befiederten Kriegsstab pflanzten wir auf den Gipfel des Berges, aber die meisten Touristen unten haben ihn nie bemerkt. 1980 besetzte die AIM mehr als dreihundertzwanzig Hektar in den Black Hills und errichtete das Yellow-Thunder-Camp, das nach Raymond Yellow Thunder benannt war, einem freundlichen, besonnenen Ältesten aus Pine Ridge. Er wurde von weißen Rassisten angegriffen, von der Taille abwärts entblößt, mit vorgehaltenem Gewehr zum Tanzen gezwungen und dann erschlagen – nur so zum Spaß. Ich begleitete Crow Dog ins Camp, und er sprach zu der Menge: »Geschieht das wirklich vor meinen Augen? Siehst du das, mein indianisches Volk? Der Geist von Wounded Knee lebt weiter, er lebt hier in diesem Camp. Niemals wird er sterben.« Über ein Jahr lang hielten die Indianer das Gelände besetzt, und die ganze Zeit über drohte ihnen die Verhaftung wegen ›Behinderung vielfältiger Nutzungsaktivitäten und Verletzung von Umweltauflagen‹. Über diese monströsen Formulierungen, die sich die Regierung einfallen läßt, wenn sie hochoffiziell werden will, muß ich immer lachen. Am Ende ging das Yellow-Thunder-Camp ein – wie alle diese symbolischen Besetzungen. Land kann man nicht symbolisch zurückholen.

Für mich wie für alle Lakota sind die Black Hills nicht nur heilig – sie sind der schönste Landstrich in den USA. Majestätische Berge gibt es hier, in den Himmel aufstrebende Granittürme, funkelnde Seen, sanft geschwungene, mit Kiefern bewachsene Hügel, Grasland und Höhlen, deren Wände mit Kristallen übersät sind. Und diese Heimat der Donnervögel wird in ein gigantisches Disneyland verwandelt, in eine Touristenfalle. Wo man geht und steht, stößt man auf Dinge wie den Dakota Dragway (›Packend und erregend‹), das Museum für Wagen ohne Pferde, das Puppenmuseum, das Museum für das Erbe des Westens, das Wildwest-Wachsmuseum, das Wachsmuseum für das Leben Christi, die Reptilgärten (›Reiten Sie auf der Riesenschildkröte‹), das Marinemuseum, Katastrophen-Janes Café (›Büffelsteaks, Büffelburger‹), den Black-Hills-Gold-und-Edelstein-Laden, Rockhounds Himmel, Eisenbahnfahrt um 1880, Taco del Sol, das Passionsspiel der Black Hills, Boot-Hill-Vergnügungsplatz, den Versteinerten Wald der Black Hills, Buffalo-Jeep-Fahrten, die Black-Hills-Greyhound-Route, ein echtes Indianerdorf, Flintstone City und so weiter und so weiter. Die Große Alte Oper führt ›Melodramen‹ auf wie ›Die Erhängung von Fliegenspeck-Bill‹, ›Die Erschießung von Wild Bill‹, ›Die Erhängung von Cash McCall‹ oder ›Sitting Bulls letzter Kampf‹. Deadwood ist ein zweites Las Vegas oder Atlantic City geworden, ein Dschungel von hellerleuchteten Spielsalons. Bei Bear Butte, für Cheyenne und Lakota ein heiliger Ort, gibt es jetzt einen Parkplatz und eine gepflasterte Straße, die auf den Gipfel führt, von dem aus gaffende Touristen mit dem Feldstecher einen unserer heiligen Männer bei der Visionssuche beobachten können. Das Land aber ist noch da, ist immer noch wunderschön und wartet auf Wiedergutmachung. Und solange noch eine Spur von Leben in uns ist, werden wir weiter darum kämpfen. HECHEL LENA OYATE KIN NIPI KTE, damit mein Volk leben kann.

Kapitel 18
Die verkaufte Medizin

Im ganzen Land und bei allen Stämmen sind die Uramerikaner verärgert darüber, daß die Weißen unsere Medizin verkaufen. Unsere Religion und unsere Zeremonien sind zu Modeerscheinungen geworden, zum schicken Zeitvertreib für viele Weiße, die nach etwas suchen, wovon sie sich eine Sinngebung für ihr hohles Leben erhoffen. Und so wird unsere Medizin angepriesen und verkauft von nichtindianischen Hochstaplern, den sogenannten ›Plastik-Medizinmännern‹, die sich phantasievolle, indianisch klingende Namen gegeben haben – ›Grasender Büffel am Berghang‹ etwa oder ›Goldener Adler, der in den Himmel aufsteigt‹ oder auch ›Freie Seele im Morgendunst‹. In Rosebud würde nicht einmal ein zehnjähriges Kind auf solche Namen hereinfallen, die einfältigen Wasichu aber sind von ihnen beeindruckt. Die Zahl der falschen Medizinmänner oder -frauen wächst ständig, denn es ist Geld zu machen in diesem Geschäft, richtig großes Geld. Es ist ein Ableger der New-Age-Bewegung und resultiert sowohl aus der Tatsache, daß Indianer ›in‹ sind, als auch aus einer Flut von anscheinend proindianischen Filmen. Nach Makrobiotik, Zen und Kristallsehen ist der ›arme aussterbende Indianer‹ wieder einmal Gegenstand ›tiefschürfender und bedeutsamer Gespräche‹ in den Hochhäusern.

Eine Weiße, die behauptet, von einer heiligen Frau der Uramerikaner übernatürliche Fähigkeiten erlangt zu haben und einer Schwesternschaft spiritueller indianischer Frauen anzugehören (die es in Wahrheit gar nicht gibt), vermittelt in Massenveranstaltungen die Lehren der Eingeborenen. Sie mietet große Säle, in denen sie indianische Weisheit und Spiritualität an mindestens sechshundert weiße Teilnehmer weitergibt, die dafür pro Kopf über dreihundert Dollar zahlen. Außerdem müssen die Teilnehmer noch Trommeln, Trommelstöcke, Kristalle, ein besonderes Sitzkissen und vor allem die Bücher der Dame kaufen. Einige dieser selbsternannten Medizinleute machen tatsächlich mit dem Verkauf unserer Medizin eine Million Dollar im Jahr.

Natürlich ist die Vermarktung indianischer Religion und Weisheit nichts Neues. In den achtziger und neunziger Jahren des vorigen Jahrhunderts veranstalteten die Verkäufer von Patentmedizin große indianische Medizin-Shows und verhökerten angebliche indianische Allheilmittel. Zu ihnen gehörte beispielsweise die Große Oregon Gesellschaft für Indianische Medizin – ›Millionen Kunden, Tausende Dankesbriefe‹. Dann gab es Leute, die den Kleinen elektrischen Rheuma-Wundergürtel der Cherokesen verkauften oder das Wunderöl der Großen Mohee-Indianer, und es gab die Jack-Roach-Medizin-Show und Dutzende andere.

Am bedeutendsten war die Kickapoo-Medizin-Gesellschaft, die das ›unfehlbare Arzneimittel‹ Kickapoo-Schlangenöl vertrieb, dazu das Kickapoo-Bandwurm-Wundermittel und auch etwas, das Kickapoo Indian Sagwa genannt wurde, ein Gebräu, das gegen jede bekannte Krankheit helfen sollte. Darüber hinaus veröffentlichte die Gesellschaft das ›Kickapoo Indian Magazine‹. Annoncen daraus lesen sich so:

›Gibt es eine Möglichkeit, jenen letzten Augenblick, in dem Ihr Name von knochiger Hand in das kalte Buch des Todes eingetragen wird, hinauszuschieben – vielleicht um viele Jahre? Ja, Damen und Herren, es gibt eine, mit Hilfe des unübertroffenen Arzneimittels KICKAPOO INDIAN SAGWA!‹.

Ganze Indianerdörfer mit Dutzenden von Wigwams setzte die Gesellschaft hin, und dort konnte das Publikum zusehen, wie die Kickapoo ihr Sagwa in Dampfkesseln brauten. Als Agenten wurden bekannte Kundschafter und Kämpfer gegen die Indianer beschäftigt, ›die mit ihrer Tapferkeit im Krieg eine solche Macht über den Roten Mann gewonnen haben, daß er sich ihnen bereitwillig unterwarf‹. Die meisten Indianer in der Medizin-Show waren allerdings überhaupt keine Kickapoo – einige stammten aus Peru, und zwei waren doch tatsächlich irische Einwanderer. Unter diesen angeblichen Kickapoo, die zur Schau gestellt wurden, gab es solche Figuren wie Mondgeist, Prinzessin Rotes Feuer, Taubenflügel, Wandernde Pappel und einen Ma-Chu-Ta-Ga. Die Sagwa-Hersteller beschrieben das trostlose, verarmte Kickapoo-Reservat als ›wahren Garten Eden, der von gutmütigen, primitiven, aber edlen Wesen bewohnt wird, die die Geheimnisse der Natur entschlüsselt haben‹. Viele Jahre lang machte die Gesellschaft mit ihrem Sagwa und dem Schlangenöl Millionengewinne. Was jetzt vorgeht, unterscheidet sich von den Medizin-Shows vor hundert Jahren nicht allzuviel.

Die indianische Religion steht im Mittelpunkt meines Lebens, ermöglicht mir mein spirituelles Sein, ist Teil meines Erbes und hält mich am Leben. Zu sehen, wie sie entweiht, ausgebeutet, fehlinterpretiert, gekauft und verkauft wird, erbost mich. Die weißen Imitatoren vermitteln den Leuten irrige Eindrücke von unserem Glauben, sie verfälschen unsere Traditionen und führen groteske Karikaturen unserer Rituale auf. Weißen sollte es verboten sein, Zeremonien der Uramerikaner abzuhalten. Vor solcher Besudelung muß unsere Religion geschützt werden. Unsere heiligen Gegenstände und Medizinbündel, die man uns vor Jahren gestohlen hat und seitdem in Museen und Privatsammlungen begaffen und verlachen läßt, sollten uns zurückgegeben werden. Vor 1930 war es uns verboten, in unserer Sprache zu beten und unsere Rituale wurden unterdrückt. Für die Teilnahme an einer Badehüttenzeremonie konnte man nach dem Gesetz über Indianische Straftaten ins Gefängnis kommen. Unsere Religion ging in den Untergrund und überlebte. An verborgenen Plätzen, weit entfernt von den Augen der Missionare, hielten die Menschen auch weiter den Sonnentanz ab. Was aber jetzt geschieht, ist viel schlimmer als diese einstigen Bemühungen, unsere Religion insgesamt auszulöschen. Man hat versucht, unseren Glauben umzubringen, hat triumphierend den ›Tod des Großen Geistes‹ verkündet, aber man hatte keinen Erfolg damit. Vielleicht kommt man jetzt mit der Kommerzialisierung und der Vermittlung falscher Vorstellungen ans Ziel. Sie verkaufen unsere Religion, die Pfeife, die Badehütte, die Feuerstelle und das Peyote. Sehr bald werden sich die Weißen für unsere Lehrer halten und uns sagen, wie wir unsere Rituale zu gestalten oder unsere heilige Medizin zu verwenden haben. Vielleicht sagen sie sogar: »Diese göttliche Pflanze ist viel zu gut für die dumpfen Primitiven. Behalten wir sie für uns, kaufen wir das Peyote auf.«

Und ständig geht es um Geld, Geld, GELD! Vor noch gar nicht allzu langer Zeit konnte man in den Custer State Park gehen oder nach Wind Cave und einen Büffelschädel für eine Zeremonie umsonst bekommen. Jetzt muß man viel dafür bezahlen, weil sich jeder New-Ager einen Büffelschädel an die Wand hängen will. Es gibt unechte Medizinmänner, sogar Uramerikaner sind darunter, die verlangen 750 Dollar für ein Dampfbad, 1.000 Dollar, wenn sie jemanden zu einer Visionssuche auf einen Berg bringen und 2.500 Dollar dafür, daß sie an einem einzigen Wochenende aus einem weißen Einfaltspinsel einen echten Lakota-Medizinmann mit Diplom machen. Leute gibt es, die setzen jemanden auf einen Hügel, drücken ihm eine bunte Pfeife aus dem Andenkenladen in die Hand, stecken ihm eine Adlerfeder ins Haar und bringen ihn um jeden Cent, den er besitzt. Ein richtiger Medizinmann verlangt niemals Geld für eine Heilung oder irgendeinen anderen Ritus. Unsere Zeremonien sind nicht zu verkaufen. Wird also Geld dafür gefordert, dann stimmt etwas nicht. Die Leute, die schnelles Geld machen wollen, bringen unsere Stämme in Verruf – sie sollten gestoppt werden.

In Santa Fe wurde ich einmal gebeten, ein Dampfbad zu veranstalten, und die Leute fragten mich: »Wieviel bekommen Sie dafür?« Da habe ich mich ganz schnell zurückgezogen. Sie ziehen uns in den Schmutz mit ihrer Ignoranz. Für sie ist ein Schwitzbad eine Erfahrung, für uns ist es ein heiliger Weg, ist es unsere Verbindung mit dem Schöpfer. Es gibt einen Schwindler, natürlich in L. A., der lehrt ›heiligen indianischen Sex‹, und zwar in Gruppenveranstaltungen – für einige hundert Dollar pro Person. Eine Weiße schrieb später einen langen Artikel über diese Erfahrung, dessen Überschrift lautete: ICH HABE INDIANISCHE SPIRITUALITÄT MIT MEINER VAGINA AUFGESAUGT! Ich formuliere es hier etwas gewählter, sie benutzte ein sehr viel kürzeres Wort für ihr Geschlecht. Und sie behauptete auch, daß ihr der heilige indianische Sex ein ›spirituell rasendes Feuer, einen atombombenexplosionsartigen Orgasmus‹ verschafft hätte.

Ich erinnere mich an einen europäischen Film, der einen Sonnentanz zeigt – so, wie ihn sich nur ein krankes, fiebriges Wasichu-Hirn ausdenken kann. Da sah man einen einzelnen weißen Tänzer, der völlig nackt, bis auf ein kleines Feigenblatt vor seiner Männlichkeit, an zwei Fleischerhaken hing. Einen Sonnentanz von nackten Homosexuellen gab es tatsächlich – es waren ausschließlich Weiße, die dafür unheimliche Rituale ersonnen hatten. Solche Schändungen unserer allerheiligsten Zeremonie bekämpfe ich, vor allem deshalb, weil sie Außenstehenden ein falsches und verzerrtes Bild vom Sonnentanz vermitteln. Auch das ist reine Vermarktung mit Hilfe von Nacktheit und Sensationsgier. Das muß aufhören!

Dann wurde mir vom Weißen Kojoten erzählt, einem Jungen, den angeblich ein alter Weiser der Apachen in den Pine Barrens von New Jersey gefunden haben soll. Wie der Apache dorthin gekommen ist, muß als Wunder in sich angesehen werden. Und dieser betagte Indianer soll aus dem Jungen einen weißen Schamanen gemacht haben, der jetzt Überlebensfertigkeiten lehrt.

In Kalifornien habe ich ein Flugblatt mit einer traditionell wirkenden Zeichnung gesehen, einer Pfeife mit Adlerfedern, das Visionssuchen für 1.500 Dollar anbot. Es hieß da: ›Eingeschlossen sind ihre Mahlzeiten und vier Übernachtungen im Camp.‹ Sogar eine Ermäßigung für Kinder gab es. Überall im Ort wurde das Blatt angeschlagen. Ungefähr ein Jahr später traf Rudi den Mann im Staatsgefängnis von Susanville. Man erklärte den Indianern: »Wir bringen euch ein paar spirituelle Berater von der Straße, die mit euch schwitzen und reden wollen und euch den Gebrauch der Pfeife beibringen werden.« Und wer erscheint? Dieser Kerl. Ich werde seinen Namen nicht nennen, er ist inzwischen gestorben. Rudi trat ihm sofort entgegen: »He, Bursche, du verkaufst die Medizin, ich habe überall deine Flugblätter gesehen.« Der Kerl drehte durch, leugnete aber nicht. Dann ging er. Rudi entschuldigte sich bei den anderen, aber die meinten: »Recht so, gib's dem Mistkerl!« Später hörte ich, daß der Bursche ›heilige Medizinbündel‹ zum Verkauf anbot.

In Texas gibt es eine ältere weiße Frau, die ein perfektes Beispiel dafür ist, wie sich Weiße in die Medizin hineindrängeln. Auch ihren Namen werde ich nicht nennen. Sie ist eigentlich ganz nett und ehrlich. Sie hat eine ganze Reihe unserer Zeremonien erlebt, und das ist ihr so zu Kopf gestiegen, daß sie sich einbildet, Crow Dog sei ihr Großvater, ›der ihr die Gabe verliehen hat‹. Sie leitet Dampfbäder, bringt Leute auf den Berg und ›lehrt Lakota-Bräuche‹. Ansonsten ist es der gleiche Mist – ›Reservieren Sie jetzt, einschließlich Parkplatz. Und für 150 Dollar haben Sie Anspruch auf folgendes…‹ Diese Person glaubt wirklich an das, was sie tut, sie hat ihr Herz auf dem rechten Fleck, macht uns kleine Geschenke, aber die Tatsache, daß sie unsere Rituale erlebt hat, macht aus ihr weder eine Medizinfrau noch eine Indianerin. Wohlmeinende Leute können genausoviel Schaden anrichten wie die wissentlichen Ignoranten. Ein paar Tage Leben im Reservat und ein paar Stunden Lektüre über unsere Zeremonien autorisieren einen Menschen noch nicht dazu, Sioux-Rituale nachzumachen.

Mexikaner tun das übrigens auch, wie jener Bursche, der sich selbst den Namen eines Aztekenhäuptlings aus dem Mittelalter zugelegt hat und behauptet, ein Nahuatl-Medizinmann zu sein. Aus Mexiko hat man ihn verjagt, und jetzt treibt er sich in den guten alten USA herum und hält eine Mischung aus sogenannten Azteken- und Prärieindianer-Ritualen ab.

Dann ist da eine Frau, die sich sowohl einen Sufi- wie auch einen Sioux-Namen gegeben hat und die Ashram-Zeremonien veranstaltet, ein Mischmasch aus islamischen- und Lakota-Riten. Sie ist weiß und stammt aus Brooklyn. Ein anderer, ein Freund sogar, der an ein paar Sonnentänzen teilgenommen hatte, fand über Nacht zur Spiritualität und war am nächsten Morgen ein großer Stammesführer mit indianischem Namen. Es ist eine Krankheit, und sie ist ansteckend.

Ein Typ, der vorgab, Indianer zu sein und sich auch, wie üblich, einen indianisch klingenden Namen gegeben hatte, war in Wirklichkeit Ballettänzer griechisch-orientalischer Abstammung. Die weiße Öffentlichkeit akzeptierte ihn eine Zeitlang als großen Eingeborenen-Guru und Sprecher der Indianerstämme. Er hatte sich selbst zum verantwortlichen Leiter der ganzen neuen Medizin-Show ernannt und wurde der Liebling der Medien. Nachdem er schließlich entlarvt worden war, sagte er zu einem Interviewer: »Scheiße, Mann, ich bin Indianer, weil ich s a g e , daß ich einer bin!« Alle diese Leute gehören zum Stamm der Möchtegerne. Sie bekommen eine Pfeife und benutzen sie nicht richtig. Es gibt eine bestimmte Art, mit der Pfeife umzugehen, es gibt Rituale, die ich habe lernen müssen. Aber gewisse Leute nehmen sich diese heiligen Dinge einfach und verhalten sich falsch. Als ich vergangenen Winter in Kalifornien war und Freunde besuchte, begrüßten sie mich mit den Worten: »Wir sind froh, daß du da bist. Wir haben ein Problem und brauchen deine Hilfe.« Bei ihnen war nämlich eine weiße Lady, die bei einem Powwow eine Pfeife gekauft hatte und sie nun auch benutzen wollte. Sie war schon zu einem Fasten-Trip allein auf den Berg gegangen. Und nun fragten meine Freunde: »Kannst du nicht mit ihr reden? Wir haben das Gefühl, daß sie die Macht dieser heiligen Dinge nicht begreift.« Da auch eine Assiniboin-Frau aus Montana da war, bat man uns beide, mit der Weißen zu sprechen. Und bevor wir noch Ja oder Nein sagen konnten, gab man uns Tabak und drängte noch einmal. Wir waren schließlich einverstanden. Diese Frau hatte Schwitzbäder genommen und gefastet und war nicht ganz so wie andere. Wir erklärten ihr, daß sie die Bräuche noch besser kennenlernen und sie auch respektieren müsse, ehe sie die Pfeife benutzen könne. Da bekam sie fast einen Tobsuchtsanfall, wälzte sich auf dem Boden und wurde richtig gemein. Dabei gab sie solchen Stuß von sich wie etwa: »Wenn ich die Pfeife nur in der Hand halte, geht es richtig durch mich hindurch.« Sie wirkte, als wäre sie auf einem LSD-Trip. Von der Bedeutung der Pfeife hatte sie keine Ahnung, sie hielt sie für so eine Art Kristall, durch den man mit den Geistern reden kann. Ich erzählte ihr, wie die Pfeife zu unserem Volk gekommen ist und was sie für uns darstellt, riet ihr auch, zu einer Zeremonie zu gehen, nur so als Beobachter, und den Alten zuzuhören. Man muß nicht mitmachen, man muß nur beobachten und lernen und sollte es nicht mit allem so eilig haben. Wir haben seit Generationen Blut, Schweiß und Tränen für unsere Religion vergossen. Und dann sagte ich zu ihr: »Wenn Sie wollen, nehme ich Ihre Pfeife mit zurück und gebe sie einem Älteren zum Aufbewahren. Und wenn Sie jemals zu uns kommen, können Sie mit einem Eingeweihten sprechen.« Schließlich gab sie mir die Pfeife, obwohl sie eigentlich nicht wollte. Hier haben wir ein Beispiel dafür, wie Leute an heilige Dinge geraten, die so mächtig sind, daß sie einem schaden können, wenn man sie entweiht. Es ist aber zugleich bezeichnend, daß ein Weißer etwas über unsere Religion erfahren möchte, aber dann nicht zuhört.

In einigen Fällen haben Leute die heilige Medizin als Liebeszauber oder auch als Aphrodisiakum benutzt. Sie wollten ›echte indianische Orgien‹ erleben. All das läßt unsere Religion billig und käuflich erscheinen. Zum Teil rührt dies daher, daß manche solcher Weißen ihren eigenen Gott verloren und ihre Seele vergessen haben. Sie haben Probleme, mit der Wirklichkeit, mit dem Tod zurechtzukommen. Irgendwie sind sie beunruhigt über den Verfall ihrer Städte, über die Obdachlosen auf den Straßen, über den Zusammenbruch ihrer eigenen Moral. Und dann suchen sie bei uns nach Antworten, die wir ihnen nicht geben können, möchten, daß wir ihre innere Leere ausfüllen. O nein, danke! Es gibt auch weiße Frauen, Groupies, die suchen ›einen Medizinmann, der die Power direkt in mich hineinsteckt‹. Die hungern geradezu nach einer ›tiefen sexuellen Erfahrung‹ und schlafen mit jedem, der Zöpfe oder einen Halsschmuck trägt.

Diesen weißen ›Empfängern kosmischer Strahlen‹ und ›Deutern des Übersinnlichen‹ möchte ich sagen, daß es sehr gefährlich ist, mit unseren heiligen Dingen zu spielen. Am Ende wird es ihnen Schaden zufügen, schlimmen Schaden. Unseren Glauben kann man nicht kaufen. Diese grotesken Dinge, die von den falschen Medizinmännern getan werden, sind Erscheinungsformen einer sterbenden Zivilisation. Ich kann nur darum beten, daß ihr Tod nicht auch uns mit hinunterreißt und zu unserem eigenen Untergang beiträgt.

Kapitel 19
Eine neue Liebe

Rudi und ich heirateten am 24. August 1991 in Santa Fe, nachdem wir bei Crow Dog und Lame Deer zum Sonnentanz gewesen waren. Mit Crow Dog war ich auf indianische Art verheiratet worden. Ein Medizinmann hatte eine Decke um uns gelegt, uns eine Pfeife in die Hand gegeben und uns gezedert und befächelt. Das war alles. Es war nicht die Art Trauung, die von weißen amerikanischen Beamten anerkannt wird, also brauchten wir auch keine formelle Scheidung. Meine Trauung mit Rudi aber verlief ganz regulär, von einem Friedensrichter vollzogen und mit einem Tausch der Ringe. Anschließend bekamen wir eine Heiratsurkunde – gesiegelt, gestempelt und unterschrieben. Ich trug auch ein Kleid und einen weißen Seidenhut, den Marylin Pailey improvisiert hatte, eine weiße Freundin, die ich in den siebziger Jahren in New York kennengelernt hatte. Und ich erhielt Geschenke – von Richard und Jean eine wunderschöne Türkiskette, von Marylin ausgefallene Ohrringe, von Sid eine Decke aus dem Südwesten und, wie er sagte, ›ein Bündel Liebe‹ sowie von einem befreundeten indianischen Künstler, von Nelson Gipp, eine Adler-Plastik. Ich kam mir ein bißchen schuldig vor, daß ich als radikale Sioux-Aktivistin wie ein Bourgeois – oder ›Bushway‹, wie wir es immer aussprachen – handelte und mich vor dem Gesetz trauen ließ. Aber dann fühlte ich mich gut. Hatte ich nicht nach so vielen Jahren der Not, des Kampfes, nach Jahren eines Nomadenlebens einen gewissen Anspruch auf ein bißchen Normalität? Ich war nicht aus der Bewegung ausgeschert, die kaum noch am Leben war, sondern ich war älter geworden.

Ich war eine sechsunddreißigjährige Oma. Und doch – Kleid, Hut, Ringe und eine Urkunde, das war schon ziemlich merkwürdig.

Hinterher feierten wir auf einem Campingplatz im Santa Fe Nationalforst unter Kiefern und Espen und Zedern. Die Sonne schien, und die Luft war erfüllt von Vogelgezwitscher und dem wunderbaren Duft der Zedern und wilden Blumen. Wir hatten einen großen Tisch und eine Feuerstelle mit einem mächtigen eisernen Grill. Und ich befand mich unter alten Freunden. Ich liebe Santa Fe so sehr, weil man dort aus unerfindlichen Gründen immer eine Menge Indianer trifft, darunter auch viele Lakota und Freunde aus der Bewegung. Mit uns dort oben im Wald war zum Beispiel Sid Eare St. Pierre. Wir beide hatten zu den jungen AIM-Küken gehört, die im November 1972, dem Höhepunkt des Marsches auf der Spur der Gebrochenen Verträge, das Gebäude des Büros für Indianerangelegenheiten in Washington besetzt hatten. Auch Yossi Ramos war da, mit ihrem schönen reinrassigen Gesicht und dem dicksten und längsten schwarzen Zopf, den ich je gesehen habe. Sie hatte vor langer Zeit Teddy Roosevelts Denkmal in New York rot angemalt. Da waren Richard und Jean Erdoes, bei denen ich zusammen mit meinem Baby 1975 und 1976 gewohnt hatte, als Crow Dog in Lewisburg im Gefängnis saß. Marilyn Pailey war da, auch eine alte Freundin aus New York, und Al Lostetter, ein sehr guter Maler, der sich gerade beim Sonnentanz durchbohrt hatte, zusammen mit seiner Frau Kathi und ihren beiden Söhnen. Dann waren Delbert Lee, ein Sioux-Mandan, und Nelson, der Bildhauer, ein Sioux aus North Dakota, und auch meine Schwester Sandra mit ihrer kleinen Tochter und Brad gekommen. Sandra rufen wir ›Poko‹ – nach der Comicstrip-Figur Pogo.

Wir aßen unter den Kiefern Steaks, Hotdogs, Hamburger, Mais und Kartoffeln. Dazu gab es auch einige Zwölfer-Packs Budweiser und zwei Flaschen Wodka. Dank Rudi hatte ich schon eine ganze Weile nicht mehr getrunken, aber, zum Teufel, man heiratet schließlich nicht alle Tage, und so machten wir eine Ausnahme und genehmigten uns einen Umtrunk, eine Sioux-Hochzeit ohne Schnaps gibt es nicht. Wir waren nicht völlig itomni, nur ein bißchen beschwipst, und trotzdem fuhr einer der jungen Indianer später sein Auto in den Graben. Passiert ist aber nichts. Richard habe ich sogar genötigt, Spinners und Qarter Ditch zu spielen, aber dazu hat er kein Talent. Am nächsten Morgen wachte ich richtig verheiratet auf und war, obwohl schon Oma, noch immer jung. Jetzt sind wir also nach bürgerlichem Recht respektable Leute.

Mein zweiter Mann, Rudi Olguin, nennt sich voller Stolz Chicano. Er ist ein Zapotec und kommt aus demselben Stamm wie Benito Juarez. Rudi hat sogar ein paar Verwandte bei den Lakota.

Die Lebensweise von Indianern wie den Chicano, die ja meist irgendwie auch Indianer sind, lernte Rudi schon früh kennen. Sein Vater stammte aus Watrous in New Mexico, und als Kind fuhr Rudi immer dorthin. Er erinnert sich an das alte Blockhaus, in dem sein Großvater wohnte und sein Vater geboren wurde – buchstäblich in eine Bratpfanne hinein, aus dem Bauch in eine Bratpfanne. Er erinnert sich an die Kräuter, die von der Decke herabhingen, an die Bilder von Heiligen und von Montezuma und an die seltsamen Beschwörungsformeln, die seine Großmutter vor sich hin murmelte. Ihre Medizin ging eigene Wege. Seine Großmutter bereitete immer verschiedene Tees und Yerbas. Osha war gut für die Zähne und den Gaumen. Und dann gab es einen Tee, der so ziemlich für alles nützlich war – gut für die Knochen, gut für das Blut. Manche Tees schmeckten allerdings widerlich. Auch aus Kartoffeln stellten sie Medizin her.

In der Schule lernte er George Washington, Baseball und Apfelkuchen kennen, hörte aber nie etwas über sein Volk. Nie hat man ihm von Pancho Villa oder Emiliano Zapata erzählt oder gar von Crazy Horse und Sitting Bull. Rudi war zwar bewandert in seiner Kultur, aber die Geschichte seines Volkes kannte er nicht.

Rocky, Rudis Schwester, ist eine Curandera. Bei vielen Stämmen in Mexiko hat sie jahrelang die Heilkräuter studiert, sie kennt ihre Geheimnisse und sollte nicht in einen Topf mit den sogenannten New-Age-Heilern gesteckt werden. Wann immer Rudi krank war, ging er Rocky besuchen, und sie kurierte ihn. Ganze Regale voller Pflanzen, Kräuter, Wurzeln und Beeren, die sie alle kennt, stehen bei ihr. Sie ist Vorsitzende des Chicano-Nationalrates für Menschenrechte in Colorado und Lehrerin am örtlichen College.

Als Rudi noch klein war, erzählte ihm seine Großmutter immer von den Berggeistern. Er sagt, in den Black Hills von South Dakota könne er sie noch immer spüren. Von Hexen, die sich in Eulen verwandeln können, hörte er, und von der Jarona, einer alten mexikanischen Hexe, die den Babys die Augen herausriß und sie dann im Fluß ertränkte. Die Jarona war blind, lief aber stets nachts durch die Straßen und stahl Babys, die in ihren Krippen allein gelassen worden waren, brachte sie zum Fluß und ertränkte sie. Sie saß auch immer auf den Dächern und weinte um ihre Babys. Eine andere Geschichte berichtet, daß sie rote Augen wie eine Katze hatte und Hufe wie eine Ziege. Von einem Tanz in einer alten Scheune wird erzählt, zu dem auch ein weißer Hund kam. Man jagte ihn die Straße entlang, und als man nahe an ihn herangekommen war, da war es die Jarona, die sich in einen weißen Schleier gehüllt hatte. Zuvor war sie auf dem Tanz gewesen und hatte rote Augen gehabt. Als sie sich davonmachte, rannte sie wie eine Ziege, niemand konnte sie fangen. Die Jarona gibt es in der mexikanischen Kultur seit Tausenden von Jahren. Rudi erzählt, daß ihn diese Geschichten zu Tode erschreckt hätten und er sie unseren Kindern niemals erzählen würde.

Sein Vater liebte den Hahnenkampf und besaß einen richtigen Krieger, einen preisgekrönten Hahn, der ein Killer war. Besonders mit seinen Stahlsporen hatte er schon Scharen von Gegnern umgebracht. Heute ist der Hahnenkampf zwar verboten, trotzdem aber wird er weiterbetrieben. Was den Preishahn seines Vaters betrifft, so wurde er von irgend jemandem überfahren, ich glaube absichtlich. Er war der Grund dafür, daß eine Menge Leute einen Haufen Geld verloren hatten. Auch Hunde und Pferde hielt Rudis Familie stets, und Rudi lernte reiten fast noch vor dem Laufen.

Bis er ins Barrio von Denver kam, war Rudi ordentlich. Damals zehn oder elf Jahre alt, geriet er auf diesen erbärmlichen Straßen in Schwierigkeiten mit Drogen und mit dem Gesetz. Er wuchs zu der Zeit auf, als die Chicano-Bewegung unter Corky Gonzales und César Chavez zu erstarken begann und eine Menge passierte. In der kleinen Stadt Terra Amarilla in New Mexico kam es zu einer Schießerei, als sich Reies Lopez Tijerina und seinen Leuten, die ihre angestammten, ihnen nach altem spanischen Recht zugewiesenen Felder zurückverlangten, die Panzer und gepanzerten Fahrzeuge in den Weg stellten. In Kalifornien machten die Black Panthers Schlagzeilen, in South Dakota war die AIM auf dem Vormarsch, und die Ereignisse von Kent State hatte es gegeben, und das alles in den späten sechziger und beginnenden siebziger Jahren. Dann kam Wounded Knee. Rudi war am Kampf um die Rechte der Chicano ebenso wie an den Auseinandersetzungen der AIM beteiligt und sagte, das Feuer brenne immer noch in seinem Herzen und werde niemals verlöschen.

In den Tagen des Protestes gab es in Denver Mord und Totschlag. Sobald die Chicano eine Demonstration veranstalteten, rückte die Polizei in voller Kampfausrüstung an, und eine kleine Auseinandersetzung konnte sich zu einer großen Geschichte mit Tränengas und Schußwechseln auswachsen. Polizisten erschlugen die Leute und kamen ungestraft davon. Unser indianischer Bruder Sidney White wurde wegen Trunkenheit aufgegriffen und im Fahrstuhl zu Tode geprügelt. Als man ihn in seine Zelle schaffte, hatte er eine starke Blutung, an der er wenig später starb, aber unternommen wurde deshalb nichts.

Die Protestierer versuchten es mit Sachlichkeit und Überredungskunst, mit der Gewalt fingen die Cops an. Rudi hat mir erzählt, daß die Polizei ganz versessen darauf war, Autos mit Indianern und Chicano zu stoppen und die Insassen ohne jeden Grund zu verprügeln. In Denver brachten Kriminalbeamte Rudi in die Berge bei Golden, schlugen ihn dort zusammen und ließen ihn liegen – es gab keine Verhaftung und auch keine Anklage. Einfach so hatten sie ihn mitgenommen, vielleicht weil er mit einem Barett herumstolzierte oder weil er der Bewegung angehörte oder weil Rocky eine der Führerinnen war. Danach geriet er in den ›Platte-Valley-Action'-Krawall, zu dem es kam, als sich eine große Menge Chicano und Indianer im Platte Valley Action Center versammelt hatten. Cops drängten in die Allee hinein und fingen an, ›den Brüdern eins zu verpassen‹, wie Rudi es ausdrückte. Die Polizei eröffnete das Feuer auf die Menge – auf Männer, Frauen und Kinder. Sie schossen mit Tränengas und mit Schrotflinten, die mit Holzkugeln geladen waren. Man trägt schwere Verletzungen davon, wenn man eine davon abbekommt. Rudi schlug man den Kopf blutig und stempelte ihn als nichtsnutzigen Gewaltverbrecher ab, in Wahrheit war er ein Opfer. Zur gleichen Zeit haben wir also die gleichen Erfahrungen gemacht – er in Colorado, ich in South Dakota. Wir haben für die gleiche Sache gekämpft.

Mit der AIM kam Rudi in Berührung, als eine Menge Chicano aus New Mexico, Colorado und von jenseits der Grenze zum Sonnentanz nach Big Mountain und in Crow Dogs Paradies kamen. Zwischen Uramerikanern und mexikanischen Indianern wurde damals ein Bündnis geschmiedet. Es gab eine Gruppe Sonnentänzer aus Colorado, die sich Red Vest Society nannte, und die tauchten alle bei Crow Dog auf. Damals tanzte Rocky zum ersten Mal mit mir, wir wurden die besten Freundinnen, nannten uns ›Schwester‹ und adoptierten einander. Meine Schwester Barb adoptierte zur gleichen Zeit Rudi als Bruder. Barbs Mann Jim hat den gleichen Hintergrund wie Rudi.

Jim und Barb hatten eine Weile in Colorado gelebt, ließen sich aber schließlich in unserem Reservat Rosebud nieder, in Mission. Rudi besuchte sie oft, und so lernte ich ihn kennen. Er hatte sich auf der Stelle in mich verliebt, das erzählt er mir häufig, aber damals wagte er nicht, mir das zu zeigen, weil ich noch mit Crow Dog zusammen war. Ich muß gestehen, daß ich Rudi zu jener Zeit kaum bemerkt habe, ich hatte meine eigenen Probleme.

Noch in Denver war Rudi auf die Lakota-Religion gestoßen. Durch die Stadt zogen ständig ganze Karawanen von AIM-Leuten und Mitgliedern der Kirche der Amerikanischen Ureinwohner auf ihrem Weg nach Big Mountain, in die Peyote-Gärten in Texas oder an die Küste. Viele schauten bei Rocky vorbei, deren Haus stets voller Indianer war. Sie kannte alle AIM-Führer, und stets waren sie ihr willkommen.

Ein Freund von Rudi, Thomas Lopez, hatte in Adams County eine Badehütte. Man nannte sie Adler-Hütte, und sie stand jedem offen, der ein Schwitzbad nehmen wollte. Rudi besuchte sie oft und lernte dadurch viele Leute aus der Bewegung kennen. Für seine indianischen Brüder hat Rudi eine Menge verrückter Sachen gemacht. Zum Beispiel besaß das Naturgeschichtliche Museum in Denver Medizingegenstände, die von einer Beerdigungsstätte stammten – einen Pfeifenbeutel, ein altes indianisches Kriegshemd, perlengeschmückte und bestickte Gebrauchsgegenstände, die der Familie Red Clouds gehörten. Ein paar Leute drehten durch und ›befreiten‹ die Sachen, weil sie ihrer Meinung nach nicht dorthin gehörten, sondern Eigentum von Häuptling Red Cloud waren. Das Museum, das die Sachen unbedingt wiederhaben wollte, setzte für ihre Rückgabe eine Belohnung aus und schaltete das FBI ein. Daraufhin kamen die Leute mit den Sachen zu Rudi, weil er zwei Abkömmlinge der berühmten Familie, Marlene und Marletta Red Cloud, kannte. Er sollte alles der Familie in South Dakota überbringen. Das war noch vor Wounded Knee, und in Pine Ridge standen die Dinge sehr schlecht, jedermann lief mit Schußwaffen herum. Die Sonnentänzer wollten den Auftrag nicht übernehmen, und so hieß es: »Laßt das Rudi machen, der hat keine Angst, der hat Mumm.« Zunächst lehnte Rudi ab, weil er eben erst auf Bewährung aus der Besserungsanstalt in Buena Vista entlassen worden war und ins Bundesgefängnis gewandert wäre, falls man ihn mit den Objekten im Auto erwischen würde. Man bedrängte ihn aber weiter und hatte ihn schließlich überredet. Er fuhr also den ganzen Weg nach South Dakota hinauf und lernte Marlettas und Marlenes Großvater und alle anderen Red Clouds kennen. Man ehrte ihn und adoptierte ihn auf ewig als Bruder.

Jetzt ist es gesetzlich erlaubt, solche Gegenstände an die Stämme oder Familien zurückzugeben, denen man sie weggenommen hat.

Rudi hat in Denver ein Haus, und Jim und Barb zogen zu ihm, und sie teilten sich in die Miete. Damals kamen sich Barb und Rudi näher, und er fand heraus, daß ich ihre Schwester war. Wie ich schon erwähnte, hatte Rudi stets ein Auge auf mich, nur habe ich es nicht gewußt. Als er hörte, daß ich Crow Dog verlassen hatte, kam er schleunigst nach South Dakota, um mich zu erwischen. Er war so offensichtlich bis über beide Ohren in mich verliebt, daß es mich umwarf. Und er sagte: »Ich bin so froh, daß ich auf dich gewartet habe. Ich möchte, daß du meine Frau wirst. Der Große Geist muß es so gefügt haben.« So also kamen wir zusammen.

Soviel über Rudis Herkunft. Aber wie ist er? Er ist ein großer Teddybär. Gerade eben bepflanzt er für mich ein Blumenbeet, und letzte Woche hat er Moms Dach repariert. Er ist ein talentierter Maler, auf Papier und Leinwand. Er kann einem das Haar schneiden oder einen Kuchen backen. Ein Haus kann er ebenso entwerfen, wie einem reichen Hauseigentümer einen Swimmingpool einbauen. Zu mir ist er gut, so gut, daß es mich schon nervös macht, weil ich daran nicht gewöhnt bin. Manchmal bin ich gemein zu ihm und gehe hoch, einfach weil ich kribbelig werde, wenn man mich verwöhnt. Er hält mich vom Trinken ab, seit über einem Jahr habe ich weder ein Bud noch einen Jack Daniel's angerührt.

Vor kurzem hörte ich, daß auch Crow Dog wieder geheiratet hat, und zwar nicht nur nach indianischer Art, sondern vor dem Gesetz, mit Heiratsurkunde und allem Drumherum. Ich bin froh für die beiden und wünsche ihnen alles Gute, und ich bin auch erleichtert. Daß selbst Crow Dog das getan hat, gibt mir das Gefühl, weniger bourgeois und angepaßt zu sein.

Kapitel 20
Das Eiserne Haus

Wenigstens die Hälfte aller indianischen Männer und Frauen, die ich kenne, hat einige Zeit im Gefängnis gesessen. Wie es scheint, läßt sich das nicht vermeiden. In South Dakota sind ungefähr sechs Prozent der Bevölkerung Indianer, aber sie machen etwa dreiundvierzig Prozent aller Verhaftungen und fünfzig Prozent aller Verurteilungen aus. Geht man in das unbekannte Pennington County-Gefängnis in Rapid City, entdeckt man, daß mehr als die Hälfte aller Insassen Indianer sind. Viele werden aus politischen Gründen eingesperrt, wegen der bestehenden rassischen Vorurteile oder wegen kultureller Differenzen oder einfach weil sie Indianer sind. Ich denke immer, jede weiße Jury – und weiß sind alle diese Jurys – würde sogar Jesus Christus des Mordes oder der Kindesschändung beschuldigen, wenn er zufällig Indianer und Mitglied der AIM wäre. Vor allem hier in South Dakota kommen gelegentlich Leute ins Gefängnis, obwohl sie moralisch richtig gehandelt haben. An einen Fall erinnere ich mich, der in meiner Jugend zur Verhandlung kam. Eine traditionelle Familie hatte ein Wopila und ein Schenkungsfest zu Ehren eines verstorbenen Verwandten veranstaltet. Oft kommen hundert Leute und mehr zu einem solchen Festmahl, und alle müssen beköstigt werden. Also hatte die Familie einen jungen Mann losgeschickt, die Lebensmittel heranzuschaffen, und er nahm einen Freund mit. Im Laden sagte er: »Wir haben ein Wopila. Ich brauche eine gefrostete Rinderhälfte und soundsoviel Pfund Kartoffeln,

Kaffee, Zucker und so weiter.« Der Ladenbesitzer und sein Gehilfe holten die Sachen und stapelten sie auf dem Ladentisch. Der Besitzer war neu. Er sagte: »So, das macht soundsoviel. Bezahlt, und dann nehmt das Zeug.« Und der junge Mann erwiderte: »Aber ich kann jetzt nicht bezahlen. Wir zahlen, wenn das Pachtgeld da ist. Schreiben Sie es in Ihr Buch und ich werde unterzeichnen.« – »Tut mir leid«, meinte der Ladenbesitzer, »ich verkaufe nicht auf Kredit: Bei mir zahlt man bar auf die Hand.« – »Verstehen Sie nicht?« sagte der junge Mann. »Wir haben ein Festmahl, ich brauche diese Lebensmittel. Der alte Mann, dem vor Ihnen dieses Geschäft gehörte, hat uns immer auf das Pachtgeld Kredit gegeben.« – »Das ist wahrscheinlich der Grund, warum er den Laden verkauft hat. Er ist pleite gegangen. Tut mir leid, kein Geschäft zu machen.« Der junge Mann ging zu seinem alten Pickup und holte seine doppelläufige Schrotflinte. Es ist für Leute hier, und zwar für Weiße wie für Indianer, normal, Gewehre in ihren Pickups zu haben. Der junge Mann richtete das Gewehr auf den Besitzer und seinen Gehilfen und hieß seinen Freund die Lebensmittel aufladen. »Ich muß das tun«, sagte er zu dem Besitzer. »Wir haben ein Wopila und müssen unseren Gästen Essen vorsetzen. Wenn das Pachtgeld kommt, werden Sie bezahlt, Sie knickriger, widerlicher Hundesohn.« Und dann fuhr er mit seinem Freund davon, und die Familie feierte ein schönes Schenkungsfest. Natürlich hetzte der Ladenbesitzer ihm die Cops auf den Hals, und der junge Mann und sein Freund gingen wegen bewaffneten Raubüberfalls ins Gefängnis. Aus unserer Sicht hatten sie nichts Unrechtes getan.

Mit zwölf, dreizehn Jahren stahlen meine Freunde und ich im Handelsposten Kleinigkeiten wie Bonbons oder eine Büchse Fleisch oder, als wir etwas älter waren, Zigaretten. Der Besitzer hatte als kleiner Hausierer angefangen und sich dadurch, daß er die ›dummen Indianer‹ übervorteilte, zum Millionär emporgearbeitet, und so fühlten wir uns völlig im

Recht, wenn wir uns eine Handvoll von dem, was eigentlich uns zustand, zurückholten. Und wieder sahen das die Weißen mit ganz anderen Augen als wir.

Auch Weiße verstoßen gegen das Gesetz, ins Gefängnis kommen allerdings immer nur die Armen und die Nichtweißen. Und einige von uns bleiben dort und werden von der Außenwelt vergessen. Einen weißen Angeklagten läßt ein weißer Richter mit einem kleinen Klaps auf die Finger gehen, einen Uramerikaner dagegen steckt er für das gleiche Vergehen in den Bau – vor allem hier in South Dakota.

Die AIM, die Amerikanische Indianerbewegung, wurde im ›Eisernen Haus‹ geboren. Es waren vier Ojibway, die sie im Gefängnis in Minnesota gründeten. Und als längst schon alle, die an dem großen Gefängniskrawall in Attica teilgenommen hatten, entlassen worden waren, saß ein einsamer junger Bursche noch immer hinter Gittern, Decajawiah Hill, ein Mohawk-Indianer. Uramerikaner, die an ein Leben im Freien gewöhnt sind, ein Leben nach ›indianischer Zeit‹, machen im Gefängnis gewöhnlich eine schwere Zeit durch. Viele begehen Selbstmord. Ich kannte einen Sechzehnjährigen, der sich in seiner Zelle erhängte, und ich trauere noch immer um meinen Freund Pewee, der das gleiche tat.

Auch ich bin ein paarmal im Gefängnis gewesen, im Gefängnis der Weißen aus politischen Gründen und in Stammesgefängnissen wegen Trunkenheit und Ruhestörung oder wegen Fahrens ohne Führerschein. Ein Vergnügen sind Stammesgefängnisse nicht gerade, aber sie sind auch nicht wirklich schlecht. Den Stämmen ist nur gestattet, sich mit Kleinigkeiten zu befassen – häusliche Gewalt, überhöhte Geschwindigkeit, Fahren unter Alkohol, Pokern. Mit den sogenannten schweren Verbrechen, die meistens nicht wirklich schwer sind, sondern knapp gerade so über einem Vergehen liegen, beschäftigen sich Bundesbehörden.

Rudi war auch einige Mal im Gefängnis. Als er vierzehn Jahre alt war, hatte seine Mutter einen Autounfall. Sie arbeitete als Privatsekretärin und war die Stütze der Familie. Nach dem Unfall blieb sie gelähmt und hatte einen Hirnschaden. Die Familie zerbrach, und für Rudi kamen harte Zeiten. Es war in den sechziger Jahren, und das Barrio wurde von Drogen überschwemmt. Die Familie war in alle Himmelsrichtungen auseinandergelaufen, so daß sich Rudi als Teenager allein durchschlagen mußte, und um nicht zu verhungern, klaute er wie ein Rabe. Er hatte sich einer Gruppe Jugendlicher angeschlossen, die im gleichen Boot saßen wie er. Richtige Kriminelle waren sie nicht, aber sie mußten stehlen, um zu überleben. Dann fing er mit Heroin an, und nun mußte er klauen, um sich immer wieder neuen Stoff besorgen zu können. Er lebte im Barrio im Osten von Denver, wo die Armen zusammengedrängt waren und Jugendlichen außer Ladendiebstahl und Drogendealerei keine Alternative blieb. Rudi meinte einmal: »Politiker, Geschäftsleute und Börsenmakler stehlen andauernd Geld, und zwar auf legalem Weg. Der einzige Unterschied ist der, daß sie sehr viel reichere Diebe sind als die obdachlosen Kids aus dem Barrio. Ich weiß, daß ich mich einmal für alles verantworten muß, was ich getan habe, aber doch nicht vor denen.«

Rudi ist ehrlich. Mag er einen, dann sagt er es ihm, mag er ihn nicht, läßt er es ihn ebenfalls wissen. Er legt seine Karten auf den Tisch, hintergeht niemanden und spielt auch mit keinem. Als ich ihn zum ersten Mal traf, konnten wir gleich offen miteinander reden. Damals sagte er: »Ich habe Drogen genommen. Ja, ich habe eine dunkle Vergangenheit und verschweige das nicht. Wenn ich zurückdenke, gibt es eine Menge, worauf ich nicht sehr stolz sein kann und was mich noch bei der bloßen Erinnerung schaudern macht, aber wenn man jung und verrückt ist, Wein trinkt und Gras raucht, dann stellt man blödes Zeug an.« Ich sagte ihm, das mich das nicht kümmere, schließlich sei ich selbst dort gewesen, woher er komme. Da fragte er, ob es mir etwas ausmache, daß er kein Sioux wäre, und ich erwiderte: »Du bist ein Mensch wie ich.«

Und dann sagte er: »Du bist die erste Frau, die mich nicht verurteilt, du bist in Ordnung. Ich habe ein paar Frauen gekannt, die so taten, als würden sie Unrat wittern, als ich ihnen erzählte, daß ich im Gefängnis war. Ja, ich habe ein paar Sachen falsch gemacht, aber deswegen bin ich kein schlechter Mensch. Ich weiß, eines Tages werde ich nackt vor dem Großen Vater stehen, und er wird mir ganz schön Feuer unter dem Hintern machen – für alles, was ich getan habe, werde ich geradestehen müssen.«

Rudi hat eine farbige Art, sich auszudrücken, seine Sprache ist stark durch das Gefängnisleben geprägt worden, aber er ist ein wortgewandter und faszinierender Redner. Er war in der AIM, hat an Zeremonien teilgenommen und bei uns Lakota gelebt, und er hat mir erzählt, daß es die indianische Tradition und Religion waren, die ihn im Gefängnis am Leben erhalten haben. Pfeife und Badehütte hätten zusammengebrochene Menschen aufgerichtet und aus angepaßten Männern wieder Indianer gemacht. Ein langer Kampf sei es gewesen, bis die Uramerikaner im Knast ihre Zeremonien abhalten und von Medizinmännern besucht werden konnten, so wie die anderen von Priestern, Pfarrern oder Rabbis besucht werden. Er erzählte auch von seinen Auseinandersetzungen mit den Wärtern, die unsere Rituale als ›heidnischen Aberglauben‹ und unsere heiligen Männer als ›Scheißschauspieler‹ bezeichnen.

Rudi hat erlebt, daß eine Menge Leute im Gefängnis zur Medizin gestoßen sind und daß sich dadurch ihr Leben veränderte. Er hatte einen Freund im Knast, Pete, der als hartgesottener Bursche, als Killer, hereinkam, aber den Weg zurück zur indianischen Religion gefunden hat und jetzt Sonnentänzer in Big Mountain und in Crow Dogs Paradies ist. Pete wurde schon vor Rudi entlassen und schrieb ihm aufmunternde Briefe. Auch Barb und Jim, die Rudi lange vor mir kannten, haben ihm geschrieben. Und noch immer bewahrt er einen Brief seiner Schwester Rocky auf, in dem es heißt:

›Bruder, wenn es den Anschein hat, als müßtest Du Dich aufgeben, dann lerne, wie der Adler zu denken und laß Deinen Geist sich erheben. Spüre die Kraft seiner Flügel und den Schlag seines Herzens, damit Dein Geist sich hoch hinaufschraubt und von dort oben erkennt, wie klein die Dinge in Wirklichkeit sind.‹ Diese Art der Unterstützung hat Rudi über Tage der Verzweiflung hinweggeholfen, an denen er nahe daran war, sich aufzuhängen oder einen Fluchtversuch zu unternehmen. Er rauchte seine Pfeife, betete und lernte, wie der Adler zu denken.

Im Gefängnis hat er viel für die Sache der Indianer und Chicano und für das Gesetz über Religionsfreiheit getan, so daß wir nun ganz offiziell unsere Religion ausüben und Pfeife, Badehütte, Federn und Medizin benutzen können. Zumeist half er bei Rechtsfragen, tippte aber auch auf der Maschine. Er hatte einen Freund namens Owl, einen alten Mann, der ihm dabei behilflich war, in Folsom und San Quentin Bäder einzurichten. Anträge einzubringen und gerichtliche Verfügungen zu erwirken, kostete sehr viel Geld, und sie waren pleite. Da lieh ihnen merkwürdigerweise Charlie Manson einen Haufen Geld, damit sie die Badehütte in Vacaville einrichten konnten. Er bekommt Tantiemen für sein Buch und bot sich an.

Die erste Gefängnisbadehütte im Lande entstand in San Quentin, die zweite in Vacaville, dann in Susanville, Folsom und so weiter – heute gibt es sie fast in jeder Einrichtung. Das erste Schwitzbad, das Rudi im Gefängnis erlebte, fand im kalifornischen San Quentin statt. Auf einem eingezäunten Fleckchen Land, dem sogenannten ›Indianerland‹ wurde die Badehütte errichtet, und dabei halfen Indianer von draußen. Dieses Indianerland dient auch als Meeting-Platz. In Kalifornien leben viele Stämme – Pomo, Karok, Mono,

Hupa – und eine Menge verschiedener Völkerschaften, während man im Gebiet um Los Angeles Uramerikaner aus fast allen Landesteilen trifft. Die Badehütte ist also gewissermaßen immer international. Die spirituellen Ratgeber, die das Bad leiten, kommen von draußen und brauchen, um hereingelassen zu werden, eine sogenannte braune Karte, wie die Priester der katholischen oder evangelischen Kirche. Rudi badete einige Male mit einem Ratgeber namens Cedro, dem dann aber wegen eines Zwischenfalls der Zutritt verboten wurde. Es gab einen Insassen des Todestrakts, dessen Großmutter gestorben war, und der Verurteilte schnitt sich die Zöpfe ab, hüllte sie in Salbei und bat Cedro, sie mit hinauszunehmen, damit sie zusammen mit der Großmutter begraben würden. Als Cedro das Gefängnis verließ, fand man sie bei ihm und feuerte ihn, weil er die strikte Anweisung übertreten hatte, nach der weder etwas ins Gefängnis hereingebracht noch etwas mit hinausgenommen werden durfte. Nun übernahm Richard Williams die Aufgabe des spirituellen Ratgebers in der Badehütte. Er war für den Nordteil Kaliforniens zuständig, für Folsom, San Quentin und Tracy. Jede Woche besucht er ein anderes Gefängnis, badet mit den Brüdern und unterweist sie.

Rocky nahm jahrelang zusammen mit mir am Sonnentanz teil. Wenn sie Rudi besuchte, zeigte sie ihm die Narben und sagte: »Die sind für dich. Wir leiden, um dich aufzurichten.« Sie betete auch immer darum, daß Rudi an der Medizin, am roten Weg, festhalte. Und er sagte zu ihr: »Ich habe eure Gebete gespürt, sie haben mir viel geholfen.«

Als Rudi vierzehn war, lernte er in Lompoc Archie Fire Lame Deer kennen. Archies Vater lebte damals noch, und Archie war spiritueller Ratgeber in der Badehütte. Für Rudi war das gut, weil er so schon in jungen Jahren mit den traditionellen Lehren in Berührung kam, noch bevor er in diesen ganzen Mist geriet, der in Gefängnissen so passiert – Bandenauseinandersetzungen, Messerstechereien, Drogengeschichten. Ich bin Archie noch heute dankbar dafür. Rudi schwitzte mit Angehörigen der verschiedensten Stämme – mit Shoshonen, Navajo, Hurok, Karok, Lakota – und lernte dabei ihre unterschiedlichen Bräuche kennen. Er erlernte die Lieder vieler Stämme und vor allem begriff er, Achtung vor den Dingen zu haben – vor dem gesamten Universum, vor Mensch und Tier, vor der Luft und dem Wasser. Ich glaube, ohne spirituelle Kraft kommt man in dieser Welt nicht zurecht.

Wer im Gefängnis sitzt, ist als brutaler Bursche, als Verbrecher abgestempelt. Aber das muß überhaupt nicht stimmen. Die meisten Indianer sind dort, weil ihre Kultur anders ist und sie deshalb Fehler gemacht haben – das reicht bereits aus. Nicht einer von zehn Häftlingen ist ein Schwerverbrecher. Meist sind es junge Burschen, die wegen ihrer Trinkerei oder wegen der Drogen Probleme bekommen oder bei einer Kneipenschlägerei jemanden verletzt haben. Rudi kam das erste Mal mit vierzehn Jahren ins Gefängnis, weil er mit dem Jugendgesetz in Konflikt geraten war. Heute gibt es dieses Gesetz nicht mehr, es wurde für verfassungswidrig erklärt. Wer damals wegen eines Bundesverbrechens verhaftet worden war, wurde wie ein Erwachsener behandelt. Zu der Zeit saßen in den Bundesgefängnissen eine Menge Jugendlicher von vierzehn oder fünfzehn Jahren.

Indianische Häftlinge bekommen auf dem Hof manchmal Probleme mit Mexikanern aus dem Norden oder mit Schwarzen, und stets war es Rudi, der sie vertreten und die Sache klären mußte. Gewöhnlich ging es um lächerliche Kleinigkeiten – um ein Päckchen Zigaretten, ein Fernsehprogramm oder irgendeinen anderen Scheiß, aber daraus konnte ein Krieg entstehen. Und so wurde Rudi zum Vermittler im Knast.

Einmal hätte es fast einen richtigen Aufruhr gegeben, der von den Crips geschürt wurde, einer schwarzen Bande aus dem Osten von L.A. Die Indianer hatten vor dem Fernseher gesessen als die Schwarzen hereinkamen und das Gerät ausschalteten. Die Indianer stellten es wieder an, und dieses Hin und Her führte schließlich zu einem Kampf. Diesmal waren die Mexikaner aus dem Süden betroffen, zwei von ihnen waren Mexikaner und zwei Indianer. Alle Indianer und Chicano stellten sich hinter sie, während die Crips die Schwarzen unterstützten. Eine ganze Menge Leute – fünf- oder sechshundert Mann – waren bereit, aufeinander loszugehen und Krieg zu führen. Die Cops standen schon mit Gewehren auf dem Wachturm. Da wurden Rudi, als Vertreter der Uramerikaner, der Rädelsführer der Crips und der Anführer der Mexikaner ins Büro des Leutnants gebracht, wo man ihnen sagte: »Ihr Kerle solltet lieber miteinander reden und die Sache so klarbekommen, sonst schließen wir alle ein.« Rudi sprach mit den anderen und schaffte es, daß der ganze Streit beigelegt wurde. Wenn einer freiweg von Mann zu Mann redet, dann hört man ihm auch zu, und Rudi ist ein guter Redner. Man betete miteinander und schüttelte sich die Hände. Damit hatte Rudi den Frieden bewahrt.

Uramerikaner, die ihre Zeit absaßen, bekamen von draußen eine Menge Unterstützung, besonders von Leuten, die beim Sonnentanz für sie beteten. In San Quentin pflegten die Gefangenen jedes Jahr einen Stab herzurichten, ihre Medizinbündel und Federn an ihm zu befestigen und Opfer zu bringen. Richard Williams brachte ihn dann an ihrer Stelle nach Big Mountain. Dort und in Crow Dogs Paradies beteten viele Leute für Rudi. In den achtziger Jahren, nach dem Längsten Marsch und dem Längsten Lauf, fingen die Leute an, Läufe zur Unterstützung der gefangenen Indianer zu organisieren. Sie liefen zum Gefängnis und hielten dort eine Rede oder veranstalteten ein Powwow oder eine Zeremonie. Das ging so lange gut, bis Ted Means Tochter Kimberley ums Leben kam. Bei einem Stafettenlauf entlang des Highway zwischen Rosebud und dem Gefängnis in Sioux Falls überquerte sie die Straße, wurde von einem Auto erfaßt und starb. Sie war vielleicht zehn Jahre alt. Ich glaube nicht, daß es danach noch viele Läufe gab. Aber man hielt jährlich Powwows ab. Medizinmänner wie Archie Fire Lame Deer und Crow Dog haben viel dazu beigetragen, daß die indianische Religion in die Gefängnisse Einzug halten konnte. Vor zwei Jahren haben sie es sogar geschafft, Indianer für einen Kurzurlaub aus dem Gefängnis zu holen und zum Sonnentanz in Crow Dogs Paradies zu bringen – selbst einen Mann wie White Hawk, der wegen Mordes ›lebenslänglich‹ einsitzt.

In allen kalifornischen Gefängnissen gibt es Indianergruppen. Da Rudi maschineschreiben kann, hieß es jedesmal, wenn er ins Gefängnis kam: »He, Rudi, willst du nicht Sekretär der Indianergruppe werden? Hilf uns bei dem Papierkram.« Manchmal bekam er wegen seines Einsatzes für die Indianer auch Probleme. Man belästigte ihn, weil er der Sprecher der Indianer und deshalb sehr populär war. Und er war auch derjenige, der als erster in das Büro des Captains gerufen wurde, wenn etwas vorgefallen war. Man bedrohte ihn oder verlegte ihn auch – von San Quentin nach Soledad zum Beispiel. Dort blieb er vier oder fünf Monate, und nachdem er einen Antrag gestellt hatte, schickte man ihn nach San Quentin zurück. Zu der Zeit hatte er aber schon seine Zelle, seinen Job und all seinen Besitz verloren. Darin waren sie gut. Wird man in ein anderes Gefängnis verlegt, brauchen der Fernseher und alle andere Habe sechs Monate, bis sie dort ankommen, und wenn sie endlich da sind, entdeckt man, daß Bücher und Aufzeichnungen zerstört oder durcheinandergebracht worden sind. Man hielt Rudi Kleinkram vor wie etwa: »Wir haben in deinem Spind eine Rasierklinge gefunden, das ist eine versteckte Waffe.« Ständig werden die indianischen Brüder gepiesackt. Wollen sie zum Beispiel ein Schwitzbad abhalten, ist kein Holz da. Und nur um Holz hereinzubekommen, müssen Anträge in dreifacher Ausfertigung vorgelegt werden. Gut war in Kalifornien, daß jede indianische Gruppe in Kontakt mit allen anderen stand.

Jeden Monat schrieb Rudi einen Rundbrief an die Indianer in allen Gefängnissen, in dem er ihnen mitteilte, was vor sich ging. Und er bekam Briefe von den Brüdern in Folsom oder Chino oder von wo auch immer. Das war ihre Art, einander die Hand zu geben. Um alles mußten die Menschen kämpfen – um ein Powwow oder auch darum, die Trommel mit auf den Hof nehmen zu dürfen, um auf ihr zu spielen und ein paar Lieder zu lernen. Und jedesmal mußten sie durch die Sicherheitskontrolle, die alles durchwühlte. Es war bekannt, daß sie die Trommel bloß mitnahmen, um auf dem Hof ein paar Lieder zu singen, aber man machte aus allem eine große Affäre.

Rudi lernte viele Chicano aus L.A. kennen, die zu ihm sagten: »He, Bruder, ich habe Indianerblut, weiß aber nichts über Indianer. Ich bin im Barrio groß geworden, im Osten von L. A., und ich würde gern etwas über indianische Lebensart erfahren.« Und Rudi nahm sie beiseite und unterwies sie. Sogar Vollblutindianer gab es im Gefängnis, die aber zumeist in East Oakland oder in San Francisco aufgewachsen waren und nie ein Res gesehen hatten, die mehr über ihre Kultur wissen wollten. Und die Trommel brachte sie wirklich zusammen. Wenn man anfängt zu trommeln, kommen die Leute und wollen sehen, worum es geht. Und das ist der Moment, wo sie anfangen zu lernen. Man fühlt, daß man wirklich etwas erreicht. Am Feuer zu sitzen und zu singen, der Trommel zuzuhören, bei Indianern und Mestizen zu sitzen und über das Res zu sprechen – das ist, als säße man nicht mehr im Knast sondern auf indianischem Boden. Rudi saß auf indianischem Boden und trommelte, und drinnen bekämpften sich die Banden. Sie hatten ihre Messer, die Indianer hatten ihre Pfeife. Die Indianer waren besser dran.

Im Gefängnis hat Rudi Haareschneiden gelernt, er kann es noch immer gut. Er hat auch Zeugnisse als Maurer, Schweißer und Zimmermann erworben und Elektriker- und Installateursarbeiten verrichtet. Er hat Zeichnen und auch

Entwerfen gelernt, Lesen kann er und Musik komponieren, und er spielt eine Reihe Instrumente – Gitarre, Baß, Conga, ein bißchen Schlagzeug, Klavier und Flöte. Und er kann für tausend Leute kochen und backen.

Ein paarmal ist er aus dem Gefängnis geflohen. Einmal brachte man ihn ins Hospital, aus dem flüchtete er, wurde aber sofort wieder geschnappt. Dann entkam er aus dem Gefängnis selbst und wurde ebenfalls wieder eingefangen. Bei seinem letzten Ausbruch lieferte er sich ein Autorennen mit der Polizei in Denver. Die hatte es nicht leicht, ihn einzuholen, denn er ist ein guter Fahrer, schließlich aber brachten sie ihn mit einer Straßensperre von der Fahrbahn ab. Er fiel von einer Brücke und verletzte sich schwer. Erst Tage später wachte er im Hospital auf. Er hatte noch einmal Glück gehabt, weil schließlich alle Flucht-Anklagen niedergeschlagen und er einfach ins Gefängnis zurückgebracht wurde.

Nachdem Rudi seine Strafe abgesessen hatte, geriet er in Denver in eine Schlägerei und landete schließlich mit einem gebrochenen Bein im Krankenhaus. Als er entlassen worden war, lief er eines frühen Morgens die Vierundvierzigste Straße hinunter, ausgelaugt und ganz krank von der Stadt, den Bars, den Drogen und allem anderen, was dazugehörte. Auf einmal rollte ein blaues Wohnmobil neben ihm aus, die Tür flog auf, und da saßen meine Schwester Barb und Jim, die gerade durch Denver kamen. Sie fragten ihn, ob er mit wolle, Rudi sagte: »Ja«, und fuhr mit ihnen nach South Dakota, ohne irgend etwas anderes bei sich zu haben als das, was er auf dem Leib trug: Shorts, eine Gefängnisjacke und einen Hut. Aber er war so krank von Denver und dem Leben, das er führte, daß er nur noch fort wollte. Er schwor sich, daß Drogen in seinem Leben keine Rolle mehr spielen würden, und er versprach Tunkashila, seinem Weg folgen zu wollen, sich an die Medizin zu halten und zur guten alten Straße der Rothäute zurückzukehren. Und dann betete er darum, einer Frau zu begegnen, die ihn so nahm, wie er war.

Durch seine Schwester Rocky wußte er schon lange von mir, und er hatte aus dem Gefängnis mit meiner Familie telefoniert. Als wir einander endlich kennenlernten, machten wir uns gegenseitig Mut. Er war bei Jim und ziemlich nervös, weil er nicht wußte, worüber er mit mir reden sollte. Jahrelang hatte er auf diese Begegnung gewartet, für die es nie eine Gelegenheit gab, weil er immer wieder im Gefängnis saß. Ich wiederum hatte nicht für möglich gehalten, mich jemals wieder zu verlieben, und dann stieß ich auf Rudi. Als wir uns besser kannten und über unser Leben sprachen, stellte sich heraus, daß er auf dem gleichen Punkt angekommen war wie ich – er war von Drogen angewidert, ich vom Alkohol. So kam einer für den anderen zur rechten Zeit. Wir haben noch viele Kämpfe vor uns, aber wir werden einander nicht loslassen. Wir werden uns mit allem auseinandersetzen, was vor uns liegt.

Kapitel 21
Haut-Kunst

Traditionsbewußte Lakota, aber auch die nicht so traditionsbewußten haben Tätowierungen, meist auf dem Handgelenk. Das sind nicht die verzwickten Entwürfe, die man in Tätowiersalons sieht, sondern einfache Linien, kleine Sterne, unzusammenhängende Buchstaben – kleine blaue Zeichen, die aus keinem das Äußere betreffenden Grund, schon gar nicht wegen ihrer Schönheit, in die Haut gestochen wurden. Aber einen Grund gibt es. Bei unserem Volk ist der Glaube weit verbreitet, daß die Seele nach dem Tod auf der Tachanku, der Straße der Geister – das ist die Milchstraße – nach Wanagi Tamakoche, dem Land der Geister, wandert. Auf dem Weg dorthin muß sie an Hinhan Kaga, der Eulenfrau, vorbei, der Türhüterin vor dem Land der Vielen Hütten. Die Eulenfrau überprüft jede vorbeikommende Seele und sucht nach Tätowierungen auf dem Handgelenk, die eine Art Paß in die Geisterwelt darstellen, und wenn sie solche Zeichen nicht findet, wirft sie die Seele von der Milchstraße hinunter in den bodenlosen Raum. Man hat mir erzählt, daß es in früheren Zeiten immer einen Mann oder eine Frau gegeben hat, die tätowieren konnten. Dabei wurde das Muster mit Ton auf die Haut aufgelegt und mit einer Nadel eingestochen.

Anschließend, selbst wenn die Stiche noch bluteten, wurde die Tätowierung mit blauem Ton abgedeckt, der abgewischt wurde, sobald er getrocknet war. Übrig blieben die dunkelblauen Markierungen. Vor langer Zeit ließen sich die

Leute einen blauen Fleck auf die Stirn oder zwei senkrechte Linien aufs Kinn tätowieren, damit sie von der Eulenfrau eingelassen wurden. Heutzutage scheint jedes einfache Muster auszureichen, allerdings werden nur noch die Handgelenke und nicht mehr die Gesichter tätowiert.

Bei fast allen Indianerstämmen gab es Tätowierungen, meist hatten sie eine religiöse oder zeremonielle Bedeutung. Häufig wurden Rituale abgehalten und besondere Lieder gesungen, während jemand tätowiert wurde. Zum Einstechen benutzte man bei den einzelnen Stämmen verschiedene Gegenstände – Ahlen, Nadeln, angespitzte Knochen, Kaktusdornen, Stacheln des Stachelschweins, Fischgräten und auch Zähne. Die kunstreichsten Tätowierungen, die große Teile des Körpers bedeckten, gab es bei den Wichita. Von den ersten französischen Reisenden wurden sie deshalb auch Peaux Piquées, Punktierte Häute, genannt. Bei den Osage wurden die Pfeifenbewahrer und die Medizinmänner tätowiert, und zwar auf dem Augenlid. Die Caddo trugen Abbildungen von Pflanzen und Tieren und tätowierten sich auch die Augenwinkel. Die Frauen der Assiniboin hatten aufs Kinn drei senkrechte Streifen tätowiert, und Omaha-Frauen trugen auf der Stirn einen Kreis, der die Sonne und das Tageslicht symbolisierte, und auf der Brust einen Stern als Sinnbild für die Nacht. Kiow tätowierten ihren Frauen runde Flecken auf die Stirn. Als Mittel gegen Zahnschmerzen galt Tätowieren bei den Ojibway, und die Hidatsa markierten mit einfachen Zeichen auch Kriegerehrungen. Frühe Abbildungen von Indianern aus dem Südwesten zeigen, daß ihre Körper vollständig mit kunstvollen Tätowierungen bedeckt waren. Die meisten Männer aus den Stämmen der Prärieindianer, die ich kennengelernt habe, tragen irgendwelche Tätowierungen, auch wenn sie damit keine besondere Bedeutung verbinden und nur aus Gewohnheit einer alten Tradition folgen. In Rosebud gibt es einen Mann, den Sohn eines früheren Stammesvorsitzenden, der sich unter die eine Brustwarze das Wort WEIN und unter die andere das Wort BIER hat tätowieren lassen.

Aus allen diesen Gründen war ich von der Entdeckung fasziniert, daß Rudi tätowieren konnte. Er nennt es ›Haut-Kunst‹ und hat es, natürlich, im Gefängnis erlernt. Auf jeden Fall zeigt sich auch in seinen Tätowierungen, daß er ein guter Maler ist. Die Kunst des Tätowierens ist vor langer Zeit im Orient entstanden, damals verwendete man dazu Bambus. In den USA galten Tätowierungen viele Jahre als Kennzeichen der Knastbrüder und der Biker, aber heute ist es in der Öffentlichkeit Mode geworden. Jedes Jahr gibt es Tagungen der Tätowierer, bei denen die Besten zusammenkommen und ihre Arbeiten bewerten. Man veranstaltet sogar richtige Wettbewerbe. Rudi hat seine Sachen eingeschickt, und vieles davon ist in den Magazinen ›Outlaw Biker‹ und ›Easy Rider‹ veröffentlicht worden. Einem indianischen Bruder hatte er einmal ein Medizinrad mit mehreren Pfeifen eintätowiert, aus deren Rauch ein Indianer eine Pfeife zur Sonne emporhebt. Das war sehr gut herausgekommen, und er schickte es an ›Easy Rider‹, wo es als Farbseite gedruckt wurde. Rudi tätowiert seit fünfzehn Jahren. Er hat sich aus einem Kassettenmotor und einer Gitarrensaite einen elektrischen Stift gebaut, bei dem die Saite wie eine kleine Welle durch die Tintenspitze läuft und die Nadel hin- und herbewegt. Man muß nur in die Tinte tauchen und damit zeichnen, das geht ganz leicht. Im Gefängnis war Rudi mit einem Biker, einem Hell's Angel, zusammen, der ein phantastischer Tätowierer war. Seiner Frau Star gehörte einer der größten Tätowiersalons in San Francisco. Als Rudi entlassen wurde, hat er dort für Star gearbeitet. Jetzt sind Stammesmuster heiß begehrt, die Leute verlangen danach. Am Kinn, auf der Schulter – afrikanische und indische Stammeszeichen. Damit ist gutes Geld zu verdienen, der Markt ist riesig. Eröffnet man allerdings heute einen Salon, hat man das Gesundheitsamt auf dem Hals, damit man seine Nadeln auch sterilisiert und Gummihandschuhe trägt. Einmal hat Rudi innerhalb von drei Tagen in Sturgis bei der jährlichen Zusammenkunft der Biker 3.400 Dollar gemacht. Er war noch ein paarmal dort. Auch auf der Strandpromenade von Santa Cruz hat er tätowiert. In Kalifornien hat er so an die fünftausend Tätowierungen hinterlassen, sagt er. Anfangs war er besonders gut in Totenschädeln, Dämonen und Echsen – das ist es, was die Leute wollen. Sie möchten auf dem Rücken keinen Hirsch an der Tränke, nein, sie wollen einen Totenschädel mit einer Schlange und gekreuzten Knochen.

Es gibt aber auch eine Menge Symbole von Banden, mit denen man sehr vorsichtig umgehen muß. Manchmal kommt ein Bursche und bringt eine Vorlage mit, die ein Logo in den Farben der Hell's Angels darstellt, und so etwas darf man nicht tragen, wenn man nicht dazugehört. Rudi mußte schon so manchem sagen: »Kumpel, so etwas kann ich dir nicht eintätowieren.« Sieht man zum Beispiel jemanden mit Sternen, dann hat er diese Tätowierung in einem Bundesgefängnis bekommen, und jeder Stern bedeutet fünf Jahre Haft. Oder Tränen, die aus dem Auge laufen, bedeuten Totschlag im Gefängnis. Die meisten Leute wissen nicht, daß es sich hier um Bandensymbole handelt – sie möchten einfach eine Träne im Auge, weil sie meinen, daß es schick aussieht. Und denen muß man erst erklären, daß sie sich damit als Mitglieder einer Bande ausweisen.

Rudi macht vor allem Indianer- und Bikermotive. Frauen wollen zumeist etwas Kleines und Hübsches, eine Blume etwa. Einmal hat er einer Frau Stacheldraht auf die Brust tätowiert, sie hatte ihn darum gebeten, und es sah wirklich gelungen aus. Anschließend müssen es an die hundert Frauen gewesen sein, die kamen und fragten: »Sind Sie der mit dem Stacheldraht?« Es wurde zu einem heißbegehrten Motiv. Er tätowierte Stacheldraht um die Knöchel, die Handgelenke, auf die Brust – einige wollten ihn sogar um den Hals. Einer Frau tätowierte er ein Pistolenhalfter mit

Patronen um die Hüften und eine Fünfundvierziger auf den Oberschenkel. Janice Joplin hatte ein kleines rotes Herz auf der Brust, man nannte es bald das Janice-Joplin-Herz, und viele Mädchen wollten es haben. Rudi brauchte dazu fünf Minuten und verlangte sechzig Dollar.

Und dann gibt es die Spinner. Biker zum Beispiel, die eine nackte Frau mit gespreizten Schenkeln auf ihrer Haut haben wollen. Einer wünschte sich einen Hund, der an einen Hydranten pinkelt. Rudi fragte: »Mann, willst du sowas tatsächlich für immer herumtragen?« Auch widerliche pornographische Vorlagen brachte man ihm. Im Magazin ›Hustler‹ gab es einen kleinen Penis mit Tennisschuhen, der einer kleinen Pussy mit Tennisschuhen hinterherrennt. Ein paar Kerle ließen sich das tätowieren, und Rudi fragte sie: »Weiß deine Mom, daß du dir das machen läßt? Was wird deine Frau sagen?« Aber Biker kümmert das nicht. An den Tätowierungen eines Mannes kann man genau erkennen, ob er Matrose, Dieb, Zuhälter, Mafioso oder Biker ist. Manche Leute geben keine Ruhe, bis jeder Zoll ihres Körpers mit Mustern bedeckt ist – Blumen, Schmetterlinge, Schlangen, Totenschädel und Dolche. Rudi traf einen Burschen, der auf seiner Glatze einen Christuskopf trug, und ein anderer hatte auf jeder Hinterbacke ein Auge, so daß sein Arsch wie ein Gesicht aussah. Leute, die sich tätowieren lassen, zeigen nicht immer Geschmack.

Ein Apache hat mir einmal erzählt, daß vor vielen Jahren die Ältesten zu einer Zeremonie in die Berge gegangen wären, und dort sei ihnen der Große Vater erschienen, hätte die Erde geöffnet und ihnen die Hölle gezeigt, und viele Menschen dort unten wären tätowiert gewesen. In der Bibel sagt Gott, daß unser Körper ein Tempel ist, der nicht mißbraucht werden darf. Aber bei Bikern ist das Tätowieren eine Mode und bei Uramerikanern eine Tradition.

Ich hatte mit dem Gedanken gespielt, mir von Rudi einen Wasservogel, das Symbol der Peyote-Kirche, tätowieren zu lassen, verwarf die Idee aber schnell wieder. Seit über einem Jahr arbeitet er am Bauch meines Schwagers – sowohl der Bauch als auch die Tätowierung sind sehr groß. Es handelt sich um ein sehr anspruchsvolles Vorhaben – Adler und Tipis und Sitting Bull und was weiß ich noch. Ich frage mich, ob er je fertig wird mit diesem Stück einer Indianer-Chicano-Biker-Gefängnis-Tradition. Aber ich bin ich von meiner Geschichte abgeschweift.

Kapitel 22
Hier und Heute

Nach meiner Hochzeit mit Rudi zogen wir beide für einige Monate nach Phoenix, Arizona. Ich fertigte aus Perlen und Federn Ohrringe und verkaufte sie, Rudi arbeitete auf dem Bau. Aber dann bekam ich Heimweh nach dem Res und meinen Verwandten und Freunden dort, und deshalb lebe ich nun wieder hier in Rosebud. Rudi und ich wohnen mit allen Kindern zusammen in einem Haus im Res. Es ist ein kleines sogenanntes Behelfshaus draußen in der Wildnis, aber wir lieben es. Wir haben einen großen Garten, einen Platz für Zeremonien und eine Koppel für Pferde, obwohl wir im Augenblick keine besitzen. Der Platz liegt in einem kleinen Tal zwischen zwei Hügeln, das von einem großen Bach durchflossen wird. Rundherum wachsen viele Bäume, auf deren Ästen man Adler und Habichte entdecken kann. Es gibt kein zweites Haus, nur endlose Prärie, wohin man auch blickt. In der Abenddämmerung kommen Maultierhirsche zum Bach, und nachts ist der Himmel grenzenlos, Millionen Sterne sind zu sehen, und man kann hören, wie die Kojoten den Mond anheulen, wenn sie nicht gerade Jagd auf Kaninchen machen. Die Pappeln am Bach nehmen sich im Mondlicht wie mächtige Geister aus, die ihre Arme schwenken. Die Natur ist wunderbar, allerdings hat das Leben so weit draußen in der Prärie auch Nachteile. Die Straße ist furchtbar. Regnet es, sind wir von einem Meer von Schlamm umgeben, so daß wir nicht einmal das Auto herausfahren können. Letzten Winter waren wir nach einem Blizzard drei Tage lang eingeschneit, von der Welt abgeschnitten, und konnten uns nicht von der Stelle rühren. Aber die Schönheit um uns her macht alle Unbilden wieder wett. Das Haus hat früher meinem Onkel Clifford Broken Leg gehört, und als wir einzogen, war es in einem fürchterlichen Zustand – wahrscheinlich hatte es Cowboys als Unterkunft gedient, denn die Wände waren sämtlich mit Entwürfen für Brandzeichen bekritzelt. Es besteht nur aus zwei kleinen Schlafzimmern und einem winzigen Vorderzimmer. Mit unseren drei Kindern und dem Neugeborenen wohnen wir also ziemlich beengt, aber daran sind wir ja gewöhnt. Wir haben einen alten, gußeisernen Ofen, und im Winter muß Rudi ständig Holz herbeischaffen, damit wir es warm haben. Gekocht wird allerdings mit Propangas.

Rudi hat wahre Wunder vollbracht, um das Häuschen bewohnbar zu machen. Er hat die Rohre und die Elektrik repariert, Fliesen gelegt, einen neuen Fußboden eingebaut und die Wände gemalert. Im Vorgarten hat er für mich Blumenbeete angelegt. Er jätet Unkraut, harkt und sorgt dafür, daß ihm die Kinder zur Hand gehen. Unsere finanzielle Lage ist nicht gerade gut. Mein Cousin Clifford, der im Stammesrat sitzt, ist jetzt Eigentümer des Hauses. Er berechnet uns nur fünfundsiebzig Dollar Miete im Monat, was sehr anständig ist, und trotzdem habe ich versucht, ihn auf fünfzig Dollar herunterzuhandeln. Das ist also die angenehme Seite, aber das Haus liegt eine dreiviertel Meile von der nächsten befahrbaren Straße entfernt. Von dort sind es sechs Meilen nach Parmelee und achtundzwanzig Meilen nach Mission, wo wir unsere Lebensmittel und alles andere einkaufen müssen und wohin wir auch mit unseren Lebensmittelmarken fahren. Zum Supermarkt sind es hin und zurück also an die sechzig Meilen, für unsere alte Kiste bedeutet das eine Tankfüllung. Da die Geschäfte im Res keine Konkurrenz haben, schlagen sie auf alle Preise fünfzehn Prozent auf. Eine Tankfüllung, die uns überall woanders zwanzig Dollar kosten würde, beläuft sich im Res auf dreißig Dollar. Häufig sind wir von der Außenwelt nur deshalb abgeschnitten, weil wir kein Geld zum Tanken haben. Die ungünstige Lage ist ein Grund dafür, daß die Mieten hier draußen so niedrig sind.

Rudi versucht alles, um seine ›Fertig‹-Familie zu ernähren. Er hat entdeckt, daß er im und außerhalb des Res viele Verwandte besitzt – in Grass Mountain, in Yankton, in Rosebud – Leute wie Onkel Robert Moorehouse, der gerade gestorben ist, Edna Whipple und mehrere DeCoras. Die wenigen Jobs in dieser Gegend aber – man kann sie praktisch an den Fingern abzählen, – sind für eingetragene Rosebud-Sioux reserviert, und damit ist er ausgeschlossen. Im Scherz sagte er: »Nicht einmal mehr als Krimineller kann man seine Familie ernähren. Man braucht tagsüber einen festen Job, und seine Raubüberfälle muß man nachts in Schwarzarbeit machen.« So rackert er sich ab, wo er nur kann. Für drei Dollar die Stunde holt er Holz und für vier oder fünf Dollar teert er Dächer. Seine Hände sind immer beschäftigt. Er macht wunderschöne Peyote-Fächer und ist auch wieder auf seine alte Beschäftigung zurückgekommen, auf das Tätowieren. Einige Leute wollen nur ein kleines Symbol, einen Stern oder einen Sonnenkreis, um der Eulenfrau zu gefallen, andere aber wünschen kompliziertere Zeichnungen. Einem Mann hat er ein hübsches Bild auf das Schulterblatt tätowiert, und einem anderen Burschen hat er den ganzen Rükken mit einem schönen verschlungenen Muster bedeckt. Es stellt einen Indianer in Sonnentanzkleidung dar, der der Sonne eine heilige Pfeife entgegenhält. Das Ganze ist durch ein Medizinrad eingefaßt, das von Zickzackblitzen umgeben ist. Der Mann ist so stolz darauf, daß er seinen Rücken überall zeigt – eine lebende Reklame für Rudi. June Bug, der Talent fürs Malen hat, ist von Rudis Tätowierkunst fasziniert. Stundenlang kann er neben ihm sitzen und Sachen fragen wie: »Wie machst du diese Schattierung? Tut das weh? Woher hast du die Ideen für deine Entwürfe?« Rudi sagt, die

Zeichnung auf dem Rücken des Mannes hätte ›Bewegung‹ und sei ›schlicht‹.

Rudi ist ein guter Vater. Er flucht zwar häufig und benutzt jedes Wort mit vier Buchstaben, das es gibt, aber er ist freundlich und geduldig, verbringt viel Zeit mit den Kindern, und sie lieben ihn dafür. Eine Sache, die viele Leute als Nachteil betrachten würden, hat sich für uns als Segen erwiesen. Da wir in einer Senke zwischen den Hügeln wohnen, ist der Fernsehempfang ausgesprochen schlecht. Von mir und Rudi dazu ermuntert, lesen die Kinder also viel, statt vor der ›Glotze‹ zu hocken. June Bug und Jennifer bringen gute Zensuren und sind auch ausgezeichnet worden.

Mit Pedro und Anwah habe ich es etwas schwerer. Pedro ist jetzt zwanzig Jahre und Vater von zwei Kindern. Vor ein paar Jahren ist er aus der Schule davongelaufen. Er bewundert Crow Dog, und der hält ja nicht viel von Bildung. Mir ist das unverständlich, die Dinge stehen jetzt doch ganz anders. Archie Fire Lame Deer ist Medizinmann und Anführer beim Sonnentanz, aber seine Tochter Josephine ist ein naturwissenschaftliches und mathematisches Genie, und Archie bestärkt sie darin, sich an einem Spitzencollege zu bewerben. Wir haben genug Medizinmänner und auch genügend Leute, die die Highschool abgebrochen haben. Was wir brauchen, das sind indianische Rechtsanwälte, Ärzte, Lehrer und Wissenschaftler. Unwissenheit bringt uns nicht weiter. Daß man lesen und schreiben und vielleicht noch mit seinem Sparbuch richtig umgehen kann, ist doch kein Grund dafür, nicht an einer Zeremonie teilzunehmen, wenn man diesen Weg beschreiten möchte. Pedro mag die Schule nicht, er hält Bildung für einen Haufen Dreck, weil sie einem offenbar nicht einmal zu einem Job verhelfen kann. Er hält es auch für lächerlich, als Vater von zwei Kindern wieder die Schulbank zu drücken und einen Abschluß zu erwerben. Aber er hat kein Einkommen, und seine Familie lebt von der Fürsorge. Dann und wann versucht er, einen neuen Anfang zu machen und sich wieder für die Schule zu interessieren, aber Pedro kommt nie mit seinen Lehrern aus. Er hatte schon immer Probleme, weil er in der Bewegung großgeworden ist und gelernt hat, gegen die Regierung und gegen das System zu sein. Ich habe ihm gesagt, daß er wieder zur Schule gehen sollte, denn mit dem Abhalten von Powwows könne er seine Frau und die Kinder nicht ernähren. Stets habe ich ihm gesagt, daß er sich aus Gewalttätigkeiten heraushalten soll, dann wäre alles okay. Wenn er seine Energie auf etwas anderes konzentrieren könnte, würde alles gut werden. Ich habe ihm sogar geraten, es mit dem Boxen zu versuchen – es gibt hier ein Boxteam –, aber er war dagegen. Pedro hat viel über Spiritualität erfahren, aber ebensoviel über die dunklen Seiten des Lebens – über die Trinkerei und die Gewalt.

Wenn meine Kinder einem anderen Kind Unrecht tun, gehe ich zu den Eltern und bügle die Sache aus. Und meinen Kindern sage ich, was recht und unrecht ist. Die anderen Eltern müssen ihre Kinder ebenfalls zurechtweisen. Können sie das nicht, ist der Punkt erreicht, wo ich das Gesetz einschalte. Wenn meine Kinder beteiligt sind, dann ist das die einzige Gelegenheit, bei der ich die Polizei einschalte, weil das auch mich in Gefahr bringt. Ich sage den Cops geradezu: »Ich habe versucht, Frieden zu bewahren, aber bitte, sprechen Sie mit ihnen.« Manchmal ist es besser, einen Vermittler hinzuzuziehen, weil die Sache sonst immer größer wird, zur Bandenbildung führt, zu Familienfehden sogar. Und das alles möglicherweise nur wegen einer Kleinigkeit, die es gar nicht wert ist, das ist das Traurige daran.

Meine Freundin Debbie, mit der ich nach meinem Unfall sprach, hatte einen Sohn von etwa dreizehn Jahren, der bei einem Autounfall ums Leben kam. Solche Tragödien gibt es viele. Dieses Jahr sind einige junge Leute bei Unfällen ums Leben gekommen, und gewöhnlich sind Alkohol und Drogen im Spiel.

Aber Pedro ist jetzt erwachsen. Man kann zu einem Vater nicht sagen: »Benimm dich.« Man kann ihm nicht vorschreiben, was er tun soll. Und Pedro wird reifer. Er und Anwah halten Yuwipi-Zeremonien ab, und um das tun zu können, muß man schon eine Respektsperson sein. Zwar hat er noch immer die Eierschalen dieser alten Kriegermentalität an sich kleben, allmählich aber fallen sie ab. Er und Percetta wohnen mit ihren Töchtern in einem kleinen Appartement in Antelope und kämpfen wie jedermann im Res ums Überleben.

Was Rudi und mich anbelangt, so ist unser Leben einerseits idyllisch und auf die einfachsten Grundbedürfnisse ausgerichtet, andererseits muß man immer zahlen – für Miete, Sprit, Strom, Lebensmittel, für alles. Und das ist hart. Die Politiker, diese Teilzeit-Indianer dort oben, haben schöne Häuser und Ranches mit Pferden, jeder andere aber überlebt gerade eben. Einige Wasichu werden durch den Schnaps reich, den sie verkaufen – die Barbesitzer und diejenigen, denen die Schnapsläden gehören. Manchmal sieht man einen Burschen auf einem Pferd, einen großen Onkel-Joe-Hut auf dem Kopf, wegen einer Flasche Jack zum Laden reiten und dann wieder davongaloppieren, nachdem er zweimal mehr für die Flasche gezahlt hat, als sie in der großen Stadt kostet.

Rudi arbeitet schwer, um mir ein gutes Leben zu bieten. Er ist begabt. Gern würde er irgend etwas mit Bildhauerei oder Malerei versuchen – Buchillustrationen zum Beispiel. Er ist ein guter Musiker und spielt die spanische Gitarre. Aber was kann man damit im Res anfangen? Wenn das in Rosebud nichts bringt, werden wir wohl in eine andere Stadt ziehen müssen. Auch Jim und Barb strampeln sich ab. Sie haben ein kleines Burrito-Geschäft. Jim steht früh um vier Uhr auf, um seine Burritos zu machen – einen Teil mit und einen Teil ohne Fleischfüllung. Um sieben Uhr dreißig fährt Barb zu ihrer Verkaufsrunde los. Gegen zehn oder elf sind sie dann fertig und haben den Rest des Tages für sich. Aber es gibt Probleme. Ihr Auto macht es gerade noch so von einem Tag auf den anderen und braucht dauernd irgendwelche Reparaturen. Ihr Geschäft hängt aber davon ab, daß Barb herumfahren kann. Und so muß sie sich jedesmal, wenn die Kiste in der Werkstatt ist, das Auto von einem Freund borgen. Einmal hatte sie meine alte Zitrone, und prompt blieb auch die stehen, so daß an diesem Tag nichts aus ihrem Geschäft wurde. Jetzt haben sie einen ›neuen‹ Wagen, einen alten Lincoln Continental, für den sie fünfzig Dollar bezahlt haben – für weitere fünfzig bekamen sie auch noch einen Motor dazu.

Sogar jetzt ist das Leben nicht ohne Aufregungen. Als Rudi und ich 1991 ins Res zogen, waren Kopfgeldjäger hinter uns her. Es lief ab wie in einem zweitklassigen Film. Einige Zeit zuvor war Rudi in Denver mit ein paar Rassisten aneinandergeraten, die ihn beschimpft hatten. Das Ganze führte zu einer Schlägerei, bei der Rudi nur zweiter Sieger wurde, weil er allein gegen zwei Weiße kämpfte. Am Ende brach er sich den Knöchel und hinkte und blutete immer noch, als ich ihn traf. Er wurde eines Vergehens beschuldigt –, aber bis zum Abschluß des anhängigen Verfahrens wurde eine Kaution von tausend Dollar verhängt. Als er mit Jim und Barb nach South Dakota fuhr, ignorierte er die Sache. Und nun gibt es in Denver einen Kerl, der Rudi seit Kindertagen auf dem Kieker hat. Dieser Kerl ist Kopfgeldjäger, und jetzt sah er eine Chance, Rudi kleinzukriegen. Sie kamen zu dem Wohnwagen, in dem ich damals in Antelope wohnte, jenem mit dem Schild: VERSICHERT BEI SMITH & WESSON. Rudi und ich waren nicht da, und Pedro warf sie hinaus. Gerade als diese Burschen bei Jim und Barb abzogen, kamen wir dort an, das Timing war perfekt.

Die Kopfgeldjäger kehrten natürlich zurück. Woher sie die Adresse hatten, weiß ich nicht. Sie trieben ein billiges Spielchen. Der Bursche, der Rudi haßte, sagte: »Mein Dad ist hier im Reservat Häuptling.« – »Ach, ja?« gab ich zurück. Er fuhr fort: »Dieser Rudi ist ein Sträfling – er ist höchst gefährlich.« Ich machte ein überraschtes Gesicht: »Ehrlich? Da muß ich ja vorsichtig sein.« Sie brachten uns beide nicht miteinander in Verbindung. Ich fuhr zurück zu Jim, setzte Rudi ins Auto und fuhr mit ihm zu meiner Mom nach He Dog. Sie besorgten sich Moms Telefonnummer, hatten aber keine Ahnung, wo wir waren. Dann riefen sie an: »Ihr solltet lieber aufgeben. Wir sind mit Kriminalbeamten im Polizeirevier in Mission, direkt gegenüber, und wir werden Euch verhaften.« Direkt gegenüber, das war achtundzwanzig Meilen weit weg! Ich fing an zu lachen: »Na, dann versucht mal, uns zu finden. Das Res ist groß und wild.« Daraufhin fuhren sie fort: »Wir bringen die Stammespolizei und U.S.-Marshals mit.« Ich sagte nur: »Na schön, bringt sie mit, aber ein Durchsuchungsbefehl wäre besser.«

Ich machte mir einige Sorgen, weil ich den Mann hier nicht gebrauchen konnte. Nach dem letzten Ärger in Pine Ridge, wo mich die Cops mit Schnaps im Auto gestoppt hatten, konnte ich keinen Polizeieinsatz gebrauchen. Rudi sagte zu Mom: »Ich habe Bürgen, und die Kopfgeldjäger sind auch schon bei Mary aufgekreuzt.« Mom blieb völlig gelassen. Sie sagte: »Du bleibst hier, unten im Keller. Sie werden mein Land nicht betreten.« Sie stand sofort auf unserer Seite. Mom ist wirklich unkompliziert und geradezu, aber ich glaube, Action, Aufregung liebt sie. Kopfgeldjäger erhalten dafür, daß sie einen Straftäter verhaften und einliefern, zehn Prozent der Kaution. Da Rudis Kaution nur tausend Dollar betrug, hätten sie lediglich hundert Dollar bekommen, also nicht einmal soviel der Sprit von Denver nach Rosebud kostet. Das Ganze war ein Bullenschiß, eine Teenagerrache. Bevor ich den Hörer auflegte, sagte ich noch: »Mister Kopfgeldjäger, schaffen Sie Ihren Arsch hier weg, sonst hetze ich die Stammespolizei auf Sie. Sie sind auf Indianerland, in meinem Revier. Aber vielen Dank für die Unterhaltung.« Wir haben nie wieder von ihnen gehört.

Was das Res anbelangt, stehen die Dinge schlechter und schlechter. Wir werden immer ärmer. Unter der Carter-Administration wurden 0,4 % des Bundeshaushalts für uns edle Wilde eingeplant – für alle Uramerikaner von der Ostküste bis zum Pazifik und von Alaska bis zum Rio Grande. Im Jahr 1981 beschnitt Reagan dieses Budget um fünfhundert Millionen Dollar, und Bush kürzte es weiter – ›um das Defizit zu verringern‹. Jetzt gibt es nichts mehr zu kürzen. Das bißchen Geld, das hereinkommt, bleibt oben hängen. Die Bürokraten schöpfen den Rahm von der Milch. Ansonsten läuft alles wie immer. Der Vorsitzende des Stammes erlitt einen Herzanfall. Es gibt einen Kampf um die Erneuerung der Weiderechte. Die Leute, die den Müll der Nation über unser Res kippen wollen, scheinen die Oberhand zu bekommen und haben noch die Chance, den Ort in eine Toilette zu verwandeln. Eine Reihe von Vergewaltigungen gab es, an denen auch ein Stammespolizist beteiligt war, und einige unserer Ratsmitglieder machen sich für ein Projekt stark, nach dem im Res ein großes Spielkasino gebaut werden soll, um Geld hereinzubekommen. Spielen auf Indianerland ist jetzt in Mode. Einzelstaatliche und Bundesgesetze über den Spielbetrieb haben in Reservaten keine Gültigkeit. Das ist übrigens so ungefähr der einzige Punkt, in dem unsere ›Souveränität‹ respektiert wird, und deshalb werden die Stämme vom Mob der Veranstalter, die das große Geld riechen, geradezu belagert. Ich halte das für keine gute Idee, weil ich nicht daran glaube, daß die Spieler so große Entfernungen zurücklegen werden, um ihr Geld ausgerechnet in Rosebud loszuwerden. Es gibt keine einigermaßen annehmbare Stadt in unserer Nähe. Im Norden liegen Kadoka, Murdo, Interior, Scenic – alles unbedeutende Provinznester. Im Süden, in Nebraska, findet man Valentine, das auch nicht gerade eine Metropole ist. Nach Westen sind es hundertundsiebzig Meilen bis Rapid City. Und im Reservat gibt es auch nichts, was diese Spieler anziehen könnte – keine besonderen Annehmlichkeiten, keinen Glanz, keine Feinschmeckerrestaurants. Außerdem haben wir zuviele eigene Probleme, um mit einem Ansturm von angeberischen Spielern fertig werden zu können.

In Gordon, Nebraska, hat ein Cop einen tatterigen, betrunkenen Indianer erschossen. Die AIM schickte ein Untersuchungsteam hin. Als ich davon hörte, dachte ich: ›Jetzt fängt es wieder an. Dort bin ich dazugestoßen.‹ Gordon, Nebraska, das ist der Ort, wo alles anfing, vor über zwanzig Jahren. Da ereignete sich der sinnlose und brutale Mord an Raymond Yellow Thunder, begangen von einem Haufen betrunkener Bauernburschen und Angehöriger der American League. Damals kam die AIM aus Minnesota und schloß sich mit den traditionalistischen Lakota zusammen, und das war der Beginn der Bewegung.

Die AIM hat eine Menge Gutes geleistet, weil sie die Verträge wieder ins Bewußtsein rief und die Gefahr, die Black Hills zu verlieren, weil sie wieder bewußtmachte, daß das Land heilig ist, daß wir Indianer sind und was das bedeutet. Sie machte aus Medizinmännern radikale Aktivisten und aus radikalen Aktivisten Sonnentänzer und Visionssucher. Den jungen Herumtreibern, die nichts von ihrer stolzen Vergangenheit wußten, gab sie einen neuen Lebensinhalt. Den Frauen verschaffte sie eine Stimme und brachte sie in die Stammesräte. Sie hat mein Leben verändert. In unseren Herzen wird die AIM immer leben. Es gibt sie noch, aber sie ist in die Jahre gekommen.

Der Status der AIM ist heutzutage ziemlich stark von individuellen Bemühungen abhängig. Die alten AIM-Mitglieder halten noch zusammen und pflegen die Erinnerung an die große Vergangenheit, aber eine wirklich starke Organisation ist sie nicht mehr, sie ist mehr eine persönliche Angelegenheit. Es gibt andere Sachen, die uns heute beschäftigen – vertragliche Rechte, das Studium am Sinte Gleska College, rechtliche Auseinandersetzungen, lokale Probleme. Letztes Jahr fing die AIM wieder an. Aus den Twin Cities kamen Clyde Bellecourt und Joe Nogeeshik herunter. Sie reisen von einem Res zum anderen, sprechen mit Gruppen, beschäftigen sich mit Drogenproblemen und beraten junge Leute. Das ist heute die Hauptbeschäftigung. Und ich glaube, in Minnesota, wo sie ihren Ausgang nahm, ist die AIM stärker als irgendwo anders. In South Dakota ist sie schwächer, weil sich die Leute wieder den alten Traditionen zugewandt haben, den Schwitzbädern und den Zeremonien, und für sie ist die Bewegung eben genau das – eine spirituelle Angelegenheit. Natürlich müßten sie dafür der AIM dankbar sein, aber daran erinnern sie sich nicht mehr. Zwischen der spirituellen und der radikalen Seite gibt es nur einen dünnen Trennungsstrich. Es gibt heute andere Organisationen und die meisten von ihnen – obwohl sie sogar anerkennen, was die AIM für die Uramerikaner getan hat – wollen die Dinge nicht so angehen, wie wir es damals getan haben – mit Konfrontation. Sie benutzen lieber legale Kanäle. Die AIM hatte nie die Absicht, gewalttätig zu werden, es war, wie in Custer, immer die andere Seite, die damit begann. Wenn ich zurückdenke und vergleiche, was war und was heute ist, komme ich mir sehr, sehr alt vor, obwohl ich erst siebenunddreißig bin. Mittendrinsein laugt aus. Die AIM versucht jetzt, die ganze Welt für unser feierliches Gelöbnis zu sensibilisieren, indem sie Gruppenläufe organisiert, die von Alaska bis an die Spitze von Südamerika führen, durch ganze Kontinente. Ich bin dafür etwas zu alt. Meine Beine sind auch nicht mehr das, was sie in den guten roten Tagen waren. Allerdings muß auch etwas über das Langsamerwerden gesagt werden, darüber, daß man zwar langsamer aber auch effektiver wird, selbstsicherer, und daß man mehr mit dem Kopf als mit anderen Körperteilen denkt. Kraft kommt nicht aus dem Gewehrlauf – am Ende gewinnt der Geist. Wie auch immer, ich hatte einen Kloß im Hals, als beim letzten Sonnentanz einige von uns Veteranen durch die

Überreichung eines neuen regenbogenfarbenen Stoffflecкchens mit den Worten WOUNDED KNEE geehrt wurden. Jeder, der in Wounded Knee war, trug es mit Stolz.

Ein altes Lakota-Lied beginnt mit den Worten: ›Ein Mann zu sein ist schwer, sagt man.‹ Eine uramerikanische Frau zu sein, ist sogar noch schwerer. Ich koche und wechsle wieder Windeln, aber ich kämpfe immer noch. Ich versuche aufrichtig zu sein, an der Medizin festzuhalten und meinen Kindern verständlich zu machen, was es heißt, Indianer zu sein. Ich bin Umweltschützerin geworden, weil der letzte indianische Krieg wegen der Umwelt ausgefochten wird. Ich versuche, anderen Frauen bei der Bewältigung des Lebens zu helfen. Das muß nicht unbedingt durch Zeremonien sein, sondern durch Verständnis, Freundschaft und Unterstützung. Und ich denke, wenn unsere Männer nicht frei sein können, werden wir es auch nicht schaffen. Ich freue mich, daß es jetzt auch Medizinfrauen gibt, die ihre eigenen Medizinbündel, Pfeifen und Federn haben, diese heiligen Gegenstände hüten und an künftige Generationen weitergeben, was sie wissen. Ich versuche, meine eigenen Kinder auf traditionelle Art zu erziehen und ihnen gleichzeitig eine moderne Bildung zukommen zu lassen. Ich weiß, daß das ein hoffnungsloser Widerspruch ist, aber ich habe die Hoffnung noch immer nicht aufgegeben. Ich halte an ihr fest. Ich werde bis ans Ende meiner Tage kämpfen – für alles, was lebt. MITAKUYE OYASIN – ALLE MEINE VERWANDTEN.

Inhaltsverzeichnis

Was ist es nur, das mich an Carl Friedmans Erzählweise so anrührt, daß ich keines ihrer Bücher, einmal begonnen, aus der Hand legen kann, ehe ich nicht fertig gelesen habe? Und was ist es, das mich beim Lesen lachen und weinen läßt?
Es ist das, was sie erzählt. Es ist, wie sie erzählt. Es ist ihre Direktheit, es ist ihr glänzendes schriftstellerisches Geschick.

(Elke Heidenreich)

Carl Friedman
Zwei Koffer
Roman

Aus dem Niederländischen
von Christiane Kuby
Format 12,5 x 21,5cm
190 Seiten
Gebunden mit Schutzumschlag
DM 34,–
ÖS 252,–
SFR 33,30
ISBN 3-378- 00595-5

Kiepenheuer Verlag

Gabriel García Márquez
im
Deutschen Taschenbuch Verlag

»Gabriel García Márquez zu lesen, bedeutet
Liebe auf den ersten Satz.«

Carlos Widmann in der
›Süddeutschen Zeitung‹

Laubsturm
Roman · dtv 1432

Der Herbst des Patriarchen
Roman · dtv 1537

Der Oberst hat niemand, der ihm schreibt
Roman · dtv 1601

Die böse Stunde
Roman · dtv 1717

Augen eines blauen Hundes
Erzählungen · dtv 10154

Hundert Jahre Einsamkeit
Roman · dtv 10249

Die Geiselnahme · dtv 10295

Chronik eines angekündigten Todes
Roman · dtv 10564

Das Leichenbegängnis der Großen Mama
Erzählungen · dtv 10880

Die unglaubliche und traurige Geschichte von der einfältigen Eréndira und ihrer herzlosen Großmutter
Erzählungen · dtv 10881

Die Liebe in den Zeiten der Cholera
Roman · dtv 11360

Das Abenteuer des Miguel Littín
Illegal in Chile
dtv 12110

Die Erzählungen
dtv 12166

Von der Liebe und anderen Dämonen
Roman · dtv 12272

Oscar Collazos:
Gabriel García Márquez
Sein Leben und sein Werk
dtv 11108

Naturgeschehen
Naturerkenntnis
Naturwissenschaft

Schämen sollen sich die Menschen, die sich gedankenlos der Wissenschaft und Technik bedienen und nicht mehr davon geistig erfaßt haben als die Kuh von der Botanik der Pflanzen, die sie mit Wohlbehagen frißt.

Albert Einstein

Timothy Ferris:
Das intelligente Universum
dtv 30479

Karl Grammer:
Signale der Liebe
Die biologischen Gesetze der Partnerschaft
dtv 30498

Philip Johnson Laird:
Der Computer im Kopf
dtv 30499

Was ist Zeit?
Zeit und Verantwortung in Wissenschaft, Technik und Religion
Hrsg. von Kurt Weis
dtv 30525

Jeanne Ruber:
Was Frauen und Männer so im Kopf haben
dtv 30524 (März)

Paul Davies / John Gribbin:
Auf dem Weg zur Weltformel
Superstrings, Chaos, Komplexität
Über den neuesten Stand der Physik
dtv 30506

What's What?
Naturwissenschaftliche Plaudereien
Herausgegeben von Don Glass
dtv 30511 (Dez.)

Jean Guitton/Grichka u. Igor Bogdanov:
Gott und die Wissenschaft
Auf dem Weg zum Meta-Realismus
dtv 30516
(Januar)

Darwin lesen
Eine Auswahl aus seinem Werk
Herausgegeben von Mark Ridley
dtv 30519
(Februar)